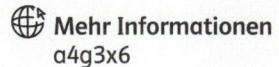

⊕ **Mehr Informationen**
a4g3x6

Auf einigen Seiten im Buch findest du
Terra-**Codes**. Diese führen dich zu weiteren
Informationen im Internet.
Gib den Code einfach im Suchfeld unter
schueler.klett.de ein.

W0095100

Aneignen, Orientieren, Auswählen

Üben

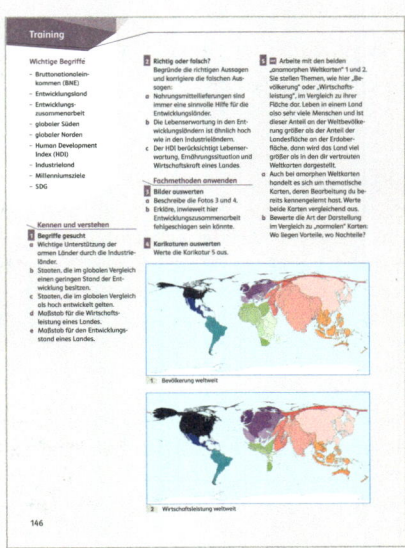

Auf den **Methoden**-Seiten lernst du
Schritt für Schritt wichtige Methoden.
Auf den **Orientierungs**-Seiten kannst
du die Themen mit einem Raum verbinden.

Auf den **Wahl**-Seiten kannst du nach
deinem Interesse zwischen Themen
auswählen.

Mit den **Trainings**-Seiten kannst du
deine neuen Kenntnisse und Fertigkeiten
üben und anwenden.

⊕ Klett Erklärfilm

Symbole im Buch

Klett Erklärfilm

An einigen Stellen im Buch gelangst du über Terra-Codes zu
Erklärfilmen, z.B. zum Thema Nachhaltige Entwicklung auf den
Seiten 172/173, oder zum Thema Europa auf den Seiten 24/25.

○	leicht
◐	mittel
●	schwierig
🕮🕮	Partnerarbeit
🕮🕮	Gruppenarbeit
🗝	Lösungshilfen ab S. 178

MK	kennzeichnet Aufgaben und Seiten zum Thema Medienkompetenz
SP	kennzeichnet Aufgaben und Seiten zur Sprachbildung

1. Auflage

5 4 3 2 1
1 | 26 25 24 23 22

Herausgeber: Prof. Dr. Volker Wilhelmi, Ingelheim
Autorinnen und Autoren: Nadine Albrecht, Mainz; Dr. Stefanie Ruppert, Bundenthal; Katja Wolter, Niedersohren; Gereon Fischer, Bechtolsheim; Christian Grosscurth, Siesbach; Dr. Gregor Levy, Ludwigshafen; Thilo Neunzig, Budenheim; Markus Perabo, Mainz; Prof. Dr. Volker Wilhelmi, Ingelheim

Mit Beiträgen von: Prof. Dr. Michele Barricelli, Berlin; Sophia Bauer, Köln; Christian Beck, Weingarten; Julian Bette, Arnsberg; Dr. Joachim Bierwirth, Gusborn; Ulrich Bünstorf, Willich; Günter Bünten, Kreuzau; Annette Coen, Kaiserslautern; Matthias Etterich, Haltern am See; Hans-Georg Herrnleben, Worms; Karl Walter Hoffmann, Saulheim; Andy Horschig, Dresden; Carsten Hussong, Mainz; Robert Jansen, Aachen; Rainer Kalla, Spenge; Nina Kaup, Varel; Ruth Kersting, Bochum; Karin Krause, Berlin; Arno Kreus, Aachen; Karoline Kucharzyk, Luckenwalde; Krystyna Kusserow, Göttingen; Dr. Thomas Lamkemeyer, Soest; Philipp Meisinger, Albig; Yvonne Meyer, Marburg; Eva Nöthen, Karlsruhe; Helmut Obermann, Ettlingen; Paul Palmen, Alsdorf; Tatjana Pfau, Bassum; Silke Pflüger, Berlin; Eberhard Pyritz, Schloß Holte-Stukenbrock; Meike Rahner, Bochum; Sabine Rohdich, Bingen; Dr. Petra Sauerborn, Bonn; Anne Schminke, Olpe; Dr. Andreas Schöps, Passau; Barbara Smielowski, Bochum; Karina Vormittag, Bochum; Hedi Wenz, Kusel; Steffen Werner, Berlin; Dr. Helmut Willert, Lübeck; Dr. Christian Wittlich, Kurtscheid

Entstanden in Zusammenarbeit mit dem Projektteam des Verlages.

Externe Redaktion: Ilke Büchler, Sindelfingen

Gestaltung: normaldesign, Jens-Peter Becker, Schwäbisch Gmünd
Umschlaggestaltung: normaldesign, Jens-Peter Becker, Schwäbisch Gmünd
Karten: Artalis, Mühlhausen/Felchta
Satz: Satzkiste GmbH, Stuttgart
Reproduktion: Druckmedienzentrum Gotha GmbH, Gotha
Druck: Firmengruppe APPL, aprinta druck, Wemding

Printed in Germany
ISBN 978-3-12-105215-8

Terra 3

Erdkunde
Gymnasium

Prof. Dr. Volker Wilhelmi (Hrsg.)

Nadine Albrecht
Gereon Fischer
Christian Grosscurth
Dr. Gregor Levy
Thilo Neunzig
Markus Perabo
Dr. Stefanie Ruppert
Prof. Dr. Volker Wilhelmi
Katja Wolter

Ernst Klett Verlag
Stuttgart · Leipzig · Dortmund

Inhalt

● Themenblöcke für die Flexibilisierung der Stundentafel

Inhalt

1

Möglichkeiten der Raumplanung

Luftbilder zeigen in beeindruckender Weise, in welchem Ausmaß unsere Landschaften durch Eingriffe des Menschen geprägt sind. Wachsende und sich verändernde Nutzungsansprüche verändern auch die Gestaltung von Räumen. Wie kann diese Nutzung geplant werden? Welche Perspektiven gilt es zu berücksichtigen und was passiert, wenn Konflikte auftreten? Welche Gestaltungsmöglichkeiten ergeben sich in der Raumplanung? Kann nachhaltige Raumplanung gelingen?

Einen Raumnutzungskonflikt analysieren: Windpark „Auf Allern" – ist das Maß voll?

In der Raumplanung kommt es regelmäßig zu Raumnutzungskonflikten. Dabei stehen sich unterschiedliche Interessen verschiedener Akteure konkurrierend gegenüber. Eine Konfliktanalyse dient dazu, Raumnutzungskonflikte zu verstehen und zielgerichtet beurteilen zu können.

Das Viereck der Nachhaltigkeit gilt als Weiterentwicklung des Dreiecks der Nachhaltigkeit: Es beruht auf der Feststellung, dass die Politik die Voraussetzungen für nachhaltiges Handeln auf unterschiedlichen Maßstabsebenen festlegt.

Ökologie (Umwelt): z. B.
– Schonung endlicher und nachwachsender Rohstoffe
– Vermeidung von Überlastungen der Natur durch Abfälle, Chemikalien, Emissionen
– Schutz der bedrohten Artenvielfalt

Soziales (Gesellschaft): z. B.
Zugang zu
– Schul- und Berufsbildung
– medizinischer Versorgung
– Arbeitsplätzen mit menschenwürdigen Arbeitsbedingungen
– Chancengleichheit
– menschenwürdiger Versorgung im Alter oder Krankheitsfall

Politik: z. B.
– Verantwortung der politischen Vertreter für Wohlergehen und schonenden Umgang mit der Natur
– gute Regierungsführung zur nachhaltigen Gestaltung
– nachhaltige Gerechtigkeit
– demokratische Politikgestaltung

Ökonomie (Wirtschaft): z. B.
– Wirtschaften auf optimale und schonende Weise
– Senkung des Ressourcen- und Energieverbrauchs
– Nutzung nachwachsender Rohstoffe
– dauerhafter Bestand statt Gewinnmaximierung als Ziel
– Wettbewerbsfähigkeit, um Arbeitsplätze zu sichern

1 Viereck der Nachhaltigkeit

Schritt 1: Definition des Konflikts:
Definiere den Konflikt und formuliere eine übergeordnete Fragestellung:
Welche Nutzung ist angedacht? Wie wird die Nutzung begründet? Was ist das Ziel der strittigen Nutzung? Woran entzündet sich der Konflikt?

Der Raumnutzungskonflikt „Auf Allern" im Hunsrück entsteht durch den geplanten Bau von zwei 241 Meter hohen Anlagen, denen eine dritte folgen könnte.
Es stellt sich die Frage, ob das Maß voll ist, da ...

Schritt 2: Bestimmung der Akteure:
Bestimme die auftretenden Akteure und ihre jeweiligen Interessen. Trage diese in das vorgegebene Raster (M2) ein.

Schritt 3: Argumentationslinie erarbeiten:
Um den Raumnutzungskonflikt zu verstehen, ist es notwendig, die Argumentationslinien der Akteure zu begreifen. Nutze das vorgegebene Raster (M2), um diese zu veranschaulichen.
a) Meinung: Welche Meinung wird durch die verschiedenen Akteure vertreten?
b) Adressat: An wen richtet sich das Gesagte?
c) Wirkung: Wie wirkt das Gesagte auf die Adressaten und auf die Gegner?

→ „Rhein-Hunsrück-Kreis – Heimat der Vor-Macher?" Seite 10/11

Akteure	Meinung/ Interessen	Adressaten des Gesagten	Wirkung des Gesagten	Anspielungen	„Bild" des Konflikts	Absicht
CDU ...	„Es reicht"	Anwohner	kämpferisch, reißerisch	Entwicklung der Windparks nördlich der B 50	„Dammbruch"	Verhinderung des Baus einer Windkraftanlage
Bündnis 90/ Die Grünen ...						

2 Raster zur Erschließung eines Raumnutzungskonfliktes

d) Anspielungen: Welche Anspielungen werden gemacht? Welche Vergleiche werden gezogen? Welches bereits vorhandene Wissen beim Zuhörer wird angesprochen?

e) Bild des Konflikts: Welches Bild von der Situation wird erzeugt? Welche Stimmung wird durch das Gesagte erzeugt?

f) Absicht: Welche Absicht verfolgt der jeweilige Akteur mit seinem Auftreten?

Schritt 4: Vervollständigung der Informationen

Auf Grundlage eines einzigen Zeitungsartikels, Videos oder ähnlichem kann man sich kein fundiertes Urteil bilden, da die Darstellung in der Regel zu einseitig ist. Recherchiere die Meinungen der gegnerischen Position und fülle das Raster (M2) entsprechend der Schritte 2 – 3.

Schritt 5: Bewertung der Nachhaltigkeit

Nutze das Viereck der Nachhaltigkeit, um das Projekt zu überprüfen: Welcher Bereich wird besonders fokussiert? Wie bewertest du diese Schwerpunktsetzung? Welche Bereiche oder Bereichsaspekte konkurrieren miteinander?

Der Windpark „Auf Allern" fokussiert besonders ökologische Interessen der Energiewende. … Dabei fällt auf, dass die Parteien unterschiedliche Standpunkte im Bereich der Politik einnehmen, denn …

Schritt 6: Eigene Positionierung

Positioniere dich nun zu dem Raumnutzungskonflikt, indem du die übergeordnete Fragestellung „Ist das Maß voll?" beantwortest und deine Meinung begründet darstellst. Nutze dazu die Argumentationen aus dem Raster und eigene Überlegungen. Achte auf eine sachliche Argumentation.

Ich bin der Meinung, dass … Für mich entscheidend ist die Tatsache, dass … Weniger relevant erscheint mir hingegen das Argument …, da …

Schritt 7: Reflexion der Konfliktanalyse

Abschließend wird die eigene Vorgehensweise kritisch hinterfragt, um zu überprüfen, inwieweit die Konfliktanalyse gelungen ist: War deine Vorgehensweise geeignet, um den Konflikt zu analysieren? Wobei traten Schwierigkeiten auf? Kann man die Ergebnisse auf andere Zusammenhänge übertragen?

170 Aktivisten wehren sich gegen Windräder

Dickenschied. Rund 170 Hunsrücker waren der Aufforderung des CDU-Gemeindeverbands Kirchberg gefolgt, um an Ort und Stelle ein deutliches Zeichen gegen den Bau von aktuell zwei geplanten Windkraftanlagen auf der Gemarkung „Auf Allern" bei Oberkirn zu setzen. Ein drittes Windrad könnte dazu kommen. […] Nachdem bei Oberkirn nun zwei 241 m hohe Windräder immer lauter ins Gespräch kamen, rief die CDU Kirchberg dazu auf, ein deutliches Zeichen gegen das Projekt zu setzen. Und das gelang. Am Samstagvormittag […] nahmen zahlreiche Anwohner aus Dickenschied, Lindenschied, Woppenroth, Sohrschied, Hecken und von weiter her den Weg nach Dickenschied auf sich, um gegen die Windradpläne in der Nachbarschaft zu protestieren. Mit dabei war natürlich auch die Bürgerinitiative „WEA Allern – SooNit!". […] Kerstin Rudat [CDU] fragte angesichts der Tatsache, dass der Rhein-Hunsrück-Kreis bereits die dreifache Menge des im Kreis benötigten Stroms erwirtschafte: „Haben wir Hunsrücker nicht schon unglaublich viel zur Energiewende beigetragen?" […] Die Energiewende spiele sich auf dem Land ab. „Aber nicht, wenn unsere Natur und Lebensqualität die Verlierer werden. Es reicht!" Über die Zukunft der Hunsrücker Heimat werde in den Städten entschieden […]. „Wir lassen uns nicht zur Energie-Legebatterie der Städte machen." […] Würden die Oberkirner Anlagen gebaut, wäre das ein Dammbruch im Soonwald. „Wenn sich hier die ersten Windräder südlich der B 50 drehen, weiß ich, wie die Flächennutzungspläne der Zukunft in dieser Region aussehen", sagte Wagner [Fraktionssprecher der CDU im Kreistag]. Dass das Thema Windkraft immer emotionaler diskutiert wird, vor allem, seit Bündnis 90/Die Grünen angekündigt haben, die Anzahl der Anlagen im Land verdoppeln zu wollen, weiß Wagner und bediente in seiner Rede sowohl die sachliche wie die emotionale Schiene. „Dieser Standort ist eine Frechheit und eine kommunale Provokation. Es ist eine nachbarschaftliche Kriegserklärung. Gute nachbarschaftliche Beziehungen hören beim schnöden Mammon auf." […] Unterstützung kam auch von Uwe Anhäuser vom Bündnis Mensch und Natur. […] Anhäuser spannte den Bogen über den aktuellen Standort hinaus und blickte weit in den Nachbarkreis Birkenfeld hinein, wo es ebenfalls gelte, die Soonwaldregion frei von Windkraft zu halten. […] „Aber hier haben wir ein Naturparadies ohnegleichen, mit einer Artenvielfalt, wie sie kaum noch vorkommt, das lassen wir uns nicht kaputt machen." Die CDU-Landtagsabgeordnete Karina Wächter […] sagte aber auch, dass der Rhein-Hunsrück-Kreis ja nicht umsonst Energiekommune des Jahrzehnts geworden sei. Jetzt gelte es, mit Effizienz und Augenmaß vorzugehen. „Dazu gehört auch, zu sagen: Jetzt reicht's" […] „Wir wollen keinen Krieg und keinen Kampf führen." Er könne es verstehen, wenn Gemeinden die Einnahmen durch Windräder lockten: „Geld ist natürlich ein sensibles Thema für alle Gemeinden", [sagte der Dickenschieder Ortsbürgermeister Volker Bender-Praß.].

gekürzt nach: Thomas Torkler, Protestaktion im Hunsrück: 170 Aktivisten wehren sich gegen Windräder, in: Rhein-Hunsrück-Zeitung v. 13.06.2021, unter: https://www.rhein-zeitung.de/region/aus-den-lokalredaktionen/rhein-hunsrueck-zeitung_artikel,-protest-aktion-im-hunsrueck-170-aktivisten-wehren-sich-gegen-windraeder-_arid,2270022.html (Zugriff 28.10.2021)

3

Der Rhein-Hunsrück-Kreis: Heimat der Vor-Macher?

Deutschland hat globale Ziele, die auf nationaler und regionaler Ebene umgesetzt werden müssen: Das Land will gemäß des Pariser Abkommens bis 2050 klimaneutral werden. Der Energiewende kommt eine grundlegende Bedeutung zu, um die Klimaziele zu erreichen. Rheinland-Pfalz will daher bis 2030 seinen Stromverbrauch vollständig aus erneuerbaren Energien (EE) decken.

7 BEZAHLBARE UND SAUBERE ENERGIE

1 Windkraftanlagen prägen die Landschaft des Hunsrück, hier bei Bell

In der „Energiekommune des Jahrzehnts", dem rheinland-pfälzischen Rhein-Hunsrück-Kreis, gelingt dies bereits seit 2012. Der Kreis „ist deutschlandweit einer der ersten Null-Emissions-Landkreise". Das ist möglich, weil „er 300 Prozent Strom aus Wind, Sonne und Biomasse produziert".

Der größte Anteil der erneuerbaren Energie wird hier mit Windkraftanlagen gewonnen. Noch im Jahr 1990 waren die CO_2-Emissionen hoch. Sie betrugen „in den Sektoren Wärme, Strom und Abfall im Rhein-Hunsrück-Kreis 680000 Tonnen CO_2". Das macht stolz, aber schön finden es nicht alle. *

1 👥👥
Erarbeitet mithilfe der Materialien 1–11 Argumente zur Energieerzeugung am Beispiel des Rhein-Hunsrück-Kreises. Notiert jeweils die Interessengruppe, die das Argument vertritt (z. B. Anwohner, Politik, Umweltschutz – es sind auch Mehrfachnennungen möglich).
Partner A: Befürworter
Partner B: Gegner

2 👥👥
Stellt euch eure Ergebnisse gegenseitig vor. Gewichtet anschließend die Argumente bezüglich ihrer Überzeugungskraft und sortiert sie entsprechend auf einer Argumentationswippe.

3
Nehmt in einem Kurzvortrag mithilfe eurer Argumentationswippe Stellung, ob und inwiefern der Rhein-Hunsrück-Kreis als „Heimat der Vor-Macher" bezeichnet werden kann.

○1 ◖2 ●3   → Lösungshilfen ab S.178

Windräder sorgen für Diskussionen

Christian Dietzen von der Gesellschaft für Naturschutz und Ornithologie Rheinland-Pfalz (GNOR) sagt: „Rotmilane, Schwarzstörche und Wespenbussarde zum Beispiel werden zu Schlagopfern." Er […] frage sich aber auch, warum nicht mehr Fotovoltaik etwa auf Fabriken und Einkaufszentren installiert werde. […] Auch Ann-Sybil Kuckuk vom Naturschutzbund (Nabu) Rheinland-Pfalz erklärt: „Wir verhindern nicht Windkraft, sondern nicht-korrekte Planung." Wenn aber Windräder beispielsweise zu nah an brütenden Rotmilanen errichtet werden sollten, reiche der Nabu durchaus Klage bei Gericht ein.
Jens Albes (dpa), Weltweit schauen Experten auf Energiewende im Hunsrück, dpa-Meldung v. 25.09.2019 © dpa Deutsche Presse-Agentur GmbH

2

Stimmen zum Film (leicht verändert/gekürzt):

P. K. *vor 1 Jahr*

Halbe Sachen schaden nur!

365 Tage scheint jede Nacht auch in der Wüste und bei uns zur selben Zeit 0 % Sonne. Dazu kommt, dass auch der Wind absolut unzuverlässig weht oder auch gar nicht!!! Zudem haben wir durch diesen Mix der erneuerbaren Energien eine Instabilität mit 98 % Auslastung ohne Puffer des gesamten Stromnetzes und stehen dadurch jetzt schon täglich vor einem Totalkollaps für ganz Deutschland!!! Nur Atom und Kohle halten die Stabilität für 365 Tage jede Nacht aufrecht! Fakt ist: Ohne Atom/Kohle/Gas gibt es genau für diese Fälle absolut keine Speicher. Auch nicht in 10 Jahren. Circa 500 Terrawatt für ganz Deutschland kann man durch nichts 365 Tage in der Nacht und in fast 5 Monaten Winter auf der Nordhalbkugel ersetzen.

P. K. vor 1 Jahr, Stimmen zum Film Rhein-Hunsrück-Kreis: Heimat der Energiewende, unter: https://www.youtube.com/watch?v=DPTsBEFrTo8

H. B. *vor 2 Jahren (bearbeitet)*

Auch wenn nicht alle Bürger mit den Windkraftanlagen und den damit verbundenen Konsequenzen (Eingriff in Biotope, optische Veränderung der Landschaft, gesundheitliche Bedenken, negative Einflüsse auf Tourismus etc.) einverstanden sind, kann man die Wende in der Energiepolitik anhand des Rhein-Hunsrück-Kreises gut nachvollziehen.

Inwiefern sich das Modell vom sehr ländlich geprägten Hunsrück aber auf große Industriestandorte in Deutschland erweitern lässt, erschließt sich mir noch nicht. Nur mal als Beispiel: Ein einzelnes modernes Aluminiumwerk verbraucht bis zu 1 TWh (Terawattstunde) jährlich. Der gesamte Rhein-Hunsrück-Kreis verbrauchte im Jahr 2016 laut Energieatlas Rheinland Pfalz 482 498 kWh (Kilowattstunden). Darin inbegriffen sind alle privaten Haushalte sowie alle Industrie und Gewerbe. Der Kreis benötigte also nur etwa 0,05 % des Bedarfs eines einzigen Aluminiumwerks.

Ich möchte ja nicht den Erfolg der bisherigen Anstrengungen kleinreden, aber bei einem ganzheitlichen Blick über den Hunsrücker Tellerrand hinaus sehe ich doch weitaus gravierendere Maßnahmen bei einer deutschlandweiten Energiewende auf uns zukommen.

H. B., unter: https://www.youtube.com/watch?v=DPTsBEFrTo8 (Zugriff: 11.10.2021)

3 Stimmen zum Film Rhein-Hunsrück-Kreis: Heimat der Energiewende – anonymisiert

4 Gewöhnungseffekte: Der Mensch verändert fortwährend die Landschaft

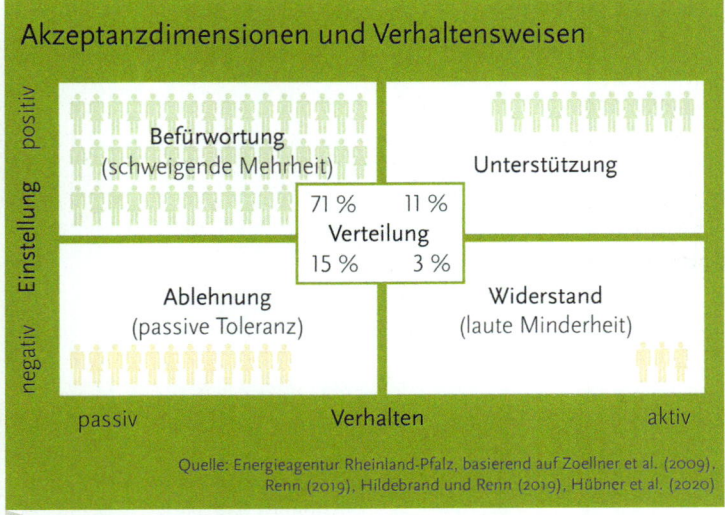

5 Akzeptanz und Widerstand

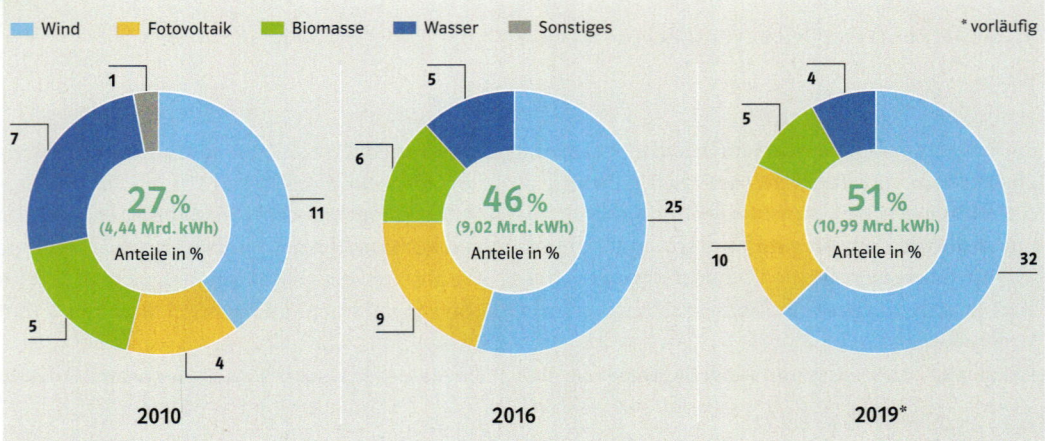

6 Anteil der erneuerbaren Energie an der Bruttostromerzeugung (Angaben in Prozent) in Rheinland-Pfalz
nach Statistisches Landesamt Rheinland-Pfalz; Energieagentur Rheinland-Pfalz: Statusbericht Energiewende in Rheinland-Pfalz 2020

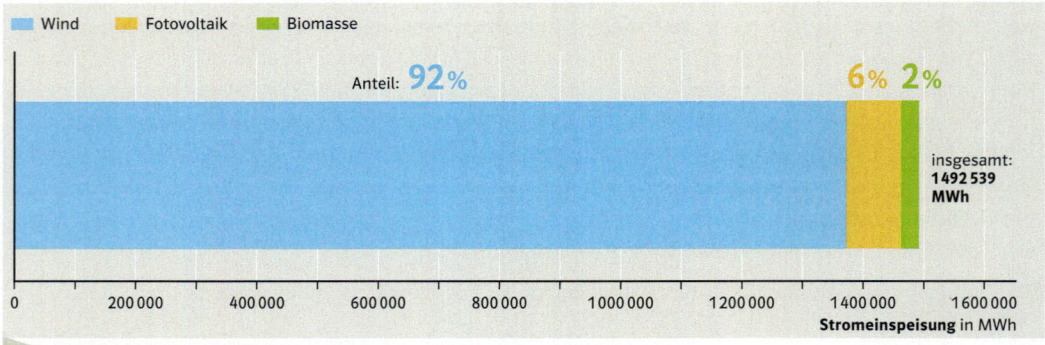

7 Strommix der erneuerbaren Energien im Rhein-Hunsrück-Kreis 2019
nach Amprion GmbH (Netztransparenz.de) u.a.

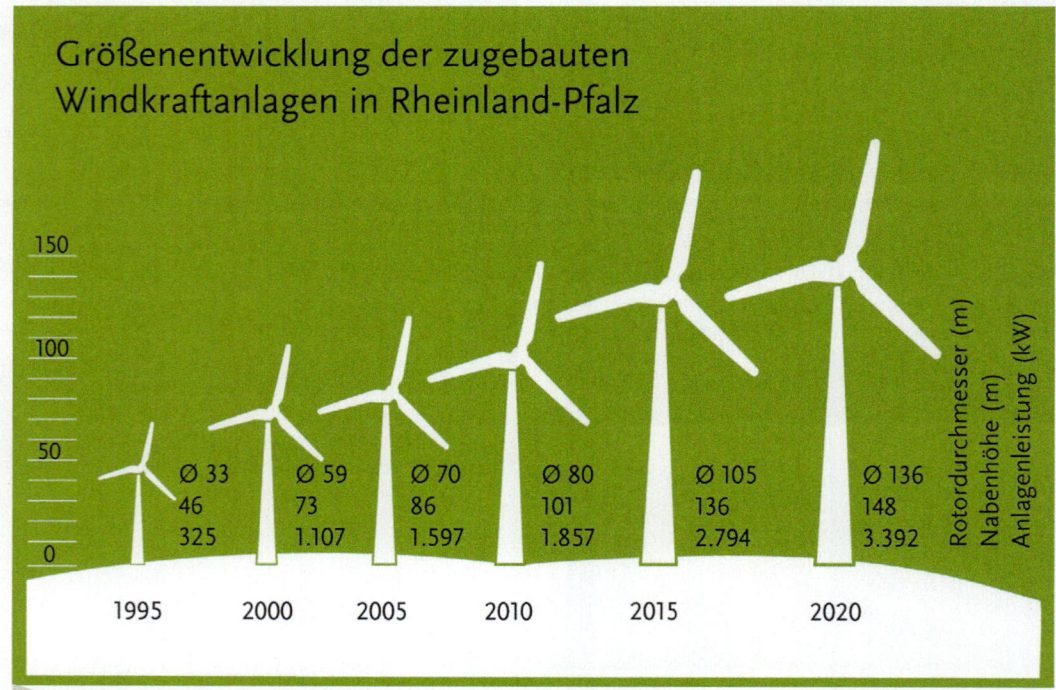

8 Größenentwicklung der Windkraftanlagen in Rheinland-Pfalz 2020

Wie lässt sich Strom aus erneuerbaren Energien speichern? Welche Technik verspricht am meisten Erfolg?

In Deutschland und Europa kommen bei der großtechnischen Stromspeicherung derzeit fast ausschließlich Pumpspeicherwerke zum Einsatz. Wegen des begrenzten Ausbaupotenzials von Pumpspeichern wird an alternativen Speichertechnologien geforscht.

Pumpspeicher, Wasserstoff in Gasleitungen, Methanspeicher, Elektroautos als Stromspeicher – reichen solche Speicher überhaupt aus, um unsere Energieversorgung zu sichern?

Pumpspeicher, Batterien und Druckluftspeicher zählen zu den Kurzzeitspeichern. Langzeitspeicher sind bislang noch im Forschungs- und Entwicklungsstadium, sodass man Energie nicht über einen längeren Zeitraum speichern kann.

9 Strom speichern – das Problem der Versorgungssicherheit

Körper reagiert nicht auf Infraschall von Windrädern

Schlafstörungen, Schwindel oder Kopfschmerzen: Schuld daran, so die Befürchtung vieler, ist der sogenannte Infraschall – ein für das menschliche Ohr nicht wahrnehmbarer Ton, der zum Beispiel von Windenergieanlagen ausgehe. Eine Experimentalstudie des Umweltbundesamtes zeigt nun, dass an diesen Befürchtungen nichts dran ist. Infraschall, der etwa auch beim Betrieb von Kühlschränken, Wärmepumpen oder Autos entstehe, könne zwar belästigend wirken, führe aber zu keinerlei körperlichen Reaktionen, teilte die Behörde am Dienstag in Dessau mit.

Efthymis Angeloudis, Studie: Körper reagiert nicht auf Infraschall von Windrädern, auf: rbb24 v. 12.09.2020, unter: https://www.rbb24.de/wirtschaft/beitrag/2020/09/brandenburg-windraeder-infraschallstudie-zeigt-keine-folgen.html

11

10 Begonnene Argumentationswippe

Lückenschluss der A1 – eine unendliche Geschichte

Die Bundesautobahn (BAB) 1 verbindet den Ostseeraum mit dem Süden Frankreichs. Damit gehört diese Route seit den 1960er-Jahren zu den wichtigsten Autobahnen Deutschlands. Doch weist diese Autobahn in der Eifel noch immer eine Lücke von rund 25 Kilometern auf.

→ Fehmarn-belt-Tunnel der A1
Seiten 48/49

2 Bündnis „Pro Lückenschluss der A1"

Da die A1 auch als Transitweg zwischen Skandinavien und Spanien von großer Bedeutung ist, ist das Verkehrsaufkommen vor allem im Schwerlastbereich entsprechend hoch. In der Eifel muss der Verkehr auf Bundes- und Landstraßen ausweichen, was vor allem die Ortsdurchfahrten stark belastet. Seit Jahren gibt es Bestrebungen, diese Lücke zu schließen. Im Moment ist noch nicht absehbar, bis wann der Lückenschluss vollzogen sein wird. Befürworter versprechen sich davon nicht nur eine Reduktion des belastenden Verkehrslärms, sondern auch eine Belebung der Wirtschaft. Die Nähe zur Autobahn ist ein wichtiger Standortfaktor. Kommt der Lückenschluss, dann können die anliegenden Gemeinden Gewerbeflächen ausweisen und Arbeitsplätze schaffen. Kritiker halten dem entgegen, dass der erwartete Nutzen in keinem Verhältnis zu dem Schaden in der Natur, den Kosten und der Bauzeit stünde. Wichtige Waldflächen, die von der EU als besonders schützenswert eingestuft wurden, seien ebenso betroffen wie seltene Fledermaus- und Vogelarten sowie bedeutende Wasser- und Mineralwasserquellen.

3

Stand der Planung

„Die bestehende Lücke zwischen den derzeitigen Autobahnenden bei Blankenheim und Kelberg [...] befindet sich größtenteils noch in der Planung. Der Lückenschluss wird rund 400 Millionen Euro kosten. Es wurde angestrebt, bis 2010 eine Baugenehmigung für die verbleibenden Streckenabschnitte zu erhalten und die Lücke bis 2015 vollständig zu schließen. Da die Planfeststellungsbeschlüsse seit 2005 jedoch mehrfach geändert werden mussten, war dieser Termin nicht mehr zu halten. Die fehlenden Teilstücke wurden im Bundesverkehrswegeplan 2030 unter der obersten Stufe ‚Vordringlicher Bedarf mit Planungsrecht' eingestuft. Derzeit hofft man den Lückenschluss bis spätestens 2034 beendet zu haben. [...] Der Abschnitt zwischen Blankenheim und Lommersdorf befindet sich seit Mai 2012 im Planfeststellungsverfahren, für die Strecke bis Adenau wurde die Entwurfsplanung in Juni 2018 aktualisiert. Insbesondere in Rheinland-Pfalz gab es zwischen den Koalitionspartnern der Landesregierung zeitweise Unstimmigkeiten hinsichtlich des Weiterbaus, im März 2013 wurde der Abschnitt von Adenau bis Kelberg jedoch für den Bundesverkehrswegeplan 2015 angemeldet. Im August 2014 genehmigte das Bundesverkehrsministerium den Vorentwurf."

Wikimedia: Eifelautobahn. Auf: https://de.wikipedia.org, (Zugriff am 19.02.2019)

1

4 Schließung der „A1-Lücke-Eifel"

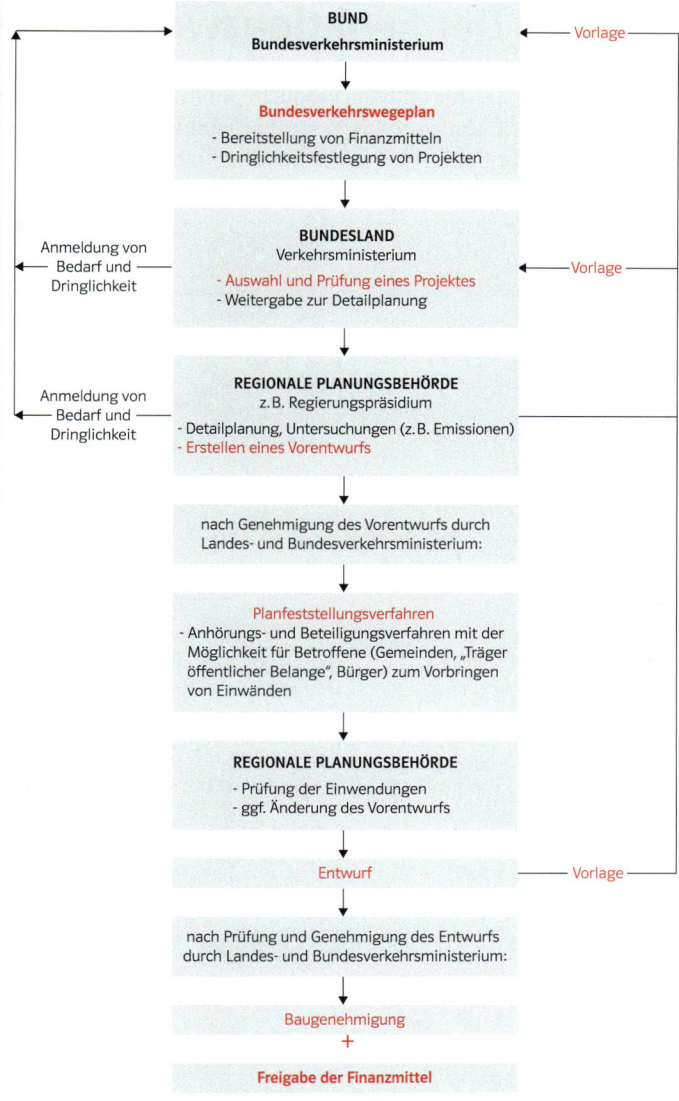

5 Planung einer Bundesautobahn

1

Nenne mithilfe von Atlaskarten wichtige Wirtschaftsräume entlang der A1 und der Autoroutes bis Südfrankreich.

2

Ordne den Stand der Planung (Text 1) in das Ablaufschema 5 ein.

3

Beurteile mithilfe des Nachhaltigkeitsvierecks (siehe S. 8/9) die Pro- und Kontra-Argumente zum „Lückenschluss der A1".

4 MK

Arbeite mit der Karikatur 3:
a) Werte die Karikatur bezogen auf den Lückenschluss der A1 aus.
b) Erläutere anschließend, warum die Karikatur auf nahezu alle großen Bauvorhaben bezogen werden kann.

5 MK

Umstrittenes Bauprojekt
a) Recherchiere die Darstellung des Bauprojekts aus Sicht der Befürworter und Gegner im Internet.
b) Erkläre, wie diese Darstellungsweisen zustande kommen. Unterscheide dabei zwischen sachlichen Darstellungen und emotionalen Werturteilen und beurteile diese.

Der Funktionswandel der Dörfer

Dörfer und der ländliche Raum befinden sich in einem Struktur- und Funktionswandel. Dabei verändern sie ihre Funktion und auch ihre Gestaltung. Wachsende Dörfer stehen dabei jenen gegenüber, die aussterben.

1 Diskutiert in der Klasse anhand der Grafiken M1 die Zukunftsvorstellungen zum eigenen Wohnort von Schülerinnen und Schülern der 6. und der 11. Klasse: Welche Gründe könnte es für die feststellbaren Abweichungen zwischen Land und Stadt sowie zwischen den Altersgruppen geben? Welche Zukunftsvorstellungen habt ihr selbst hinsichtlich eures Wohnortes?

2 Stelle Vorteile und Nachteile des Lebens „im Grünen" tabellarisch gegenüber (M2–6).

3 Erläutere, wie die neuen Funktionen zur Stärkung des ländlichen Raumes beitragen (M2).

4 Vergleicht die Ergebnisse der Aufgaben 2 bis 3 mit den ersten Diskussionsergebnissen aus Aufgabe 1: Inwiefern ergeben sich Unterschiede in der Erklärung der Abweichungen nach der Bearbeitung?

5 Leitet davon ausgehend Zukunftsherausforderungen ab, die sich für Dörfer im ländlichen Raum ergeben (M1–6). Diskutiert abschließend, inwiefern sich diese Herausforderungen auf die Zukunftsvorstellungen zum eigenen Wohnort in M1 auswirken.

○ 1, 2 ◕ 3 ● 4, 5   → Lösungshilfen ab S. 178

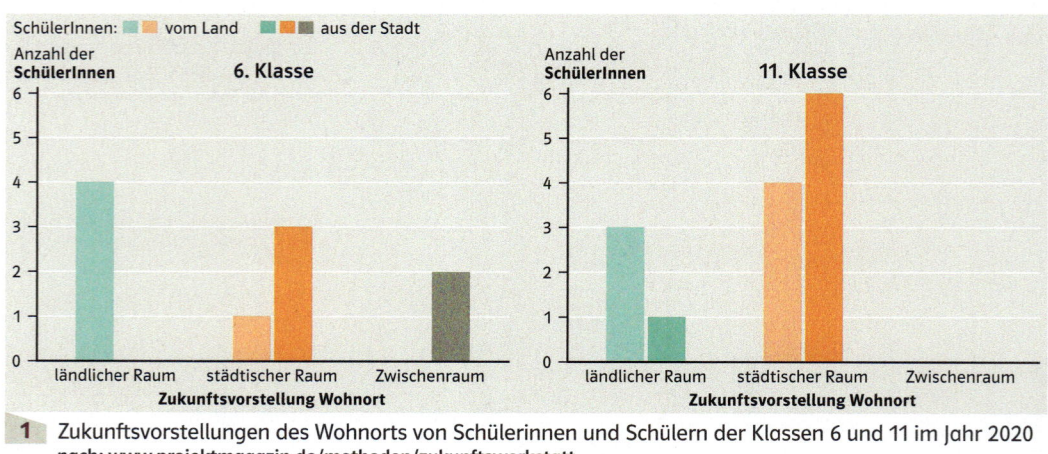

1 Zukunftsvorstellungen des Wohnorts von Schülerinnen und Schülern der Klassen 6 und 11 im Jahr 2020
nach: www.projektmagazin.de/methoden/zukunftswerkstatt

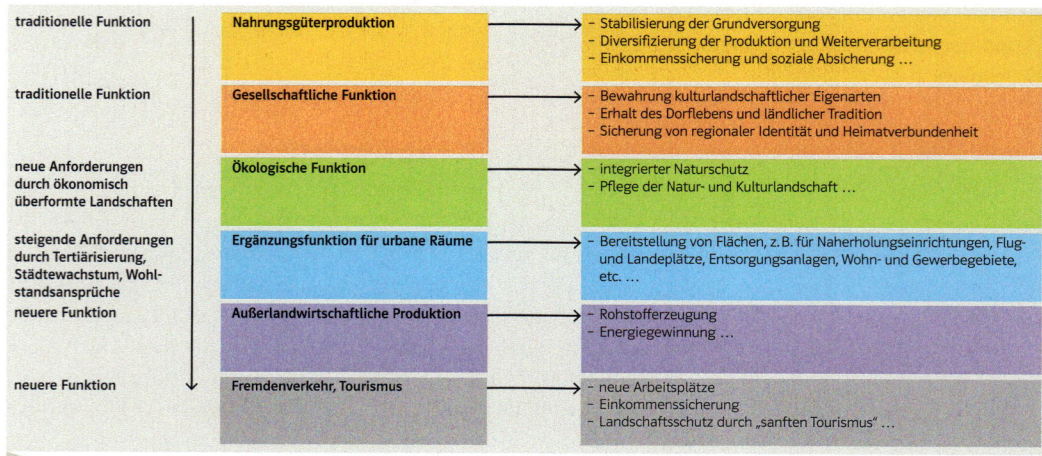

2 Neue Funktionen zur Stärkung des ländlichen Raumes

„In vielen ländlichen Regionen wandelt sich die Landwirtschaft durch die veränderten Ansprüche der Konsumenten an ökologische Erzeugung, Tierwohl und Nahrungsmittelqualität. Daneben wird vielfach Landwirtschaft zur Energieerzeugung durch Raps oder Mais betrieben."

„Die Ausbildungs- und Weiterbildungsmöglichkeiten auf dem Land sind begrenzt, weshalb es seit Mitte der 2000er-Jahre in vielen Dörfern zu Abwanderung junger Einwohner zwischen 18 und 30 Jahren kommt. Auch die beruflichen Perspektiven sind in städtischen Räumen besser. In ländlichen Regionen verstärkt das den bundesweiten Fachkräftemangel massiv."

„In ländlichen Regionen kann man auch Lifestyle-Zuwanderung beobachten. Junge Familien und Personen im Ruhestand ziehen wegen der landschaftlichen Attraktivität in Dörfer und suchen einen freizeitorientierten Lebensstil abseits von Bars, Restaurants und Fußgängerzonen."

„Viele Menschen leben auf dem Land und arbeiten in Städten. Somit pendeln zahlreiche Berufstätige zu ihrem Arbeitsplatz. Es kommt zu einer immer stärkeren Trennung der Funktionen Arbeiten und Wohnen."

Autorentexte

3

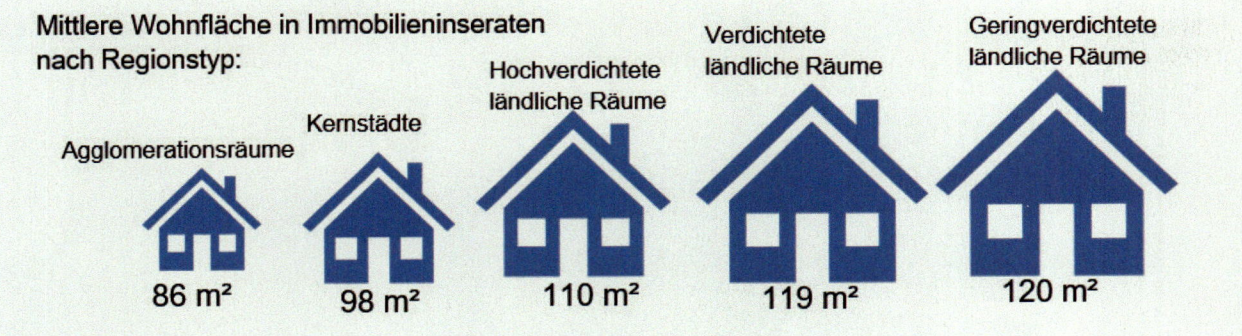

4 Mittlere Wohnfläche in Immobilieninseraten nach Regionstypen 2020

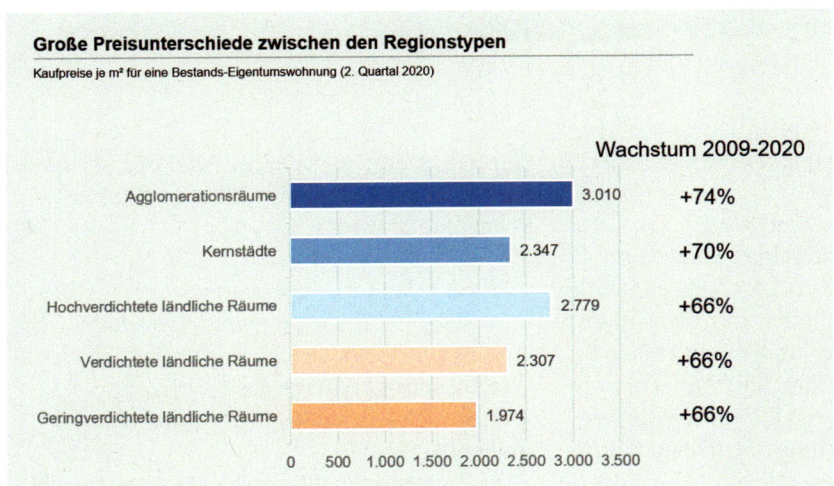

5 Preisunterschiede nach Regionstypen: Kaufpreise je m² für eine Eigentumswohnung (2. Quartal 2020)

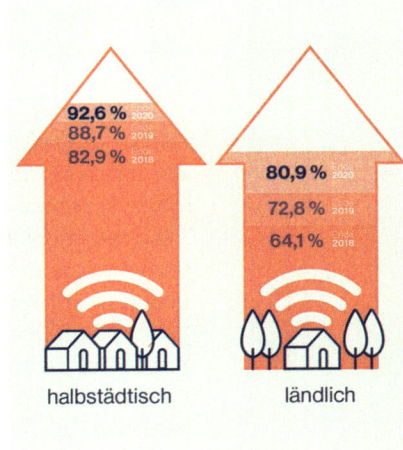

6 Breitbandanschluss im halbstädtischen und im ländlichen Raum 2021

Lösungen entwickeln in der Zukunftswerkstatt

Der ländliche, stadtferne Raum steht vor großen Zukunftsherausforderungen, denn der demografische Wandel und die fehlenden Erwerbsmöglichkeiten des strukturschwachen Raums führen zu Abwanderung. Auf der anderen Seite gilt das „Haus im Grünen" weiterhin als idealer Lebensort für junge Familien. Was passiert mit unseren Dörfern? Sterben sie oder kann man sie fit für die Zukunft machen? Kreative Lösungen werden gesucht!

1

Kritik – Utopie – Planung: die Methode der Zukunftswerkstatt

Phase 1: Beschwerden und Kritik

Beschwerden und Kritik werden auf Kartei-karten gesammelt, die an der Tafel angebracht und dann kategorisiert und sortiert werden. Notiert dazu Oberbegriffe für die einzelnen Kritikaspekte an der Tafel und ordnet diesen die Karteikarten mit den Einzelaspekten entsprechend zu. Aus dem entstandenen Cluster werden die Kategorien ausgewählt, die die Gemeinschaft am stärksten stören (Wo gibt es die meisten Kritikpunkte? Was ist am gravierendsten? Was muss unbedingt geändert werden?). Dazu können alle Beteiligten eine Kategorie oder auch einzelne Aspekte aus diesen wählen und die entsprechenden Kartei-karten z. B. mit Klebepunkten markieren. Die nicht gewählten Kritikpunkte werden von der Tafel entfernt. Anstelle der Tafel können natürlich auch digitale Tools mit Umfragefunktion verwendet werden.

Phase 2: Fantasie und Utopie

In dieser Phase macht man sich bewusst, was man sich eigentlich wünscht. Es werden kreative Lösungsvorschläge gesammelt, die die Kritikpunkte beseitigen oder zumindest verringern.

Der Fantasie sind hier keine Grenzen gesetzt. Die Ideen werden ebenfalls auf Karteikarten – am besten in einer anderen Farbe – gesammelt und den ausgewählten Kritikpunkten zugeordnet. Abschließend wird eine erneute Auswahl getroffen, welche der Lösungsvorschläge weiterverfolgt werden sollen (s. o.), die übrigen Karteikarten werden entfernt.

Phase 3: Verwirklichung und Praxis

Nicht jede kreative Lösung ist auch realistisch umsetzbar. Die ausgewählten Ideen werden auf ihre Realisierbarkeit überprüft und aussortiert oder ggf. angepasst, um sich der Realität zu nähern. Damit aus den Vorschlägen tatsächliche Lösungen werden können, müssen nun gezielte Maßnahmen für einen Projektplan entwickelt werden.

Phase 4: Reflexion

Abschließend ist es wichtig, die Entwicklung des Projektplans noch einmal nachzuvollziehen und zu überprüfen, ob die drängendsten Kritikpunkte durch diesen angesprochen werden. Auch sollte man als Gemeinschaft den Prozess noch einmal resümieren und die Methode auf Schwierigkeiten und zukünftige Verbesserungsmöglichkeiten hin überprüfen.

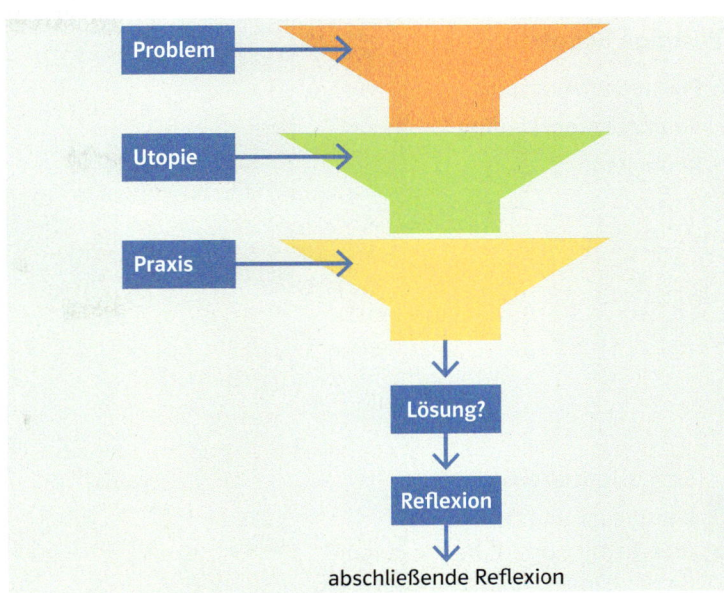

3 Methodenschritte Zukunftswerkstatt
nach www.projektmagazin.de/methoden/zukunftswerkstatt

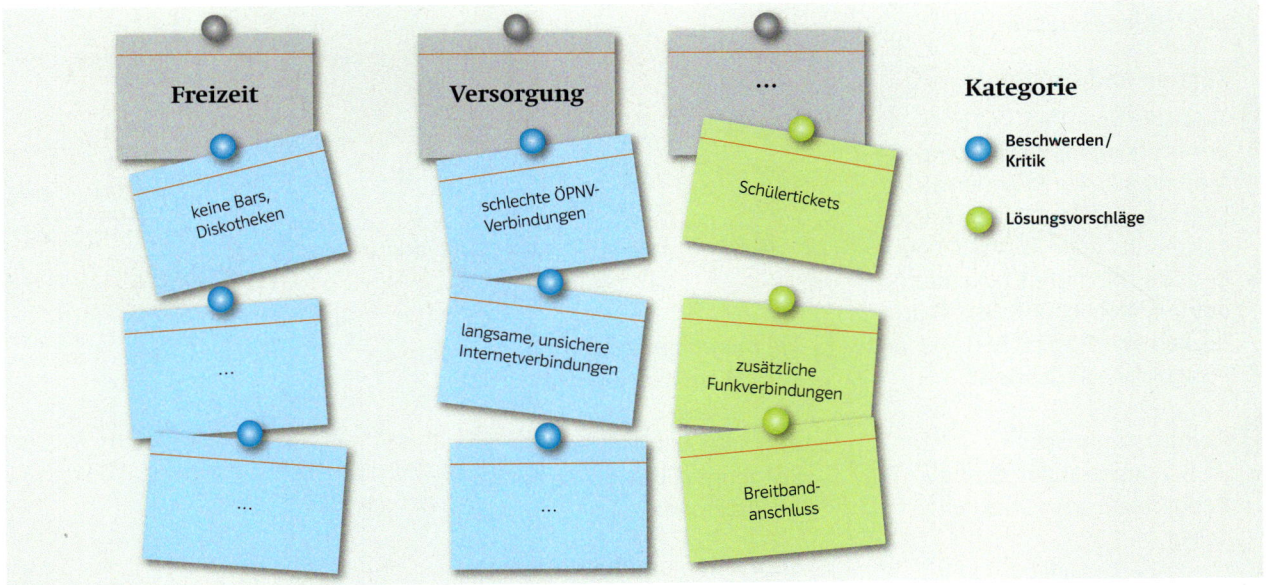

2 Kategorien, Beschwerden und Lösungsvorschläge in einer Zukunftswerkstatt

1

Entwickelt mithilfe der Zukunftswerkstatt einen Projektplan, mit dem ein Dorf zukunftssicher gestaltet werden kann. Nutzt dazu die Informationen der Doppelseiten „Funktionswandel der Dörfer".

Wichtige Begriffe

– Flächennutzungsplan
– Raumnutzungskonflikt
– Raumplanung

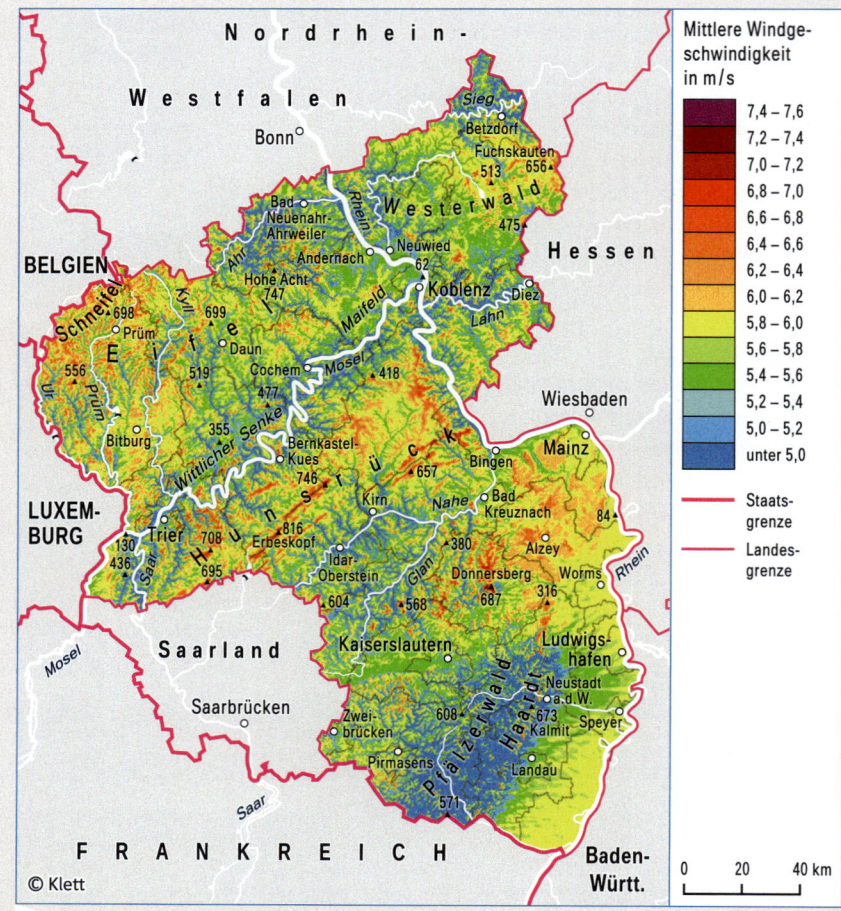

1 Windenergiepotenzial in Rheinland-Pfalz

Sich orientieren

1 **Kontinente und Ozeane**

a Arbeite mit Karte 1: Nenne je fünf für die Windkraftnutzung geeignete und ungeeignete Regionen.

b Erläutere, inwiefern sich deine Heimatregion für die Nutzung durch Windenergie eignet.

Kennen und verstehen

2 **Finde die Begriffe**

a Bezeichnung für alle planenden Maßnahmen zur Raumentwicklung wie: Landesplanung, Regionalplanung oder Stadtplanung.

b Rechtsverbindliches Dokument, das u.a. Wohnbauflächen, Grünflächen und Flächen für Land- und Forstwirtschaft ausweist.

3 **Richtig oder falsch?**

a Im Bundeswegeplan wird die Dringlichkeit von Projekten festgelegt.

b Ländliche Regionen sind für Zuwanderer attraktiv.

c Betroffene können sich bei der Planung neuer Straßen stets einbringen.

Fachmethoden anwenden

4 **Wachsen und Schrumpfen – Perspektiven entwickeln**

a Beschreibe Karte 3.

b Überprüfe die Prognose für deinen Schulort.

c Erläutere mögliche Konsequenzen.

5 **Ein Diagramm auswerten**

a Formuliere die Kernaussage des Diagramms 2.

b Erläutere Auswirkungen der erkennbaren Entwicklung auf die Raumplanung.

Beurteilen und bewerten

6 Bewerte folgende Aussage: „Das Land kann nicht überall gleiche Bedingungen garantieren, es sollten aber alle Landesteile gleichwertige Lebensbedingungen aufweisen."™

Wissen vernetzen

7 Gestalte eine Mindmap zum Thema „Möglichkeiten der Raumplanung".

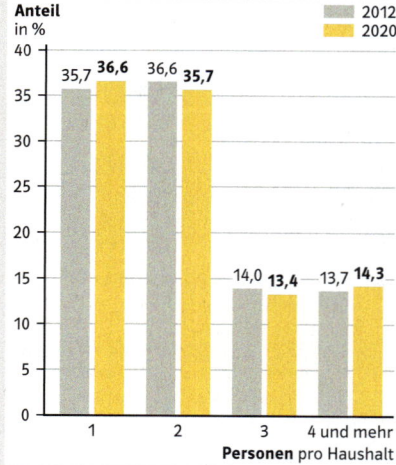

2 Veränderung der Haushaltsgrößen in Rheinland-Pfalz
nach: www.destatis.de/DE/Themen/Gesellschaft-Umwelt/Bevoelkerung/Haushalte-Familien/Tabellen/1-2-privathaushalte-bundeslaender.html

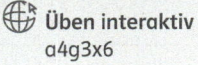 Üben interaktiv
a4g3x6

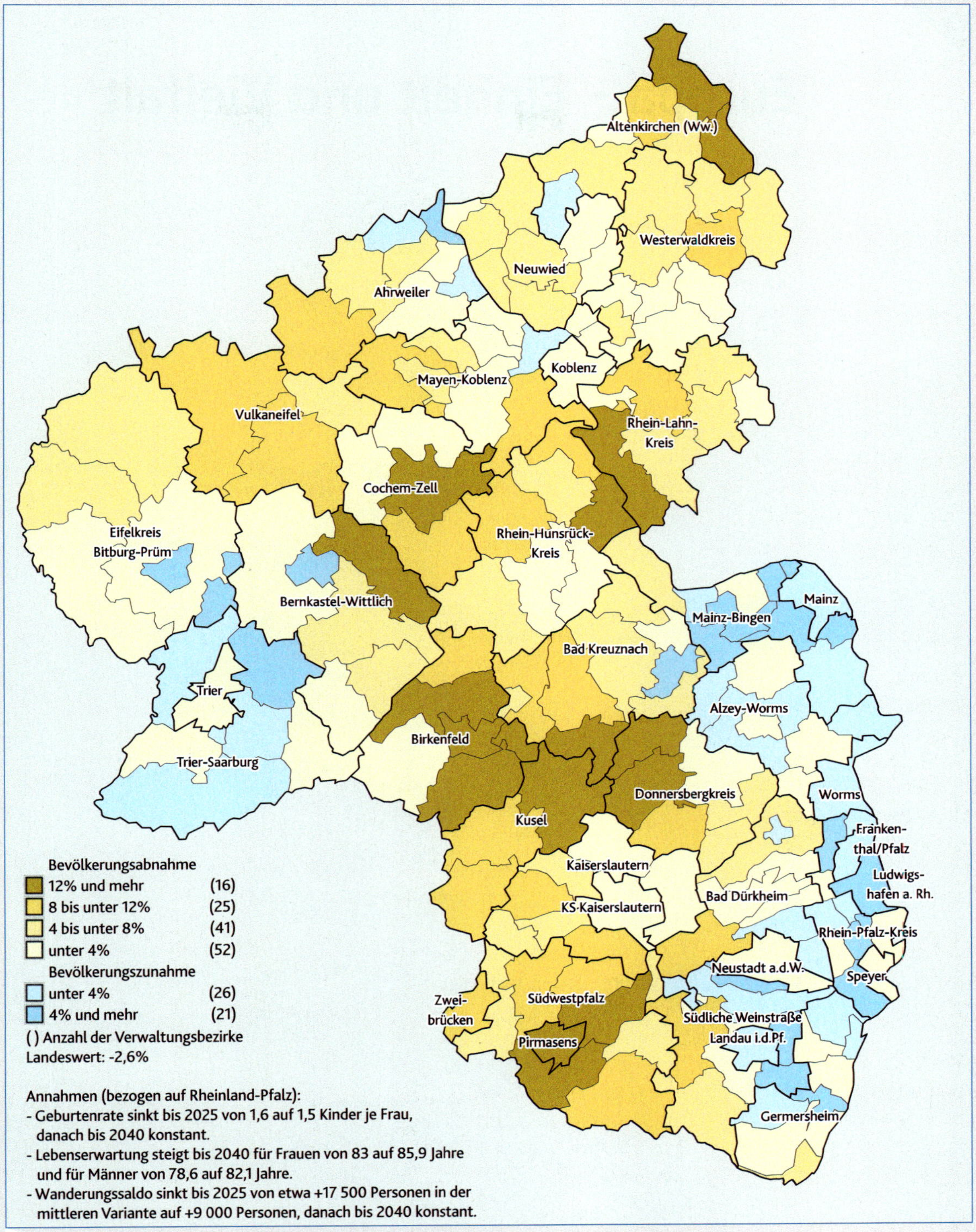

Material
Selbsteinschätzung
a4g3x6

Lösungen
a4g3x6

Möglichkeiten der Raumplanung **1**

Bevölkerungsabnahme

■	12% und mehr	(16)
■	8 bis unter 12%	(25)
□	4 bis unter 8%	(41)
□	unter 4%	(52)

Bevölkerungszunahme

□	unter 4%	(26)
■	4% und mehr	(21)

( ) Anzahl der Verwaltungsbezirke
Landeswert: -2,6%

Annahmen (bezogen auf Rheinland-Pfalz):
- Geburtenrate sinkt bis 2025 von 1,6 auf 1,5 Kinder je Frau,
  danach bis 2040 konstant.
- Lebenserwartung steigt bis 2040 für Frauen von 83 auf 85,9 Jahre
  und für Männer von 78,6 auf 82,1 Jahre.
- Wanderungssaldo sinkt bis 2025 von etwa +17 500 Personen in der
  mittleren Variante auf +9 000 Personen, danach bis 2040 konstant.

3 Entwicklung der Bevölkerungszahl 2017 bis 2040 nach Verwaltungsbezirken

---

Jetzt kannst du ...

– einen Raumnutzungskonflikt
untersuchen und die unterschiedlichen Standpunkte darstellen;

– eigene und fremde Perspektiven
bei Planungsvorhaben reflektieren.

– unterschiedliche Planungskonzepte
bewerten;

– die Methode Zukunftswerkstatt
durchführen.

Europa – Einheit und Vielfalt

1 Vielfalt in Europa

In Europa leben fast 750 Millionen Menschen in mehr als 40 Staaten. Es zeigt sich eine große Vielfalt an Sprachen, Gebräuchen und Religionen. Trotzdem ist für die Menschen Europa zu einem Lebens- und Wirtschaftsraum geworden, in dem sie beinahe grenzenlos leben, arbeiten und reisen können. Täglich begegnet uns Europa und es drängen sich Fragen auf wie: Was bedeutet Europa für uns? Wie leben Menschen in unterschiedlichen Regionen Europas? Welche Potenziale und Perspektiven bietet der europäische Lebens- und Wirtschaftsraum?

Europa – ein Kontinent?

Stellt man diese Frage Jugendlichen, bekommt man viele unterschiedliche Antworten. Die Äußerungen reichen von einer gemeinsamen Fußballliga über den Eurovision Song Contest bis hin zur gemeinsamen Währung. Aber lässt sich unser Kontinent Europa so einfach abgrenzen? Handelt es sich überhaupt um einen einheitlichen Raum?

1 Cabo da Roca (Portugal): westlichster Punkt des europäischen Festlandes

2 Grenzlinie Europa-Asien bei Promysla nördlich von Jekaterinburg (Russland)

Gemeinsame Wurzeln

Was verbindet die Nationen Europas? Da ist zunächst das Christentum als ursprünglich gemeinsame Religion zu nennen. Weitere gemeinsame Wurzeln sind die Kulturen der Griechen und Römer. Die Idee der Demokratie, unsere Rechtsprechung und Wissenschaft sind hier begründet. Latein war jahrhundertelang die Sprache der Dichtung, der Wissenschaft und der Politik. Noch heute tragen Pflanzen und Tiere, aber auch Organe des menschlichen Körpers und Krankheiten lateinische Namen.

Gleichgültig, ob wir nach Frankreich, Portugal oder Griechenland reisen: Überall bezahlen wir mit dem Euro. Doch jede Euromünze hat zwei Seiten: eine „gemeinsame" und eine „nationale". Die Münze ist so ein Symbol für das Besondere an Europa – sie steht für die Einheit und die Vielfalt des Kontinents.

Von der Konfrontation zur Kooperation

Im Laufe ihrer Geschichte entwickelten die Nationen Europas eine große Vielfalt. Nicht zuletzt deshalb gibt es hier im Vergleich mit anderen Erdteilen ungewöhnlich viele Staaten auf engem Raum.

Die europäische Geschichte ist dabei auch eine Abfolge von zahlreichen Kriegen. Allein die beiden Weltkriege im 20. Jahrhundert, die anfänglich europäische Kriege waren, haben Millionen Menschenleben gekostet. Dörfer, Städte und Kulturgüter wurden zerstört und viele Menschen aus ihrer Heimat vertrieben. Diese Erfahrung veränderte die Einstellung der Menschen. Heute begreifen wir die Vielfalt der Nationen als den eigentlichen Reichtum Europas. Zunehmend wird das Miteinander statt des Gegeneinanders gesucht. Der Grundstein wurde hierzu bereits 1949 mit der Gründung des Europarates gelegt. Immer mehr politische Verantwortungsträger setzten sich für eine politische und wirtschaftliche Integration Europas ein. So schlossen sich im Jahre 1951 sechs Staaten zur Europäischen Gemeinschaft für Kohle und Stahl zusammen. Diese Einrichtung stellte die Keimzelle der späteren **Europäischen Union (EU)** dar. Letztere entwickelte sich im Laufe von Jahrzehnten aus einer Vielzahl von zwischenstaatlichen Verträgen. Ein wichtiger Schritt zur Umsetzung des einheitlichen EU-Binnenmarkts war die **Währungsunion**, also die Einführung einer gemeinsamen Währung im Jahr 2002 in fast allen damaligen Mitgliedsstaaten. Weitere sichtbare Zeichen für das Zusammenrücken der Nationen innerhalb der EU sind der weinrote Reisepass und der einheitliche Führerschein.

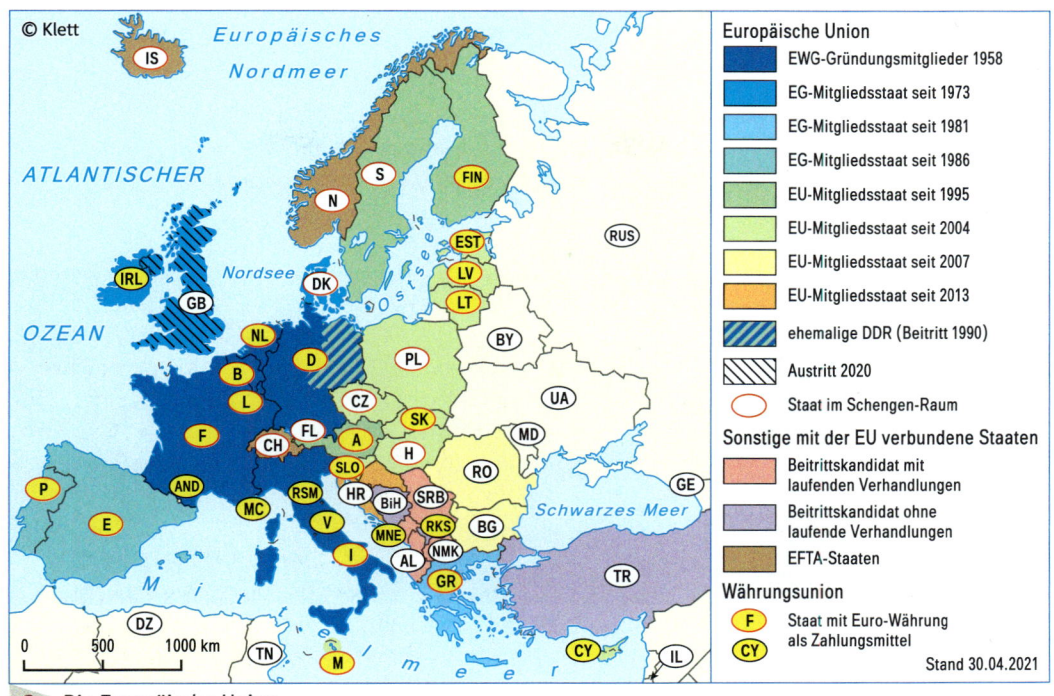

3 Die Europäische Union

Lage und Abgrenzung

Während sich die Kontinente Afrika, Amerika und Australien leicht durch ihre eindeutigen Umrisse voneinander abgrenzen lassen, ist das bei Europa schwieriger. Denn lediglich im Norden, Süden und Westen (Foto 1) ist die Abgrenzung des Kontinents aufgrund der Küstenlinie leicht möglich. Im Osten jedoch fehlt diese klare Begrenzungsmöglichkeit, weshalb sich Geographen hier einer Kombination natürlicher Grenzlinien bedienen müssen. Zu diesen natürlichen Grenzlinien im Osten Europas gehört das Uralgebirge, der Fluss Ural, das Kaspische Meer, die Manytschniederung nördlich des Kaukasus und das Asowsche Meer. Andere

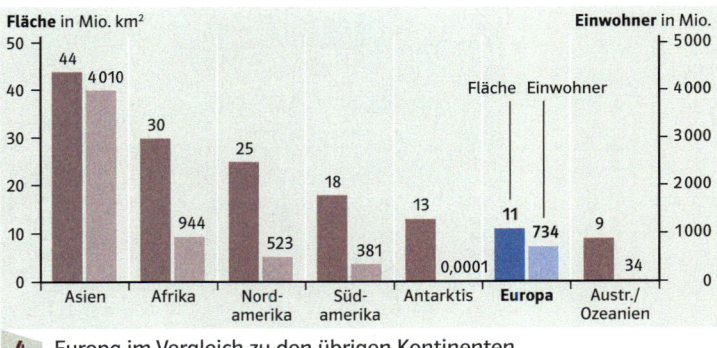

4 Europa im Vergleich zu den übrigen Kontinenten

wiederum verlegen die östliche Grenzlinie zwischen den Kontinenten Europa und Asien über den Kamm des Kaukasus.

1

Arbeite mit dem Atlas:
a) Erläutere, warum eine Abgrenzung zwischen den Kontinent Europa und Asien so schwierig ist.
b) Ermittle die größte Nord-Süd- sowie die größte West-Ost-Ausdehnung Europas.

2

Arbeite mit dem Diagramm 4:
a) Vergleiche die Flächengröße Europas mit der der anderen Kontinente.
b) Ermittle den Kontinent mit der höchsten und den mit der niedrigsten Bevölkerungsdichte.

3 MK

Europa in der Wahrnehmung
a) Führt eine Befragung durch, um herauszufinden, wie Europa von der Bevölkerung wahrgenommen wird.
b) Vergleicht das Ergebnis der Befragung mit eurer eigenen Haltung zu Europa.

4 MK

Kulturelle Wurzeln
a) Sammelt Belege zu den einheitlichen kulturellen Wurzeln Europas. Berücksichtigt Literatur, Architektur, Geschichte, Kunst und Sprachen.
b) Gestaltet ein Plakat, das ihr der Klasse vorstellt.
c) Ergänzt es mit Belegen, die auf religiöse Einflüsse eingehen.

Europa

Die europäischen Staaten und Räume wachsen politisch und wirtschaftlich immer stärker zusammen. Trotzdem spiegelt sich die Vielfalt Europas in einem weiten Spektrum an unterschiedlichen Räumen und deren verschiedener Wahrnehmung wider.

1

2

3

4

5

SP **Tipp**

Räume vergleichen
→ Aufgabe 6

• Im Vergleich zu Paris hat Berlin …

• Trotz vieler Gemeinsamkeiten gibt es einige Unterschiede …

• Im Gegensatz zu …

• Ab deutlichsten fällt auf, dass die Küstenregionen im Vergleich zu den Gebirgsregionen …

1

Topografie Europas
Benenne in Karte 6:
a) zehn ausgewählte Hauptstädte der EU,
b) zehn Flüsse in Europa,
c) die Inseln a – f,
d) die Meere und Nebenmeere A – F.

2

Europa in Bildern
a) Ordne die Landschaftsbilder 1, 2 und 3 begründet einer Region in Europa zu.
b) Viele Räume in Europa wurden stark von Menschen überformt. Ordne begründet die Bilder 4 und 5 einer Region in Europa zu und lokalisiere passend dazu weitere Regionen gleicher Prägung.

3 **MK**

Regionale Unterschiede Europas
A Arbeite mit dem Internet:
a) Recherchiere die unterschiedliche Einkommensverteilung in Europa. Lokalisiere einkommensschwache und einkommensstarke Regionen.
b) Vergleiche die Wirtschaftsstruktur von Regionen mit einem hohen mit Regionen mit einem niedrigen Durchschnittseinkommen.

B Arbeite mit dem Atlas:
a) Lokalisiere drei dünn und drei dicht besiedelte Räume in Europa.
b) Beschreibe die Ausstattung der jeweiligen Räume (Lage, Relief, Klima, Wirtschaftsstruktur, Verkehr).

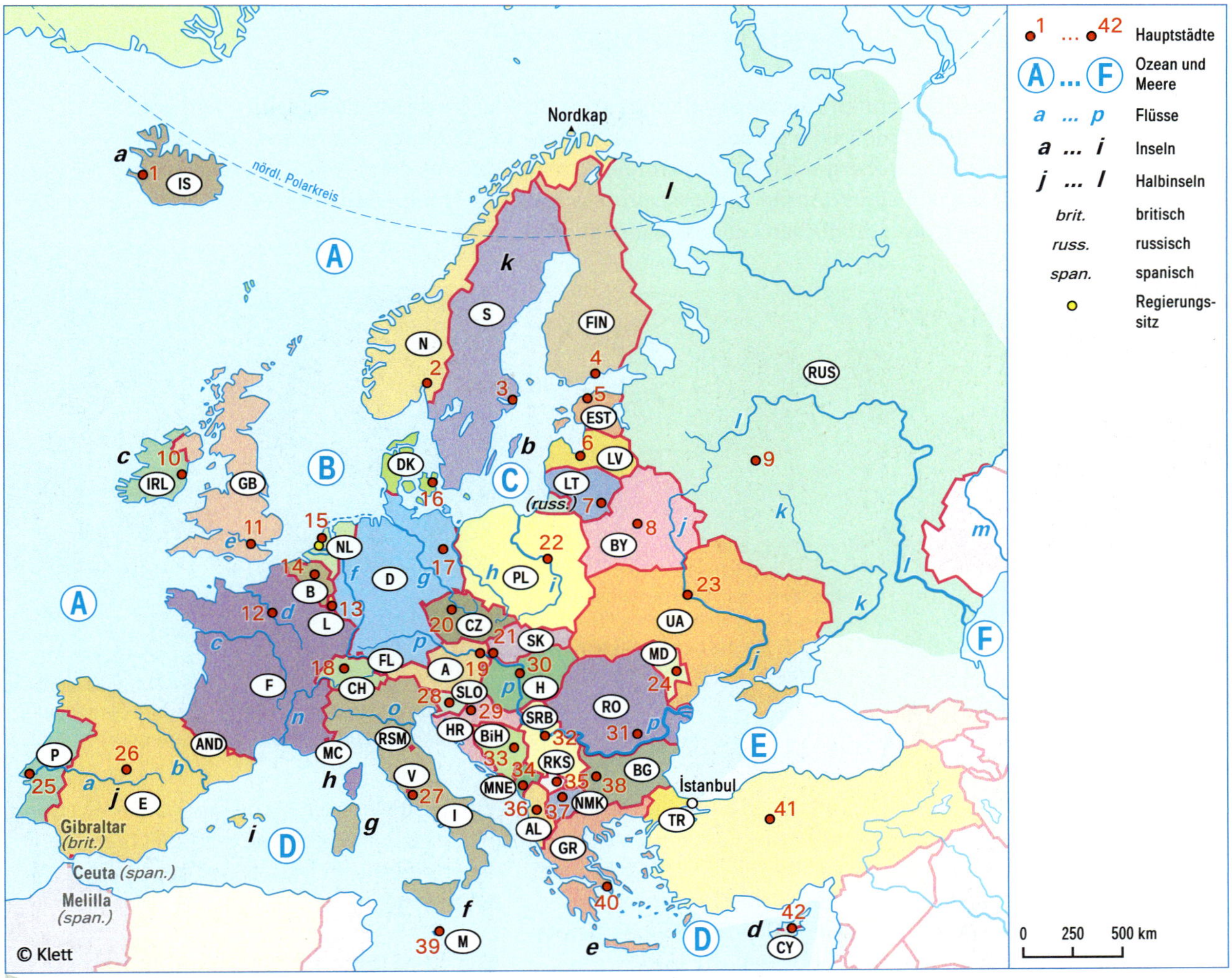

6   Lernkarte zu Europa

Legende:
- ● 1 ... ● 42 Hauptstädte
- Ⓐ ... Ⓕ Ozean und Meere
- *a ... p* Flüsse
- *a ... i* Inseln
- *j ... l* Halbinseln
- *brit.* britisch
- *russ.* russisch
- *span.* spanisch
- ● Regierungssitz

---

4 [MK]

Raumbilder in der Werbung

a) Erläutere die in folgendem Werbetext vorkommenden Raumvorstellungen: „Einfach ausspannen. Die Ruhe in den Schweizer Bergen lässt die Alltagssorgen ganz klein werden. Der Schnee glitzert, die frische Luft tut Körper und Seele gut, und wenn man dann noch in eine Tafel Alpenmilchschokolade beißt, ist man im Urlaub angekommen."

b) Wie könnten Reisewerbungen für die Bilder 1 bis 3 aussehen? Formuliere dazu passende Werbetexte.

5

Häfen und ihre Bedeutung in Europa

a) Rotterdam, Antwerpen, Hamburg und Marseille sind die größten Seehäfen in Europa. Bestimme mithilfe des Atlas ihre Lage und benenne die jeweiligen Binnenstaaten Europas, die auf dem Wasserweg von dort erreichbar sind.

b) Benenne die Binnenstaaten, die vom Duisburger Hafen (größter Binnenhafen) aus auf dem Wasserweg erreichbar sind.

6 [MK] [SP]

Räume im Vergleich

a) Recherchiere zu zwei Regionen oder Städten Europas jeweils ein Foto, das aus deiner Sicht idealtypisch für die dargestellte Region oder Stadt ist.

b) Vergleiche die beiden Regionen oder Städte mithilfe des Fotos.

Was geht mich Europa an?

Viele rheinland-pfälzische Schülerinnen und Schüler sowie Studierende nehmen ganz selbstverständlich an europäischen Austausch- und Bildungsprogrammen teil. Dass diese länderübergreifende Kooperation so ohne Weiteres durchgeführt werden kann, ist auf den europäischen Einigungsprozess zurückzuführen. Auch in vielen anderen Bereich des alltäglichen Lebens begegnet uns Europa.

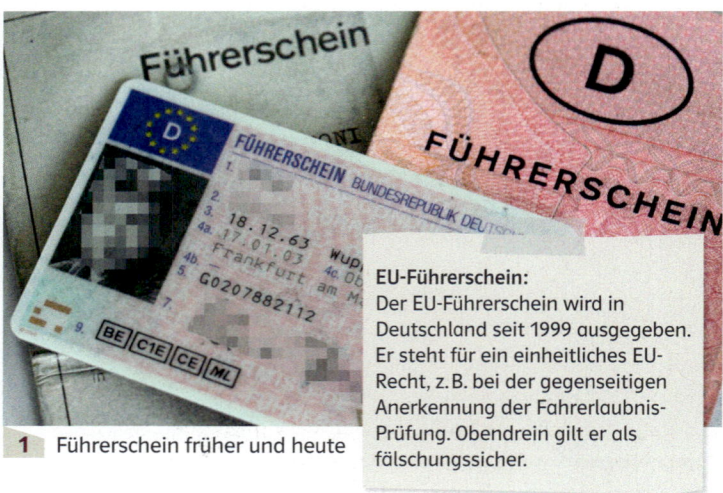

EU-Führerschein:
Der EU-Führerschein wird in Deutschland seit 1999 ausgegeben. Er steht für ein einheitliches EU-Recht, z. B. bei der gegenseitigen Anerkennung der Fahrerlaubnis-Prüfung. Obendrein gilt er als fälschungssicher.

1 Führerschein früher und heute

3 Europaschule Deutsch-Polnisches Gymnasium Löcknitz (Mecklenburg-Vorpommern)

Unionsbürger

Alle Bürger der EU-Mitgliedsstaaten besitzen auch die Unionsbürgerschaft. Daraus ergeben sich Rechte und Pflichten, wie Freizügigkeit oder das Diskriminierungsverbot.

Binnenmarkt

eine Region, in der nationale Grenzen existieren, in der aber trotzdem freier Personen-, Waren-, Dienstleistungs- und Kapitalverkehr vereinbart sind

Die Europäische Union deckt mit Austausch- und Lernprogrammen alle Bildungsbereiche und Altersstufen ab: Das ERASMUS-Programm ist für den Schul- und Hochschulbereich, das Programm LEONARDO DA VINCI für den Berufsschulbereich und GRUNDVIG für die Erwachsenenbildung zuständig. Durch die Programme wird nicht nur lebenslanges Lernen ermöglicht und gefördert, sondern auch der Austausch und die Verständigung zwischen den verschiedenen Kulturen und Völkern Europas werden intensiviert. Zudem wird den Schülerinnen und Schülern bereits in jungen Jahren eine enorme Mobilität ermöglicht.

2 Offener Grenzübergang zwischen Deutschland und Dänemark

Ein Beispiel für die Mobilität und die Vereinheitlichung in Europa ist der EU-Führerschein, der auf EU-Recht basiert und gegenseitige Anerkennung in der EU findet.

Die vier Freiheiten im Binnenmarkt

Die Reisefreiheit, wie wir sie heute kennen, bestand nicht von Anfang an in der EU. Freier Personenverkehr, basierend auf dem **Schengen-Abkommen** von 1985, bedeutet den Wegfall von Grenzkontrollen innerhalb der EU und erlaubt den Menschen die freie Wahl ihres Wohn- und Arbeitsortes. Auch Unternehmen können sich in allen EU-Staaten niederlassen. Freier Warenverkehr heißt, dass Zölle und mengenmäßige Einfuhrbeschränkungen innerhalb der EU verboten sind. Waren können ohne Grenzkontrollen bewegt werden, zudem gelten weitgehend gleiche Normen, Vorschriften und Steuern. Freier Dienstleistungsverkehr erlaubt allen Dienstleistungsunternehmen, grenzüberschreitend tätig zu werden. Freier Kapitalverkehr ermöglicht eine unbeschränkte Kreditaufnahme im europäischen Ausland; auch darf in allen EU-Staaten investiert werden.
Die vier Freiheiten sind eine Errungenschaft, die heute von den Menschen in Europa als selbstverständlich wahrgenommen wird.

1. **Hanah ist Schülerin in Potsdam** und möchte nach dem Schulabschluss eine Ausbildung zur Modeschneiderin in Paris absolvieren.

4. **Der Weinbauer Stavros Konstantinidis aus Griechenland** liefert mit seinem Lkw 20 000 Flaschen Rotwein nach Dänemark.

7. **Der Informatikkaufmann Felipe Gonzales aus Spanien** bewirbt sich auf das Stellenangebot eines Möbelunternehmens in Schweden.

2. **Familie Frank aus Frankfurt (Oder)** benutzt für ihren Urlaub in Pisa (Italien) ihren Pkw und fährt dabei auch durch Österreich. Nirgends gibt es Grenzkontrollen.

5. **Der polnische Fleischermeister Marek Sobiech** bekommt von einem norddeutschen Wurstfabrikanten den Auftrag, Schweine zu schlachten und das Fleisch nach Deutschland zu liefern.

3. **Die niederländische Rentnerin Grietje Jong** beabsichtigt, ein Haus an der Algarve (Portugal) zu kaufen, weil sie das oft schlechte Wetter des Winters in den Niederlanden nicht verträgt.

6. **Jacques Bernard aus Frankreich** möchte über einen günstigen Kredit bei der Bank of Ireland sein Haus finanzieren.

8. **Eine Aktiengesellschaft aus München** investiert drei Millionen Euro in ein französisches Gaskraftwerk.

4 Die vier Freiheiten – Beispiele aus der Praxis

Leben in der EU

Die Europäische Union greift in unser tägliches Leben ein. Viele Aspekte haben ihre Ursache im gemeinsamen Binnenmarkt. Er ermöglicht den freien Handel zwischen den Ländern der EU. Voraussetzung dafür ist die Einigung auf gemeinsame Standards. Deshalb gibt es im europäischen **Binnenmarkt** europaweite, in der Öffentlichkeit oft umstrittene, Anforderungen u. a. an die Lebensmittelhygiene und die Kennzeichnungsvorschriften.

Der Binnenmarkt ist zudem ein gemeinsamer Arbeitsraum. 19 Staaten der EU haben eine Währungsunion mit nur einer Währung, dem Euro. Der gemeinsame Raum der Freiheit, der Sicherheit und des Rechts garantiert uns Rechtsschutz und freies Reisen im europäischen Ausland sowie einen europaweiten Gesundheitsschutz. „Europa betrifft mich nicht" kann man daher nur sagen, wenn man nicht atmet, kein Wasser trinkt, nicht einkauft, nicht arbeitet, nicht reist und keine Ausbildung macht.

Binnenmarkt

Der Binnenmarkt ist ein abgegrenztes Wirtschaftsgebiet, das durch den freien Verkehr von Waren, Dienstleistungen und Kapital sowie eine angeglichene Rechtsordnung gekennzeichnet ist.

 1
Politische Union und Währungsunion
a) Nenne vier Beispiele für die Unionsbürgerschaft.
b) Nenne zwei Auswirkungen der gemeinsamen Währungsunion.

2
Die vier Freiheiten im Binnenmarkt
Fasse die vier Freiheiten des EU-Binnenmarktes in einer Tabelle zusammen. Unterscheide nach Rechten und Pflichten.

3
EU-Binnenmarkt konkret
a) Ordne die praktischen Beispiele aus Material 4 den vier Freiheiten des EU-Binnenmarktes zu (es können mehrere zutreffen).
b) Versetze dich in die Lage einer der beschriebenen Personen und beurteile aus ihrer Perspektive die Möglichkeiten des freien Wirtschaftens, Arbeitens, Wohnens, Reisens in der EU.

4
EU-Austauschprogramme
a) Stelle das Austauschprogramm „ERASMUS" vor (Ziele, teilnehmende Länder, Zielgruppen …).
b) Ermittle, welche Kriterien eine Schule erfüllen muss, um den Titel „Europaschule" tragen zu dürfen.

5 MK SP
Schreibe einen Brief an einen fiktiven Austauschschüler aus einem afrikanischen Land. Erkläre ihm aus deiner Sicht, wie das Leben in der EU ist. Gehe aber auch auf Herausforderungen ein, denen sich die EU aus deiner Sicht stellen muss.

Zwei EU-Mitglieder unter der Lupe

Nicht nur die Lage eines Landes, sondern auch die naturgeographischen Voraussetzungen und die politischen Gegebenheiten sind für seine zukünftige Entwicklung von großer Bedeutung. Auch innerhalb eines Wirtschaftsraums wie der EU können sich große Unterschiede in den Entwicklungsmöglichkeiten zeigen.

1

10 WENIGER UNGLEICHHEITEN

2 Ländlicher Raum in den Niederlanden

4 Ländlicher Raum in Bulgarien

3 Wirtschaftsraum in den Niederlanden, Welthafen Rotterdam

5 Touristischer Nutzungsraum in Bulgarien

Wirtschaftsräume unterliegen ständigen Veränderungen, so auch die Europäische Union. Insbesondere die EU-Osterweiterung verstärkte die wirtschaftlichen Disparitäten innerhalb des europäischen Wirtschaftsraums. Somit besitzen die einzelnen Teilräume (Länder) dieses gemeinsamen Wirtschaftsraums unterschiedliche Entwicklungsvoraussetzungen, die es zu ermitteln gilt. Die Analyse der jeweiligen Standortfaktoren in einem Land unter Berücksichtigung von Ökonomie, Ökologie und Sozialem unter den Aspekten der Nachhaltigkeit ermöglicht die Abschätzung von Entwicklungspotenzialen. Die „SWOT-Analyse" ist eine von der Harvard Business School zunächst für Wirtschaftsunternehmen entwickelte Methode zum Entwerfen von Marktstrategien. Ein Wirtschaftsraum wird sowohl auf seine internen Stärken (Strengths) und Schwächen (Weaknesses) als auch auf seine externen Chancen (Opportunities) und Risiken (Threats) überprüft.

Um Problemregionen und deren Defizite zu ermitteln, muss die wirtschaftliche und soziale Entwicklung in allen Teilräumen eines Wirtschaftsraums analysiert und verglichen werden. Da dies jedoch nicht nur aufwendig, sondern zudem am Ende auch recht unübersichtlich ist, werden hier beispielhaft die EU-Teilräume Niederlande und Bulgarien beleuchtet. Mithilfe der SWOT-Analyse wird jedes Land zuerst separat analysiert. Dabei werden in einem ersten Schritt die internen Faktoren des Landes begutachtet und in Stärken und Schwächen aufgeteilt. Anschließend findet eine Analyse der externen Faktoren (z. B. Vergleich mit den Nachbarregionen) statt. Diese werden in Chancen und Risiken gegliedert. Erst wenn die internen und externen Faktoren beider Länder ermittelt und kategorisiert sind, kann ein Vergleich der Wirtschaftsteilräume gezogen werden.

	Niederlande		Bulgarien	
	2010	2020	2010	2020
Einwohner in Mio.	16,7	17,1	7,5	6,9
Erwerbstätige Landwirtschaft in %	3,06	1,99	6,82	6,26
Erwerbstätige Industrie in %	17,7	15,82	32,98	30,09
Erwerbstätige Dienstleistung in %	79,24	82,19	60,21	63,65
Anteil BIP Landwirtschaft in %	1,78	1,66	4,01	3,19*
Anteil BIP Industrie in %	20,31	17,8	23,28	22,3*
Anteil BIP Dienstleistungen in %	67,95	69,75	59,6	60,68*
Arbeitslose in %	5	5,5	10,3	5,6
Inflationsrate in %	0,93	1,18	3,04	1,22
Import in Mrd. €	428,26	527,42*	21,16	30,83*
Export in Mrd. €	476,23	588,17*	17,11	27,37*
Lebenserwartung bei Geburt in Jahren	80,7	81,95	73,51	74,9

zusammengestellt nach: Statista.com//*2019

6

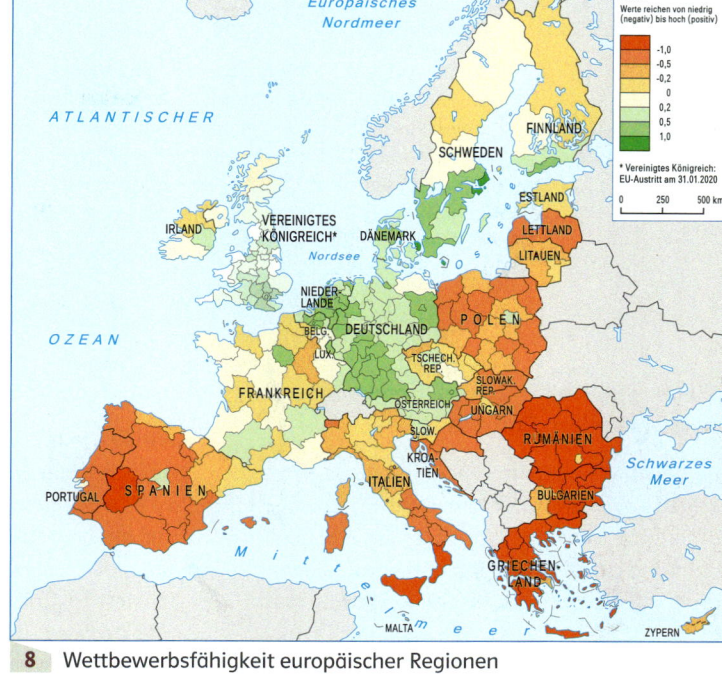

8 Wettbewerbsfähigkeit europäischer Regionen

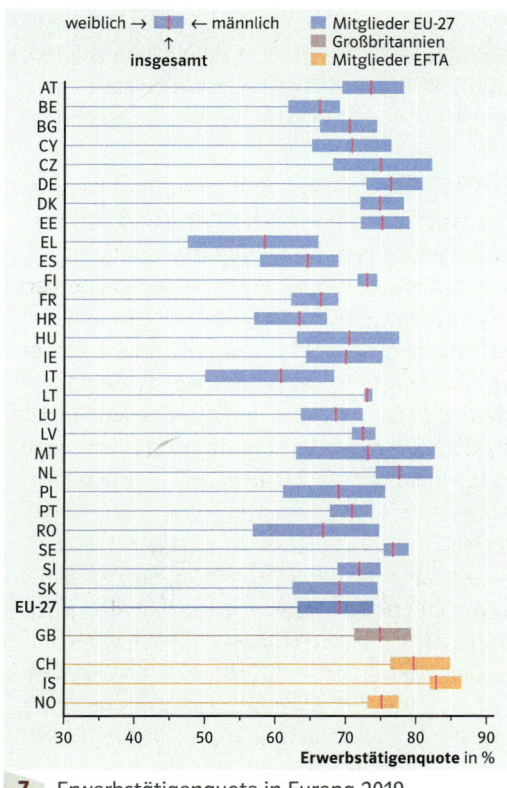

7 Erwerbstätigenquote in Europa 2019
nach Laufende Raumbeobachtung Europa,
Datengrundlage: Eurostat

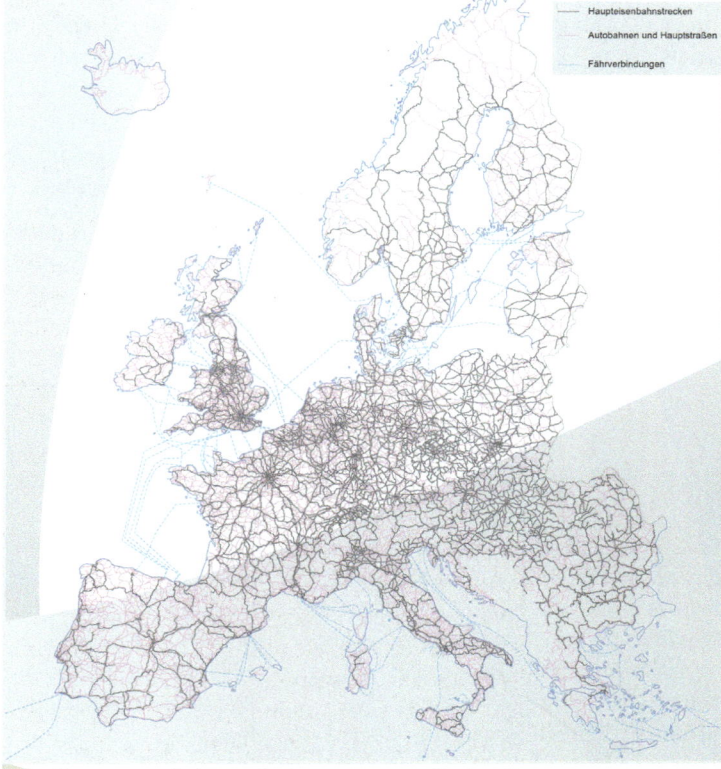

9 Personenverkehrsverflechtungen europäischer Staaten

Tipp

Begründen

→ Aufgabe 7

• Da der Binnen-
markt klein ist …

• Deshalb kann
das Land …

Strategien zur Steigerung des Entwicklungspotenzials			
SO-Strategie	**WO-Strategie**	**ST-Strategie**	**WT-Strategie**
Welche von den Stärken können eingesetzt werden, damit die vorhandenen Chancen genutzt werden? Wie können sie eingesetzt werden? Diese Kombination stellt den Idealfall dar.	Mit welchen externen Chancen können die Schwächen verringert werden?	Wie können die Stärken eingesetzt werden, um bestimmte Risiken einzugrenzen oder abzuwenden?	Wie kann ein Aufeinandertreffen von Schwächen und Risiken vermieden werden? Tritt diese Kombination zu häufig auf, sind die Entwicklungsziele kaum zu erreichen.

Entscheidungen hinsichtlich der Steigerung des Entwicklungspotenzials

11

Niederlande unter den am besten digitalisierten Ländern Europas.

Funklöcher sind in den Niederlanden ein Fremdwort. Offline zu sein ist eine freie Entscheidung. Wer will, kann jederzeit und überall online sein. Mit Schweden und Finnland gehören die Niederlande zu den am besten digitalisierten Ländern in Europa. Die Einführung des neuen, noch schnelleren 5G-Mobilfunknetzes soll dort möglicherweise noch in diesem Jahr, aber spätestens 2020 beginnen. Proteste dagegen wie mancherorts in Deutschland oder in der Schweiz wegen der „Strahlungseinflüsse" des 5G-Netzwerks gibt es bisher keine. Der Fortschritt geht weiter. Er muss weitergehen, wenn man als große Exportnation in der Welt auch künftig wettbewerbsfähig sein will. Dafür werden die Weichen gestellt.

Helmut Hetzel, Die Niederlande im Aufwind: Warum sich Holland zum Musterland der EU entwickelt, RND v. 16.11.2019, unter: https://www.rnd.de/wirtschaft/die-niederlanden-im-aufwind-warum-sich-holland-zum-musterland-der-eu-entwickelt-RWVQ64VKG5GVVCUJ74PMVRA-7JY.html (Zugriff 05.04.2021)

10

Europas erste „intelligente Stadt", die in Bulgarien gebaut wird

In Bulgariens Hauptstadt Sofia wird Europas erste „intelligente Stadt" noch in diesem Jahr gebaut. Dieses Projekt wird einem chinesischen Unternehmen übertragen, und der Bau beginnt ab dem Beginn des bevorstehenden 16+1-Gipfels. Das Konzept der sogenannten „Smart City" setzt sich wie bisher fort und wurde bisher an verschiedenen Orten in China umgesetzt. Es steht für die Integration der neuesten Bau- und Informationstechnologien. Am Stadtrand, etwa 20 Kilometer vom Stadtzentrum entfernt, in der Nähe des Dorfes Ravno Pole, wird der Bau der Stadt St. Sofia Ende des Jahres beginnen. Dieses besondere Gebiet ist bei bulgarischen Honigbienenbauern beliebt und auch ein Ort, an dem sich einer der besten Golfplätze Bulgariens befindet. Es ist auch der Ort, an dem einige dramatische Landschaftsveränderungen stattfinden werden. (…) Der Leiter der Agentur Stamen Yanev hofft, dass dieses wichtige Projekt anderen chinesischen Unternehmen weitere Entwicklungsmöglichkeiten eröffnen wird, unter Berufung auf die Investitionsvorteile, die das Land bietet. (…) „Wenn Sie in Bulgarien investieren, können Sie ganz Europa erreichen. Bulgarien ist das Land in der Europäischen Union, das China am nächsten kommt (…)", sagte Yanev.

Aljosa Milenkovic, Europe's first 'smart city' to land in Bulgaria, auf CGTN.com v. 06.07.2018 (Text ins Deutsche per Software übertragen), unter: https://news.cgtn.com/news/3d3d674e3463544e78457a6333566d54/share_p.html#copyright_anchor (Zugriff 05.04.2021)

12

1

Vergleiche die aus der Tabelle 6 ablesbaren wirtschaftlichen und gesellschaftlichen Veränderungen in den Niederlanden und Bulgarien.

2

Erläutere mithilfe der Tabelle 6, welche gesellschaftlichen und ökonomischen Bereiche die größten Disparitäten zwischen den beiden Ländern aufweisen.

3

Erstellt in zwei Gruppen mithilfe von physisch-geographischen und thematischen Atlaskarten sowie M8 je einen Ländersteckbrief von den Niederlanden und Bulgarien.

4

a) Erläutere, was die Personenverkehrsverflechtungen (M9) über die einzelnen Länder der EU aussagen, und versuche die Aussagen in Bezug zur Wettbewerbsfähigkeit der entsprechenden Länder (M8) zu setzen.

b) Gehe dabei insbesondere auf die Länder Niederlande und Bulgarien ein.

Strengths (S) Stärken	Weaknesses (W) Schwächen	Opportunities (O) Chancen	Threats (T) Risiken
Lage im Zentrum von Nordwesteuropa und in der „Blauen Banane"	oftmals Regierungsneu- bildungen	günstiges Umfeld für kleine und mittlere Unternehmen	anfällig für Risiken der Globalisierung
führende Drehscheibe Europas für Waren und Güter	kleiner Binnenmarkt	dichte Forschungsland- schaft, internationale Institute	langfristige Bedrohung durch den Meeres- spiegelanstieg
eigene Erdgasressourcen und -exporte	Energiemix basiert noch stark auf fossilen Energie- trägern	hochtechnologisierte Land- wirtschaft, exportorientiert (z. B. Tulpen, Käse)	alternde Gesellschaft
sehr gute Infrastruktur (z. B. Welthäfen Rotterdam und Amsterdam)	hohe Abhängigkeit vom Weltmarkt	geringe Arbeitslosenquote weit unter dem EU-Durch- schnitt	hohe Mietpreise in den Metropolen
viele internationale und europäische Organisationen und Unternehmen haben hier ihren Hauptsitz (z. B. Inter- nationaler Gerichtshof, Europol)	hohes Kostenniveau	dynamische Gründerszene	Fachkräftemangel

Torsten Pauly, SWOT-Analyse - Niederlande, auf: Germany Trade and Invest v. 16.11.2020, unter: https://www.gtai.de/gtai-de/trade/wirtschafts-umfeld/swot-analyse/niederlande/swot-analyse-niederlande-202660 (Zugriff 05.04.2021)

13 SWOT-Analyse Niederlande

Strengths (S) Stärken	Weaknesses (W) Schwächen	Opportunities (O) Chancen	Threats (T) Risiken
Anbindung der Landeswährung an den Euro, fester Wechselkurs: 1 Euro = 1,96 Lewa	politische Instabilität	niedrigste Arbeitskosten in der EU	zum Teil große Mängel im Rechtssystem
Mitglied der EU (seit 2007), NATO (seit 2004), WTO (seit 1996)	langsames Reform- tempo	Arbeitskräfte mit zum Teil guten Sprachkenntnissen (auch Deutsch)	Platz 69 im globalen Ranking von Transparency International 2020
extrem niedrige Steuersätze im EU-Vergleich (Körperschafts- und Einkommenssteuer: 10 Prozent)	schlechte Infrastruktur	chinesische Investoren planen vor den Toren Sofias eine Smart-City	hohe Verschuldung von öffentlichen Unternehmen
profitiert von EU-Fördergeldern von 29 Mrd. Euro von 2021 bis 2027	ineffiziente öffentliche Verwaltung	niedrigste Strom- und Gaspreise im EU-Vergleich	Defizite in der Berufsausbil- dung und Fachkräftemangel
geostrategische Lage zwischen uropa, Nahost und Asien	Preiskampf bei Aus- schreibungen (Dumpingangebote)	Nähe zu Wachstums- märkten im Osten (vor allem Türkei)	Einkommen, Vermögen und Kaufkraft liegen deutlich unter dem EU-Durchschnitt

Dominik Vorhölter, SWOT-Analyse Bulgarien, auf: Germany Trade and Invest v. 28.06.2021, unter: https://www.gtai.de/gtai-de/trade/wirtschafts-umfeld/swot-analyse/bulgarien/niedrige-loehne-sind-vorteil-rahmenbedingungen-aber-schwierig-273460 (Zugriff 28.10.2021)

14 SWOT-Analyse Bulgarien

5
Erläutere die SWOT-Analy- sen von Bulgarien und den Niederlanden (Tabellen 13 und 14).

6
In welchem der beiden Staaten würdest du in ein Wirtschaftsunternehmen investieren? Begründe deine Entscheidung.

7
Erläutere die Gründe, die China dazu bewogen haben, die erste Smart City in Bulgarien zu bauen (M12).

8
Führe die Strengths and Op- portunities-Strategie (SO) an den beiden Länderbei- spielen durch und vergleiche die Ergebnisse (M11, Tabellen 13 und 14).

Armes und reiches Europa

Europa ist nicht gleich Europa – zu groß sind die Unterschiede in der wirtschaftlichen Leistungskraft und im Lebensstandard der einzelnen Regionen. Die EU unternimmt große Anstrengungen, die sozialen und regionalen Disparitäten zu vermindern.

Aktivräume und Passivräume

Aktivräume haben eine Wirtschaftsleistung, die gemessen am Bruttoinlandsprodukt pro Einwohner deutlich über dem EU-Durchschnitt liegt.

Sie sind durch eine große Zahl an Arbeitsplätzen in der Hightech-Industrie und im Dienstleistungssektor gekennzeichnet. Deshalb weisen diese Gebiete ein hohes Durchschnittseinkommen und eine niedrige Arbeitslosenquote auf. In der Regel sind Aktivräume Zuwanderungsgebiete, die über eine gute Verkehrsinfrastruktur und andere wichtige ökonomische Standortfaktoren verfügen. Aufgrund ihres Funktions- und Bedeutungsüberschusses (z. B. Hauptsitze internationaler Firmen) werden die Aktivräume oft als **Zentrum** bezeichnet.

Passivräume dagegen haben eine Wirtschaftsleistung, die deutlich unter dem EU-Durchschnitt liegt. Meist sind es ländliche oder altindustrielle Regionen mit einem negativen Wanderungssaldo und einer hohen Arbeitslosenquote. Durch Abwanderung, vor allem junger Menschen, drohen diesen Gebieten Überalterung und Schließung von Schulen, Einkaufsmöglichkeiten und Unternehmen. Zur geringen Attraktivität solcher Passivräume tragen meist eine Randlage mit schlechter Verkehrsanbindung sowie eine niedrige Bevölkerungsdichte und damit ein geringes Marktpotenzial bei. Passivräume werden daher oft auch als **Peripherie** bezeichnet.

Raumbild zur Darstellung von Aktivräumen

Das Bild der sogenannten „Blauen Banane" wurde 1989 von der französischen Raumordnungsbehörde entwickelt, um der französischen Regierung die bestehenden Defizite ihrer Regional- und Raumordnungspolitik zu verdeutlichen.

Bruttoinlandsprodukt (BIP) pro Einwohner in Kaufkraftstandard (KKS) 2019 (EU-27-Durchschnitt = 100)

- über 119
- 100 – 119
- 84 – 100
- 69 – 84
- 52 – 69
- unter 52
- keine Daten

0   200   400   600 km

1 Verteilung von Arm und Reich in der EU

1

Arbeite mit der Karte 3:
a) Beschreibe die Lage von Aktiv- und Passivräumen in Europa und benenne Beispiele.

b) Stelle Merkmale von Aktiv- und Passivräumen in einer Tabelle gegenüber.

2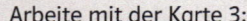

Erläutere die Begriffe „Zentrum" und „Peripherie" anhand eines Beispiels.

3

Nimm Stellung zu der Vorstellung eines wirtschaftlichen Kernraums mit den Kriterien Migration, Umweltbelastung/ Verkehr, gesellschaftliche/soziale Konflikte (…).

Projekt für die Region südlicher Ostseeraum

„Das EU-finanzierte Projekt MarTech LNG hat grenzüberschreitende Lieferketten für Flüssigerdgas (LNG) entwickelt, mit denen Millionen für neue Investitionen gesichert wurden, um die Region des südlichen Ostseeraums als globales Zentrum für Flüssigerdgas neu zu positionieren. Es half der Schiffsbauindustrie in Deutschland, Schweden, Dänemark, Polen und Litauen, sich den EU-Umweltvorschriften anzupassen. […]

Das Projekt […] bewirkte eine Reihe von Investitionen, die für Flüssigerdgas in den Sektoren Schiffsbau und Bunkern nötig waren. Infolgedessen verfügt die Region heute über einen grenzüberschreitenden Cluster intelligenter Häfen, Schiffswerften, Reeder, Technologieunternehmen und Bunkerdienste. […]"

Nach Europäische Kommission: Das Projekt MarTech LNG hilft der Region Südlicher Ostseeraum, sich als Zentrum für Flüssigerdgas neu zu positionieren; unter: ec.europa.eu/regional_policy/de/projects/lithuania/martech-lng-helps-south-baltic-region-reposition-itself-as-liquefied-natural-gas-hub, vom 23.11.2016

2

3 Europäische Raumbilder und Raumentwicklungsmodelle

Derartige Darstellungen prägen Meinungen, unterstützen Vorurteile und können wirtschaftliche und politische Entscheidungen mit beeinflussen. Inzwischen wurde das Raumbild mehrfach verändert. In jüngster Zeit entstand die Vorstellung einer dritten „Banane" („Neue Banane") mit der Achse Berlin-Triest. Damit soll ein möglicher wirtschaftlicher Kernraum, der im Zusammenhang mit der EU-Osterweiterung entstehen kann, bezeichnet werden.

Ursachen regionaler Unterschiede

Die Entstehung regionaler Unterschiede lässt sich aus der unterschiedlichen naturräumlichen Ausstattung, der historischen Entwicklung sowie politischen Einflüssen erklären. Verstärkter Wettbewerb hat dazu geführt, dass sich prosperierende und stagnierende Standorte entwickelten.

Die Geschichte der EU zeigt, wie schwierig es ist, die Wettbewerbsfähigkeit Europas im Weltmarkt zu sichern und gleichzeitig den benachteiligten Regionen einen Ausgleich zu geben, damit die Unterschiede zwischen Armut und Reichtum nicht weiter wachsen.

4 MK

Arm und Reich in der EU
a) Beschreibe anhand der Karte 1 die Verteilung von relativer Armut und relativem Reichtum in der EU.
b) Finde Länder, in denen Wirtschaftskraft und Lebensstandard relativ einheitlich sind, und solche, in denen es große regionale Disparitäten gibt.

5

Abbau regionaler Disparitäten
a) Bewerte die Maßnahmen in der Region südlicher Ostseeraum (Text 2).
b) Recherchiere weitere Maßnahmen der EU und stelle diese vor.

6

Einge behaupten, dass die Beseitigung regionaler Disparitäten in Europa unrealistisch ist. Dagegen sollte beispielsweise die Mobilität gefördert werden, um Menschen den Zuzug in die entwickelten Regionen zu erleichtern. Beurteile diese Einschätzung.

MK Disparitäten in Italien – eine Infografik erstellen

Als Eyecatcher lenken Infografiken gerade in den digitalen Medien die Aufmerksamkeit auf sich. Sie sprechen unser visuelles Gedächtnis an und helfen dabei, Sachverhalte schnell und übersichtlich zu erfassen.

Ziel einer Infografik ist es, Informationen anschaulich darzustellen und komplexe Sachverhalte und Prozesse auf das Wesentliche zu reduzieren. Anstelle von umfangreichen Texten und Zahlen werden Schaubilder, Diagramme, Karten, Piktogramme, kurze Texte oder Zeitleisten eingesetzt. Oft sind es einfache Sachverhalte, die mit unterschiedlichen Diagrammformen veranschaulicht werden.
Doch nicht jedes Thema eignet sich. Sachverhalte und Prozesse dürfen nicht zu komplex

sein und sie müssen sich sinnvoll in einzelne, überschaubare Informationen aufteilen lassen.

Hilfen digital
Die gängigen PC-Programme bieten heute Hilfen bei der Erstellung von Infografiken. Zum einen lassen sich Datenreihen in Diagramme umwandeln. Zum anderen steht eine Vielzahl unterschiedlicher Formen und Piktogramme zur Verfügung, die zur Gestaltung einer Infografik genutzt und variiert werden können.

Eine Infografik erstellen
Schritt 1: Thema und Zielgruppe festlegen
Grenzt das Thema auf einen zentralen Aspekt ein, der sich sinnvoll unterteilen lässt. Legt eure Zielgruppe fest. Danach richten sich Sprache, Farbgebung, verwendete Bilder und Icons.

Schritt 2: Informationen recherchieren, reduzieren und strukturieren
Schulbücher, Lexika und das Internet sind geeignete Informationsquellen. Es sollten nicht zu viele Informationen vermittelt werden, damit die Betrachtenden den Überblick nicht verlieren. Statistisches Material muss überprüft, aus Texten zentrale Begriffe entnommen und Bilder auf ihren Bezug zum Thema hinterfragt werden. Die erste Strukturierung der Inhalte kann z. B. mithilfe von farbigen Post-its erfolgen (siehe Grafik 4).

1 Nuts-1-Regionen in Italien

Erwerbsbevölkerung
Dazu zählen alle erwerbsfähigen Personen, die berufstätig sind oder eine Arbeit suchen, darüber hinaus auch Personen in Aus- und Weiterbildung sowie Studenten.

Beschäftigungsquote
Anteil der sozialversicherungspflichtig beschäftigten Personen einer bestimmten Altersgruppe an der Gesamtbevölkerung, ohne Selbstständige oder Mini-Jobber

Disparitäten in Italien

Kaum ein anderer Staat der EU weist auf engstem Raum so große regionale Disparitäten auf.
So gehört der Norden zum wirtschaftlichen Zentrum der EU, während der Süden zu den strukturschwächsten Regionen Europas gehört. Die Ursachen für die wirtschaftlichen, sozialen und kulturellen Unterschiede reichen weit in die Geschichte zurück. Erst im 19. Jh. erfolgte die Einigung Italiens. Im Süden blieben feudale Agrarstrukturen erhalten. Für eine industrielle Entwicklung fehlten Rohstoffe. Norditalien hingegen profitierte von der Nähe zu europäischen Kohlerevieren und Märkten. Industriezentren entstanden, die ausländisches Kapital anzogen.

3

Region (Nuts-1)	BIP (€/EW)	verfügbares Einkommen priv. Haushalte (in €)	BIP (€/EW in %) (EU-Durchschnitt = 100)	Beschäftigungsquote (in %) (20 bis 64 Jahre)	Arbeitslosenquote (in % der Erwerbsbev.)	Jugendarbeitslosenquote (in % der Erwerbsbev.) (15 – 24 Jahre)	Langzeitarbeitslosenquote / (in % der Erwerbsbev.) (15 – 74 Jahre)
Nord-Ovest	36 000	20 700	116	71,6	7,0	24,5	3,6
Nord-Est	35 000	20 100	113	73,0	6,0	18,9	2,6
Centro (IT)	31 700	18 100	102	67,8	9,4	29,1	5,1
Sud	19 300	12 900	62	48,7	17,8	47,9	11,6
Isole	18 600	12 900	60	47,1	19,8	49,4	12,9

2 Ausgewählte Daten zur Bevölkerung, Wirtschaft und zum Arbeitsmarkt in den Nuts-1-Regionen Italiens (2017/2018)

Nach Eurostat, 2018

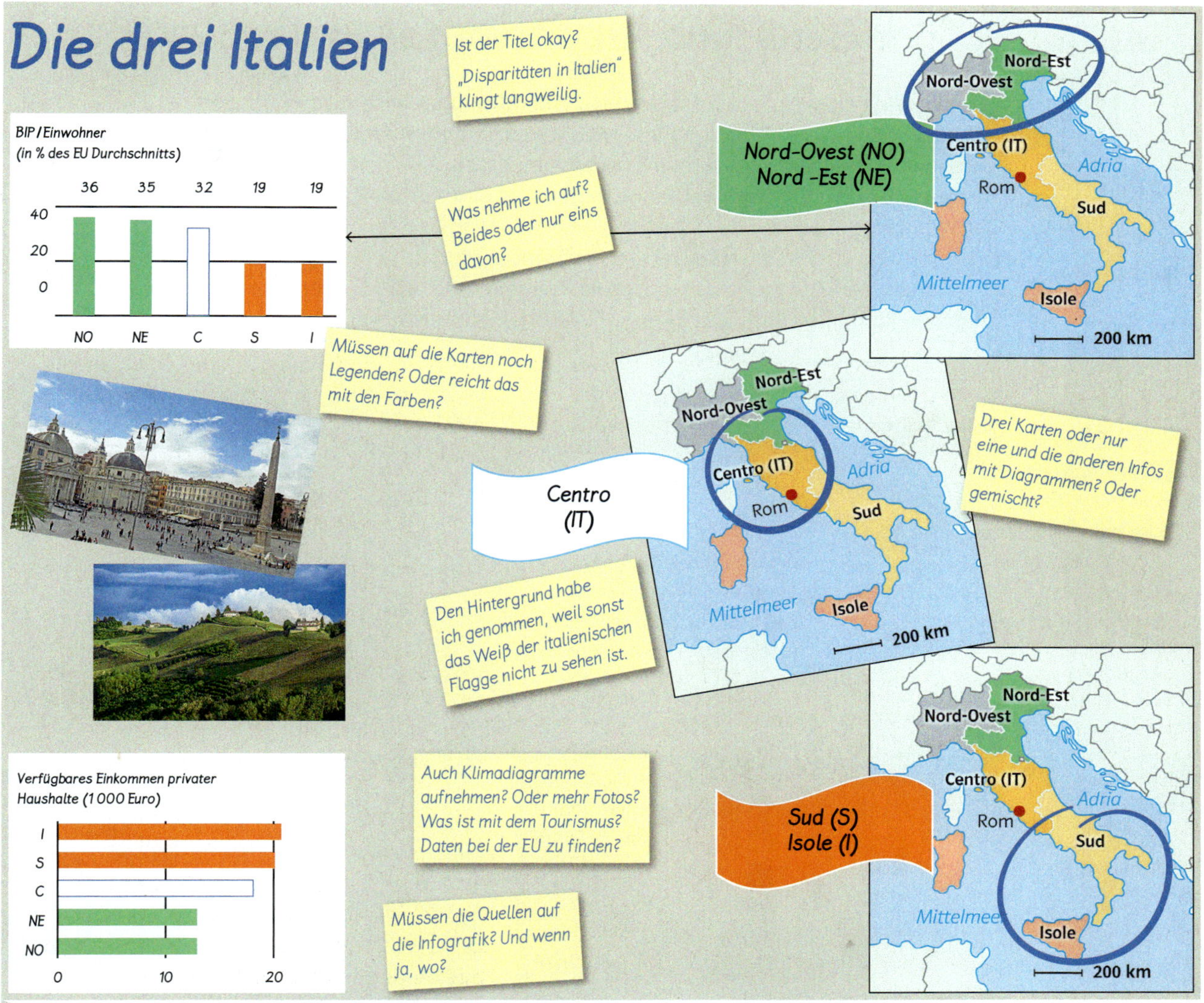

Die drei Italien

Ist der Titel okay?
„Disparitäten in Italien" klingt langweilig.

BIP / Einwohner
(in % des EU Durchschnitts)

	36	35	32	19	19
40					
20					
0					
	NO	NE	C	S	I

Was nehme ich auf? Beides oder nur eins davon?

Nord-Ovest (NO)
Nord –Est (NE)

Nord-Ovest • Nord-Est
Centro (IT) • Rom • Adria • Sud • Mittelmeer • Isole
200 km

Müssen auf die Karten noch Legenden? Oder reicht das mit den Farben?

Drei Karten oder nur eine und die anderen Infos mit Diagrammen? Oder gemischt?

Centro (IT)

Nord-Ovest • Nord-Est
Centro (IT) • Rom • Adria • Sud • Mittelmeer • Isole
200 km

Den Hintergrund habe ich genommen, weil sonst das Weiß der italienischen Flagge nicht zu sehen ist.

Verfügbares Einkommen privater Haushalte (1 000 Euro)

I			
S			
C			
NE			
NO			
0	10	20	

Auch Klimadiagramme aufnehmen? Oder mehr Fotos? Was ist mit dem Tourismus? Daten bei der EU zu finden?

Müssen die Quellen auf die Infografik? Und wenn ja, wo?

Sud (S)
Isole (I)

Nord-Ovest • Nord-Est
Centro (IT) • Rom • Adria • Sud • Mittelmeer • Isole
200 km

4 Entwurf einer Infografik zum Thema „Disparitäten in Italien"

Schritt 3: Infografik erstellen

Die einzelnen Punkte können in der Reihenfolge variieren:
- Format festlegen (Größe, horizontale oder vertikale Anordnung);
- Blick- bzw. Leserichtung bestimmen;
- Farbschema für Elemente und Hintergrund wählen;
- einzelne Informationselemente erstellen, dabei auf Zahlenwerte, Skalierung, Quellenangaben und eine mögliche Legende achten;
- die gesammelten Informationen in kurze Texte, Schlagworte, geeignete Symbole, Icons und Formen übertragen;
- durch Pfeile die Farbgebung und Größe gruppieren, verbinden und gewichten;
- dabei Hauptelemente hervorheben.

1

Infografiken im Schulbuch:
a) Recherchiere im vorliegenden Schulbuch nach Infografiken.
b) Begründe anhand der Merkmale, warum es sich dabei um eine Infografik handelt.

2

Erstellt eine Infografik zum Thema „Disparitäten in Italien".

3

Informiert euch über ein selbstgewähltes Land der EU.
a) Wählt ein Thema, das einen besonderen Aspekt dieses Landes darstellt.
b) Erstellt dazu eine Infografik.

Wähle aus!

A Lebens- und Arbeitswelten in der EU

Wir leben in Europa, aber was wissen wir eigentlich über unsere europäischen Nachbarn? Die EU zählt zu den führenden Wirtschaftsräumen der Welt. Zudem zeigen sich innerhalb der EU zwei Integrationsbestrebungen: eine horizontal-räumliche Integration durch die Osterweiterung der EU und eine vertikale Integration in Form der Währungsunion und der Schaffung eines Binnenmarktes. Trotzdem lassen sich innerhalb der EU und innerhalb einzelner Staaten räumliche Disparitäten feststellen. Du hast die Wahl, Disparitäten innerhalb Rumäniens (S. 38/39) oder Disparitäten zwischen Rumänien und Deutschland (S. 40/41) zu untersuchen.

1

Disparitäten innerhalb Rumäniens
a) **SP** Bevor du dich näher mit Rumänien befasst, verschriftliche deine Vorstellung, d.h. dein Bild von diesem Land.
b) **MK** Analysiere die Disparitäten innerhalb Rumäniens.
c) Beurteile, ob die auf der Doppelseite aufgezeigten Lösungsansätze geeignet sind, den in Text 3 genannten Herausforderungen gerecht zu werden.
d) Erläutere, welche Auswirkungen der Bau des Superlasers für die Disparitäten Rumäniens haben könnte. Arbeite mit den Begriffen „Braindrain" und „Braingain".
e) Betrachte dein Bild von Rumänien, das du anfangs verschriftlicht hast, kritisch. Erläutere, was sich bestätigt hat und was du jetzt verändern würdest.
f) **MK** Präsentiere deine Ergebnisse.

◒ 1a+b ● 1c–f

1

2 Bukarest: Finanzplatz

4 Dorf bei Klausenburg (Cluj)

Soziale Disparitäten

So bezeichnet man Ungleichheiten innerhalb eines genau definierten Raumes. Sie äußern sich in unterschiedlichen Lebensbedingungen sowie ungleichen sozialen Entwicklungsmöglichkeiten (soziale Schicht, Beruf, Einkommen).

EU-Förderung für Rumänien

„[Für die] Förderperiode 2014 bis 2020 [hat die EU Rumänien] Fördermittel in Höhe von rund 23 Mrd. Euro für Investitionen bereitgestellt [...]. Fünf große [...] Prioritäten stehen im Zentrum [...]: 1. Förderung von Wettbewerbsfähigkeit und lokaler Entwicklung; 2. Entwicklung des Humankapitals mit Blick auf Arbeitsmarkt und Qualifikationen; 3. Entwicklung der physischen Infrastruktur in den Bereichen Informations- und Kommunikationstechnik (IKT) sowie Verkehr; 4. Förderung einer nachhaltigen und effizienten Ressourcennutzung unter den Stichworten Energieeffizienz, kohlenstoffarme Wirtschaft, Umweltschutz und Anpassung an den Klimawandel und 5. Aufbau einer modernen und professionellen öffentlichen Verwaltung."

Germany Trade & Invest: Rumänien – EU-Förderung 2014 bis 2020, auf: Germany Trade and Invest v. 21.11.2014, unter: https://www.gtai.de/gtai/de/trade/wirtschaftsumfeld/bericht-wirtschaftsumfeld/rumaenien/rumaenien-eu-foerderung-2014-bis-2020-11564 (Zugriff 22.03.2021)

3

Steckbrief zu Rumänien

Fläche: 238 391 km²
Einwohner: 21 230 362 (2021)
BIP/Einwohner: 29 941 US-$ (2019)
Arbeitslosenquote: 3,1 % (2019)
Bevölkerung unterhalb der Armuts-
grenze: 22,4 %
Anteil Wirtschaftssektoren am BIP
(2017): Landwirtschaft 4,2 %, Indust-
rie 33,2 %, Dienstleistungen 62,6 %

Central Intelligence Agency (Hrsg.): The
World Factbook – Romania: www.cia.gov/
the-world-factbook/countries/romania/#e-
conomy (Zugriff vom 22.03.2021)

5

Rumänien: Das hoffnungsvolle Armenhaus der EU

„[...] Rumänien gehört [...] zu den
ärmsten Ländern in der Europäischen
Union. [...] Laut Friedrich-Ebert-Stif-
tung erreichen die Gehälter gerade-
mal 10 Prozent vom EU-Durchschnitt,
die Kosten für den Lebensunterhalt
hingegen 70 Prozent. Wer kann, geht
zum Arbeiten ins Ausland. Der EU-
Beitritt Rumäniens hat dieses Phänomen des „Braindrains" noch verstärkt.
[...]
Die Menschen haben erheblich mehr
Vertrauen in die EU als in ihre nationale Regierung. Und sie verbinden
mit der EU große Hoffnungen. Darauf,
dass es ihnen ökonomisch besser
geht, aber auch Hoffnungen auf
Gleichberechtigung und Gerechtigkeit. [...]"

Rundfunk Berlin-Brandenburg: Rumänien:
Das hoffnungsvolle Armenhaus der EU
vom 22.04.2019, unter: www.inforadio.de/
dossier/2019/europa-lust-europa-frust/
326969.html

6

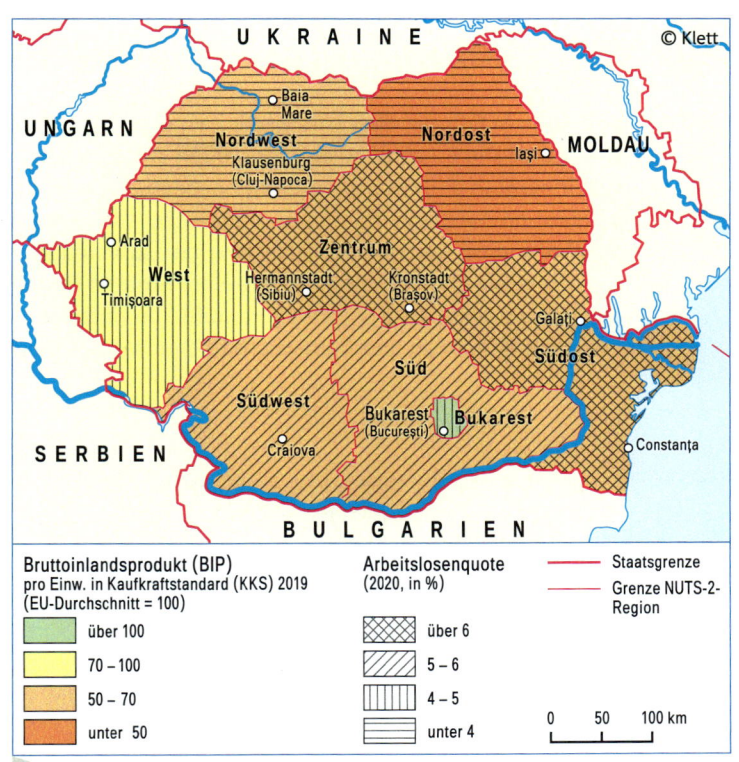

7 Rumänien: BIP und Arbeitslosenquote

Superlaser als Strukturhilfe

„Mit der Extreme Light Infrastructure ELI entsteht der
stärkste Laser der Welt in Rumänien. Dort ist das von der
EU finanzierte Milliardenprojekt sehr willkommen, auch
um der Abwanderung von Fachkräften entgegenzuwirken.
Doch Streit mit Zulieferern und anderen EU-Ländern ver-
zögert den Bau.
„Die Atmosphäre in Bukarest und im ganzen Land war sehr
optimistisch und enthusiastisch. Die Rumänen wissen die
Reisefreiheit zu schätzen und die Freiheit, überall in Europa zu arbeiten und Geschäfte zu machen. Auch heute denkt
die große Mehrheit hier sehr pragmatisch über die Europäische Union und die Vorteile, die sie bringt", sagt Adrian
Mosoianu. [...]
Einer dieser Vorteile, den die EU Rumänien ganz konkret
beschert hat, findet sich im Städtchen Magurele, quasi ein
Vorort von Bukarest. Ein Gebäudekomplex, nagelneu, in
seinem Zentrum eine riesige, futuristisch gestaltete Halle.
Sie beherbergt den leistungsstärksten Laser der Welt. [...]"

Frank Grotelüschen: EU-Forschung in Rumänien: Superlaser als Strukturhilfe, auf: Deutschlandfunk. Wissenschaft im Brennpunkt v.
12.01.2020; unter: https://www.deutschlandfunk.de/eu-forschung-in-ru-
maenien-superlaser-als-strukturhilfe.740.de.html?dram:article_
id=467576 (Zugriff 28.10.2021)

8

Braindrain

Abwanderung von
hochqualifizierten,
meist jungen Ar-
beitskräften ins
Ausland oder in
Wirtschaftszentren.
Braingain be-
schreibt den
gegenläufigen
Prozess: Zuwande-
rung hochqualifi-
zierter Arbeits-
kräfte in einen
Wirtschaftsraum.

Wähle aus! **B** # Lebens- und Arbeitswelten in der EU

Wir leben in Europa, aber was wissen wir eigentlich über unsere europäischen Nachbarn? Die EU zählt zu den führenden Wirtschaftsräumen der Welt. Zudem zeigen sich innerhalb der EU zwei Integrationsbestrebungen: eine horizontal-räumliche Integration durch die Osterweiterung der EU und eine vertikale Integration in Form der Währungsunion und der Schaffung eines Binnenmarktes. Trotzdem lassen sich innerhalb der EU und innerhalb einzelner Staaten räumliche Disparitäten feststellen. Du hast die Wahl, Disparitäten innerhalb Rumäniens (S. 38/39) oder Disparitäten zwischen Rumänien und Deutschland (S. 40/41) zu untersuchen.

→ Mystery Seite 156/157

1

Disparitäten zwischen Rumänien und Deutschland
a) Entwirf eine begründete Lösung des Mystery.
b) **MK** Stelle den Lösungsweg in Form einer Mindmap im Plenum vor.

c) **MK** Reflektiere dein Vorgehen bei dieser Methode (Reflexionshilfen):
– Vorgehensweise
– Wie habt ihr Entscheidungen getroffen?
– Welche Schwierigkeiten sind aufgetreten und wie seid ihr mit diesen umgegangen?

– Gibt es Informationen, die euch gefehlt haben? Oder sind bestimmte Karten überflüssig?
– Welche Schlüsse könnt ihr für euch selbst und euer alltägliches Leben ziehen?

● 1a–c

1

Ausgangsgeschichte

Der junge Dorinel ist 19 Jahre alt und kommt aus Cluj, der zweitgrößten Stadt Rumäniens. Nach seinem Schulabschluss im letzten Jahr war er knapp ein Jahr lang arbeitslos, weil er vergeblich versuchte in seiner Heimat einen Ausbildungsplatz zu finden. Nun sitzt er in einem Café in der Mainzer Innenstadt und lernt für seine anstehende Informatikklausur.

Leitfrage:
Wo liegt für Dorinel die beste berufliche Zukunft?

2

4 Tetarom Industriepark in Cluj

Soziale Disparitäten

So bezeichnet man Ungleichheiten innerhalb eines genau definierten Raumes. Sie äußern sich in unterschiedlichen Lebensbedingungen sowie ungleichen sozialen Entwicklungsmöglichkeiten (soziale Schicht, Beruf, Einkommen).

3 Sozialistische Betonplattenbauten in Cluj

5 Ehemaliges NOKIA-Werk bei Cluj

Mystery-Kärtchen

1. „In Deutschland gefällt es mir bisher sehr gut. Der Lebensstandard ist deutlich höher als in Rumänien", so Dorinel.

2. Dorinel hat ein sehr gutes Abitur in Rumänien gemacht.

3. Dorinels Mutter ist Lehrerin und verdient umgerechnet ca. 370 Euro im Monat.

4. Cluj-Napoca (deutsch: Klausenburg) befindet sich im Westen Siebenbürgens am Fluss Someșul Mic (Kleiner Somesch). Die Umgebung ist durch Berge und Wälder geprägt. Die Stadt hat eine wechselvolle Geschichte. Sie war die Hauptstadt von Siebenbürgen und ist eine der wichtigsten Kulturhochburgen Rumäniens. Der größte Teil der Bevölkerung mit ca. 79 Prozent sind Rumänen, 19 Prozent sind Ungarn, ein Prozent Roma und noch 0,2 Prozent Rumäniendeutsche sowie andere.

5. Deutschland ist Rumäniens wichtigster Handelspartner. Im Jahr 2019 betrug das Handelsvolumen zwischen beiden Ländern 16,7 Mrd. Euro.

6. Das Einstiegsgehalt eines Diplominformatikers liegt 2019 bei rund 46 000 Euro brutto jährlich.

7.

	Deutschland	Rumänien
Fläche (km²)	357 386	238 391
Einwohner (2019)	83,02 Mio.	21,23 Mio.
BIP pro Kopf (2019)	44 472,62 US-$	12 371,66

8. Dorinel entschied sich vor einem halben Jahr, seinem Cousin nach Deutschland zu folgen. EU-Bürger brauchen kein Visum bzw. keine Aufenthaltsgenehmigung in Deutschland.

9. Der neu etablierte und von der EU geförderte Industriepark TETAROM in Cluj verspricht die Ansiedlung von Technologie- und Telekommunikationsfirmen und damit die Schaffung von Arbeitsplätzen.

10. Die Wohnungspreise in Mainz zählen mit ca. 400 Euro für ein Zimmer im Studentenwohnheim zu den höchsten in Deutschland.

11. Rumänien ist seit 2007 EU-Mitglied und hatte 2019 die EU-Ratspräsidentschaft inne.

12. Deutsche Unternehmen verstärken die Suche nach gut ausgebildeten Fachkräften im Ausland.

13. Ein Heimflug nach Timisoara kostet ab Frankfurt am Main etwa 350 Euro.

14. Die Arbeitslosenquote liegt in Rumänien im Jahr 2020 bei 5 Prozent.

15. Im Jahr 2008 verlagert der finnische Telekommunikationskonzern NOKIA seine Produktion von Deutschland nach Cluj.

16. Das NOKIA-Werk schließt im Jahr 2011 wieder. 2200 Arbeitsplätze gehen verloren.

17. „Vielleicht kehre ich nach meinem erfolgreichen Studium auch wieder zurück nach Cluj", so Dorinel.

18. Eine Informationsveranstaltung in seiner alten Schule macht Dorinel auf ein Studium in Deutschland aufmerksam.

19. Dorinel ist großer Fußballfan von CFR Cluj.

20. Pro Jahr fallen an einer rumänischen Universität knapp 500 Euro Studiengebühren an, wenn man kein Stipendium bekommt.

21. Für ein erfolgreiches Studium in Mainz sind gute Deutschkenntnisse unbedingt notwendig. Die Universität verlangt von allen Studienbewerbern den Nachweis ausreichender Sprachkenntnisse.

Gleichwertige Lebensverhältnisse schaffen

Ein Grundsatz der Europäischen Union lautet: „Große Unterschiede können nicht toleriert werden, wenn der Begriff ‚Gemeinschaft' einen Sinn haben soll". Mit welchen Maßnahmen können sozial und wirtschaftlich weniger begünstigte Gebiete entwickelt und gestärkt werden?

Zwischen den einzelnen Staaten der Europäischen Union (EU) gibt es große **regionale und soziale Disparitäten**, die mit den EU-Erweiterungen seit 2004 noch zugenommen haben. Die Regional- und Strukturpolitik der EU hat sich – dem Grundsatz der Solidarität folgend – zum Ziel gesetzt, in den verschiedenen Regionen Europas Arbeitsplätze, nachhaltiges Wachstum und Innovation zu schaffen. Damit soll der wirtschaftliche, soziale und territoriale Zusammenhalt der Europäischen Union unterstützt werden.

Alle EU-Politikfelder, so auch die **Kohäsionspolitik**, sollen im Förderzeitraum 2021–2027 auf fünf politische Ziele ausgerichtet werden (siehe Text 2).

Beispiel für ein EU-Förderprojekt in Rheinland-Pfalz

1,2 Millionen Euro für Badeseen bei Neuhofen
„Die Badeseen „Steinerne Brücke" und „Schlicht" der Ortsgemeinde Neuhofen im Rhein-Pfalz-Kreis werden barrierefrei gestaltet. […] Das hat Wirtschafts- und Tourismusminister Dr. Volker Wissing bekannt gegeben. […] Barrierefreie Angebote würden von allen Gästen geschätzt. Auch die Bürgerinnen und Bürger von Neuhofen profitierten von barrierefreien Ruhemöglichkeiten […]. Künftig wird es an beiden Seen einen barrierefreien Weg sowie einen barrierefreien Badebereich mit Steg geben. Die Sanitäranlagen werden in Zukunft für Menschen mit Beeinträchtigung nutzbar sein. Sitz- und Ruhemöglichkeiten sowie barrierefreie Parkplätze werden ausgebaut. […]
Das Land Rheinland-Pfalz und die Europäische Union unterstützen den Ausbau mit rund einer Million Euro, 428 682 Euro davon stammen aus Landesmitteln, 612 403 Euro aus Mitteln des Europäischen Fonds für Regionale Entwicklung (EFRE), 207 520 Euro trägt die Gemeinde Neuhofen. […]"

Nach Nicola Diehl: Wissing – 1,2 Millionen Euro für Badeseen bei Neuhofen, vom 18.01.2021; unter: https://mwvlw.rlp.de/de/presse/detail/news/News/detail/wissing-12-millionen-euro-fuer-badeseen-bei-neuhofen

1

Politische Leitziele/Prioritäten der EU für Investitionen in den Jahren 2021–2027

1. ein intelligenteres Europa durch Innovation, Digitalisierung, wirtschaftlichen Wandel sowie Förderung kleiner und mittlerer Unternehmen;
2. ein grüneres, CO_2-freies Europa, das das Übereinkommen von Paris umsetzt und in die Energiewende, in erneuerbare Energien und in den Kampf gegen den Klimawandel investiert;
3. ein stärker vernetztes Europa mit strategischen Verkehrs- und Digitalnetzen;
4. ein sozialeres Europa, das die Europäische Säule sozialer Rechte umsetzt und hochwertige Arbeitsplätze, Bildung, Kompetenzen, soziale Inklusion und Gleichheit beim Zugang zu medizinischer Versorgung fördert;
5. ein bürgernäheres Europa durch Unterstützung lokaler Entwicklungsstrategien und nachhaltiger Stadtentwicklung in der gesamten EU."

Nach Europäische Kommission: Neue Kohäsionspolitik; unter: https://ec.europa.eu/regional_policy/de/2021_2027/ (Zugriff am 30.03.2021)

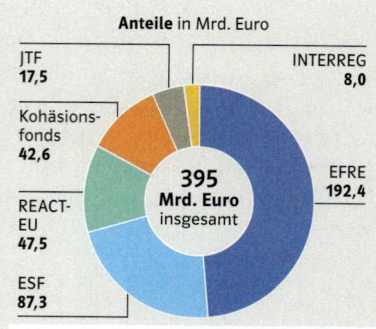

Anteile in Mrd. Euro
JTF 17,5
INTERREG 8,0
Kohäsionsfonds 42,6
REACT-EU 47,5
ESF 87,3
EFRE 192,4
395 Mrd. Euro insgesamt

Kohäsionspaket der EU 2021–2027: Verteilung der EU-Fördermittel nach dem Strukturfonds

nach: Bundesministerium für Wirtschaft und Energie: Verhandeln für eine erfolgreiche EU-Kohäsionspolitik

2

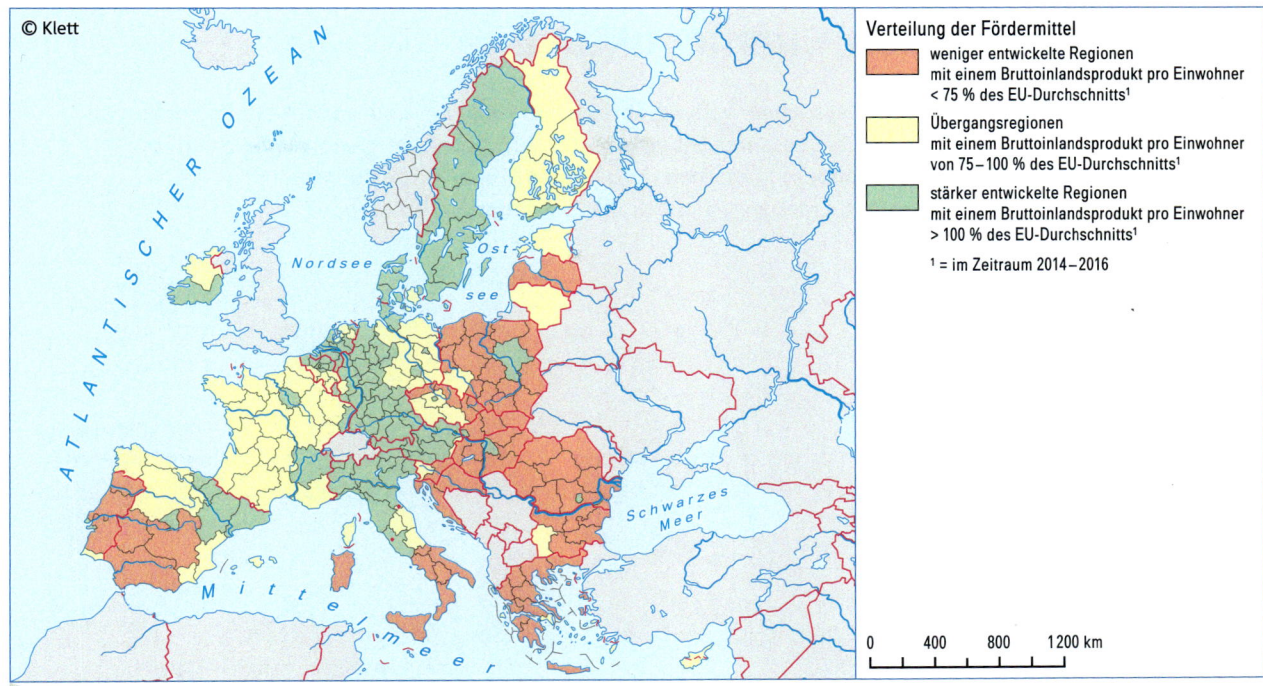

3 Entwicklungsstand der Regionen in der EU

Legend (within map):
Verteilung der Fördermittel

- weniger entwickelte Regionen mit einem Bruttoinlandsprodukt pro Einwohner < 75 % des EU-Durchschnitts[1]
- Übergangsregionen mit einem Bruttoinlandsprodukt pro Einwohner von 75–100 % des EU-Durchschnitts[1]
- stärker entwickelte Regionen mit einem Bruttoinlandsprodukt pro Einwohner > 100 % des EU-Durchschnitts[1]

[1] = im Zeitraum 2014–2016

Das Kohäsionspaket auf einen Blick

Gemeinsame Dachverordnung: Das ist die wichtigste Verordnung des Kohäsionspaketes. In ihr finden sich die gemeinsamen Bestimmungen, die für alle Strukturfonds gelten.

Europäischer Fonds für regionale Entwicklung (EFRE): Er steht für eine moderne, innovationsorientierte EU-Strukturpolitik, die Investitionen in Zukunftstechnologien gerade in strukturschwachen Regionen unterstützt und auch der Erreichung der EU-Klimaschutzziele dient.

INTERREG: Mit einem Teil der EFRE-Mittel fördert die EU darüber hinaus die Zusammenarbeit zwischen benachbarten Grenzregionen sowie die Entwicklung europaweiter und Regionen übergreifender Kooperationen.

Europäischer Sozialfonds plus (ESF+): Er soll zur Umsetzung der Europäischen Säule sozialer Rechte (ESSR) beitragen. Er fördert Investitionen in Humankapital, den Zugang zu Beschäftigung und die Eingliederung in den Arbeitsmarkt.

Fonds für einen gerechten Übergang (JUST TRANSITION FUND – JTF): Regionen und Sektoren, die besonders von dem Übergang zu einer klimaneutralen Wirtschaft betroffen sind, wie beispielsweise Kohleregionen, sollen künftig zusätzliche Mittel für einen zukunftsorientierten Strukturwandel erhalten.

REACT-EU: REACT ist Teil des neuen Aufbauinstrumentes (Next Generation EU) und ein wichtiges Instrument zur Bewältigung der wirtschaftlichen und sozialen Folgen der Corona-Pandemie.

4

1 Untersuche, inwiefern sich die Leitziele der EU für Investitionen beziehungsweise die Strukturpolitik der EU an den Kriterien für eine nachhaltige Entwicklung orientieren.

2 MK Zu Text 1: Recherchiere bei der Stadt-, Gemeinde- oder Kreisverwaltung, ob es in der Nähe deines Wohn- oder Schulortes ähnliche Förderprojekte mit EU-Beteiligung gibt und berichte darüber.

3 Entwicklungsunterschiede in den EU
a) Beschreibe die Entwicklungsunterschiede innerhalb der EU (Karte 3)
b) 🖎 Die am wenigsten entwickelten Regionen in der EU erhalten die meisten Mittel aus dem Kohäsionspaket. Erläutere.

Migration – immer aktuell

Täglich verlassen Menschen weltweit ihre Herkunftsländer und wandern in Regionen, von denen sie sich ein besseres Leben erhoffen. Ein Zielgebiet globaler Migration ist Europa. Warum wandern Menschen nach Europa? Und welche Chancen und Herausforderungen ergeben sich durch die Zuwanderung für Europa?

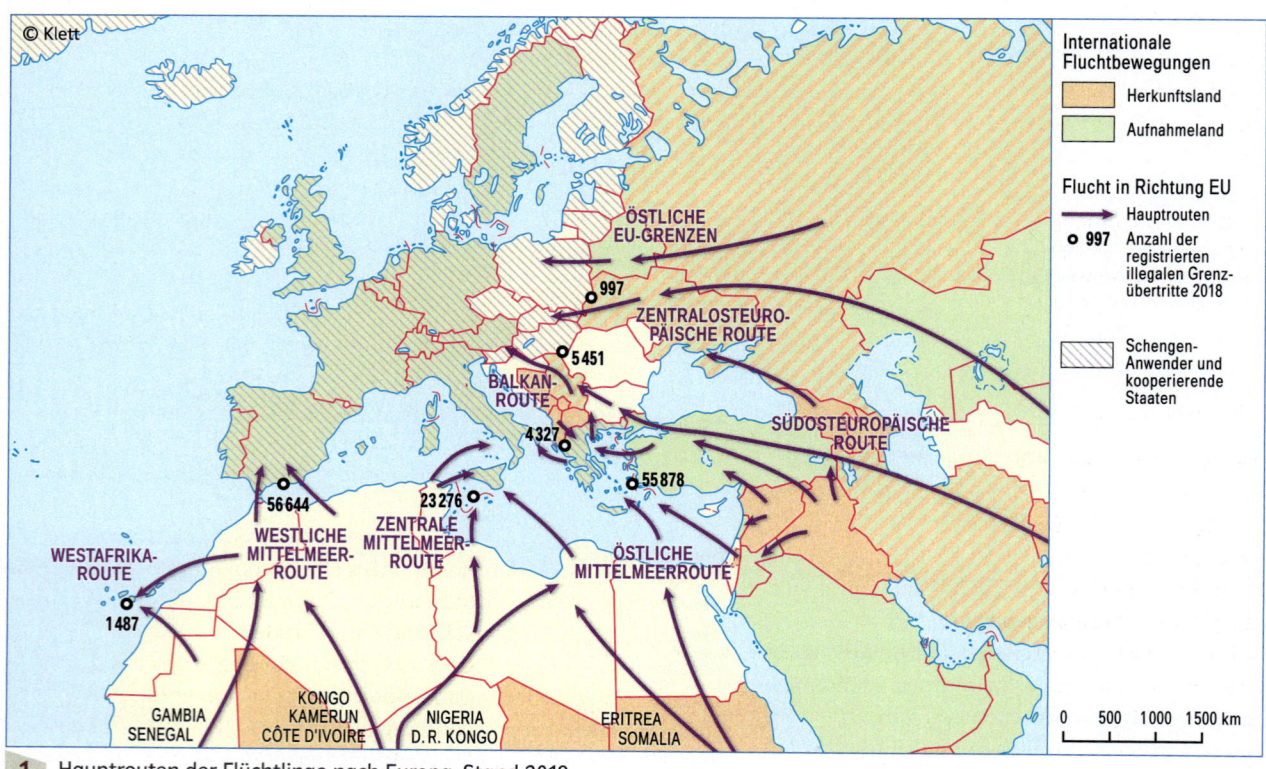

© Klett

Internationale Fluchtbewegungen
- Herkunftsland
- Aufnahmeland

Flucht in Richtung EU
- → Hauptrouten
- ○ 997 Anzahl der registrierten illegalen Grenzübertritte 2018
- Schengen-Anwender und kooperierende Staaten

ÖSTLICHE EU-GRENZEN
○ 997
ZENTRALOSTEUROPÄISCHE ROUTE
○ 5451
BALKAN-ROUTE
○ 4327
SÜDOSTEUROPÄISCHE ROUTE
○ 55 878
○ 56 644
○ 23 276
WESTLICHE MITTELMEER-ROUTE
ZENTRALE MITTELMEER-ROUTE
ÖSTLICHE MITTELMEERROUTE
WESTAFRIKA-ROUTE
○ 1487
GAMBIA SENEGAL
KONGO KAMERUN CÔTE D'IVOIRE
NIGERIA D.R. KONGO
ERITREA SOMALIA

0 500 1000 1500 km

1 Hauptrouten der Flüchtlinge nach Europa, Stand 2019

Flucht

Meist überstürztes Verlassen einer akuten Gefahrensituation, bedingt durch natürliche Bedrohungen (z. B. Erdbeben, Dürren), politische Gefährdungen (z. B. Krieg) oder entsprechende Kombinationen.

Es gibt viele Ursachen: Freiwillig verändern Menschen ihren Wohnsitz mit der Aussicht auf Arbeit, Wohlstand, Bildung oder sozialen Aufstieg. Unfreiwillig verlassen Menschen ihre Heimat, wenn sie vor Menschenrechtsverletzungen, Kriegen oder Naturkatastrophen fliehen müssen. Der Klimawandel könnte zukünftig zu ansteigenden Migrationsbewegungen führen. Diese Art der **Migration** nennt man **Flucht**. Neun von zehn Flüchtlingen stammen aus Entwicklungsländern. Ende 2019 befanden sich weltweit fast 80 Mio. Menschen auf der Flucht. Der weitaus größte Teil von ihnen (ca. 46 Mio.) waren Binnenflüchtlinge. Im Jahr 2015

erschütterten besonders die Bilder der Millionen Syrer, die durch Krieg aus ihrem Land vertrieben wurden. Weil diese Konflikte bis heute anhalten, flüchten nach wie vor Tausende Syrer. Da Europa eine Hauptzielregion der internationalen Flüchtlingsströme ist, fürchten viele europäische Länder, dass bei einer großen Anzahl an Zuwanderern auch wirtschaftliche und gesellschaftliche Probleme entstehen können. Dabei sind z. B. die Positionen innerhalb der EU zur Aufnahme von Migranten stark voneinander abweichend. Folglich ist es schwierig, einen Konsens in der Frage einer gemeinsamen Migrationspolitik innerhalb der EU zu erzielen.

1 Nenne Ursachen für Migration und Flucht.

2 Beschreibe die verschiedenen Flüchtlingsrouten in die EU. Recherchiere, über welche Route momentan die meisten Flüchtlinge nach Europa gelangen.

3 Laut Migrationspakt soll legale Zuwanderung gefördert, illegale Migration in die EU aber verhindert werden. Erkläre.

Der Flüchtlingspakt mit der Türkei

Das Ziel des EU-Flüchtlingspakts mit der Türkei ist, Flüchtlinge davon abzuhalten, sich von der Türkei aus auf den gefährlichen Weg in die EU zu machen. Der Pakt sieht vor, dass die Flüchtlinge in die Türkei zurückgeschickt werden können. Umgekehrt hat sich die EU verpflichtet, syrische Flüchtlinge aus der Türkei aufzunehmen und die Türkei finanziell bei der Versorgung der Flüchtlinge zu unterstützen. Vereinbart waren Zahlungen von insgesamt sechs Milliarden Euro für die Jahre 2016 bis 2019, inzwischen sind weitere Zahlungen geleistet worden und der Pakt wurde bis 2022 verlängert.
In der Türkei leben über 3,5 Millionen Flüchtlinge – mehr als in jedem anderen Land der Erde. Bisher hat sie 36,7 Milliarden Euro für den Umgang mit der Flüchtlingskrise ausgegeben.

Seda Serdar, Ist der EU-Türkei-Deal zu retten? auf: Deutsche Welle v. 03.10.2019, unter: http://www.dw.com/de/ist-der-eu-t%C3%BCrkei-deal-zu-retten/a-50691360, stark gekürzt und verändert

2

Was ist Frontex?

Frontex ist eine europäische Agentur, die ihren Sitz in Warschau hat. Sie soll für den Schutz der europäischen Außengrenzen sorgen, um die illegale Einwanderung nach Europa zu verhindern. Die Agentur beschäftigt [über 1 500 Mitarbeiter (Stand 2020)]. Frontex nahm im Mai 2005 ihre Arbeit [mit 370 Mitarbeitern] auf.
Wie arbeitet Frontex genau?
Die EU-Mitgliedsstaaten sind dafür verantwortlich, dass ihre Grenzen überwacht und kontrolliert werden. Frontex hilft den EU-Staaten, die gegen illegale Einwanderung ankämpfen. Dafür dirigiert Frontex nationale Einsatzkräfte bei der Küstenüberwachung und stellt bei Bedarf eine schnelle Eingreiftruppe von Grenzbeamten zusammen. Flüchtlingsboote werden ... abgefangen und in die Gewässer afrikanischer Staaten zurück eskortiert. Es stehen Hubschrauber, Dutzende Boote, Radaranlagen und Wärmebildkameras zur Verfügung. Außerdem bildet Frontex Grenzschutzbeamte aus.

Leicht aktualisiert nach: Wie funktioniert Frontex?, auf: tagesschau.de v. 15.02.2011, unter: https://www.tagesschau.de/ausland/frontexeu100.html (Zugriff 13.05.2020)

3

Europäische Kommission – gemeinsame Migrationspolitik

Die gemeinsame Migrationspolitik („Migrationspakt") der EU leistet:
– Schutz für Menschen, die Obdach benötigen
– Eindämmung der irregulären Migration
– Rettung von Menschenleben auf See und Sicherung der EU-Außengrenzen
– Gewährleistung der Personenfreizügigkeit innerhalb des Schengen-Raums
– bessere Organisation der legalen Einwanderung
– bessere Integration von Nicht-EU-Bürgerinnen und -Bürgern

Ziele:
– Gewährleistung einer uneingeschränkten Anwendung des gemeinsamen Europäischen Asylsystems in allen EU-Ländern
– Reduzierung der Anreize für irreguläre Migration, Bekämpfung der Schleusernetze und Steigerung der Wirksamkeit der Rückkehrpolitik
– besserer Schutz unserer Außengrenzen durch Aufstockung der Finanzmittel und Stärkung der Rolle der Europäischen Grenzschutzagentur Frontex
– Gewährleistung des Funktionierens des grenzfreien Schengen-Binnenraums
– Förderung der legalen Zuwanderung von Personen mit in Europa benötigten Qualifikationen
– engere Zusammenarbeit mit Nicht-EU-Ländern im Hinblick auf eine reibungslose Rückführung irregulärer Migranten zur Verfügung. Außerdem bildet Frontex Grenzschutzbeamte aus.

Europäische Kommission (2020), unter: https://ec.europa.eu/info/topics/migration-and-asylum_de, gekürzt

4

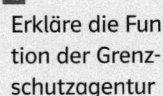

4 Erkläre die Funktion der Grenzschutzagentur Frontex.

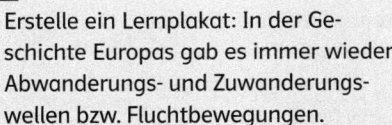

5 Stelle in einer Concept-Map die Zusammenhänge zwischen EU-Migrationspakt, Flüchtlingspakt mit der Türkei und Frontex dar.

6 Erstelle ein Lernplakat: In der Geschichte Europas gab es immer wieder Abwanderungs- und Zuwanderungswellen bzw. Fluchtbewegungen.
a) Informiere dich über die Auswanderung von Europäern nach Amerika v. a. im 19. Jahrhundert.

b) Benenne die Ursachen der Auswanderung und die Folgen für die Staaten Europas.
c) Stelle Zusammenhänge zu den Migrationsströmen nach Europa im 21. Jh. her.

Die Ostsee nachhaltig sichern

Der Ostsee geht es schlecht. Überdüngung führt zu starkem Algenwachstum,
Sauerstoffmangel zu Fischsterben. Wo liegen die Ursachen? Was kann zur Rettung
der Ostsee getan werden?

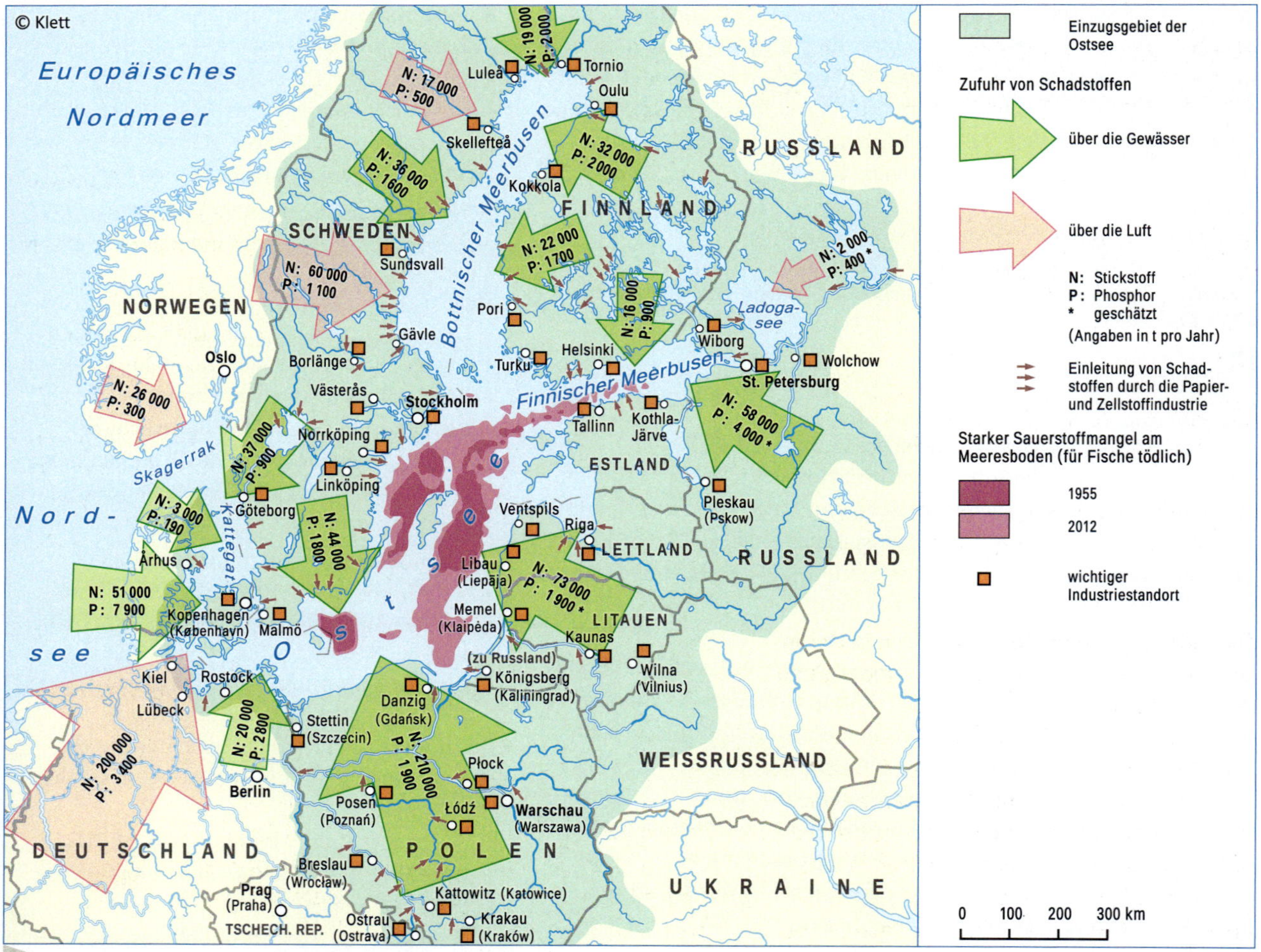

Die Karte „Stoffeinträge im Einzugsgebiet der Ostsee" zeigt das Einzugsgebiet der Ostsee, die Zufuhr von Schadstoffen über die Gewässer und über die Luft, Stickstoff (N) und Phosphor (P) in t pro Jahr, Einleitung von Schadstoffen durch die Papier- und Zellstoffindustrie, starken Sauerstoffmangel am Meeresboden (für Fische tödlich) 1955 und 2012, sowie wichtige Industriestandorte.

© Klett

Europäisches Nordmeer

N: 19 000 / P: 2 000
N: 17 000 / P: 500
Luleå — Tornio — Oulu
Skellefteå
N: 36 000 / P: 1600
Kokkola
N: 32 000 / P: 2 000
RUSSLAND
SCHWEDEN
FINNLAND
Botnischer Meerbusen
N: 60 000 / P: 1 100
Sundsvall
N: 22 000 / P: 1700
Pori
N: 16 000 / P: 900
N: 2 000 / P: 400 *
Ladoga-see
NORWEGEN
Borlänge
Gävle
Helsinki
Wiborg
Wolchow
Oslo
Turku
St. Petersburg
N: 26 000 / P: 300
Västerås
Stockholm
Finnischer Meerbusen
Tallinn
Kothla-Järve
N: 58 000 / P: 4 000 *
N: 37 000 / P: 900
Norrköping
ESTLAND
Skagerrak
Linköping
Ventspils
Pleskau (Pskow)
Nord-
N: 3 000 / P: 190
Göteborg
N: 44 000 / P: 1800
Riga
RUSSLAND
Århus
Libau (Liepāja)
N: 73 000 / P: 1 900 *
LETTLAND
N: 51 000 / P: 7 900
Kopenhagen (København)
Malmö
Memel (Klaipėda)
LITAUEN
Kaunas
see
Kiel
Rostock
(zu Russland)
Königsberg (Kaliningrad)
Wilna (Vilnius)
Lübeck
N: 20 000 / P: 2800
Danzig (Gdańsk)
N: 200 000 / P: 3 400
Stettin (Szczecin)
N: 210 000 / P: 900
Płock
Berlin
Posen (Poznań)
Łódź
Warschau (Warszawa)
DEUTSCHLAND
POLEN
WEISSRUSSLAND
Breslau (Wrocław)
Prag (Praha)
Kattowitz (Katowice)
UKRAINE
TSCHECH. REP.
Ostrau (Ostrava)
Krakau (Kraków)

0 100 200 300 km

1 Stoffeinträge im Einzugsgebiet der Ostsee

14 LEBEN UNTER WASSER

Die Ostsee ist beinahe ein EU-Binnenmeer, denn
Russland ist der einzige der neun Anrainer, der
nicht Mitglied der Europäischen Union ist.
Als Nebenmeer des Atlantischen Ozeans hat
die Ostsee nur durch das Kattegat und die
Meerengen Belt und Sund eine schmale Verbindung zur Nordsee, wodurch der gegenseitige Wasseraustausch stark begrenzt wird.
Die Folge davon ist, dass der Salzgehalt der
Ostsee von Dänemark bis Finnland immer
mehr abnimmt und die nördliche Ostsee im
Winter bis zu sechs Monate im Jahr zufriert.
Die Ostsee dient seit den Zeiten der Wikinger
und der Hanse als Nahrungsmittellieferant und
ist einer der meistbefahrenen Transportwege
sowie heutzutage auch Erholungsraum. Die
Ostsee verliert aufgrund der erheblichen Einleitung von Schadstoffen aus Landwirtschaft,
Industrie und Haushalten und der durch den
Klimawandel verursachten Erwärmung zunehmend ihre Qualität und biologische Vielfalt.
Durch den Eintrag von Nährstoffen kommt es
zu übermäßigem Algenwachstum. Nach deren
Absterben entziehen Abbauprozesse dem
Wasser Sauerstoff. Das vollständige Aufbrauchen
des Sauerstoffs durch Überdüngung, Erwärmung
(etwa zwei Grad Celsius in den vergangenen
100 Jahren) und fehlende Durchmischung führt

1950

2015

2 Veränderung der Unterwasserlebensräume

zur Bildung von sogenannten „Todeszonen", deren Fläche auf mehr als 60 000 Quadratkilometer geschätzt wird.

Die Ostseestrategie der Europäischen Union
Das Ökosystem der Ostsee ist einzigartig und empfindlich. Da es in ihrem gemeinsamen Interesse liegt, dass es intakt bleibt, arbeiten die EU-Ostseeanlieger schon lange eng zusammen. In diese Kooperation und den Interessenausgleich werden als wichtige Partner auch die nicht der EU angehörenden Staaten Russland und Norwegen einbezogen.
Im Jahr 2009 wurde die „Ostseestrategie der Europäischen Union" entwickelt, die in grenzüberschreitender Zusammenarbeit 15 Schwerpunkte über 80 Aktionen und mehr als 80 Projekte in den Bereichen Schutz der Ostsee und optimale wirtschaftliche und soziale Entwicklung festlegte. 2018 erfolgte eine Aktualisierung der „Ostseestrategie der EU".

DIE OSTSEE SCHÜTZEN:
– Bioökonomie – Landwirtschaft, Forstwirtschaft und Fischerei;
– Gefahrstoffe – die Verwendung und Auswirkungen durch gefährliche Stoffe reduzieren;
– Überdüngung – Zuflüsse von Nährstoffen in das Meer auf ein annehmbares Niveau reduzieren;
– Sicherheit – eine führende Region im Bereich der Sicherheit und Gefahrenabwehr auf See werden;
– Schiffsverkehr – eine vorbildhafte Region für den sauberen Schiffsverkehr werden.

DIE REGION VERBINDEN:
– Energie – Verbundplan für den baltischen Energiemarkt (für wettbewerbsgerechte, sichere und nachhaltige Energie);
– Transport – interne und externe Transportverbindungen verbessern.

DEN WOHLSTAND STEIGERN:
– Kultur – Wirtschaftssektor Kunst und Kultur;
– Bildung – Bildung, Forschung und Beschäftigungsfähigkeit;
– Gesundheit – die Gesundheit des Menschen einschließlich sozialer Aspekte verbessern und fördern;
– Innovation – das Potenzial der Region für Forschung, Innovation und KMU unter Nutzung des digitalen Binnenmarktes als Quelle für die Anwerbung von Talenten und Investitionen vollständig ausschöpfen;
– Sicherheit – Schutz vor landseitigen Notfällen, Unfällen und grenzüberschreitender Kriminalität;
– Tourismus – den Zusammenhalt der Makroregion durch Tourismus stärken.

https://ec.europa.eu/regional_policy/sources/cooperate/baltic/pdf/factsheet/factsheet_eusbr_de.pdf

 3

Die vereinbarten Maßnahmen werden in den nächsten Jahren und Jahrzehnten auf den politischen Ebenen als Ganzes, von Kooperationsgruppen diverser Ostseeanrainer oder von einzelnen Staaten in eigener Verantwortung umgesetzt.
Angestrebt wird ein gemeinsames Handeln unter dem Motto: „Die Ostsee hat uns früher getrennt. Jetzt kann sie uns wieder einigen" (Maria Asenius, Staatssekretärin für EU-Fragen der schwedischen Regierung).

 1
Arbeite mit dem Atlas und Karte 1:
a) Benenne die Anliegerstaaten der Ostsee sowie die Verdichtungsräume an der Küste.
b) Vergleiche und begründe die Anteile der Anliegerstaaten an den Schadstoffeinträgen in die Ostsee. (M1)

 2
Erläutere an Beispielen deiner Wahl, warum die Hauptanliegen der Ostseestrategie in Tabelle 3 nur gemeinsam verwirklicht werden können.

 3 MK
Erstelle ein Wirkungsgefüge zur Gefährdung der Ostsee.

 4
Begründe, ob die Zielsetzungen der Ostseestrategie der EU mit den Merkmalen für eine nachhaltige Entwicklung in Einklang stehen.

Der Fehmarnbelttunnel

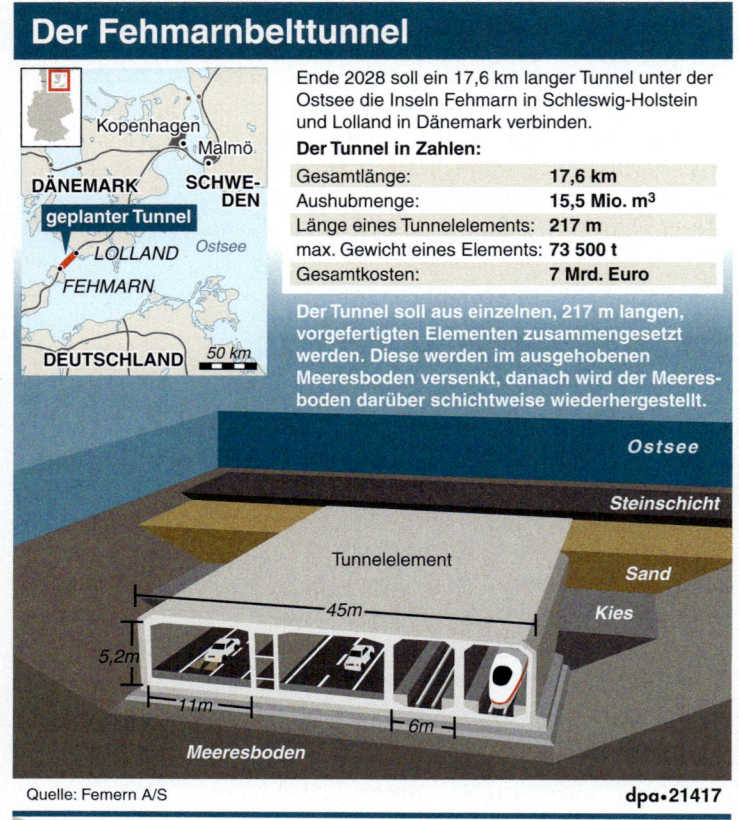

Ende 2028 soll ein 17,6 km langer Tunnel unter der Ostsee die Inseln Fehmarn in Schleswig-Holstein und Lolland in Dänemark verbinden.

Der Tunnel in Zahlen:

Gesamtlänge:	17,6 km
Aushubmenge:	15,5 Mio. m³
Länge eines Tunnelelements:	217 m
max. Gewicht eines Elements:	73 500 t
Gesamtkosten:	7 Mrd. Euro

Der Tunnel soll aus einzelnen, 217 m langen, vorgefertigten Elementen zusammengesetzt werden. Diese werden im ausgehobenen Meeresboden versenkt, danach wird der Meeresboden darüber schichtweise wiederhergestellt.

Quelle: Femern A/S

dpa•21417

1

2 Das Transeuropäische Netz (TEN-T). Der Korridor Skandinavien – Mittelmeer (Helsinki/Stockholm/Oslo/Valletta)

Fehmarnbelt-Tunnel – die Vogelfluglinie taucht ab

„Schneller ans Ziel", das ist die Devise des geplanten Großprojekts einer Tunnelverbindung zwischen Deutschland und Skandinavien. Aber die Meinungen über das Projekt sind geteilt: Während auf der einen Seite die Bedeutung des Tunnels für die europäische Integration hervorgehoben wird, kritisiert man auf der anderen Seite die Folgen für die Bewohner, die Umwelt und die Kosten des Projekts.

Ziele und Dimensionen des Projekts

Die „Vogelfluglinie" verbindet Deutschland und Dänemark. Fährschiffe befördern Autos und Personenzüge über den Fehmarnbelt. Die Überfahrt dauert 45 Minuten.

Als Alternative dazu entstand der Wunsch nach einer festen, ganzjährig ungehindert möglichen, von Wind und Wetter unabhängigen, schnelleren, sichereren und besseren Verbindung. Nachdem der Plan, eine Brücke zu errichten, aus Kosten- und Umweltgründen verworfen wurde, beschlossen die Europäische Union und die Regierungen und Parlamente von Dänemark und Deutschland den Bau eines Absenktunnels auf dem Meeresgrund. Dabei werden

← Lückenschluss
A1
Seite 14

89 Standardelemente mit jeweils 73 500 Tonnen Gewicht in bis zu 45 Meter Wassertiefe versenkt. Die Bauzeit wird ungefähr acht Jahre dauern.

Der Tunnel besteht aus zwei richtungsgetrennten Röhren für jeweils zweispurigen Straßenverkehr, zwei Röhren für die Eisenbahn und einer Rettungsröhre. Züge werden den Tunnel mit bis zu 200 Kilometer pro Stunde in sieben Minuten durchfahren, die Höchstgeschwindigkeit für Pkws wird auf 110 Kilometer pro Stunde begrenzt. Die Verkürzung der Fahrtzeit zwischen Hamburg und Kopenhagen wird bei der Bahn fast zwei Stunden und beim Pkw rund 45 Minuten betragen.

 Fehmarnbelt-Tunnel: Hüpfburg als Werbeträger

 Proteste gegen den Tunnelbau

Die Kosten des Projekts wurden zunächst mit 5,5 Milliarden Euro veranschlagt. Mittlerweile werden sie auf 7,7 Milliarden Euro geschätzt, die durch Kredite, Anleihen und Darlehen aufgebracht werden, für die der Staat Dänemark bürgt, sowie durch Fördermittel der EU. Die Baumaßnahmen liegen in der Hand des staatlichen dänischen Unternehmens Femern A/S. Für die Benutzung des Tunnels wird eine Gebühr (Maut) erhoben, sodass nach 39 Jahren die Baukosten wieder zurückgezahlt sein werden. Deutschland hat für die Anbindung der Insel Fehmarn zum Festland zu sorgen. Die 50 Jahre alte, 1,3 Kilometer lange Fehmarnsundbrücke mit nur zwei Straßenspuren und einem Bahngleis muss renoviert oder durch eine neue Brücke oder einen Tunnel ersetzt werden. Entlang der Autobahn A1 zwischen Lübeck und Fehmarn wird eine zweigleisige, elektrifizierte Eisenbahnstrecke neu gebaut.

Die Diskussion um das Für und Wider des Tunnelbauprojekts

Befürworter	Gegner	Neutrale
Akteure	Akteure	Akteure
dänische Regierung; Femer A/S; deutsche Bundesregierung; Landesregierung Schleswig-Holstein; lokale Wirtschaftsunternehmen	Umweltverbände; Bürgerinitiativen; Tourismusbranche; Reederei Scandlines (Fähren)	Deutsche Bahn; Kreis Ostholstein; Dialogforum feste Fehmarnbelt-Querung
Aspekte, Argumente	Aspekte, Argumente	Aspekte, Argumente
internationaler Verkehrsweg; Prioritätsprojekt der EU; wirtschaftlicher Aufschwung für die gesamte Region mit neun Millionen Einwohnern; Schaffung und Sicherung von Arbeitsplätzen; Nutzen höher als Kosten; technische Risiken beherrschbar; Tunnel hält mindestens 120 Jahre; Güterverkehr per Bahn mit Fähre nicht möglich; Tunnel erspart den Güterzügen 160 Kilometer Umweg über Flensburg; Bahn wird attraktiver; höhere Transportkapazitäten; dänische Bevölkerung bejaht mehrheitlich das Projekt; Umweltkatastrophen sind nicht zu befürchten; Belastungen nur zur Zeit der Baumaßnahmen; keine Beeinträchtigung von Vogelzug und Schweinswalen; mehr Passagiere für den Flughafen Kopenhagen; Fährverbindung Rostock-Gedser bleibt als Alternative bestehen; Tunnel-Mautgebühr niedriger als Tarif der Fähre; strenge Sicherheitsvorkehrungen im Tunnel	Baggerarbeiten rühren Meeressedimente auf; Wassertrübung bis an die Küste von Mecklenburg-Vorpommern; nachteilig für Seebädertourismus und maritime Umwelt; Aushubmenge schädlich für Meeresökologie; Tunnel führt durch marine Schutzgebiete seltener Pflanzen und Tiere; Schweinswale ziehen durch den Fehmarnbelt; Verletzung von Naturschutzrecht; Havarierisiken in der vielbefahrenen Wasserstraße; Tunnel ist unwirtschaftlich; unrealistische Prognosen; vorhandene Verkehrswege optimieren und ausbauen; Geld fehlt bei anderen Projekten; geringe regionale Bedeutung; Hauptnutznießer ist Schweden; ungerechtfertigte Subventionen durch die EU verzerren den Wettbewerb; Region wird Transitstrecke; Wertverlust von Immobilien	Bahn erfüllt den Staatsvertrag durch Bau der Schienenanbindung von Lübeck bis Puttgarden. Kreis Ostholstein will Chancen bestmöglich nutzen und Risiken minimieren und beteiligt sich konstruktiv und kritisch am Planungsprozess. Das Dialogforum: „Wir hinterfragen Sinn und Fakten und suchen gemeinsam nach Lösungen. Bei uns werden Betroffene zu Beteiligten."

5

---

1 MK

Erstellt eine virtuelle Exkursion, mit der ihr eure Reiseroute präsentieren könnt. Verwendet dabei auch eure Kenntnisse über die Autobahn A1 (S. 14)

2 MK

Bereitet in der Gruppe auf der Grundlage der Materialien und Texte in diesem Kapitel sowie einer Recherche zum aktuellen Stand des Projektes eine Podiumsdiskussion vor mit dem Thema: „Der Fehmarnbelt-Tunnel – notwendige Infrastrukturmaßnahme oder unnötige Belastung für Mensch und Natur?"

3

Ist der Fehmarnbelt-Tunnel ein nachhaltiges Projekt? Nutzt das Nachhaltigkeitsviereck als Unterstützung für eure Bewertung.

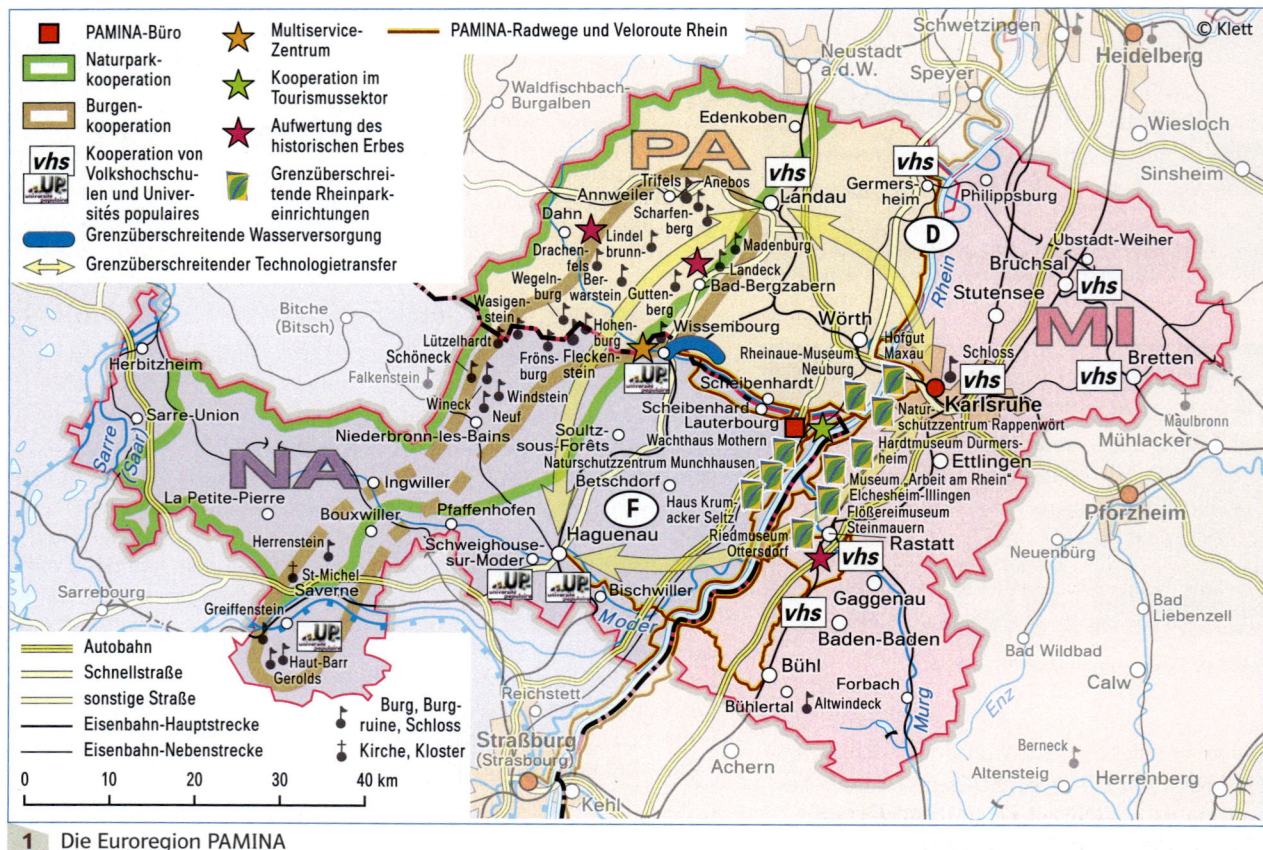

1 Die Euroregion PAMINA

Legende:

- ■ PAMINA-Büro
- ▭ Naturpark-kooperation
- ▭ Burgen-kooperation
- vhs Kooperation von Volkshochschulen und Universités populaires
- ▬ Grenzüberschreitende Wasserversorgung
- ⇔ Grenzüberschreitender Technologietransfer
- ★ Multiservice-Zentrum
- ★ Kooperation im Tourismussektor
- ★ Aufwertung des historischen Erbes
- ▨ Grenzüberschreitende Rheinpark-einrichtungen
- ▬ PAMINA-Radwege und Veloroute Rhein

- ▬ Autobahn
- ▬ Schnellstraße
- ▬ sonstige Straße
- ▬ Eisenbahn-Hauptstrecke
- ▬ Eisenbahn-Nebenstrecke
- ♫ Burg, Burgruine, Schloss
- ✝ Kirche, Kloster

0 10 20 30 40 km

© Klett

Grenzenloses Europa – PAMINA

11 NACHHALTIGE STÄDTE UND GEMEINDEN

Eure Großeltern erinnern sich noch an die Zeit, als an der deutsch-französischen Grenze Ausweis- und Zollkontrollen stattfanden. Heute behindern keine Schlagbäume und Grenzposten mehr den freien Personen- und Güterverkehr innerhalb der EU. Wie wirkt sich das auf das Leben der Menschen in den Grenzregionen aus?

Mein Praktikum war abwechslungsreich: Ich konnte ein cahier thématique zur Gebietsreform in Frankreich abschließen und verschiedene Referenten bei ihrer Arbeit durch Recherche und Übersetzungen unterstützen. Einen Tag der Woche arbeitete ich bei der INFOBEST, wodurch ich mit den alltäglichen Problemen der Menschen im grenzübergreifenden PAMINA-Raum in Kontakt kam. Wer sich für die grenzüberschreitende Zusammenarbeit interessiert, lernt beim Eurodistrict PAMINA viel dazu, besonders in den Sitzungen mit den verschiedensten Akteuren der Fachkräfteallianz, von Jugendprojekten und vielen Anderen. Und natürlich haben sich meine Französischkenntnisse verbessert. Daher kann ich es jedem nur empfehlen.

Marcus, in: Eurodistrict PAMINA, Praktika, Erfahrungsberichte, unter: https://www.eurodistrict-pamina.eu/de/praktika.html#.YKeCMfxR2Uk (Zugriff 11.10.2021)

2 Praktikumsbericht von Marcus

Eines der ersten Projekte grenzübergreifender Zusammenarbeit entstand 1988 durch die Schaffung des deutsch-französischen Kooperationsraumes PAMINA. Der Begriff ist zusammengesetzt aus den Namen der Mitgliedsregionen: PA = Palatinat (Pfalz), MI = Mittlerer Oberrhein und NA = Nord Alsace (Nordelsass).
Angestrebt werden die Schaffung einer gemeinsamen Identität, die Integration der ursprünglich getrennten Räume und ein nachhaltiges Raumnutzungskonzept.
Programmschwerpunkte liegen bei der Förderung zweisprachiger Schulen, Entwicklung des Tourismus, Unterstützung unternehmerischer Initiativen, Vernetzung wissenschaftlicher Einrichtungen, Umwelt- sowie Infrastrukturprojekten.

Wirtschaftsprofil in der Region PAMINA

„Der Rohstoffsektor, der im Eurodistrict PAMINA in Form von Landwirtschaft (Weinbau, Getreide- und Gemüseanbau) und Holzwirtschaft vertreten ist, spielt besonders in der Südpfalz und im Nordelsass eine wichtige Rolle. Der stark vertretene Industriesektor sticht durch seine umfangreiche Produktpalette hervor (verarbeitende Industrie, Metall- und Elektroindustrie, Automobilindustrie, Holzindustrie). […]
Der Dienstleistungssektor zeigt sich im badischen Teil (MI) des Eurodistrict um einiges weiter entwickelt als in den anderen beiden Teilräumen. […] Im Eurodistrict PAMINA gibt es rund 40000 Gästebetten und über 3500 Restaurants."

Eurodistrict PAMINA (Hrsg.): Wirtschaftsprofil. Lauterbourg/Neulauterburg: o. J.: www.eurodistrict-regio-pamina.eu/pamina/IMG/pdf/Profil_Eco_Eurodistrict.pdf (21.01.2014)

3

Eine Landschaft als Museum …

… das ist der Grundgedanke des Naturprojektes „Rheinpark". Mit einer Fläche von etwa 700 Quadratkilometer umfasst der Rheinpark die gesamte Oberrheinlandschaft zwischen Iffezheim und Lauterbourg. Das Gebiet zählt zu den wenigen erhalten gebliebenen, ökologisch weitgehend intakten Bereichen zwischen Basel und Mainz. So ist diese Auenlandschaft selbst das wichtigste museale Ausstellungsobjekt. Ziel des Projektes ist die Sensibilisierung der Bevölkerung und die Förderung des „sanften Tourismus" im PAMINA-Raum. Gleichzeitig sollen, ähnlich wie beim Welterbe Mittelrhein, die historischen und kulturellen Elemente des Lebensraums vermittelt werden. Das ausgebaute Radwegenetz verbindet Beobachtungsstellen. Das Fahrrad ist hier Fortbewegungsmittel Nummer eins.

5

Beispiele für förderfähige Projekte im Rahmen der Ziele des Programms INTERREG V Oberrhein (2020–2023)

– neue Bahnverbindung zum Euroairport
– Rheinpromenade: Naturschutz, Besuchermanagement und Einrichtung von Lehrpfaden an stark besuchten Rheinabschnitten auf deutscher und französischer Rheinseite;
– Wasseraufbereitungsanlage Niederlauterbach: Verbesserung der Abwasseraufbereitung für die Nutzer beiderseits der Lauter;
– ein schweres Polizeiboot für die deutsch-französische Wasserschutzpolizeistation;
– Regiotarif: Entwicklung eines grenzüberschreitenden Tarifangebots für den öffentlichen Personennahverkehr.

https://www.interreg-oberrhein.eu/projet/

4

Das deutsch-französische Biosphärenreservat Pfälzerwald-Nordvogesen

Bereits 1959 wurde der Naturpark Pfälzerwald gegründet. Aufgrund seines besonderen Vorbildcharakters wurde das dünn besiedelte Gebiet 1992 von der UNESCO als Biosphärenreservat anerkannt. Im Jahr 1998 wurde das grenzüberschreitende deutsch-französische Biosphärenreservat Pfälzerwald-Nordvogesen gebildet.
Eine große Anzahl über die Grenze hinweg zusammen durchgeführter Projekte dient dem Ziel, in gemeinsamer Verantwortung das Ökosystem mit wildlebenden Tieren (z. B. Luchs) und wildwachsenden Pflanzen (z. B. Seidelbast) zu schützen sowie die Vielfalt, Eigenart und Schönheit der von Holz- und Forstwirtschaft, Landwirtschaft, Weinbau und Tourismus geprägten, historisch gewachsenen Kulturlandschaft zu erhalten. Das Biosphärenreservat ist Wasserspeicher, Frischluftlieferant und ein wichtiges Naherholungsgebiet für die umliegenden Ballungsräume.

Umformuliert nach: Naturpark Pfälzerwald: www.pfaelzerwald.de (21.01.2015)

6

1
Werte Karte 1 aus.
a) Beschreibe die Projekte der grenzüberschreitenden Zusammenarbeit.
b) Nenne Vor- und Nachteile der Zusammenarbeit. Erstelle eine Tabelle.

2
Wähle aus
A Beschreibe, welche Kenntnisse Marcus aus seiner Praktikumszeit beim Eurodistrict PAMINA gewonnen hat.
B Du bewirbst dich auf einen Praktikumsplatz beim Eurodistrict PAMINA. Verfasse ein Bewerbungsschreiben.

3 MK
Wähle ein Projekt aus. Informiere dich darüber im Internet und schreibe eine befürwortende oder ablehnende Antwort an die Projektantragsteller.

4
Erläutere auf der Grundlage der Texte 5 und 6 die Nachhaltigkeit der grenzüberschreitenden Zusammenarbeit.

Let's stay in touch … das Vereinigte Königreich und die EU nach dem Brexit

Mit dem Austritt des Vereinigten Königreichs (UK) aus der Europäischen Union steht Europa vor großen Veränderungen. Welche Auswirkungen das Votum haben wird, ist nicht genau abzusehen. Verschiedene Szenarien von einer engen Bindung bis hin zu weiteren Distanzierungen sind denkbar. Doch welches Szenario ist realistisch?

Am 31.01.2020 hat mit dem Vereinigten Königreich das erste Mal in der Geschichte der Europäischen Union ein Land die EU verlassen. Zuvor war es am 23.06.2016 im Vereinigten Königreich und Nordirland zu einem Referendum der Bevölkerung über den Austritt aus der EU gekommen. Dabei setzten sich die Brexit-Befürworter mit 51,89 % der Stimmen durch. Das denkbar knappe Ergebnis fiel dabei regional sehr unterschiedlich aus. Bis heute ist das Vereinigte Königreich in der Frage der künftigen Beziehungen zur Europäischen Union gespalten.

← Infografiken erstellen Seite 36 / 37

Die politischen, ökonomischen und gesellschaftlichen Beziehungen werden in Zukunft neu ausgerichtet und alle Beteiligten stehen vor großen Herausforderungen. So müssen beispielsweise wirtschaftliche Beziehungen neu ausgehandelt, Grenzkontrollen und Personenfreizügigkeit geklärt und finanzielle Fragen final geregelt werden. Auch für junge Menschen müssen neue Regelungen gefunden werden, z. B. bei Klassenfahrten und beim Auslandsstudium.

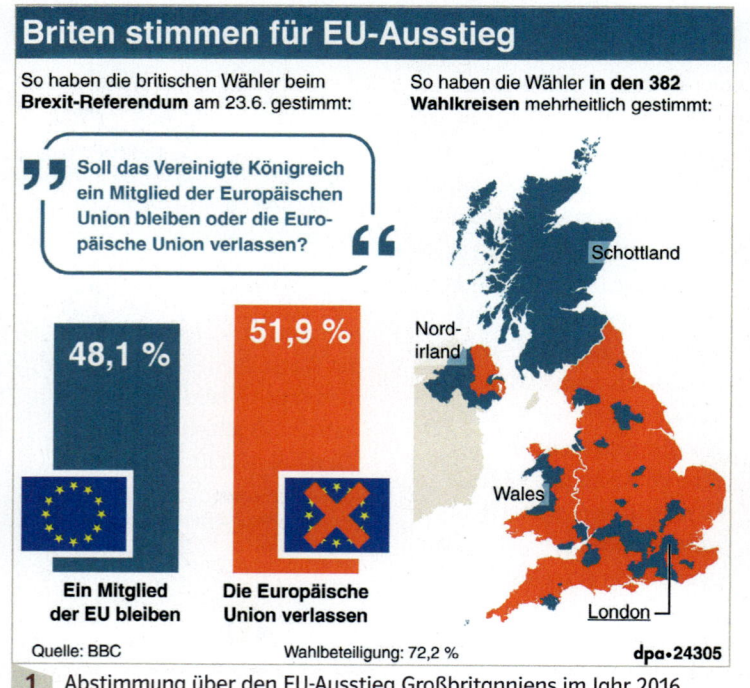

Briten stimmen für EU-Ausstieg

So haben die britischen Wähler beim **Brexit-Referendum** am 23.6. gestimmt:

„ Soll das Vereinigte Königreich ein Mitglied der Europäischen Union bleiben oder die Europäische Union verlassen? "

48,1 %
Ein Mitglied der EU bleiben

51,9 %
Die Europäische Union verlassen

Quelle: BBC

So haben die Wähler **in den 382 Wahlkreisen** mehrheitlich gestimmt:

Schottland

Nordirland

Wales

London

Wahlbeteiligung: 72,2 %

dpa•24305

1 Abstimmung über den EU-Ausstieg Großbritanniens im Jahr 2016

Antoon Murphy hat die Nase voll: Über Wochen hat der Mittelständler versucht, seine Waren wieder an Kunden in der EU zu liefern […]. Nun gibt er auf – und baut nahe Lyon eine neue Firma auf. Murphys Firma […] vertreibt […] Futter und Kauspielzeug für Hunde. 2005 hat er sein Unternehmen gegründet, seitdem ist die Mitarbeiterzahl bis auf 19 gewachsen und die Umsätze auf zuletzt […] 9,4 Millionen Euro. Dann kam der Brexit. Jetzt werden seine Waren als Viehfutter eingestuft, deshalb braucht er nach dem Ausscheiden Großbritanniens aus der EU ein Gesundheitszertifikat, Kostenpunkt: 200 Pfund, egal, ob es um eine Lieferung über 40 000 Pfund geht oder um 500 Pfund. Nach Wochen des Telefonierens bekam er zwar ein entsprechendes Dokument. Viele Transportunternehmen weigerten sich, seine Waren mitzunehmen. Sie hatten Angst, dass eine einzige Palette Kausnacks auf einem Laster die ganze Lieferung lange aufhalten würde – weil diese als Nahrungsmittel besonders gründlich kontrolliert würden.

2

1
Erkläre, was unter dem Brexit verstanden wird.

2
Der Brexit ist im Vereinigten Königreich umstritten:
a) Beschreibe die regionalen Unterschiede in den Abstimmungsergebnissen des Referendums (M1).
b) Vermute, welche Ursachen es dafür geben könnte.

3
Schwierigkeiten durch den Brexit
a) Beschreibe am Beispiel von Antoon Murphy (M2), welche Probleme aufgetreten sind.
b) Ordne dieses Beispiel einem der drei Zukunftsszenarien begründet zu (M4).

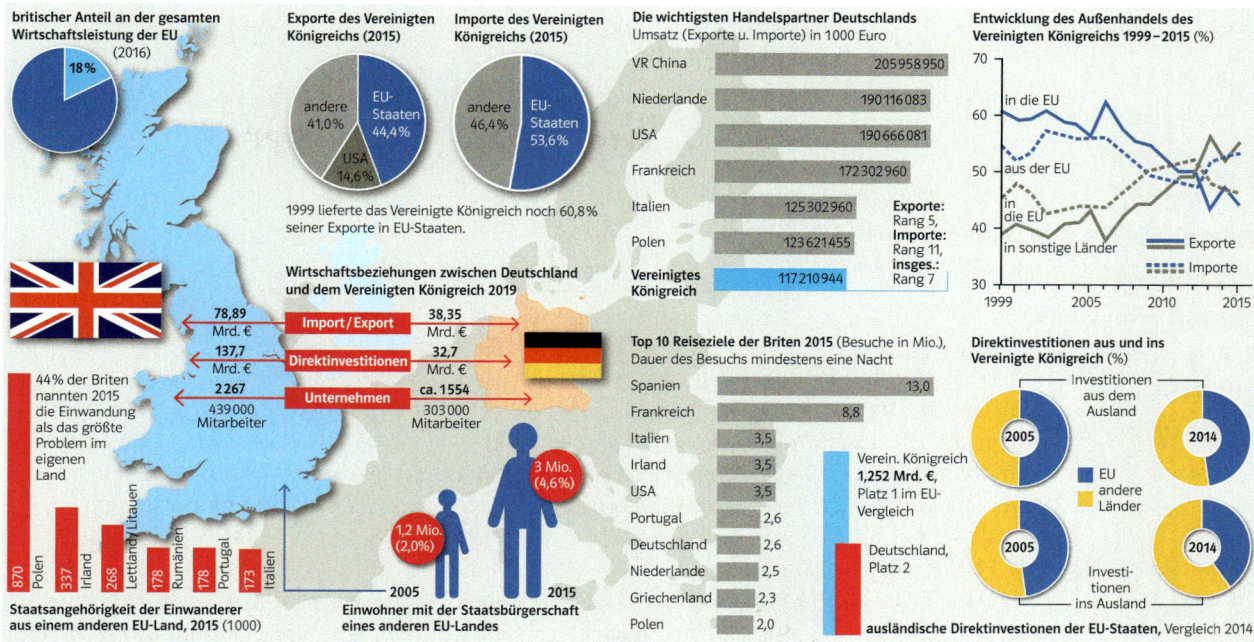

3 Die Folgen des Brexits – Beziehungen des Vereinigten Königreichs zur EU

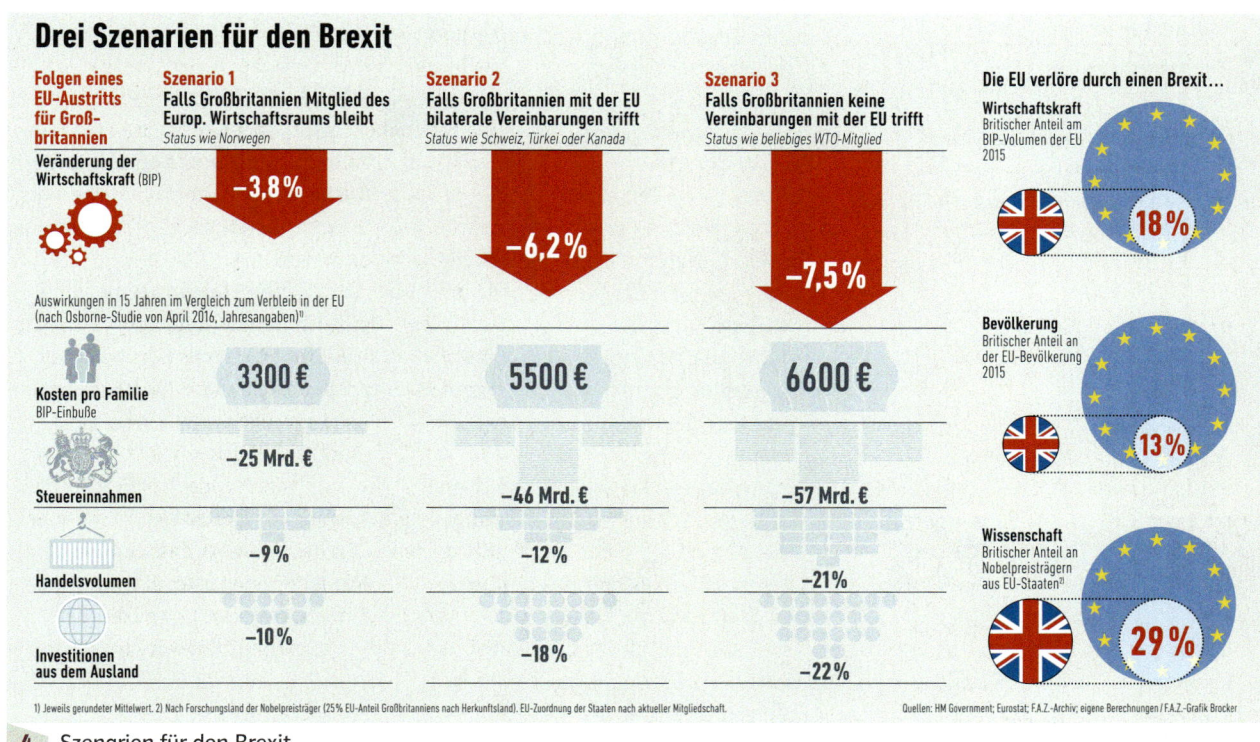

4 Szenarien für den Brexit

4

c) Beurteile die Folgen des Standortwechsels der Firma von A. Murphy für den Unternehmer und die britische Wirtschaft.

Benenne mögliche (ökonomische, politische und soziale) Folgen des Brexits für die EU und das Vereinigte Königreich.

5 MK

Die Beziehungen zwischen der EU und dem Vereinigten Königreich regelt ein Partnerschaftsvertrag (1.1.2021):
a) Recherchiere dazu im Internet.
b) Vergleiche die Ergebnisse deiner Recherche mit den drei Zukunftsszenarien aus Grafik 4.

Wichtige Begriffe

– Binnenmarkt
– Europäische Union (EU)
– Euroregionen
– Migration
– Peripherie
– regionale Disparitäten
– soziale Disparitäten
– Schengener Abkommen
– vier Freiheiten
– Währungsunion
– Zentrum

b Wirtschaftsgebiet, das mehrere Staaten umfasst und das durch den freien Verkehr von Waren, Dienstleistungen und Kapital gekennzeichnet ist

c Zusammenschluss mehrerer Staaten, die eine gemeinsame Währung haben.

d ungleiche soziale und ökonomische Bedingungen in einem Raum

4 Grenzen Europas
Gib an, mithilfe welcher Kriterien eine zumindest ungefähre Abgrenzung zu anderen Erdteilen begründet werden könnte:

a Vegetationszonen,
b Sprachen,
c räumliche Verteilung der Städte,
d typische Baustile,
e typische Speisen,
f bestimmte Werte, wie freiheitliche Grundordnung, Rechtsstaat, Gleichberechtigung.

5 Die vier Freiheiten im Binnenmarkt der EU
a Erläutere die Grafik 2.
b Gib an, welche der vier Freiheiten in den folgenden Beispielen angesprochen werden. Nicht immer ist die Zuordnung eindeutig.
– Während des Urlaubs kaufst du auf Mallorca günstig ein Smartphone und nimmst es mit nach Hause.
– Einem deutschen Urlauber gefallen die österreichischen Alpen so gut, dass er dort ein Haus kauft und dieses von einer österreichischen Bank finanzieren lässt.
– Ein Hauseigentümer lässt sein Haus von einer polnischen Firma neu streichen.

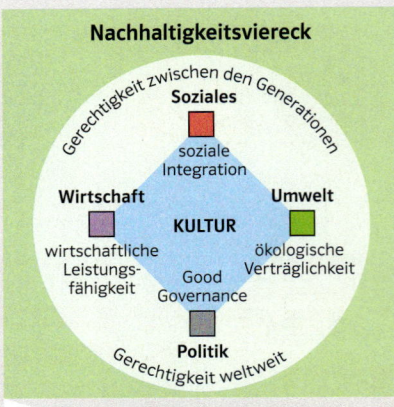

1 Viereck der Nachhaltigkeit nach Bundesministerium für wirtschaftliche Zusammenarbeit und Entwicklung, Berlin

M4 eine Euroregion aus. Gehe u.a. auf Lage und Größe der Euroregion, die Nachbarstaaten und Wirtschaftsstruktur ein.

Kennen und verstehen

1 Buchstabensalat
Ordne die Buchstaben der europäischen Staaten in der richtigen Reihenfolge:
a) FLANNIND
b) GUNNAR
c) LUPOGART
d) NÄDEKRAM
e) DUSCHTALEND
f) FRECHKARIN
g) RANDLI

2 Auf die Lage kommt es an
Finde heraus: Welche Hauptstadt liegt am …
a nördlichsten: Helsinki – Oslo – Tallinn
b westlichsten Dublin – Paris – Lissabon
c südlichsten: Athen – Madrid – Rom

3 Begriffe gesucht
Benenne die Begriffe und erläutere deren Bedeutung für die künftige Entwicklung der EU:
a große wirtschaftliche und soziale Ungleichgewichte zwischen Kernregionen und Randgebieten

Fachmethoden anwenden

6 Euroregionen
Eine Infografik erstellen: Erstelle zum Thema „Euroregionen grenzüberschreitendes Arbeiten" eine Infografik (Methode siehe S. 37). Wähle dazu aus der Karte

Beurteilen und bewerten

7 „Europa sind wir!"
Nimm Stellung zu den folgenden Aussagen:
a „Europa bedeutet für jeden etwas anderes!"
b „Die Einheit Europas birgt Vorzüge und Herausforderungen!"
c „Die unterschiedlichen Lebens- und Arbeitswelten widersprechen dem europäischen Einheitsgedanken!"

8 Europa in der Welt
Diskutiert die Möglichkeiten und Grenzen eines immer größeren Einflusses Europas in der Welt. Stellt gegenüber, wie die Welt immer stärkeren Einfluss auf Europa nimmt.

Wissen vernetzen

9 Nachhaltiger Wandel
Beurteile die Revitalisierung von altindustriellen Regionen anhand des Nachhaltigkeitsvierecks (M3). Arbeite mit dem Atlas.

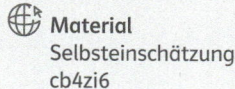 Üben interaktiv
cb4zi6

 Material
Selbsteinschätzung
cb4zi6

Lösungen
cb4zi6

Europa – Einheit und Vielfalt **2**

Freier Personenverkehr
Wegfall von Grenzkontrollen
Harmonisierung der Einreise-, Asyl-, Waffen-, Drogengesetze
Niederlassungs- und Beschäftigungsfreiheit für EU-Bürger
verstärkte Außenkontrollen

Freier Warenverkehr
Wegfall von Grenzkontrollen
Harmonisierung der gegenseitigen Anerkennung von Normen und Vorschriften
Steuerharmonisierung

Freier Dienstleistungsverkehr
Liberalisierung der Finanzdienste
Harmonisierung der Banken- und Versicherungsaufsicht
Öffnung der Transport- und Telekommunikationsmärkte

Freier Kapitalverkehr
größere Freizügigkeit für Geld- und Kapitalbewegungen
Schritte zu einem gemeinsamen Markt für Finanzleistungen
Liberalisierung des Wertpapierverkehrs

2 Vier Freiheiten

4 Euroregionen an den Grenzen Deutschlands

3 Dortmund-Hörde: Phoenix-See vor der Rekultivierung

5 Dortmund-Hörde: Phoenix-See nach der Rekultivierung

Jetzt kannst du ...

– die Bedeutung der EU für den Alltag der Menschen bewerten;

– zu Zielen und Werten der EU Stellung nehmen;

– die Vielfalt in Europa anhand von Beispielen erläutern;

– unterschiedliche Lebens- und Arbeitswelten in Europa vergleichen und bewerten;

– Räume hinsichtlich ihrer Wirtschaftskraft beurteilen;

– Infografiken erstellen.

3

Städtische Lebenswelten

Während um 1800 nur rund zwei Prozent der Weltbevölkerung in Städten lebten, waren es 1950 bereits 30 Prozent. Nach Prognosen der Vereinten Nationen werden 2050 über 65 Prozent der Menschen Stadtbewohner sein. Die Verstädterung steigt nicht nur in Nord- und Südamerika. In Afrika und Asien wachsen aktuell riesige Städte, welche schnell über 10 Millionen Einwohner zählen. Was zieht Menschen in die Großstädte? Welche Lebensbedingungen erwarten sie dort?

Lagos – groß, größer, am größten . . .

Lagos ist die größte Stadt Nigerias und eine der größten Städte Afrikas. Jährlich kommen über eine halbe Million Menschen in die Lagunenstadt. Schätzungen gehen für das Jahr 2030 von einer Bevölkerungszahl von 25 Millionen aus. Wie wird sich die Stadt entwickeln, wie ihre Probleme angehen?

1

6 SAUBERES WASSER UND SANITÄREINRICHTUNGEN

11 NACHHALTIGE STÄDTE UND GEMEINDEN

→ SDG
Seite 172/173

3 Lagos – Blick auf Victoria Island

Erst um das Jahr 1300 wurde das Gebiet des heutigen Lagos besiedelt. 1472 bauten Portugiesen die Fischersiedlung Eko auf Lagos Island zu einem Handelsstützpunkt aus und nannten sie Lagos – nach einer Hafenstadt im Süden Portugals. Lagos entwickelte sich in den folgenden Jahrhunderten zu einem Schwerpunkt des Sklavenhandels. Dabei boten die Mangrovenwälder an der Küste den Sklavenhändlern Unterschlupf. Erst durch die Übernahme der Stadt um 1860 durch die Briten wurde der Sklavenhandel erfolgreich bekämpft. 1914 wurde Nigeria britische Kronkolonie und Lagos Hauptstadt. Palmöl war jetzt das wichtigste Exportgut.

Erdölfunde im Nigerdelta und die Unabhängigkeit im Jahr 1960 veränderten die wirtschaftliche und politische Situation Nigerias. Lagos blieb Hauptstadt und entwickelte sich zum Wirtschafts- und Finanzzentrum Westafrikas. Durch **Pull-Faktoren** wie Arbeitsplätze und dem Wunsch nach Wohlstand strömten aus dem Norden des Landes immer mehr Menschen nach Lagos. Die Infrastruktur der Stadt war der Bevölkerungsentwicklung nicht gewachsen. Der fehlende Zugang zu Trinkwasser, Kanalisation und Elektrizität sowie den sanitären, medizinischen und Bildungseinrichtungen wurde zum großen Problem. Eine Vielzahl neuer **Slumsiedlungen** entstand.

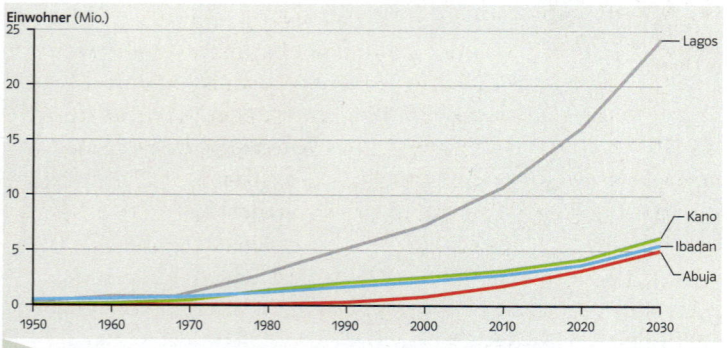

2 Bevölkerungsentwicklung ausgewählter Städte in Nigeria 1950 – 2030 (Die Verlässlichkeit der dargestellten Zahlenangaben muss aufgrund ungenauer Volkszählungsdaten als kritisch betrachtet werden.)

Haushalte mit Anschluss an das jeweilige Versorgungsnetz in ausgewählten Städten Nigerias (2017, in %)				
Stadt	Trinkwasser	Abwasser	Telefonfestnetz	Mobilnetz	Elektrizität
Lagos	5,4	7,9	4,2	97,5	99,4
Ibadan	0,5	1,8	2,2	94,3	78,2
Kano	2,1	0,5	25,2	81,1	79,8
Abuja	35,4	39,9	8,6	97,9	95,7

Eigene Zusammenstellung nach verschiedenen Quellen

4

5 Lagos: besiedelte Fläche

Auch die Errichtung der neuen Hauptstadt Abuja im Jahr 1991 konnte die **Zuwanderungen** nach Lagos nicht aufhalten und die Schwierigkeiten nicht lösen.

„Lagos ist so groß, dass Himmel und Hölle darin Platz finden."
Das sagt man in Nigeria. Die **Metropole** ist mit knapp 2000 km² fast so groß wie das Saarland. Und obwohl die Stadt weit über ihre Grenzen hinaus gewachsen ist, reißt der Zuwanderungsstrom nicht ab. Der Ausbau der Infrastruktur kann schon lange nicht mehr Schritt halten. Stromausfälle, riesige Müllberge, chronisch verstopfte Straßen und Staus sind an der Tagesordnung. Auch die sanitäre Versorgung ist unzureichend. Besonders betroffen sind die westlich der Lagune liegenden LGA (Local Government Areas), die von den Einheimischen als Lagos Mainland bezeichnet werden.
Im Gegensatz dazu stehen die exklusiven Wohnviertel, Hotels und Einkaufszentren in Lagos Island, Ikoyi und Victoria Island. Botschaften, Verwaltung und viele Banken sind hier zu finden. Die Büromieten und Grundstückspreise zählen zu den höchsten Afrikas. In die großen Apartmentanlagen kommt man nur nach einer Kontrolle durch das Sicherheitspersonal.
Und dazwischen? Noch ist die Mittelschicht klein in Lagos. Im südöstlich gelegenen Stadtgebiet Lekki sind Vororte für diese Bevölkerungsgruppe entstanden. Einfamilienhäuser mit Vorgärten, Einkaufszentren und Schulen sind hier zu finden. Die Nachfrage wird weiter steigen. In den letzten Jahren sind viele junge Nigerianer nach ihrer Ausbildung in Europa nach Lagos zurückgekehrt.

Tayo (16 Jahre alt)

Ich bin vor zwei Jahren nach Lagos gekommen. Vorher habe ich mit meinen Geschwistern und der Großmutter in einem Dorf in der Nähe von Kano gelebt. Meine Eltern sind an Aids gestorben. In Kano haben Hilfsorganisationen Schulen eingerichtet, wo ich drei Jahre Lesen, Schreiben und Rechnen gelernt habe. Die Schule ist dann wegen der Terrorgruppe Boko Haram geschlossen worden. Danach habe ich im Laden von meinem Onkel gearbeitet. Mit dem, was meine Großmutter von ihrem Feld geerntet hat, konnte sie uns nicht mehr ernähren. Ich wollte weg, nach Lagos und Geld verdienen. In Lagos habe ich zuerst weit draußen am Stadtrand gewohnt. In einer Hütte mit fünf anderen. Ab und zu haben wir Arbeit bekommen. Ich lebe zurzeit in Mainland und bin Okada-Fahrer. Okadas sind Moped-Taxis, die wegen der Staus immer sehr gefragt sind. Das bringt zwar Geld, aber viel lieber würde ich im Büro arbeiten.

6

Fime (24 Jahre alt)

Mein Mann und ich leben seit einem Jahr in Lagos, genauer gesagt in Lekki. Ich bin in London geboren, zur Schule gegangen und habe Medienwissenschaft studiert. Da unsere Familien aus Nigeria kommen, wollten wir beide nach Lagos zurück. Mein Mann arbeitet im Anlagenbau für den Energiesektor. Die Versorgung mit Energie ist hier katastrophal. Strom gib es meist nur ein paar Stunden am Tag. Der meiste Strom in Lagos kommt nicht aus dem Netz, sondern wird mit Dieselgeneratoren erzeugt. Das ist laut, überall in der Stadt zu riechen und für die Firmen teuer. Ja, und ich habe einen Job in der Filmindustrie. Das ist ein Wirtschaftszweig, der sich hier in den letzten 20 Jahren ungeheuer stark entwickelt hat. „Nollywood" produziert etwa 2000 Filme pro Jahr – zugegeben: nicht immer hohe Qualität.

7

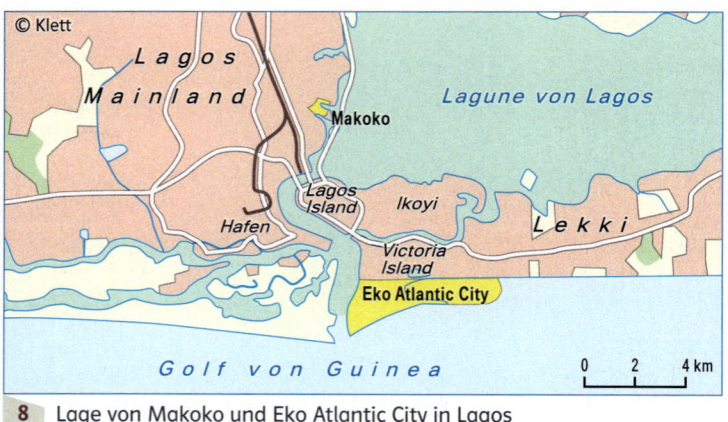

8 Lage von Makoko und Eko Atlantic City in Lagos

Eko Atlantic City und Makoko

Die Bevölkerungsdichte in Lagos ist immens hoch. Gebiete mit über 100 000 Einwohnern pro km² sind keine Seltenheit. Zum Vergleich: Kreuzberg, der am dichtesten besiedelte Stadtteil von Berlin, weist 14 000 Einwohner pro km² auf. Innerstädtische Freiflächen sind in Lagos kaum vorhanden. Daher ist es oft nur schwer möglich, neue Siedlungsflächen bereitzustellen oder größere infrastrukturell notwendige Baumaßnahmen durchzuführen. Zwei Projekte, die auch international Aufmerksamkeit erregen, versuchen Lösungen für die drängendsten Probleme der Stadt zu finden – mit sehr unterschiedlichen Herangehensweisen.

Eko Atlantic City in Lagos – eine nachhaltige Stadt?

„Eko Atlantic City heißt das Bauprojekt, bei dem die nachhaltigste Stadt [Afrikas] ... entstehen soll: eine Geschäftsmetropole mit Finanzdistrikt, die dem Klimawandel und dem steigenden Meeresspiegel trotzen und ein Musterbeispiel an grüner Bauweise und Energieeffizienz werden soll.

Durch Aufspülung von Sand aus dem Meer werden an der Küste vor Victoria Island ... neun Quadratkilometer Bauland gewonnen. Der 8,5 km lange Seewall aus 100 000 Betonklötzen ... soll extremen Stürmen gewachsen sein und den stärksten Flutwellen widerstehen. ... [Fast 300 000] Menschen sollen bereits im Jahr [2019] auf der künstlich angelegten Insel leben, weitere 150 000 dort arbeiten. Im Gegensatz zum übrigen Lagos gäbe es ... eine durchgehende Energie- und Trinkwasserversorgung, ein intaktes Nahverkehrsnetz, üppige Grünanlagen. ... Die Planer betonen, dass die ursprüngliche Idee für Eko Atlantic City gewesen sei, den Folgen der Küstenerosion sowie Überschwemmungen in Victoria Island entgegenzuwirken. Tatsächlich haben Überflutungen in den letzten zehn Jahren die Wirtschaftsleistung dieses Stadtteils erheblich verschlechtert. Da sich Straßen und Abwasserkanäle in einem miserablen Zustand befinden, kam es bei Überschwemmungen immer wieder zu Verkehrsstaus, die es den Menschen unmöglich machten, zu ihrer Arbeitsstelle zu fahren oder nach Hause zu kommen. Einige Unternehmen verließen deshalb ... das Geschäftsviertel. Dieser Blick auf Eko Atlantic City ist aber nur ein Teil der Geschichte. Als florierendes Wirtschaftszentrum und Sitz der neuen Börse Nigerias wird sie von den Bauplanern und privaten Investoren angepriesen. Aber tatsächlich wird die neue Luxusstadt nur den reichen Nigerianern vorbehalten sein und die Kluft zwischen Arm und Reich verbreitern. Und ob Eko Atlantic City so ökologisch und nachhaltig realisiert wird, ... muss sich noch zeigen."

Bukky Oyedeji: Auf Sand gebaut: Eko Atlantic City. Übersetzung: Jelena Nikolic. Heinrich-Böll-Stiftung v. 11.05.2015, unter: https://www.boell.de/de/2015/06/11/auf-sand-gebaut-eko-atlantic-city (umgestellt und gekürzt) (Zugriff 18.5.2020)

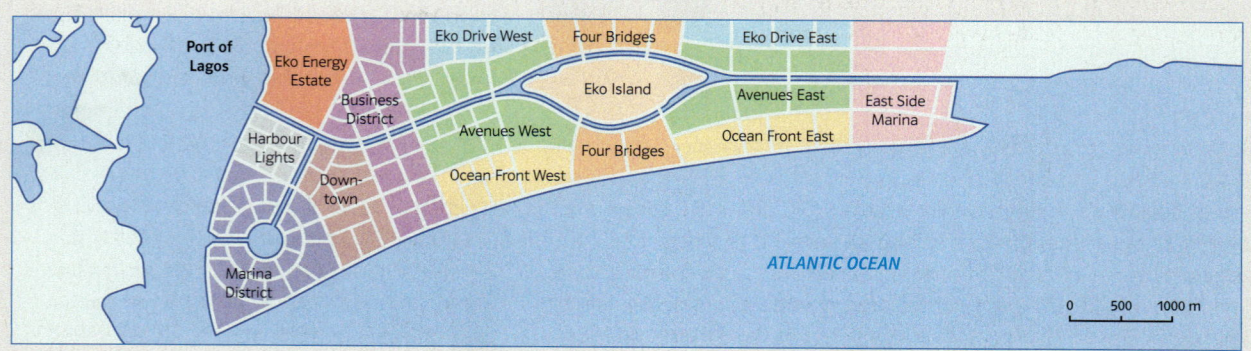

9

10 Makoko

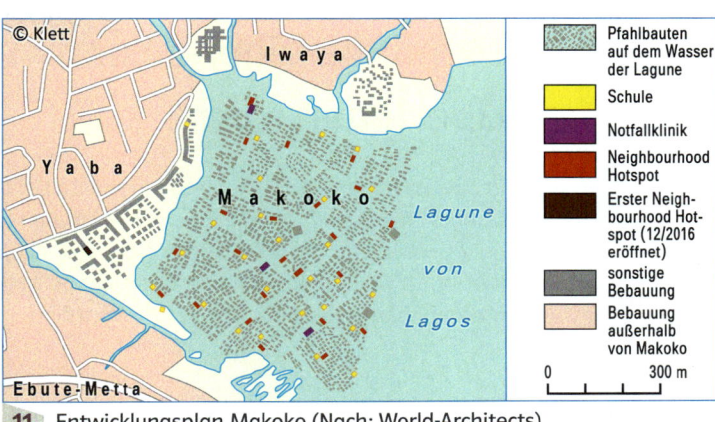

11 Entwicklungsplan Makoko (Nach: World-Architects)

Legende:
- Pfahlbauten auf dem Wasser der Lagune
- Schule
- Notfallklinik
- Neighbourhood Hotspot
- Erster Neighbourhood Hotspot (12/2016 eröffnet)
- sonstige Bebauung
- Bebauung außerhalb von Makoko

0   300 m

Makoko

Nach Angaben der Weltbank gibt es über 100 **Slums** in Lagos. Ein Konzept für die Verbesserung der Lebensbedingungen gibt es vonseiten der **Stadtplanung** nicht. Immer wieder wurde und wird versucht, das Slum-Problem mit gewaltsamen Räumungsaktionen zu lösen. Denn Slums passen nicht zum Image einer aufstrebenden Wirtschaftsmetropole. Der bekannteste Slum in Lagos ist Makoko. Wie viele Menschen hier leben, ist unbekannt. Nach Schätzungen sind es über 50 000. Die Menschen leben in Pfahlhütten aus Holz, im Wasser der Lagune. Es gibt keine sanitären Einrichtungen, kein Trinkwasser, keinen Stromanschluss, keine Abfallbeseitigung, nur eine Schule und keine stabilen Einnahmequellen. Die meisten Männer arbeiten in der Fischerei. Mehr als die Hälfte der Bewohner lebt unterhalb der Armutsgrenze von 1,25 US-Dollar am Tag. Einzige Verkehrsmittel sind Boote.

2013 haben internationale Architekten und Stadtplaner einen Entwicklungsplan für Makoko erstellt. Das Ergebnis: Die Siedlung soll in ihrer baulichen und sozialen Grundstruktur erhalten bleiben, das Konzept der im Wasser stehenden Pfahlbauten beibehalten und die Bausubstanz erneuert werden.

Wie Schwächen zu Stärken werden

„Eine Lösung [für viele Probleme] stellen kleine, einfach konstruierte Biogasanlagen auf dem Wasser dar, die mit dem vor Ort entstehenden organischen Abfall betrieben werden könnten. Die Bewohner könnten diese Biogasanlagen bewirtschaften, sodass mit der Produktion eine Basis für die lokale Wirtschaft geschaffen wäre. Den Betriebsstrom für die kleinen Kraftwerke liefert die Sonne, von der in Lagos reichlich vorhanden ist. [Dazu werden Solarzellen auf dem Dach installiert.] Die Biogastechnologie besticht mit einem einfachen System, das robust, einfach einzurichten und zu bedienen ist. So kann Biogas in einer geschlossenen Kreislaufwirtschaft produziert werden, und aus Abfall entsteht erneuerbare Energie. Das Ausgangsmaterial, der organische Abfall, ist lokal verfügbar und besteht aus Exkrementen, Fischerei- und Haushaltsabfällen. Die Anlagen (Neighbourhood Hotspots) könnten in speziellen Pfahlbauten untergebracht werden, die auch als gemeinschaftlicher Handelsplatz und Nachbarschaftszentrum fungieren. Sie könnten Biogas liefern ... sowie Filtersysteme, Toiletten ... oder eine Arztpraxis beherbergen."

Fabienne Hoelzel: Wie in Makoko Schwächen zu Stärken werden. Übersetzung: Jelena Nikolic. Heinrich-Böll-Stiftung v. 11.06.2015, unter: https://www.boell.de/de/2015/06/11/wie-makoko-schwaechen-zu-staerken-werden (Zugriff 18.5.2020)

12

1 Erstelle eine Zeitleiste zur Entwicklung von Lagos. Gib dabei den bedeutenden Wirtschaftsfaktor an.

2 Beschreibe die Lage der in Diagramm 2 aufgeführten Städte und vergleiche die Bevölkerungsentwicklung.

3 Nimm Stellung zu der Aussage: „Lagos ist so groß, dass Himmel und Hölle darin Platz finden."

4  Können die beiden vorgestellten Projekte zur Lösung der Probleme in Lagos beitragen?
a) Wählt jeweils ein Projekt aus, informiert euch darüber im Internet und stellt es eurem Partner vor. Haltet euch an die Fragewörter: „Wo in Lagos?" – „Warum?" – „Was?" – „Wie?"
b) Ordnet die Projekte auf einer Skala von 1 bis 6 den folgenden Begriffspaaren begründet zu:
   – einmalig (nur für diesen Standort) / übertragbar (auf andere Standorte);
   – langfristig erfolgreich / langfristig erfolglos.
c) Vergleicht eure Ergebnisse untereinander.

Wenn die eigene Landwirtschaft nicht zum Überleben reicht

In São Paulo und Rio de Janeiro kommen Schätzungen zufolge täglich mehrere Hundert Menschen an, die ihre Heimat in den ländlichen Regionen Brasiliens verlassen haben. Gab es 1970 in Brasilien noch rund 42,5 Millionen Menschen, die auf dem Land lebten, so sind es heute nur noch knapp 30 Millionen Menschen. Warum aber verlassen Menschen ihre Heimat?

BRASILIEN

Äquator

Região Nordeste → Recife

Brasília

Atlantik

500 km

1

1 KEINE ARMUT

10 WENIGER UNGLEICHHEITEN

→ SDG
Seite 172/173

2 Lehmhütte am Straßenrand im Bundesstaat Bahia

Cash Crops
Agrarprodukte, die ausschließlich zum Verkauf angebaut werden

Food Crops
Agrarprodukte, die zum eigenen Verzehr angebaut werden

In Brasilien besitzen sehr wenige, extrem wohlhabende Landbesitzer circa 46 Prozent der privaten Landfläche. Dies entspricht 1,6 Millionen Quadratkilometern, dem Vierfachen der Fläche Deutschlands. Dagegen kann die Hälfte der Landbevölkerung gerade einmal zwei Prozent der Landfläche ihr Eigentum nennen. Für einfache Landwirte bedeutet dies, dass sie sich ihre Ackerflächen von den Großgrundbesitzern pachten müssen. In der Regel wird die Pacht in Form einer festgesetzten Geldsumme oder als vorab vereinbarte Erntemenge bezahlt. Der Landwirt verpflichtet sich weiterhin, auch Saatgut und Dünger oder aber Arbeitsstunden für Landmaschinen zur Bearbeitung der Ackerflächen von seinem Grundbesitzer zu kaufen.

Neben den Produkten, die die Landwirte für ihre eigene Ernährung in Subsistenzwirtschaft anbauen, müssen die Bauern zum Erbringen ihrer Pachtschuld auch Cash Crops, wie beispielsweise Soja, Zuckerrohr oder Weizen, anbauen.

Da sie oftmals einen Großteil des Erlöses der Ernte als Pacht bezahlen müssen, leben diese Bauern in bitterer Armut. Besonders gravierend ist dieses Problem im Nordosten Brasiliens. Die natürlichen Bedingungen in den semiariden Gebieten führen wegen häufiger Dürren zu regelmäßigen Ernteausfällen. Auch die stark schwankenden Weltmarktpreise erschweren es den Landwirten, mit vergleichsweise kleinen Erntemengen einen guten und verlässlichen Lohn für ihre Arbeit zu erzielen. Das Pro-Kopf-Einkommen ist daher im Nordosten im Durchschnitt um etwa 40 Prozent geringer als im Südosten Brasiliens, der durch eine entwickelte Wirtschaft mit zahlreichen Industrie- und

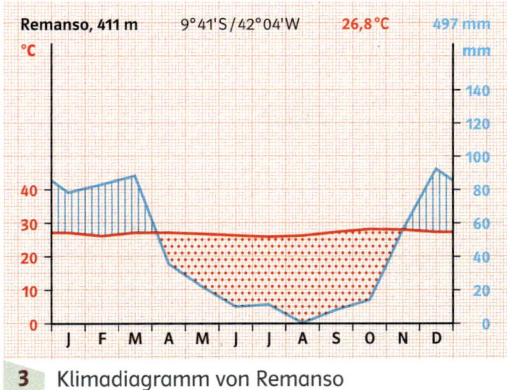

3 Klimadiagramm von Remanso

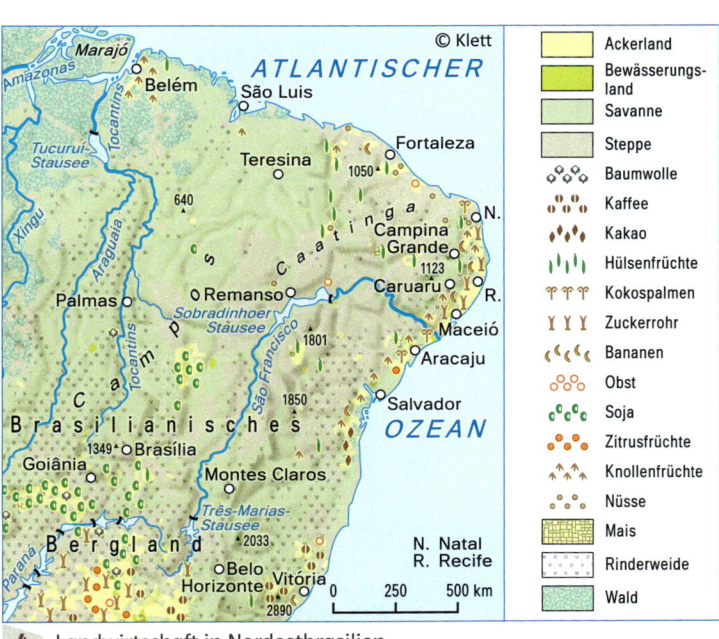

4 Landwirtschaft in Nordostbrasilien

Dienstleistungsunternehmen geprägt ist. Mangelnde Schulbildung und schlechte medizinische Versorgung verstärken die Probleme der Bevölkerung, sodass viele einen Neustart durch Abwanderung in die Städte versuchen. Diese Wanderung aus den ländlichen Gebieten in die Städte nennt man Landflucht. Für den ländlichen Raum hat die Migration überwiegend junger Menschen weitreichende Folgen, welche die Perspektiven im ländlichen Raum weiter verschlechtern.

Verstärkend dazu existiert in Brasilien eine wachsende Anzahl an landwirtschaftlichen Betrieben, deren Flächengrößen und Erntemengen europäische Maßstäbe weit übersteigen. Diese Agrobusiness-Betriebe sind hoch mechanisiert und beschränken sich in der Regel auf den Anbau von Cash Crops. Da mit solchen Betrieben auf großer Fläche mit geringen Stückkosten hohe Gewinne zu erwirtschaften sind, wird die Verpachtung von Landflächen an kleine Landwirtschaftsbetriebe zunehmend uninteressanter. Weiterhin können diese Betriebe aufgrund ihrer Größe und moderner Anbautechniken auch bei sinkenden Weltmarktpreisen Gewinne erzielen. Dank dieser Betriebe ist Brasilien seit Jahren unter den weltweit fünf größten Agrarproduzenten.

5 Sojaernte Brasilien

1
Nenne Faktoren, die das Leben eines Kleinbauern im Nordosten Brasiliens erschweren. Beziehe hierbei auch die klimatischen Besonderheiten mit ein.

2
Erläutere die Eigenschaften ländlicher Räume, wie sie hier am Beispiel Brasiliens dargestellt werden.

3
Blairo Maggi war zugleich Großgrundbesitzer, Sojaexporteur und Gouverneur des Bundesstaates Mato Grosso. Erläutere, welche Chancen und Risiken für die Entwicklung der Region mit dieser Ämterbündelung einhergegangen sein könnten.

→ SDG
Seite 172/173

Der Traum vom besseren Leben in der Stadt

In den Metropolen treten die sozialen Kontraste deutlich hervor. In der Hoffnung auf Arbeit und Wohlstand fliehen viele Menschen vom Land in die Stadt, ihre Situation ist allerdings meist sehr schwierig.

1　Schuhputzer in der Innenstadt

3　Händler am Strand

Beschäftigte im informellen Sektor in Prozent:

Afrika ca. 86
Asien/Pazifik ca. 70
Arab. Staaten ca. 70
Amerika ca. 40
Asien ca. 25
Europa ca. 25

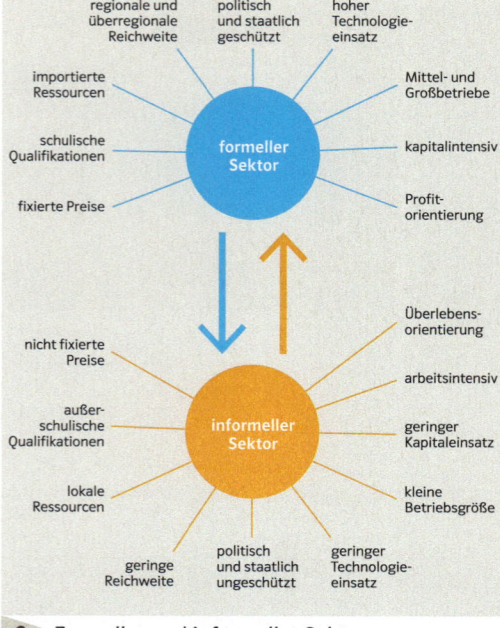

2　Formeller und informeller Sektor

Ungefähr zwei Milliarden Menschen, mehr als 61 Prozent der globalen Erwerbsbevölkerung, verdienen ihren Lebensunterhalt in der informellen Wirtschaft.

Die überwiegende Mehrheit dieser Menschen lebt in Schwellen- und Entwicklungsländern. Frauen sind häufiger als Männer informell tätig. Das Bildungsniveau ist der Schlüsselfaktor zur Überwindung der Informalität. Mit steigendem Bildungsniveau geht weltweit der Anteil der in der informellen Wirtschaft arbeitenden Menschen zurück.

Menschen in ländlichen Gebieten unterliegen einem doppelten Risiko, in der informellen Wirtschaft zu arbeiten als im städtischen Umfeld. Landwirtschaft ist mit 90 Prozent der Sektor mit der höchsten Rate von informeller Beschäftigung.

Arbeiten im informellen Sektor ist nicht gleichzusetzen mit Armut. Armut kann aber Ursache als auch Folge der informellen Beschäftigung sein. Für Hunderte Millionen Menschen bedeutet informelle Arbeit geringeren Sozialschutz, keine Arbeitsrechte und einen Mangel an menschenwürdiger Arbeit.

Beispiel Kairo

In Kairo gibt es etwa 60 000 Zabaleen (arabisch für Müllsammler). Diese Menschen sind in den 1950er-Jahren nach Kairo gezogen und haben sich dort vor allem in nicht genehmigten Wohngebäuden ohne Grundversorgung niedergelassen. Die Zabaleen sind traditionelle Schweinezüchter und nutzen seit ihrer Ankunft organischen Müll als Tierfutter. Die reichen Bevölkerungsgruppen bezahlen sie dafür, ihren Müll zu entsorgen. Neben dem Futter für ihre Schweine sortieren sie auch noch verwertbaren Müll aus und verwerten diesen weiter.

Die Mehrzahl der Menschen arbeitet nicht freiwillig in der informellen Wirtschaft, es gibt einfach keine anderen Arbeitsmöglichkeiten. Ein weiteres Problem: Migranten aus anderen Staaten suchen vor allem in den Städten nach Arbeit, die sie dann aber meist nur im informellen Sektor finden können.

4 Müllsammler in Kairo

Entwicklungschancen?

Die Kleinstbetriebe tragen mit ihrer Produktion zur Wertschöpfung des Landes bei und bieten Arbeitsmöglichkeiten. Die Beschäftigten zahlen keine Steuern und haben keinen Anspruch auf eine Krankenversicherung.

Legalisierung?

Mithilfe von Mikrokrediten in Kombination von sozialer Absicherung könnte der informelle Sektor legalisiert werden.

Schwarzarbeit?

In Deutschland wird beispielsweise in der sogenannten Schattenwirtschaft im Jahr 2020 etwa für 330 Milliarden Euro ohne Steuerabgaben „schwarz" gearbeitet, in der Bauwirtschaft rechnet man mit einem Anteil von etwa 30 Prozent.

Recyclingquoten im Vergleich:
Kairo ca. 85 %
Deutschland 66,1 %
Griechenland 17 %
Ägypten ca. 12 %

Durchschnittliche Lebenserwartung im Vergleich:
Zabaleen aus Kairo: 55 Jahre
Bevölkerung Kairos: 72 Jahre
Bevölkerung Deutschlands: 81 Jahre

Analphabetenquote (Lesefähigkeit) im Vergleich:
Zabaleen (Frauen): ca. 85 %
Ägypten (Frauen): ca. 33 %
Ägypten (gesamt): ca. 25 %
Deutschland (gesamt): < 1 %

1
Formeller und informeller Sektor
a) Definiere die Begriffe formeller und informeller Sektor.
b) Nenne für beide Bereiche beispielhafte Berufsbilder, mit denen du als Tourist in Kontakt kommen könntest.

2
Beurteile die Bedeutung des informellen Sektors aus Sicht eines Arbeitnehmers, eines Politikers und eines Entwicklungshelfers.

3
Sollte man den informellen Sektor legalisieren oder verbieten? Begründe deine Meinung.

4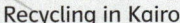
Recycling in Kairo
a) Erkläre das informelle Recyclingsystem Kairos.
b) Beurteile das Leben der Zabaleer kritisch unter den Aspekten Gesundheit, Bildung und Nachhaltigkeit.
c) Erläutere mögliche Folgen (Chancen und Risiken), die sich aus dem Zusammenleben unterschiedlicher Lebenswelten ergeben.

5
„Informelle Arbeit ist kein Problem in Industrieländern." Nimm Stellung zu dieser Aussage.

Curitiba: die grünste Millionenstadt Lateinamerikas

Die Einwohnerzahl Curitibas wächst seit Gründung der Stadt durch die Portugiesen im Jahr 1693 stetig. Mitte des 19. Jahrhunderts kamen viele europäische Einwanderer nach Curitiba, vor allem Deutsche, Polen und Ukrainer. Heute leben in der Hauptstadt des südöstlichen Bundesstaates Paraná 1,8 Millionen Einwohner.

1

11 NACHHALTIGE STÄDTE UND GEMEINDEN

→ SDG
Seite 172/173

2 Grüne Stadt Curitiba

Auf dem internationalen Kongress der Stadtplaner 1996 in Istanbul erhielt Curitiba die Auszeichnung „Innovativste Stadt der Welt". Zu verdanken hat die Stadt dies dem ehemaligen Gouverneur von Paraná und langjährigen Bürgermeister Jaime Lerner. Der Sohn polnischer Einwanderer hatte schon früh die Vision einer nachhaltigen Stadtplanung. Als Architekt und Stadtplaner verfolgte er bereits vor 40 Jahren ökologische Gesichtspunkte, als der Begriff Nachhaltigkeit noch unbekannt war. Statt Curitiba mit Gebäuden von Stararchitekten aufzuwerten, investierte er das Geld der Banken in andere Projekte. So hat sich der Anteil an Grünflächen in den letzten Jahrzehnten auf das 300-Fache vergrößert und die fünf zur Regenzeit ansteigenden Flüsse am Stadtrand wurden nicht in ein Tunnelsystem verlegt. Stattdessen wurden kleine Dämme errichtet, die das Wasser der Flüsse stauen können. Dadurch entstehen Seen, welche die Zentren der Parkanlagen bilden. Gleichzeitig wurden eine Million Bäume angepflanzt und der botanische Garten breitet sich auf einer ehemaligen Müllkippe aus.

Leuchttürme des Wissens

„Faróis do Saber", Leuchttürme des Wissens, werden die freien Bildungszentren und andere kulturelle Einrichtungen genannt, und teilweise wurden sie auch in herausragender Bauweise errichtet. Hier gibt es für die Bürger neben Bibliotheken und Internetzugang auch wechselnde Ausstellungen für Kunst und musikalische Veranstaltungen. Die Umweltbildung ist ein weiterer Schwerpunkt des Gesamtkonzepts. Der verantwortungsvolle Umgang mit endlichen Ressourcen bewirkt einen Rückgang des Wasser- und Energieverbrauchs. Ein weiteres Beispiel für eine nachhaltige Planung ist das Fußballstadion, in dem bei der WM 2014 einige Vorrundenspiele stattfanden. Auch hier mussten die Betreiber zusammen mit den Verantwortlichen der FIFA ein Konzept erstellen, welches eine weitere Nutzung und eine ökologisch vertretbare Unterhaltung gewährleisten konnte. Die Energieerzeugung auf Basis von Wasser- und Windkraft reduziert dabei stark die Kohlenstoffdioxidemissionen.

Lebensmittel für Müllsammler

Auch die Lebensbedingungen sollten verbessert werden. Die meisten Zuwanderer strömen zunächst in die armen Außenbezirke der Stadt, die Favelas. Die Stadtverwaltung setzte erfolgreich ein System der Mülltrennung ein. Die Favela-Bewohner sammeln wiederverwertbaren

3 Omnibuslinien bilden das Rückgrat des Verkehrs

Grünflächenanteil in ausgewählten Städten	
Stadt	Grünfläche m²/Einw.
Rom	131,7
Curitiba	55,0
München	33,8
Istanbul	6,4
São Paulo	2,1
Eigene Zusammenstellung nach verschiedenen Quellen	

4

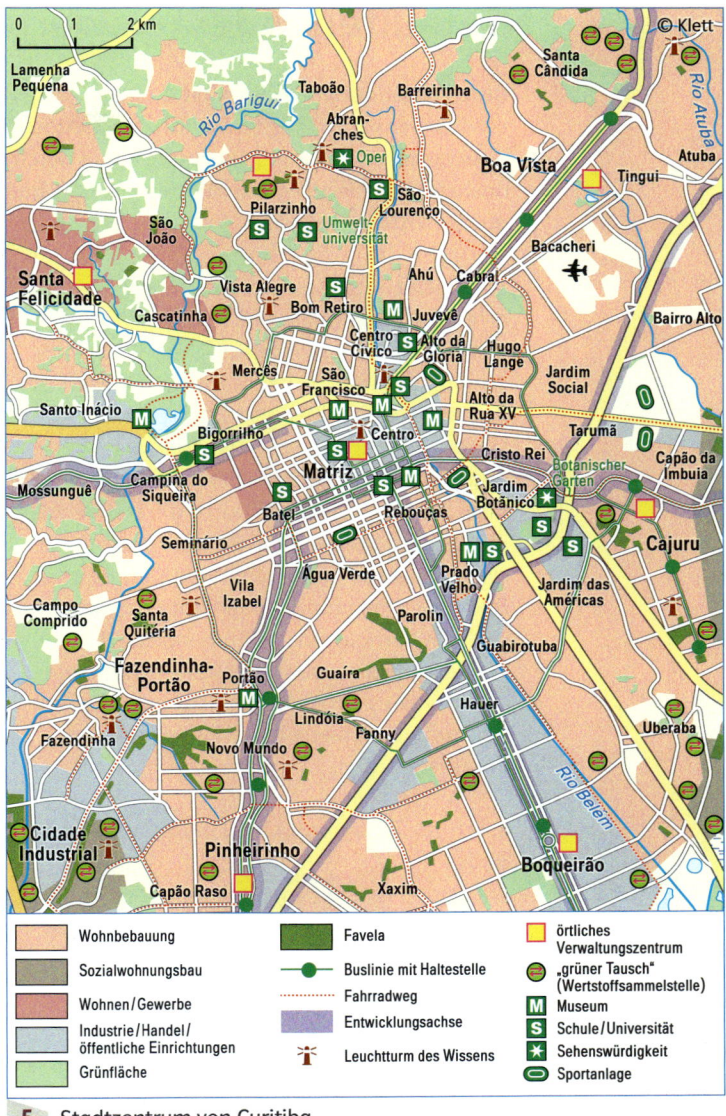

5 Stadtzentrum von Curitiba

Müll und tauschen ihn an städtischen Stationen gegen Schulhefte, Obst, Gemüse oder Busfahrscheine. In der Innenstadt haben viele Geschäfte Tag und Nacht geöffnet. In den überdachten Galerien der sogenannten „24-Stunden-Straßen" ist z. B. die Kriminalität deutlich zurückgegangen.

Leistungsfähiges Bussystem

Rund 85 Prozent der Curitibaner nutzen den öffentlichen Nahverkehr und viele besitzen kein eigenes Auto. Stadt und Umland verfügen über ein leistungsfähiges Bussystem. Die Haltestellen bestehen aus großen verglasten Röhren, welche die Fahrgäste über Treppen oder Rampen auf das Einstiegsniveau der Bustüren bringen. So haben vor allem ältere oder beeinträchtigte Personen einen leichten und schnellen Übergang in den Bus. Dank der Rampen können Hochflurbusse eingesetzt werden. Diese erzielen eine hohe Reisegeschwindigkeit und können in der Doppelgelenkvariante sehr viele Fahrgäste

aufnehmen. Das Liniensystem ist stark hierarchisch aufgebaut, die Busse sind zur leichteren Unterscheidung verschiedenfarbig lackiert. Es gibt beispielsweise lokale Linien innerhalb der Stadtteile, Ringlinien und Expressbusse, die in andere Stadtteile führen. Die Straßen haben in der Regel drei Spuren je Fahrtrichtung, eine Spur nur für Linienbusse.

1 Begründe warum Curitiba 1996 den Stadtplaner-Preis erhalten hat.

2 Erkläre den Zusammenhang zwischen Bildungszentren und dem Nachhaltigkeitskonzept.

3 Arbeite mit der Karte 5. Nenne Merkmale nachhaltiger Stadtplanung in Curitiba.

4 Diskutiere die Möglichkeiten nachhaltiger Stadtplanung an deinem Schulort

Satellitenbilder auswerten

Durch Satellitenbilder erhältst du neue Perspektiven auf unsere Erde. Gerade im städtischen Raum werden so Strukturen und Besonderheiten sichtbar. Es ist interessant, die historische Entwicklung durch den Vergleich von Satellitenbildern nachzuvollziehen. Digitale Globen ermöglichen es, aus der Perspektive eines Satelliten auf die Erde zu blicken.

Zahlreiche Satelliten umrunden die Erde und erfassen rund um die Uhr Daten zum Wettergeschehen, über den Umfang von Umweltverschmutzung, die Entwicklung von Städten, die Vegetation, die Meeresströmungen oder den Verlauf von Straßen oder Flüssen. Sensoren und Kameras tasten von den Satelliten aus die Erde Stück für Stück ab. Durch die senkrechte Perspektive auf die Erde werden Details gut sichtbar. Die so aufgenommenen Daten und Bilder werden an die Bodenstation gesendet und von Computern zusammengesetzt. So können beispielsweise der Reifezustand eines Weizenfeldes sichtbar gemacht oder die Temperaturunterschiede innerhalb einer Stadt deutlich werden.

1. Schritt: Topographische Einordnung des Bildes

Suche den Ort deines Satellitenbildes im Atlas. Benutze eine Karte mit möglichst vergleichbarem Maßstab.

2. Schritt: Auswertung des Bildinhaltes

Gliedere die Bildinhalte, indem du wichtige Strukturen (beispielsweise Siedlungsflächen, Verkehrswege, Gebirge, Gewässer) nennst beziehungsweise mithilfe einer Legende deren Bedeutung klärst. Erstelle nun eine Lageskizze.

3. Schritt: Deutung des Bildinhaltes

Suche nach Zusammenhängen im Bild und stelle Besonderheiten in der Raumstruktur heraus (beispielsweise die Straßenverläufe, die Siedlungsstrukturen, die Gewässerlage). Äußere Vermutungen zur Entstehung dieser Besonderheiten und informiere dich hierzu in einer Bibliothek oder im Internet.

4. Schritt: Beurteilung des Informationswertes

Vergleiche deine Erkenntnisse aus dem Satellitenbild mit anderen Quellen, wie Atlaskarten, Stadtplänen oder Fotos. Beurteile, inwieweit dir das Satellitenbild Informationen gibt und wo andere Quellen ihre Vorzüge haben.

5. Schritt: Historischer Vergleich

Suche nach vergleichbaren historischen Bildern zu deinem Satellitenbild. Digitale Kartendienste helfen dir dabei. Beschreibe die erkennbaren Veränderungen der letzten Jahrzehnte und versuche eine Erklärung dafür zu finden. Erläutere mögliche Probleme, die aus der Entwicklung resultieren könnten.

Mit digitalen Kartendiensten arbeiten: Funktion „Historische Bilder anzeigen"
Einige digitale Kartendienste wie Google Earth bieten die Funktion, ältere Satellitenaufnahmen mit aktuellen zu vergleichen. Hierzu benutzt man ein entsprechendes Werkzeug. Verfügbare Aufnahmen werden angezeigt und können ausgewählt werden. So werden interessante und aufschlussreiche Vergleiche auch auf kleiner Maßstabsebene ermöglicht.

SP **Tipp**

Vergleichen
→ Aufgaben 1b, 3

- Im Vergleich zu …
- … ist vergleichbar mit …
- Im Gegensatz zu …
- Es gibt einige Unterschiede: …

---

1 🗝
Werte die Satellitenbilder von Dubai aus:
a) Bearbeite zunächst die Bilder von 1973 und 2021 getrennt entsprechend den Schritten 1 bis 4.
b) **SP** Vergleiche dann die historische Entwicklung.

2 **MK**
Lokalisiere im Randgebiet von Dubai Anzeichen für Veränderungen in jüngster Vergangenheit. Nutze dazu die Funktion „Historische Bilder anzeigen" eines digitalen Kartendienstes im Internet (beispielsweise Google Earth).

3 **SP**
Vergleiche das Satellitenbild 2 mit der Karte auf Seite 73.

1 Satellitenbild Dubai 1973

2 Satellitenbild Dubai 2021

Dubai – gestern Wüste, heute Metropole

Über Dubai gehen die Meinungen weit auseinander. Für die einen ist Dubai die modernste und lebendigste aller Städte und ein neues Weltwunder, für andere ein Beispiel für Großspurigkeit, Luxus, Gewinnstreben und Verschwendung. Lange Zeit fehlte ein ökologisches Bewusstsein. Aber die Finanzkrise und internationale Kritik bewirkten ein Umdenken in Richtung Nachhaltigkeit.

1

Extravagant, extravaganter, Dubai! – Das ist die Vorstellung vieler Menschen von dem Emirat Dubai. Doch wie kam es zu der rasanten wirtschaftlichen Entwicklung des Golfstaats? Wie gestaltet sich das Leben und Wirtschaften heute und welchen Herausforderungen muss sich Dubai stellen?

A Entwicklung vom Fischerdorf zum globalen Wirtschaftszentrum:
a) Beschreibe mithilfe des Atlas die Lage Dubais.
b) Ermittle anhand geeigneter Atlaskarten die klimatischen Verhältnisse in Dubai.
c) Vergleiche Satellitenbilder (S. 69), Karte (S. 73) und Fotos (S. 71) von Dubai früher und heute. Beschreibe die Veränderungen.
d) Erarbeite mithilfe der Materialien die wirtschaftliche und soziale Entwicklung in Dubai.
e) Erkläre die Attraktivität Dubais für Geschäftsreisende und Touristen.
f) Dubai – „Weltwunder" oder „Größenwahn"? Diskutiert.

B Herausforderungen einer nachhaltigen Entwicklung:
a) Erläutere mithilfe der Satellitenbilder (S. 69), Karte (S. 73) und Fotos (S. 71) die ökologischen Folgen der wirtschaftlichen Entwicklung.
b) Beschreibe die sozialen Probleme der Arbeitsmigranten in Dubai.
c) Erläutere die Maßnahmen, die Dubai auf seinem Weg zu mehr Nachhaltigkeit ergreift.
d) Bewerte das Entwicklungsmodell Dubais im Hinblick auf seine Nachhaltigkeit.

○ Aa, Bb ◖ Ab–e, Ba, Bc ● Af, Bd → Lösungshilfen ab S. 178

Um 1900 war Dubai ein Fischerdorf, das daneben Handel mit Weihrauch, Gewürzen und Perlen betrieb. Erst in den 1960er-Jahren bescherte der Export von Erdöl hohe Einnahmen. 1971 schlossen sich sieben Emirate zur Föderation „Vereinigte Arabische Emirate" (VAE) zusammen. Mit dem Ausbau eines Tiefseehafens (1972), des internationalen Flughafens und der Errichtung einer Freihandelszone Jebal Ali in den 1980er-Jahren festigte Dubai seine Bedeutung als Handelsplatz. Da Dubais Erdölvorräte nur noch für maximal 40 Jahre reichen, erkannte die Herrscherfamilie Al Maktoum, dass Vorsorge getroffen werden muss, und beschloss, in zukunftsträchtige Bereiche zu investieren. Innerhalb von 30 Jahren wurden spektakuläre Projekte verwirklicht und das Stadtbild radikal verändert.

Im 21. Jahrhundert schuf Dubai verschiedene Anreize, um ausländische Firmen und Investoren anzulocken. So wurden weitere Freihandelszonen errichtet, die es ausländischen Firmen ermöglichen, von Dubai aus ohne lokale Partner zu operieren, und Steuervorteile bringen. Außerdem wurde 2006 das Dubai International Financial Centre mit seinem unabhängigen Rechtssystem eröffnet. Neben der Förderung der Wirtschaft investiert Dubai in die Bildung. Einige der weltweit renommiertesten Universitäten haben bereits Ableger in Dubai gegründet, so z. B. die London Business School. Doch neben der Attraktivität als Finanz-, Wirtschafts- und Dienstleistungszentrum für Unternehmer ist Dubai mit einer hohen Lebensqualität, ständig neuen Rekorden und Exklusivität auch für Touristen interessant.

Dubai in zwei Tagen – ein touristisches Programm

1. Tag: Old Dubai
Besichtigung der Jumeirah-Moschee. Geschichte der VAE im Dubai-Museum. Überquerung des Creek mit einem Wassertaxi. Gang durch den Gewürz-, Textil- und den Goldsouk. Anschließend Shopping.

2. Tag: New Dubai
Palm Island mit dem märchenhaften Hotel Atlantis, danach Emirates Mall mit Skihalle. Am späten Nachmittag mit dem Geländewagen in die Wüste. Anschließend ein Barbecue mit arabischen Spezialitäten.

1 Dubai: Sheikh Zayed Road 1989

2 Dubai: Sheik Zayed Road 2020

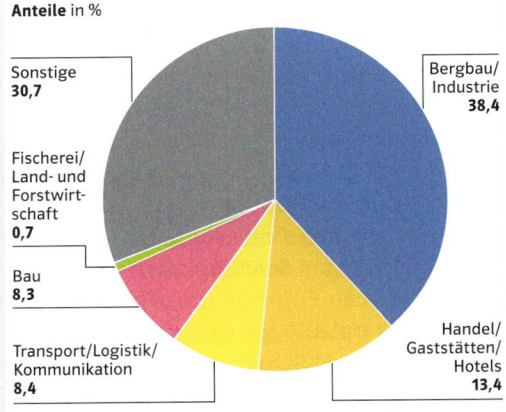

3 VAE-Anteile der Sektoren am BIP 2018
nach www.gtai.de

Anteile in %

- Bergbau/Industrie **38,4**
- Handel/Gaststätten/Hotels **13,4**
- Transport/Logistik/Kommunikation **8,4**
- Bau **8,3**
- Fischerei/Land- und Forstwirtschaft **0,7**
- Sonstige **30,7**

Dubai – Verkehr

Schiffsverkehr 2019

– Dubais Containerumschlaghafen Jebel Ali: 14,1 Mio. TEU (Standardcontainer) = Rang 11 weltweit

Flugverkehr (Dubai International Airport)

– Passagiere (2019): 86,3 Mio.
– Fracht (2019): 2,5 Mio. t.

Emirates = staatliche Fluggesellschaft des Emirats Dubai

– 1985: Aufnahme des Flugbetriebs mit zwei Flugzeugen
– 2019/20: 270 Flugzeuge in Betrieb; 157 Zielorte; 56,2 Mio. Passagiere; 2,4 Mio. t. Fracht

Nach Hafen Hamburg Marketing e.V.; unter: https://www.hafen-hamburg.de/de/statistiken/top-20-containerhaefen/; Germany Trade and Invest; unter: https://www.gtai.de/gtai-de/trade/weltkarte/asien/vereinigte-arabische-emirate-118898; Emirates: https://www.emirates.com/de/german/ (Zugriff 15.02.2021)

4

Dubai – Außenhandel 2019 (ohne Erdöl)

– Import: 216,7 Mrd. US-Dollar
– Export: 42,2 Mrd. US-Dollar
– Re-Export: 114,3 Mrd. US-Dollar
– wichtigste Handelspartner: China, Indien, USA, Saudi Arabien, Schweiz und Deutschland
– wichtigste Güter: Diamanten, Schmuck, Gold, Öl, elektrische Geräte, Maschinen, Fahrzeuge

Eigene Zusammenstellung nach verschiedenen Quellen

5

Dubai – Einwohnerzahl; Fläche: 4 357 km², Küstenlänge: 72 km

1910	10 000	
1970	70 000	
1990	490 100	
2013	2 214 000	davon 1 677 000 Männer, 537 000 Frauen
2019	3 355 900	davon 2 331 800 Männer, 1 024 100 Frauen

Nach Government of Dubai: Dubai Statistics Center; unter: https://www.dsc.gov.ae/Report/DSC_SYB_2019_01%20_%2001.pdf (Zugriff am 15.02.2021)

6

Dubai – Touristen (in Mio.)

2002	5,0	
2011	7,3	davon 2,0 Europa
2019	16,7	

Nach Government of Dubai: Dubai Statistics Center; unter: https://www.dsc.gov.ae (Zugriff am 15.02.2021)

7

Lage: ca. 25 km südwestlich von Downtown Dubai
Baubeginn: 2014, Erstbezug: 2016
Anzahl Bewohner im Jahr 2020: 3 700

Die drei Säulen der Nachhaltigkeit

Umwelt:
- Verwendung nachhaltiger Baustoffe, z. B. Krümelgummi aus recycelten Autoreifen für die Außenanlagen
- Reduktion der CO_2-Emission durch Solarzellen auf den Dächern, isolierte Wände, enge, schattige Gassen zwischen den Häusern, Kühltürme auf zentralen Plätzen
- Einrichtung von autofreien Zonen und ausgedehnten Radwegen und Bereitstellung einer Flotte von Elektro-buggies, -fahrrädern und -rollern
- Maßnahmen zur Müllreduzierung und gegen Umwelt-verschmutzung, z. B. Verbot von Einwegplastikprodukten in öffentlichen Einrichtungen und Einkaufszentren, Er-richtung von Wasserfontänen und Verwendung umwelt-freundlicher Putzmittel
- Recycling des kompletten Abwassers der Stadt

Soziales:
- Förderung eines aktiven Lebensstils, z. B. durch ein kostenloses -Fitnessstudio, einen Hundepark, ein Reit-sportzentrum, einen städtischen Bauernhof
- Errichtung eines vier Kilometer langen Grünstreifens („Central Green Spine") als Zentrum der Stadt mit Spiel-plätzen, Pools und Gewächshäusern
- Bau von Gewächshäusern für den eigenen Anbau von Obst und Gemüse
- Gestaltung des öffentlichen Raums: zentrale Plaza mit Einkaufszentren, Restaurants, Büros, einer Moschee und einem Musik- und Kunstzentrum
- Gestaltung der Fairgreen International School mit „Nachhaltigkeit" als Unterrichtsfach

Wirtschaft:
- Schaffung von Beschäftigungsmöglichkeiten u. a. im Ein-zelhandel, in der Gastronomie und Hotelerie, im Be-sucherzentrum, im Rehabilitationszentrum mit Kranken-häusern und im Forschungs- und Entwicklungszentrum
- Ausgleich der relativ hohen Bau- und Kaufkosten der Häuser und Wohnungen durch starke Reduktion der Betriebskosten

https://www.dubai.de/the-sustainable-city/ ; https://www.n-tv.de/leben/Dubai-kann-auch-nachhaltig-article22147387.html (Zugriff 27.10.2021)

8 The Sustainable City Dubai

→ SDG
Seite 172/173

Dubai – vom größten Energie-verbraucher …

Zwischen 1990 und 2012 verdreifachte sich die Fläche des Stadtgebietes von 330 Quadratkilo-meter auf 1020 Quadratkilometer. Die geplante Lebensdauer der errichteten Gebäude bis zu ihrem Abriss beträgt nur 25 Jahre. Wasser wird in großen Mengen verbraucht, beispielsweise zur Bewässerung ausgedehnter Grünanlagen oder für die Pools der Luxushotels. Energie-effizienz war bislang kein Thema: Meerwasser-entsalzungs- und Klimaanlagen oder die welt-größte Skihalle benötigen viel Energie. Der Ressourcenverbrauch der Vereinigten Arabischen Emirate (VAE) ist nach Katar und Kuweit der drittgrößte der Welt.

… zur nachhaltigen Stadt!

Die internationale Finanzkrise der Jahre 2007 bis 2010 führte dazu, dass in Dubai mehrere teure Großprojekte aufgegeben oder auf unbe-stimmte Zeit zurückgestellt werden mussten. Des Weiteren bewirkte die internationale Kritik an Dubais verschwenderischem Umgang mit Ressourcen, dass dort ein Umdenken in Richtung Ökologie einsetzte.

Der Herrscher von Dubai verfügte 2008 per Dekret, dass künftig alle Bauprojekte anhand nachhaltiger Gebäudestandards zertifiziert werden müssen. Zusätzlich wurde in Dubai Ende 2019 das erste 3D-gedruckte Bürogebäude errichtet und nun plant Dubai bis 2030 25 Pro-zent aller Gebäude mithilfe von 3D-Druckern zu fertigen. Vorteile davon sind unter anderem weniger Materialabfälle, verringerte CO_2-Emis-sionen sowie eine bessere Isolierung der Wände. Um der Verschwendung von Ressourcen entge-genzuwirken, wurden in den letzten Jahren die Kosten für Wasser kontinuierlich erhöht und öffentliche Kampagnen zur Stärkung des Bewusstseins zum Wassersparen gestartet. Außerdem ist es Dubais Ziel, bis 2050 75 Pro-zent des Energiebedarfs durch erneuerbare Energien zu decken. Dafür wurde 2013 der Rashid Al Maktoum Solar Park zum Teil in Be-trieb genommen. Er befindet sich noch im Aus-bau und soll bis 2030 der weltgrößte Solarpark sein. Die täglichen Staus auf den Straßen Dubais werden durch den ÖPNV verringert, z. B. durch das fahrerlose, vollautomatisierte, knapp 75 km lange U-Bahn Netz. Mit der Bereitstellung von 100 Mio. US-$ für Tech-Startups möchte die

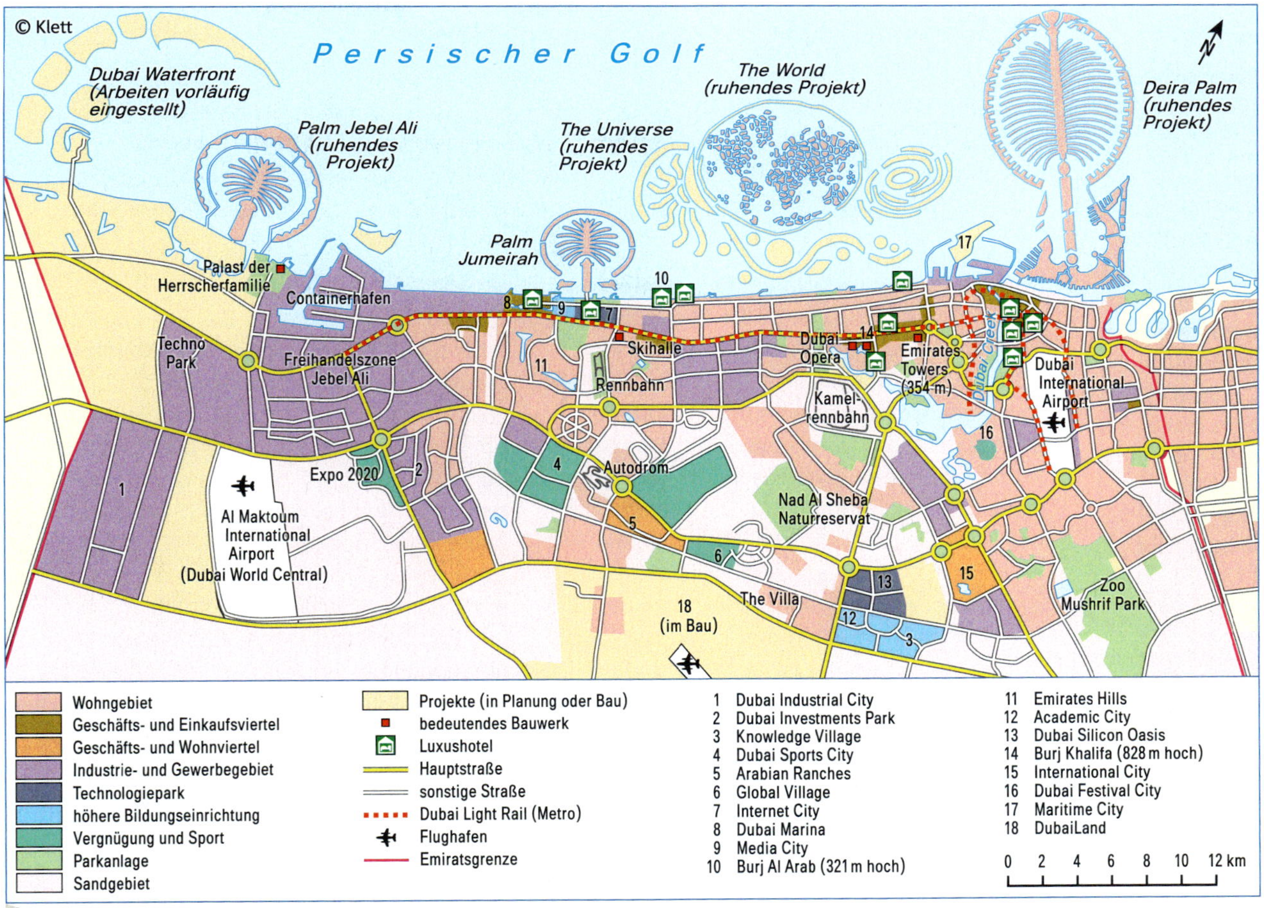

© Klett

P e r s i s c h e r   G o l f

Dubai Waterfront
(Arbeiten vorläufig
eingestellt)

The World
(ruhendes Projekt)

Deira Palm
(ruhendes
Projekt)

Palm Jebel Ali
(ruhendes
Projekt)

The Universe
(ruhendes
Projekt)

Palm
Jumeirah

Palast der
Herrscherfamilie

Containerhafen

10

17

Techno
Park

Freihandelszone
Jebel Ali

8   9

Skihalle

11

Dubai
Opera

14

Emirates
Towers
(354 m)

Dubai
International
Airport

Rennbahn

Kamel-
rennbahn

Expo 2020   2

Al Maktoum
International
Airport
(Dubai World Central)

1

4

Autodrom

5

Nad Al Sheba
Naturreservat

16

6

13

15

Zoo
Mushrif Park

18
(im Bau)

The Villa

12

3

▨	Wohngebiet		
▨	Geschäfts- und Einkaufsviertel		
▨	Geschäfts- und Wohnviertel		
▨	Industrie- und Gewerbegebiet		
▨	Technologiepark		
▨	höhere Bildungseinrichtung		
▨	Vergnügung und Sport		
▨	Parkanlage		
▨	Sandgebiet		

▨	Projekte (in Planung oder Bau)
▪	bedeutendes Bauwerk
🏨	Luxushotel
—	Hauptstraße
=	sonstige Straße
····	Dubai Light Rail (Metro)
✈	Flughafen
—	Emiratsgrenze

1 Dubai Industrial City
2 Dubai Investments Park
3 Knowledge Village
4 Dubai Sports City
5 Arabian Ranches
6 Global Village
7 Internet City
8 Dubai Marina
9 Media City
10 Burj Al Arab (321 m hoch)

11 Emirates Hills
12 Academic City
13 Dubai Silicon Oasis
14 Burj Khalifa (828 m hoch)
15 International City
16 Dubai Festival City
17 Maritime City
18 DubaiLand

0   2   4   6   8   10   12 km

9 Dubai City

Regierung ausländische Spezialisten anziehen, die Dubai auf dem Weg zu mehr Nachhaltigkeit unterstützen. So hat Dubai zusammen mit dem deutschen Startup Volocopter bereits eine fünf-jährige Testphase für Flugtaxis begonnen.

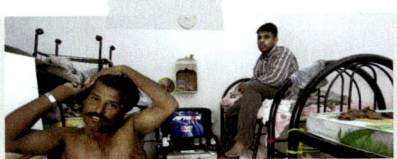

Ganz unten in Dubai

Bauarbeiter Sattar aus dem indischen Rajasthan hat seinen Job in Dubai teuer erkauft. 80 000 indische Rupien, rund 1 800 Dollar, musste er sich von Verwandten und Freunden leihen. So viel knöpfte ihm eine Arbeitsvermitt-lungsagentur für den Flug nach Dubai, Visum und Gesundheitstest ab. [...] Der 42-Jährige bekam einen Job in einem Bauunternehmen in dem Emirat. Auf das bessere Leben wartet er bis heute. Sattar ist einer von schätzungsweise einer halben Million Gastarbeitern, die auf Baustellen in den Vereinigten Ara-bischen Emiraten (VAE) für einen Hungerlohn schuften. Menschen-rechtsorganisationen sprechen bis-weilen von moderner Sklavenhaltung. [...] Die Gastarbeiter aus Indien, Pakis-tan, Bangladesh und Sri Lanka leben derweil unter menschenunwürdigen Bedingungen auf den Baustellen – zu acht in winzigen Gemeinschaftsunter-künften, wo die einzigen Möbel doppelstöckige Betten sind, die Toilette auf dem Flur. [...] Die Menschenrechtler beziffern den durchschnittlichen Lohn der ausländischen Bauarbeiter mit 175 Dollar im Monat. [...] „Die häufigste Klage der Arbeiter ist aber, dass Löhne zum Teil gar nicht ausgezahlt werden", heißt es in dem Bericht. Die Bauunter-nehmen würden das Geld einfach zu-rückhalten – und die hoch verschulde-ten Arbeiter damit erst recht in Bedrängnis bringen. [...]

Hasnain Kazim, Luxuswelt aus Sklavenhand, auf: SPIEGEL Online v. 13.11.2006, https://www.spiegel.de/wirtschaft/gastarbeiter-in-du-bai-luxuswelt-aus-sklavenhand-a-447509.html (Zugriff 28.09.2021)

10

Millionenstädte und Megacities

Eine Stadt mit mehr als 10 Millionen Einwohnern wird nach Definition der Vereinten Nationen als Megacity bezeichnet. Im Jahr 2018 gab es weltweit 33. 48 Städte hatten eine Bevölkerungszahl zwischen 5 und 10 Millionen. Von diesen 48 Städten werden sich bis 2030 vermutlich 10 Städte zu Megacities entwickeln.

Noch ist Tokyo nach UN-Angaben mit über 37 Mio. Einwohnern die größte **Megacity**. Die meisten anderen Ranglisten führen die japanische Hauptstadt auch an erster Stelle. Doch die folgenden Plätze weisen je nach Veröffentlichung deutliche Unterschiede auf. So liegt Jakarta in einigen Rankings mit 32 Mio. Einwohnern direkt hinter Tokyo. Die UN führt die indonesische Stadt mit knapp über 10 Mio. erst an Platz 30. Bei der Erstellung eines Rankings ist man auf Angaben der Städte/Institutionen angewiesen, die nicht immer zuverlässig sind. Bisher gibt es keine international standardisierten Kriterien für die Festlegung der Grenzen einer Stadt und damit der verbundenen Bevölkerungszahl. Meist bestimmen die Verwaltungsgrenzen das Stadtgebiet. In dicht besiedelten Gebieten sind diese Grenzen jedoch kaum wahrnehmbar. Das städtische Siedlungsgebiet geht an den Rändern oft über die administrative Grenze hinaus. Je nach Festlegung wird die dort lebende Bevölkerung bei den Angaben der Bevölkerungszahl einbezogen oder eben nicht. Die hier vorliegenden UN-Daten geben den Bezugsraum der Daten an.

Vorsicht Zahlen!

Nahezu alle Angaben zur Bevölkerungszahl einer Stadt, Agglomeration oder **Metropole** beruhen heute auf Schätzungen. Zählungen werden kaum noch durchgeführt. In den europäischen Staaten sind es vor allem Fortschreibungen – meist auf der Basis von Melderegistern. Aber selbst in den USA gibt es bis heute keine Meldepflicht für die Bewohner. Noch schwieriger gestaltet sich die zahlenmäßige Erfassung der Bevölkerung in Schwellen- und Entwicklungsländern. Hier ist man dazu übergegangen, Siedlungserweiterungen des Stadtrands und ausgewählter innerstädtischer Cluster mithilfe von Satellitenbildern auszuwerten. Zuwachs und Verdichtung werden auf der Basis von kleinräumigen Untersuchungen hochgerechnet und fortgeschrieben.

Probleme – aber nicht überall gleich

Die Entwicklung der Millionen- und **Megastädte** wird sich in Zukunft unterschiedlich gestalten. Die Prognose für Tokyo macht deutlich, dass das Wachstum gebremst ist. Japanische, europäische und nordamerikanische Millionenstädte

1 Megacities 2018 und 2030

Städtische Verdichtungsräume weltweit 2021		
Rang	**städtischer Verdichtungsraum**	**geschätzte Bevölkerung**
1	Tokyo-Yokohama	39 105 000
2	Jakarta	35 362 000
3	Delhi, DL-UP-HR	31 870 000
4	Manila	23 971 000
5	São Paulo	22 495 000
6	Seoul-Incheon	22 394 000
7	Mumbai, MH	22 186 000
8	Shanghai, SHG-JS-ZJ	22 118 000
9	Mexico City	21 505 000
10	Guangzhou-Foshan, GD	21 489 000
11	New York, NY-NJ-CT	20 902 000

Nach: http://www.demographia.com/db-worldua.pdf

2

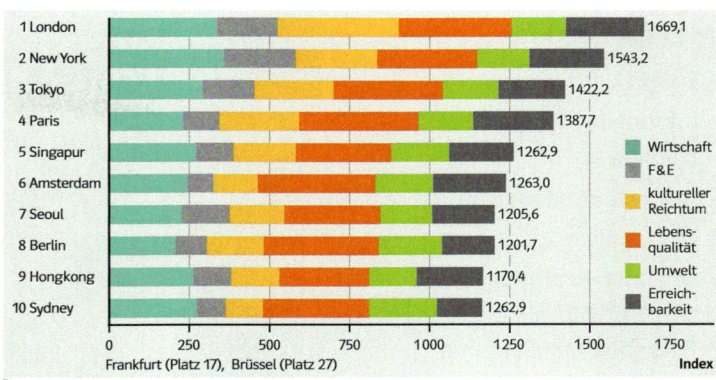

3 Global-City-Ranking 2020 (nach Global-City-Index)
nach Mori Memorial Foundation's Institute, 11/2019, S. 7

4 Bevölkerungsverteilung nach Größenklasse der städtischen Siedlungen und Regionen, 2018 und 2030 (in Prozent)
nach United Nations, Department of Economic and Social Affairs, Population Division (2018).

wachsen deutlich langsamer und sind durch ihren wirtschaftlichen Status weniger von Problemen betroffen. Hier ist man oft sogar in der Lage, Optimierungen im Bereich der Nachhaltigkeit vorzunehmen und für eine Erhöhung der Lebensqualität zu sorgen (z. B. Nordeuropa). Für Afrika hingegen gehen die UN-Prognosen davon aus, dass sich die Anzahl der Städte mit mehr als 1 Mio. Einwohnern von 63 (2018) auf fast 100 (2030) erhöht. Das meist unkontrollierbare Wachstum stellt diese Städte vor nahezu unlösbare Probleme. Ihre infrastrukturelle Ausstattung kann mit dem **Bevölkerungswachstum** nicht mithalten. In der Folge entstehen riesige Slumsiedlungen. Lösungsstrategien setzen auf raum- und situationsbedingte, individuelle Maßnahmen.

In Asien sind es vor allem China und Indien, die einen deutlichen Zuwachs der Mega- und Millionenstädte erfahren. Verantwortlich dafür ist die dynamische wirtschaftliche Entwicklung in diesen Regionen.

1
Städtische Verdichtungsräume.
a) Ordne den Stadtgebieten in Tabelle 2 die jeweiligen Staaten und Kontinente zu.
b) Erkläre die Verteilung.

2
Arbeite mit der Karte 1 und Diagramm 3:
a) In welchen Ländern ist der Anteil an Menschen, die noch auf dem Land leben, groß? Welche Länder sind stark verstädtert? Nenne jeweils fünf Beispiele.
b) Beschreibe, wie die Länder mit starker Verstädterung über die Erde verteilt sind.
c) Vergleiche die Verteilung der Millionenstädte und Megastädte mit der Verteilung der Global-Cities.

Wichtige Begriffe

- Favela
- informeller Sektor
- Landflucht
- Megastadt (Megacity)
- Metropole
- nachhaltige Stadt-entwicklung
- Push- und Pull-Faktoren
- Slum
- Stadtplanung
- Verstädterung

1 Leerstandsspirale
nach Matthias Bernt: Risiken und Nebenwirkungen des Stadtumbaus. In: Schrumpfende Städte. Halle/Leipzig. Februar 2004, S. 44

Kennen und verstehen

1 Nenne Gründe für die starke Einwohnerzunahme der großen Städte Afrikas und Südamerikas.

2 Richtig oder falsch
Verbessere die falschen Aussagen und schreibe sie richtig auf.
a Mehr als die Hälfte der Weltbevölkerung lebt heute in Städten.
b Die Anzahl der Städte innerhalb eines Staates gibt Auskunft über den jeweiligen Verstädterungsgrad.
c Durch den Schutz der vielen Häuser ist das Klima in der Stadt deutlich kühler als auf dem Land.
d Die „Leuchttürme des Wissens" stehen in Curitiba direkt am Strand.

3 Begriffe gesucht
Finde mithilfe der Umschreibung den jeweiligen Begriff.
a Dauerhafter Wohnortwechsel.
b Ort, der einen politischen, sozialen und wirtschaftlichen Mittelpunkt eines Staates bildet.
c Zunahme der städtischen Lebensformen.

d Gründe, dauerhaft ein Gebiet zu verlassen.

Wissen und vernetzen

4 Erläutere anhand der Leerstandsspirale (Grafik 1 und M2) die Folgen und Probleme des Schrumpfungsprozesses für:
a die Bewohner einer Stadt,
b die Stadtverwaltung.

5 Verstädterung: Erstelle ein Wirkungsgefüge zur Verstädterung in gering entwickelten Ländern.

Fachmethoden anwenden

6 MK Werte das Satellitenbild 3 aus.

Beurteilen und bewerten

7 Stellung nehmen
a Der Entwicklungsplan für Makoko (Lagos) sieht eine Erneuerung der Siedlung und somit die Erhaltung der Grundstruktur vor. Wäre eine Umsiedlung der Bevölkerung in ein Neubaugebiet in Stadtrandlage nicht besser? Nimm dazu Stellung.

b Die Müllsammler in Curitiba sollten für ihre Arbeit bezahlt werden und keine Sachleistungen, wie Schulhefte oder Busfahrkarten erhalten. Nimm Stellung.

8 Bedeutung Fassadenbegrünung
Beurteile mithilfe des Diagramms 4 die Vorteile der Fassadenbegrünung für die Verbesserung des Stadtklimas.

Handeln

9 MK **Stadteindrücke**
a Schaut euch eure Stadt einmal genau an. Sucht Indizien für das Wachsen oder Schrumpfen eurer Stadt oder Heimatort. Fotografiert, zeichnet Bilder oder beschreibt, was ihr seht.
b Führt eine kurze Meinungsumfrage unter den Schülerinnen und Schülern eurer Schule, euren Verwandten oder Bekannten durch. Welche Veränderungen nehmen sie in der Stadt wahr?
c Sucht in eurer Stadt Maßnahmen, die zur Verbesserung des Stadtklimas beitragen.

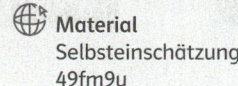 Üben interaktiv
49fm9u

Material
Selbsteinschätzung
49fm9u

Lösungen
49fm9u

Städtische Lebenswelten **3**

„Das größte Manko schrumpfender Städte?
Es gehen die, die es sich leisten können. ... Zurück bleiben die A-Gruppen: Arbeitslose, Alte, Arme. ... Fortgehen ist ein Privileg, keine Strafe. Die verlassenen Städte verlieren nicht nur Steuergeld, sie müssen sich auch um die kümmern, die nicht die Möglichkeit haben, zu gehen."
Süddeutsche Zeitung vom 13./14.01.2007 (abgerufen am 19.05.2020)

2

3 Münster

10 MK **Meine Stadt von morgen**

a Ermittelt mithilfe des Internets die Einwohnerzahlen der letzten zehn Jahre für eure Stadt oder eine Stadt in der Nähe.

b Erstellt mit diesen Daten ein Balkendiagramm zur Bevölkerungsentwicklung. Welche Tendenz ist erkennbar?

c Erkundet Maßnahmen, die eure untersuchte Stadt ergreift, um der Bevölkerungsentwicklung zu entsprechen.

d Recherchiert im Internet oder auf den offiziellen Seiten der Stadt, ob sie sich an einem der europäischen Wettbewerbe zur nachhaltigen Stadtentwicklung beteiligt. Gute Gesprächspartner für diese Informationen sind auch im Amt für Stadtentwicklung zu finden.

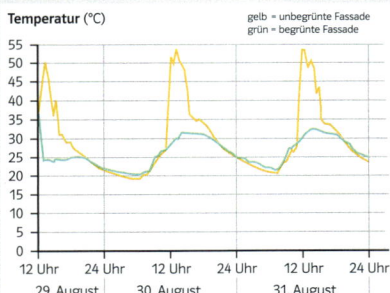

4 Auswirkungen einer Fassadenbegrünung
nach Arboristik – Nachrichten: Fassadenbegrünung verbessert das Stadtklima, https://www.arboristik.de/baumpflege_news_15072018.html

Jetzt kannst du ...

– Zusammenhänge zwischen Migration und Verstädterung erläutern;

– die Entstehung von Slums und die dortigen Lebensbedingungen erklären;

– Möglichkeiten zur Verhinderung einer Landflucht nennen und begründen;

– planerische Maßnahmen zur Verbesserung der städtischen Lebensbedingungen nennen und erläutern.

4

Bevölkerungsentwicklung

1 Schwimmbad in der chinesischen Provinz Sichuan

Am 1. Oktober 2020 lebten 7 816 727 830 Menschen auf der Erde. In der Zeit, in der du diesen Satz liest, hat die Erdbevölkerung um zwölf Menschen zugenommen: 2,6 in der Sekunde, 157 in der Minute und 1,58 Millionen pro Woche, was der Einwohnerzahl von Hamburg oder München entspricht. Aber wie lange noch?

Die Weltbevölkerung wächst aber nicht überall gleich schnell und in der zweiten Hälfte dieses Jahrhunderts wird sie anfangen zu schrumpfen.

In diesem Kapitel erfährst du mehr darüber, in welchen Gebieten die Bevölkerung wächst bzw. schrumpft und untersuchst die Ursachen und Folgen dieser Entwicklungen.

2 Schwimmbad in Frankfurt am Main

Immer mehr, immer schneller, überall?

Den größten Teil der Menschheitsgeschichte hat sich die Bevölkerungszahl nur langsam verändert. Nachdem die Menschheit im 20. Jahrhundert ein historisch einmaliges Wachstum erlebt hat, dürfte das 21. Jahrhundert den Beginn des Postwachstums markieren.

7 819 438 060

Menschen Leben auf der Erde

(aufgerufen am 12.10.2020 um 08:01 Uhr)

1 Weltbevölkerungsuhr
der Deutschen Stiftung
Weltbevölkerung (DSW)

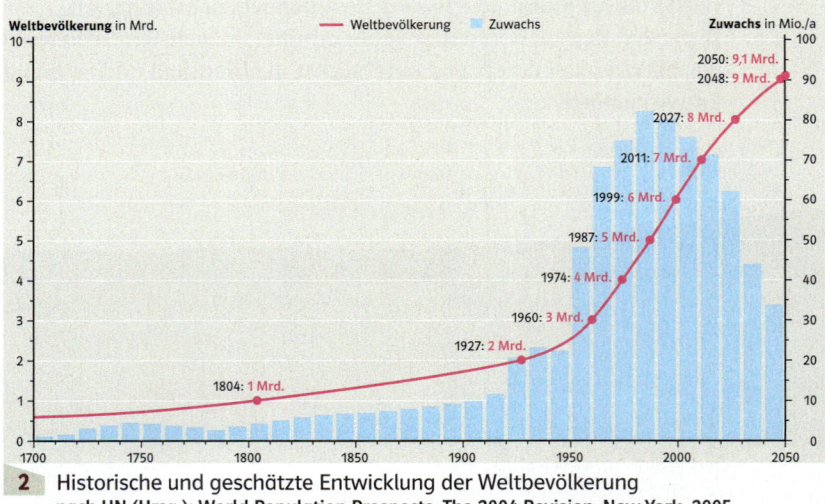

2 Historische und geschätzte Entwicklung der Weltbevölkerung
nach UN (Hrsg.): World Population Prospects, The 2004 Revision. New York, 2005

Bis vor etwa hundert Jahren wurden so viele Kinder geboren, dass die Bevölkerung hätte stark wachsen können. Doch Kriege, Krankheiten, schlechte Hygiene, unzureichende und schlechte Ernährung sorgten kaum für eine Veränderung der demografischen Entwicklung. Die Zahl der Sterbefälle lag fast ebenso hoch wie die Zahl der Geburten. Deshalb wuchs die Bevölkerung nur wenig.

Erst als es gelang, mehr Nahrungsmittel zu produzieren sowie durch bessere Hygiene und medizinische Versorgung Krankheiten erfolgreich zu bekämpfen, wurden die Menschen wesentlich älter. Durch die sinkende Sterberate und die unveränderte Geburtenrate wuchs die Bevölkerung.

Die Weltbevölkerung nimmt also dann zu, wenn die Geburtenrate höher als die Sterberate ist. Diese Differenz wird auch als Wachstumsrate bezeichnet.

Während über Jahrhunderte die Bevölkerung nur langsam anstieg, übersprang die Anzahl der Menschen im letzten Jahrhundert eine Milliardengrenze nach der anderen: Die Wachstumsrate stieg von 0,5 Prozent im Jahr 1900 auf 2,1 Prozent im Jahr 1975 an. Wäre die Weltbevölkerung mit gleichbleibender Wachstumsrate 50 Jahre lang weiter gewachsen, dann würden im Jahr 2025 11,3 Mrd. Menschen auf der Erde leben. Angesichts solcher Vorhersagen wurde in den 1970er-Jahren von vielen Wissenschaftlern, z. B. vom Club of Rome, die Bevölkerungsexplosion als ein Grundproblem der Menschheit erkannt.

Die Weltbevölkerung steigt momentan nur noch um ein Prozent pro Jahr an. Das klingt wenig, aber es ist eine Zahl mit großer Wirkung. Dieses Prozent bedeutet eine absolute Zunahme von etwa 82 Millionen Menschen pro Jahr.

Der demografische Übergang

Mit der Entwicklung der Bevölkerung befasst sich die Demografie. Demografen haben Mitte des 20. Jahrhunderts festgestellt, dass sich innerhalb von etwa 200 Jahren in Wales ein Übergang von hohen zu niedrigen Sterberaten vollzog. Sie glaubten, dass jedes Land eine solche Entwicklung durchläuft und entwickelten ein Modell, das die historische Entwicklung von Geburten- und Sterberate, also die natürliche Bevölkerungsbewegung eines Landes, idealtypisch beschreibt: das Modell des demografischen Übergangs.

Mit dem Einsetzen der Industrialisierung in England, später auch in den anderen europäischen Ländern, kam es zu einem raschen Anstieg der Bevölkerungszahlen in Europa. Doch bald darauf begann die Geburtenrate drastisch zu sinken. Gründe dafür waren unter anderem die zunehmende Verstädterung und der wachsende Wohlstand.

Das Modell des demografischen Übergangs soll auf alle Regionen der Welt übertragbar sein. Jedes Land kann nach seinem Standort in diesem Übergangsschema klassifiziert und damit die unterschiedliche Bevölkerungsentwicklung beschrieben bzw. verglichen werden. Wie bei jedem theoretischen Modell gelingt dies jedoch nicht immer hundertprozentig, zumal fraglich ist, ob sich Entwicklungen in westlichen Ländern auf andere Kulturkreise übertragen lassen.

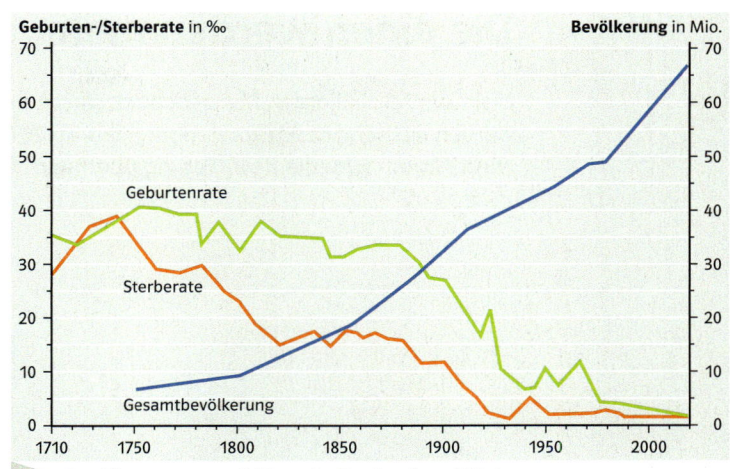

4 Bevölkerungsentwicklung in England und Wales
nach Jürgen Bähr: Bevölkerungsgeographie. Stuttgart: Ulmer 1997

$$B_n = B_A \cdot (1 + \quad)^n$$
B_n: Bevölkerungszahl nach n Jahren
B_A: Bevölkerungszahl im Anfangsjahr
p: Prozentsatz des Wachstums
n: Anzahl der Wachstumsjahre

Beispielrechnung für Belgien:
$B_{23} = 10{,}25 \text{ Mio.} \cdot (1 + \quad)^{23} = 10{,}73 \text{ Mio.}$

 3 Wie man die Bevölkerungsentwicklung berechnet

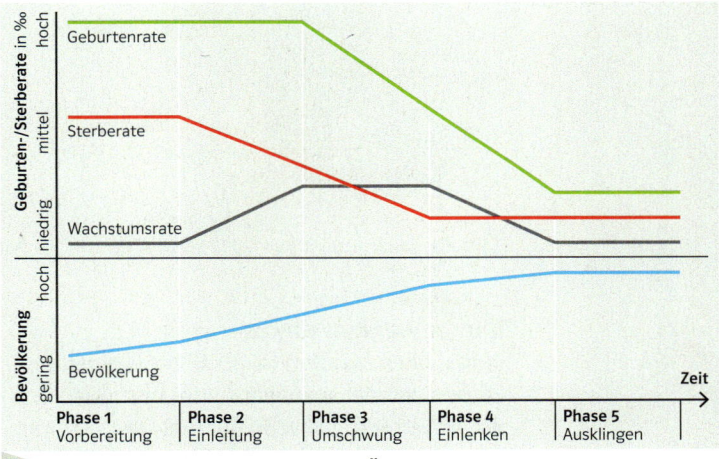

5 Das Modell des demografischen Übergangs

1
Bevölkerungswachstum überall?
a) Berechne mithilfe der Formel und der Strukturdaten im Anhang die Bevölkerungszahlen von Australien, Indien und Deutschland im Jahr 2025. Visualisiere deine Ergebnisse in geeigneter Form und vergleiche die Veränderungen.
b) Werte das Diagramm 2 aus.

2
Erläutere die Diagramme 4 und 5 mithilfe des Textes.

3
Ordne folgende Aussagen begründet Phasen des demografischen Übergangs zu.
a) Zwei ihrer sechs Kinder sind bei der letzten Choleraepidemie gestorben.
b) Anna und Jonas werden von ihren Großeltern verwöhnt. Sie sind die einzigen Enkelkinder von Gudrun und Wolfgang.
c) Die Regierung startet eine Informationskampagne zu Verhütungsmitteln.

4
Modelle in der Kritik
a) Begründe, weshalb sich nicht alle Länder problemlos in das Modell des demografischen Übergangs einordnen lassen.
b) Diskutiert, inwiefern Modelle die Wirklichkeit beschreiben können.

Die einen werden mehr, die anderen älter

Mehr als 7,8 Milliarden Menschen bevölkern derzeit die Erde und jede Sekunde werden es mehr. Kaum vorstellbar, dass ab 2070 die Weltbevölkerung schrumpfen wird. Warum wird die Bevölkerung überhaupt schrumpfen und warum gerade dann?

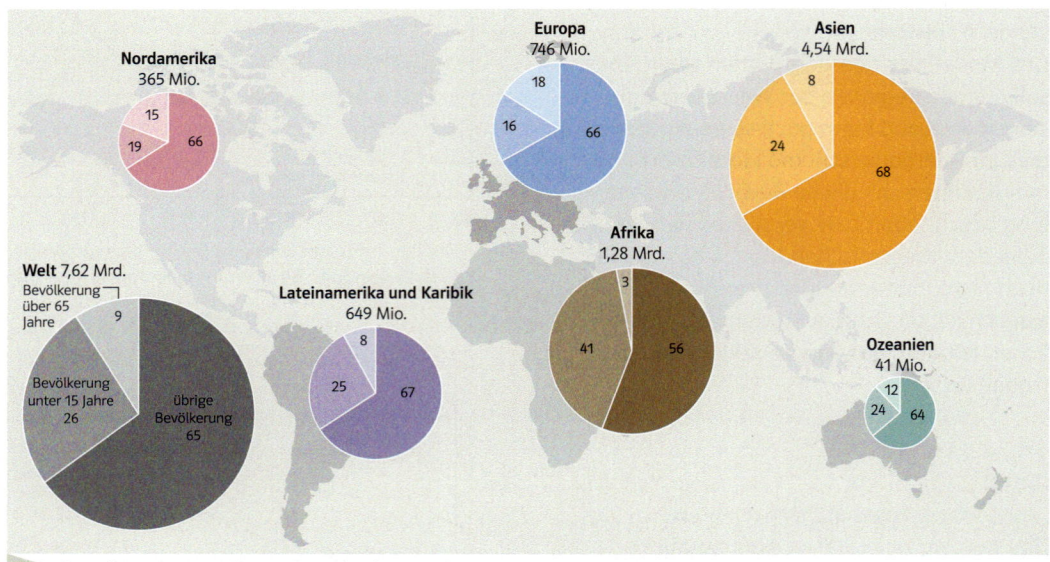

1 Bevölkerung im Jahr 2018 nach Alter und Regionen **nach DSW-Datenreport 2016**

Immer weniger Kinder

In fast allen Ländern der Erde bekommen die Frauen deutlich weniger Kinder als früher. Da das Entwicklungsniveau der Weltbevölkerung von Jahr zu Jahr zunimmt, nimmt die Kinderzahl im Weltdurchschnitt ab. Eine europäische Frau bekommt im Durchschnitt nur 1,59 Kinder. In den ärmsten Regionen der Welt, in den südlich der Sahara gelegenen Ländern Afrikas, bekommen Frauen im Schnitt drei Kinder mehr. Ein Grund ist, dass die hohe Kindersterblichkeit ausgeglichen werden soll und Kinder eine Altersvorsorge für ihre Eltern darstellen. Außerdem heiraten Frauen sehr jung und werden schnell schwanger, weil jede vierte Frau in einem Entwicklungsland nicht verhüten kann, obwohl sie es will. Fehlende Gleichberechtigung, fehlende Verhütungsmittel oder mangelndes Wissen sind die Ursache für ca. 74 Millionen ungewollte Schwangerschaften pro Jahr. Dennoch sinkt auch in Afrika die **Geburtenrate**. Von 1960 bis heute sank die TFR von 6,6 auf 4,6 – so, wie bei uns am Ende des 19. Jahrhunderts. Also auch in Afrika führen Bildung (besonders der Frauen), Wohlstand und persönliche Freiheit dazu, dass Paare beginnen, ihre Familie zu planen. Ab einem gewissen Bildungsstand bestehen geplante Familien aus weniger als zwei Kindern.

Immer mehr ältere Menschen

Es gibt zwei Hauptentwicklungen, die den Altersdurchschnitt einer Bevölkerungsgesamtheit anheben: die Erhöhung der allgemeinen **Lebenserwartung** und der anteilige Rückgang jüngerer Menschen durch einen Geburtenrückgang oder deren Auswanderung. Weltweit leben mehr Menschen als vor hundert Jahren und sie werden sogar 100 Jahre oder älter. Die Zahl der über Hundertjährigen ist 2019 auf rund 533 000 gestiegen und die Zahl der über 60-Jährigen wird von heute 810 Millionen bis 2050 auf über 2 Milliarden steigen. Die Überalterung nimmt zu.

Fazit: Da die weltweite Geburtenrate pro Frau im Schnitt nur langsam abnimmt und ältere Menschen länger Teil der Weltbevölkerung sind, wird es noch ein paar Jahrzehnte dauern, bis die Weltbevölkerung stagniert bzw. zu sinken beginnt. Wann das genau eintreten wird, ist noch nicht ganz klar. Aber dass es passiert, ist sicher.

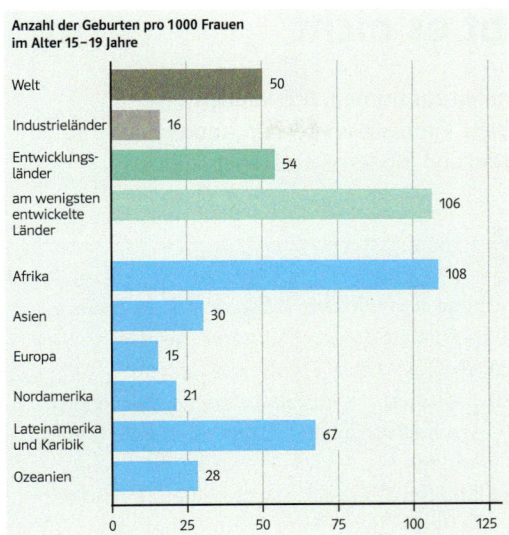

Anzahl der Geburten pro 1000 Frauen im Alter 15–19 Jahre

Welt	50
Industrieländer	16
Entwicklungsländer	54
am wenigsten entwickelte Länder	106
Afrika	108
Asien	30
Europa	15
Nordamerika	21
Lateinamerika und Karibik	67
Ozeanien	28

2 Fruchtbarkeitsrate
nach Deutsche Stiftung Weltbevölkerung (DSW), https://www.dsw.org/infografiken/#group-10, PRB World Population Data Sheet 2017

Wo gibt es die meisten Menschen über 60? (%)

Japan	Südkorea	Spanien	Portugal	China, Hongkong
42,5	41,5	41,4	41,2	40,9

Wo gibt es die wenigsten Menschen über 60? (%)

Mali	Angola	Tschad	Somalia	Niger
5,8	5,5	5,4	5,2	4,1

3 Alternde Bevölkerung im Jahr 2050
nach UN Population Devision, DW: Menschen werden weltweit immer älter, https://www.dw.com/de/menschen-werden-weltweit-immer-%C3%A4lter/a-18751845

Die aktuellen Folgen sind unterschiedlich

In den Entwicklungsländern ist die **Wachstumsrate** sehr hoch. Im Niger beispielsweise beträgt diese 3,8 % (Stand 2019). Schon heute mangelt es an Schulen und Ausbildungsplätzen und es wird immer schwieriger, die Bevölkerung mit Nahrungsmitteln zu versorgen. Hinzu kommt, dass die **Verdopplungszeit** der Bevölkerung in Entwicklungsländern sehr kurz ist. Im Niger wird sich die Bevölkerung in 18 Jahren verdoppeln. Damit verdoppeln sich aber auch die Zahlen der benötigten Schulen und der Ausbildungsplätze sowie der Bedarf an Nahrungsmitteln. Angesichts dieser Aussichten versuchen die betroffenen Staaten mit Aufklärungsprogrammen und der Bereitstellung kostenloser Verhütungsmittel, die Wachstumsrate zu reduzieren und die Verdopplungszeit zu verlängern.

In den **Industrieländern** dagegen beklagen Politiker häufig die niedrige Wachstumsrate bzw. die Abnahme der Bevölkerung. Eine solche Abnahme könnte zwar bedeuten, dass es weniger Arbeitslose und mehr Wohnraum für alle gibt. Aber der Altersstruktureffekt führt dazu, dass immer mehr alte Menschen in den betroffenen Staaten leben. Diese immer größer werdende Anzahl an Menschen, die älter als 65 Jahre sind, führt zu ganz anderen Problemen als in den Entwicklungsländern. So steigt die Anzahl der pflegebedürftigen Menschen und damit auch der Bedarf an Pflegeeinrichtungen und Pflegepersonal. Die Verkehrsinfrastruktur und die Architektur müssen an die Bedürfnisse der älteren Menschen angepasst werden. Außerdem ist die Existenz der Rentensysteme gefährdet.

Verdopplungszeit

Der Zeitraum, in dem sich eine Bevölkerung verdoppelt. Die VZ wird durch den Quotienten 70 : WR abgeschätzt.

 1
Arbeit mit der Grafik 1:
a) Beschreibe die Verteilung der Weltbevölkerung nach dem Alter.
b) Erläutere für mindestens zwei Kontinente die Unterschiede bzw. die Gemeinsamkeiten.

 2
Arbeit mit den Grafiken 2 und 3:
a) Jeder wertet ein Material aus. Stellt euch anschließend die Ergebnisse vor.
b) Formuliert danach Zusammenhänge zur Überschrift der Doppelseite.

 3
Nenne mögliche Maßnahmen, die zur Steigerung oder Senkung der Geburtenrate führen. Beurteile anschließend die Wirkung dieser Maßnahmen.

 4
Beurteile die Aussage: „Die Bildung der Frauen führt zu einer Reduzierung des Bevölkerungswachstums."

Die afrikanische Familie gibt es nicht

Menschen leben meist nicht alleine, sondern in Familien zusammen. Das können Großfamilien, aber auch kinderlose Ehepaare sein. Viele Einflüsse wirken ein, sodass unterschiedlichste Familienmodelle zwischen Tradition und Moderne entstehen können.

1

Beschreibe deine Vorstellungen von einer europäischen und einer afrikanischen Familie.

2

Wähle mindestens ein Beispiel (A, B oder C) aus, das dich besonders interessiert.

a) Beschreibe und erkläre die Familienstruktur, indem du übergeordnete Kriterien entwickelst (z.B. Bildung, Stellung der Frau, Tradition, …). Analysiere hierzu die Materialien zu dem von dir gewählten Beispiel sowie die statistischen Daten in M2 und auf Seite 174/175

b) Vergleiche die vorgestellte Familienstruktur mit deinen Vorstellungen einer afrikanischen Familie.

3

Arbeite nun mit zwei Mitschülern, die andere Beispiele als du gewählt haben, weiter!

a) Vergleicht eure Ergebnisse.

b) Diskutiert die Einflüsse, die zur Entstehung unterschiedlichster Familienmodelle führen können.

c) Stellt eure Ergebnisse auf einem Plakat oder in einer Power-Point-Präsentation dar.

d) „Die afrikanische Familie gibt es nicht." Beurteilt diese Aussage.

○ 1 ◖ 2, 3a ● 3b–d

A Ländlich lebende Familie in Äthiopien

Ayana (45 Jahre alt): Meine Familie und ich wohnen im Südwesten von Addis Abeba in einem kleinen Dorf. Wir leben von der Landwirtschaft und bauen alles, was wir zum Leben brauchen, selbst an. Die Arbeit ist körperlich hart, daher sind mein Mann und ich froh, dass wir sechs Kinder haben. Sie helfen uns bei der Feldarbeit und im Haushalt. Die meisten Entscheidungen in unserer Familie trifft mein Mann, den ich geheiratet habe, als ich 15 Jahre alt war. Für meine Eltern war diese frühe Heirat wichtig, denn so mussten sie nicht mehr für mich sorgen.

Mein ältester Sohn ist mittlerweile aus dem Haus und hat seine eigene Familie gegründet. Er erhält Förderungen vom Staat und kann gut von der Landwirtschaft leben. Seine drei Kinder können daher alle die Schule im nahegelegenen Dorf besuchen, die dort vor einigen Jahren gebaut wurde.

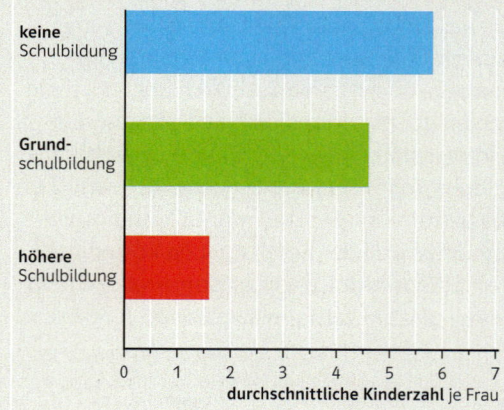

Durchschnittliche Kinderzahl in Äthiopien pro Frau nach Schulbildung

1

	Äthiopien	Kenia	Ruanda	Deutschland
Gesamtfruchtbarkeitsrate pro Frau	4,0	3,3	3,9	1,6
gedeckter Verhütungsbedarf (15–49 J.) in %	66	77	69	91

2

B Traditionelle Massai-Familie in Kenia

Lketinga (54 Jahre):

Wir Massai sind ein stolzes Nomadenvolk in Ostafrika. Bei uns ist das ganze Dorf ein großer Familienverband, ein Clan, der von den älteren Männern geführt wird. Soziale Verantwortung und Aufgabenteilung sind die wesentlichen Charakteristika unseres Lebens – hier wird füreinander gesorgt, insbesondere für Kinder und Alte. Frauen und Männer haben festgelegte Aufgaben. So sind die Frauen für alle Aufgaben des Alltages verantwortlich und die Männer beschützen das Dorf und das Vieh auf den Weiden vor wilden Tieren. Auch Kinder übernehmen schon früh Aufgaben, daher besuchen nur wenige Kinder meines Dorfes regelmäßig eine Schule. Das Ansehen eines Mannes steigt bei uns traditionellen Massai mit der Anzahl seiner Frauen und Kinder – daher bin ich mächtig stolz auf meine drei Frauen und neun Kinder. Meine erste Frau habe ich geheiratet, als sie vierzehn Jahre alt war. Mein ältester Sohn hat mittlerweile leider das Dorf verlassen. Er ist wie viele andere Massai in die Stadt gezogen, hat eine Ausbildung gemacht und eine einzige Frau geheiratet.

3

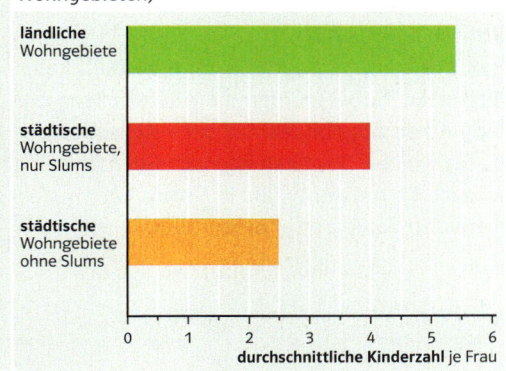

Durchschnittliche Kinderzahl in Kenia (pro Frau nach Wohngebieten)

C Städtische Familie in Ruanda

Sylvie (36 Jahre):

Ich lebe mit meinem Mann und meinen drei Kindern in Kigali. Unsere Familienplanung ist abgeschlossen, denn dank moderner Verhütungsmethoden kann ich selbst entscheiden, wie viele Kinder ich möchte. Mein Mann und ich sind beide berufstätig, sodass wir uns die Arbeit im Haushalt teilen. Für meinen Mann war das nicht immer leicht zu akzeptieren – er kommt aus einer eher traditionellen Familie und war es gewöhnt, dass der Mann das Familienoberhaupt ist. Dass ich finanziell unabhängig bin, hat ihn zunächst abgeschreckt – genau wie die Tatsache, dass ich von ihm als Mann verlangt habe, kleine Aufgaben im Haushalt zu übernehmen. So ist das leider, auf dem Papier sind wir Frauen in Ruanda gleichberechtigt, doch in den Familien sieht das oftmals anders aus. Ich habe daher großes Glück, dass mein Mann verstanden hat, dass es gut ist, wenn wir uns gegenseitig helfen!

Mit ihm und den Kindern habe ich zum ersten Mal eine richtige Familie, denn durch den Genozid im Jahre 1994 habe ich meine Eltern und Geschwister verloren und bin in einem Kinderhaushalt mit anderen Vollwaisen aufgewachsen. So habe ich schon früh gelernt, für mich alleine zu sorgen. Meinen Kindern möchte ich alle Möglichkeiten für ein unbeschwertes Leben bieten. Sie sollen zur Schule gehen, damit sie später eine gute Arbeit finden.

4

Der Genozid in Ruanda 1994

Im Frühjahr 1994 begann in Ruanda ein verheerender Genozid (Völkermord) an der Tutsi-Minderheit. Radikale Hutu töteten in knapp 100 Tagen zwischen 800 000 und 1 000 000 Tutsi, gemäßigte Hutu sowie Oppositionelle. Der Völkermord von 1994 prägt die Gesellschaft Ruandas bis heute.

Bevölkerungsdiagramme interpretieren

Ein Bevölkerungsdiagramm gibt Auskunft über den Altersaufbau eines Landes zu einem bestimmten Zeitpunkt. Mit dieser Darstellungsform können Tendenzen der vergangenen oder der weiteren Bevölkerungsentwicklung erklärt und begründet sowie Vergleiche zu anderen Staaten gezogen werden.

Die Gesamtzusammensetzung einer Bevölkerung nach Merkmalen wie Altersaufbau, Geschlecht oder sozialer Zugehörigkeit bezeichnet man als **Bevölkerungsstruktur**.
In einem **Bevölkerungsdiagramm** wird die Zusammensetzung der Bevölkerung nach den natürlichen Merkmalen Alter und Geschlecht grafisch dargestellt.
Ein Bevölkerungsdiagramm ist ein Häufigkeitsdiagramm. Dabei werden die Altersklassen auf der y-Achse abgebildet. Auf der x-Achse werden die Anteile der Bevölkerung nach Geschlechtern dargestellt, entweder wie in Grafik 1 in absoluten Zahlen oder prozentual.

Bevölkerungsdiagramme sind das Ergebnis einer langfristigen Bevölkerungsentwicklung und lassen sich in vier vereinfachte Grundformen einteilen (siehe Grafiken 2). Diese Grundformen berücksichtigen keine außergewöhnlichen Ereignisse wie Kriege, Hungersnöte oder Migrationsbewegungen.

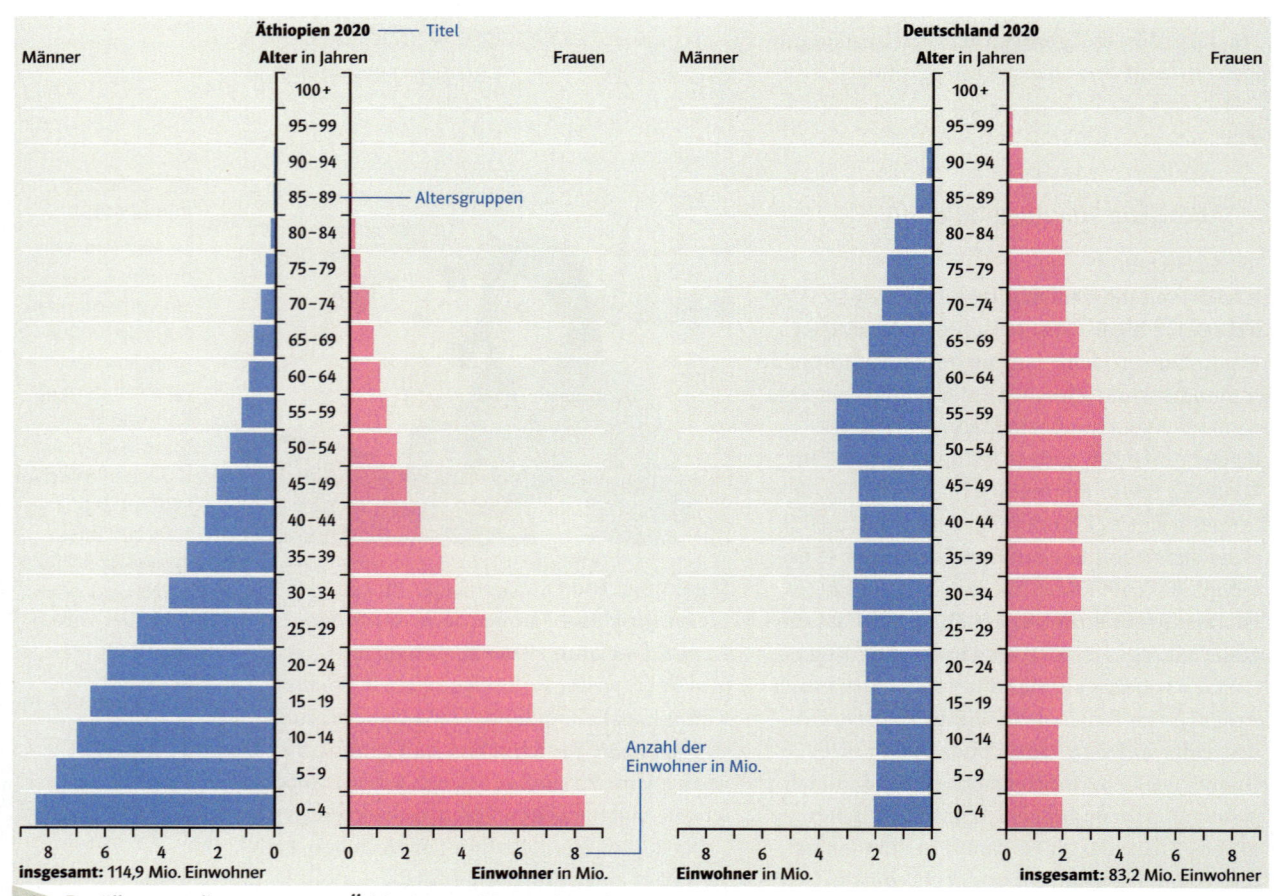

1 Bevölkerungsdiagramme von Äthiopien und Deutschland

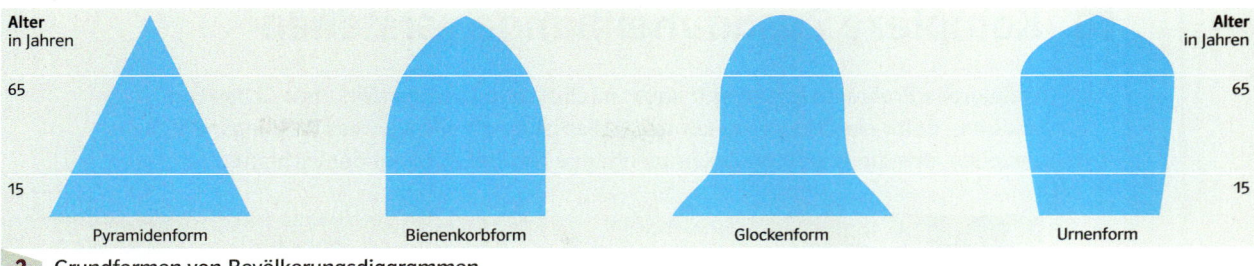

Pyramidenform   Bienenkorbform   Glockenform   Urnenform

2 Grundformen von Bevölkerungsdiagrammen

1. Schritt: Sich orientieren

Stelle fest, für welches Land und für welches Jahr die Angaben gemacht werden. Bestimme die Einteilung der Achsen. Überprüfe, ob die Bevölkerungsanteile in absoluten oder in relativen Zahlen angegeben werden.

Das rechte Bevölkerungsdiagramm zeigt den Altersaufbau Deutschlands im Jahr 2020. Die Gesamtbevölkerung beträgt über 83 Millionen. Die x-Achse stellt absolute Werte dar. Die y-Achse …

2. Schritt: Beschreiben und zuordnen

Lies die geschlechtsspezifischen Anteile in den Altersgruppen ab. Gib die Gesamtanteile für folgende Bevölkerungsgruppen an:
– Kinder und Jugendliche (0 – 14 Jahre)
– erwerbsfähige Personen (15 – 64 Jahre)
– nicht mehr erwerbsfähige Personen
  (> 64 Jahre)
Beschreibe den Altersaufbau der Bevölkerung. Gibt es Auffälligkeiten bzw. Unregelmäßigkeiten? Ordne das Diagramm einem der vier Grundmodelle zu.

Etwa 11 Mio., das sind ca. 13 % der Deutschen, sind Kinder und Jugendliche; etwa 19 Mio., also ca. 21%, sind über 64 Jahre alt. 66% der Bevölkerung sind somit erwerbsfähig. Im Ganzen ähnelt das deutsche Bevölkerungsdiagramm einer Urne, da die Anzahl der jungen Menschen gering ist. Lediglich bei den unter Fünfjährigen kann man eine leichte Zunahme erkennen …

3. Schritt: Erklären

Sammle Hintergrundinformationen, die die Auffälligkeiten im Altersaufbau erklären.

Deutschland ist ein wohlhabendes Industrieland mit einer niedrigen Geburtenrate. Seit der Verbreitung der Antibabypille …

4. Schritt: Eine Prognose erstellen

Beurteile mithilfe der Grundformen die zukünftige Bevölkerungsentwicklung des Landes (steigend, stagnierend oder fallend). Formuliere dann auch Aussagen zur Auswirkung der Altersstruktur auf die Gesellschaft.

Angesichts des Altersaufbaus Deutschlands ist mit einem Rückgang der Gesamtbevölkerung zu rechnen. Es sei denn, dass der Zuwachs der unter Fünfjährigen über einen längeren Zeitraum anhält. Auch kann Zuwanderung den Trend verstärken und …

---

1 MK

Bevölkerungsdiagramme im Vergleich:
a) Vervollständige die Auswertung des deutschen Bevölkerungsdiagramms.
b) Werte gemäß den Schritten das Bevölkerungsdiagramm von Äthiopien aus.
c) Vergleiche die beiden Diagramme (M 1).
d) Ordne folgende Aussagen begründet einem der beiden Diagramme 1 zu:
 – Geburtenstarke Jahrgänge drängen auf den gesättigten Arbeitsmarkt.
 – Grundschulen werden geschlossen.
 – Fahrdienste für Senioren erfreuen sich immer größerer Beliebtheit.

2

Ordne die Grundformen der Bevölkerungsdiagramme begründet in das Modell des demografischen Übergangs ein (siehe Seite 80/81).

MK Komplexe Zusammenhänge verstehen

Viele große Probleme lassen sich kaum in einfachen Ursache-Wirkungs-Schemata erklären, dafür sind sie viel zu komplex. Hier ist es oft hilfreich, ein Wirkungsnetz zu erstellen, das die einzelnen Zusammenhänge flexibel miteinander verbindet.

1 Großfamilie in Ruanda

Die Weltbevölkerung wächst immer weiter. Die einzelnen Einflussfaktoren haben dabei unterschiedliche Bedeutung, die Zusammenhänge und Wechselwirkungen zwischen den Faktoren müssen geklärt werden. Komplexe Zusammenhänge lassen sich aber schwer übersehen, weil viele Entwicklungen nicht vorhersehbar sind und sich gegenseitig verstärken oder schwächen können.
Folgende Schritte verdeutlichen dir, wie du das Thema Bevölkerungswachstum klar strukturieren und so besser verstehen kannst:

1. Schritt: Thema festlegen
Grenze das Thema bzw. das Problemfeld ab: z.B. Zusammenhänge beim weltweiten Bevölkerungswachstum.

2. Schritt: Einflussfaktoren analysieren
Beschaffe dir die nötigen Informationen z.B. aus diesem Buch, dem Internet und der Schulbibliothek, z.B.: Lebensbedingungen, Altersstruktur und wirtschaftliche Situation. Ordne die Informationen mithilfe einer Mindmap (siehe Grafik 2).

3. Schritt: Offenes Wirkungsnetz erstellen
Entwickle ein Wirkungsnetz, indem du die wichtigen Begriffe der Mindmap anordnest, miteinander in Beziehung setzt und bei Bedarf verschiebst bzw. austauschst.
Das Gummibandmodell (Abbildung 3) hilft dabei.

4. Schritt: Diskussion und Prognose durchführen
Diskutiere die Zusammenhänge mit deinem Partner. Stellt dann zusammen eine begründete Prognose an.
Welchen Einfluss nimmt beispielsweise der Zusammenbruch der Wirtschaft?
Welchen Einfluss nehmen Investitionen in Bildung?

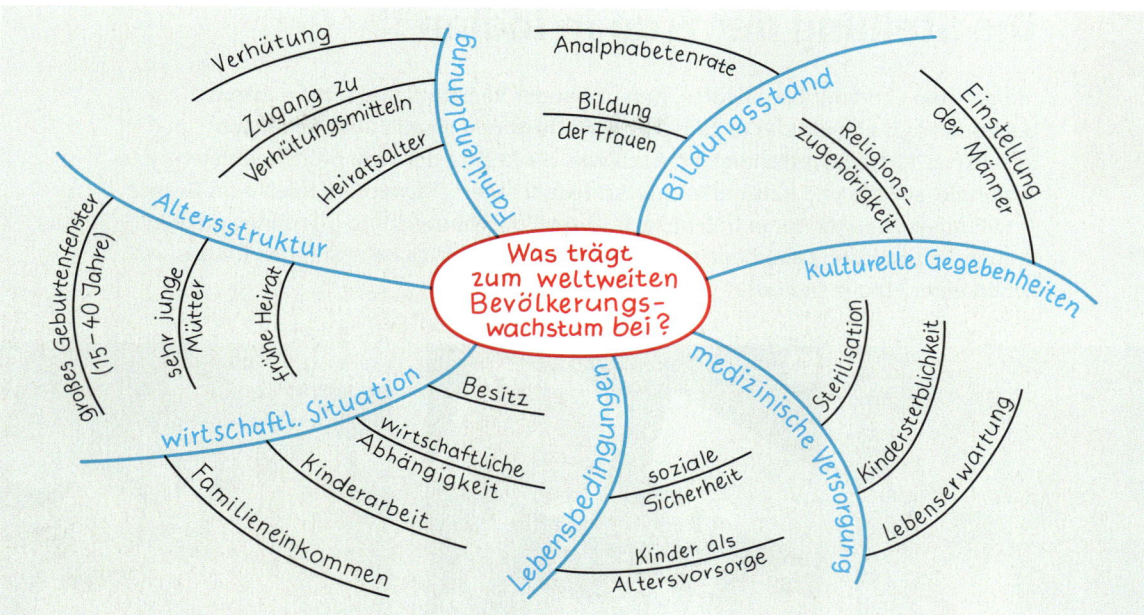

2 Mindmap zur Strukturierung des Themas/Problems

Das Gummibandmodell

Das Bevölkerungswachstum wird von vielen Aspekten beeinflusst (A), zum Beispiel von der medizinischen Versorgung oder von den kulturellen Traditionen. Aber auch andere Entwicklungen sind zu berücksichtigen. Der Zug an einem Gummiband (z. B. Bildung, B) zeigt dir, dass auch andere Bereiche davon tangiert werden. Die Zerstörung bzw. Durchtrennung eines Gummibandes verdeutlicht noch weitreichendere Auswirkungen (z. B. Wirtschaft, C).

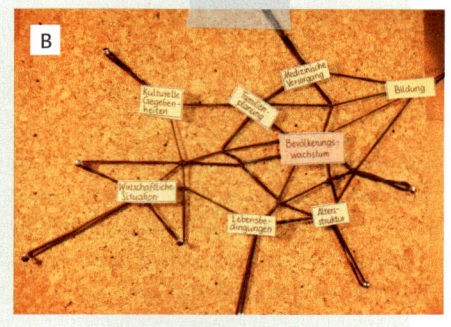

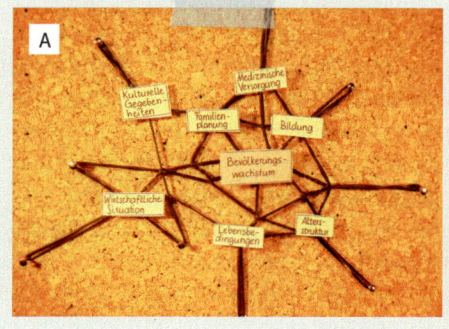

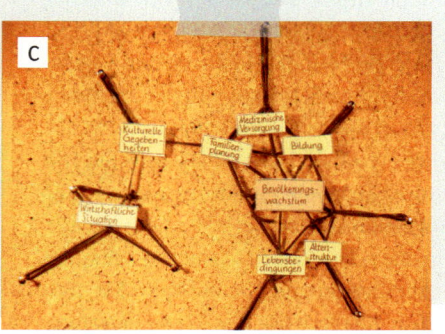

3

SP Tipp

Erklären

→ Aufgabe 2

• Das Bevölkerungswachstum wird beeinflusst durch Altersstruktur, medizinische Versorgung, …

1

Erstelle ein offenes Wirkungsnetz zu einem selbstgewählten Schwerpunkt der globalen Bevölkerungsdynamik.

2

„Die Welt lässt sich nur schwer in ihren Abhängigkeiten mit monokausalen Zuordnungen nachbilden und verstehen." Erkläre.

5 GESCHLECHTER-GLEICHHEIT

→ SDG
Seite 172/173

Die Stellung der Frau in Indien

Indien – ein Land der Gegensätze. Aufstrebender Reichtum und bittere Armut begegnen sich ebenso wie technischer Fortschritt und eine in unseren Augen gesellschaftliche Rückständigkeit. Auch was die Rechte der Frau betrifft, können viele regionale, soziale und kulturelle Unterschiede festgestellt werden. Nach dem Gesetz sind Frauen und Männer in Indien zwar überall gleichberechtigt, allerdings werden Frauen im täglichen Leben nach wie vor benachteiligt. Was bedeutet das für das Leben einer Frau in Indien?

1 Disparitäten in Indien

Indira, 26 Jahre, aus Jaipur (Rajasthan):

In zwei Tagen ist es endlich soweit: Ich werde heiraten! Zugegeben, ein bisschen aufgeregt bin ich schon, schließlich bedeutet die Heirat für mich eine komplette Veränderung. Nach der Hochzeit mit meinem Ehemann, den ich bisher erst zweimal gesehen habe, werde ich zu ihm und seinen Eltern ziehen. Das wird sehr ungewohnt für mich sein, denn bisher habe ich mein Elternhaus noch nie verlassen, nicht einmal für mein Studium oder meine Arbeit. Hoffentlich wird mich seine Familie schnell akzeptieren!

Ich freue mich aber auch schon sehr auf die Hochzeit, denn sie ist das wichtigste Übergangsritual für uns Hindus. Von der Tochter meines Vaters werde ich zur Frau meines Ehemannes – das ist ein riesiger Schritt für mich in ein ganz neues Leben. Die meisten Hindus hier in Indien heiraten nicht aus Liebe, sondern gehen eine arrangierte Ehe ein, die Shaadi genannt wird. Bei mir ist das genauso: Meine Eltern haben per App einen Ehemann für mich ausgesucht. Zuvor hatte ich zwar schon Verabredungen mit anderen Männern, doch für mich stand immer fest, dass ich nur den Mann heiraten werde, den meine Eltern für mich aussuchen. Ich finde das gut so, denn meine Eltern kennen mich am besten und wissen, wer zu mir passt. Sie haben einen anständigen Mann ausgewählt, der eine gute Arbeit hat und genau wie meine Familie zur Kaste der Brahmanen gehört. Mit ihm werde ich bestimmt glücklich – vielleicht sogar glücklicher als die Frauen, die ihren Partner selbst gewählt haben?!

2

Priya, 54 Jahre, aus Bangalore (Karnataka)

Als junge Frau war ich sehr ehrgeizig. Ich wollte studieren, arbeiten und unabhängig sein. Doch dann haben meine Eltern einen Ehemann für mich ausgesucht und mir gesagt, dass ich heiraten müsse, noch bevor mein Vater in Rente geht, damit sie sich die Mitgift leisten können. Nach der Heirat ging ich an die Universität und machte meinen Masterabschluss. Doch kaum erzählte ich meiner Schwiegermutter, dass ich arbeiten wollte, sagte sie: „In unserer Familie arbeiten Frauen nicht! Eine Frau, die finanziell unabhängig ist, wird arrogant und hat keinen Respekt mehr vor ihrem Ehemann." Was sollte ich tun? Schließlich muss man den Älteren in der Familie gehorchen. Erst im Alter von 40 Jahren durfte ich arbeiten gehen. Heute ist das anders. In meiner Branche arbeiten viele junge, selbstbewusste Frauen, die sich den Traditionen nicht mehr unterwerfen. Auch bei meiner eigenen Tochter ist das so: Für ihren Masterabschluss hat sie eine Auszeichnung erhalten und arbeitet als Telekommunikationsingenieurin. Eine Heirat kommt für sie erst einmal nicht in Frage!

3

1950: Einführung gleicher Rechte für Mann und Frau

1951: Verbot der Bigamie

1961: Abschaffung des Mitgiftsystems

1978: Heraufsetzung des Heiratsalters auf 18 J.

1994: Verbot der gezielten Abtreibung

2006: gesetzlich zugesicherter Schutz vor häuslicher Gewalt

2013: Einführung höherer Strafen (z.B. der Todesstrafe) für sexuelle Übergriffe auf Frauen

4 Ausgewählte Gesetze zur Stärkung der Frauenrechte in Indien

Bundesstaat	Einwohner (in Mio.)	Geschlechter-verhältnis (Frauen pro 1000 Männer)	Alphabetisierungsrate (in %)	
			Männer	Frauen
Kerala	33,4	1084	96,11	92,07
Punjab	27,8	895	80,44	70,73
Maharashtra	112,4	929	88,38	75,93
Uttar Pradesh	199,8	912	77,88	57,18
Bihar	103,8	918	71,20	51,50
Indien	1391,9	943	82,14	65,46

Eigene Zusammenstellung nach verschiedenen Quellen

6 Kennzahlen ausgewählter Bundesstaaten 2019

Ashanti, 20 Jahre, aus Neu-Delhi:

Als Frau wird man oft belästigt, das ist unser trauriger Alltag. Deshalb nehme ich an den Protesten für Frauenrechte teil. Ich will auf unsere Situation aufmerksam machen, denn wir Frauen verdienen Respekt! Nach wie vor gelten wir in Indien als das minderwertige Geschlecht und das schon vor unserer Geburt. So werden auch heute noch aus kulturellen oder finanziellen Gründen weibliche Föten abgetrieben. Viele Frauen müssen sich Männern unterordnen und sind erst dann etwas wert, wenn sie einen Sohn gebären. In vielen Regionen ist eine ledige Frau ein Niemand und gilt als Freiwild. Noch viel zu häufig schaut die Justiz weg und reagiert nicht angemessen auf die vielen Formen der Gewalt, die Frauen auf der Straße und zu Hause in der Ehe erfahren. Genug ist genug: Egal woher eine Frau kommt oder welcher Kaste sie angehört – wir alle haben das Recht auf ein sicheres Leben ohne Angst und Zwang! Gleichberechtigung darf kein Privileg einer kleinen Elite indischer Frauen sein, es muss Alltag aller indischen Frauen werden.

5

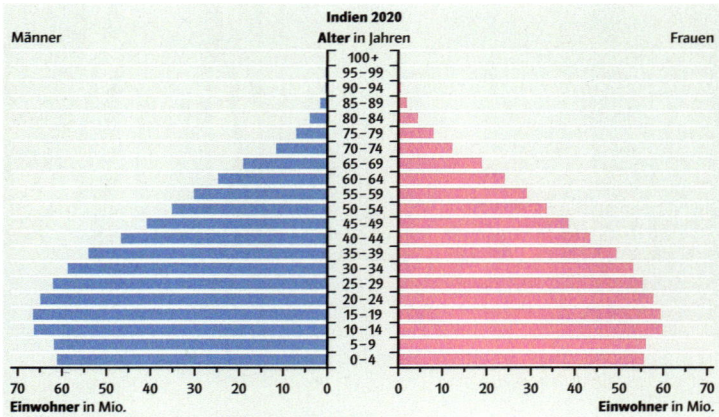

7 Bevölkerungsdiagramm von Indien
nach UN. Department of Economic and Social Affairs: World Population Prospects 2019, https://population.un.org/wpp/Graphs/DemographicProfiles/Pyramid/356

1 Beschreibe die Rolle der Frau in der indischen Gesellschaft. Gehe dabei auf die unterschiedlichen Sichtweisen indischer Frauen sowie die Daten zur Verteilung von Jungen und Mädchen ein (M2, M3, M5, M7).

2 Vergleiche die Gesetze zur Stärkung der Frauenrechte in Indien mit den heutigen Lebensrealitäten indischer Frauen.

3 Beurteile, ob die derzeitigen Entwicklungschancen junger Frauen in Indien dem Nachhaltigen Entwicklungsziel zur Gleichstellung der Geschlechter entsprechen.

4 „Gleichberechtigung muss Alltag aller indischen Frauen werden." Diskutiere die Möglichkeiten zur Umsetzung dieser Forderung vor dem Hintergrund der Vielfalt Indiens.

5 Zum Weltfrauentag soll eine Sonderausgabe der Schülerzeitung rund um das Thema „Frauenrechte in der Welt" entstehen. Verfasse einen Artikel zur Stellung der Frau in Indien, in dem du über die Situation indischer Frauen informierst und begründet Stellung zu dem Thema beziehst.

Spielfilme geographisch sehen lernen

Fragt ihr Mitschülerinnen und Mitschüler nach den beliebtesten Medien im Unterricht, dann werden Filme ganz häufig genannt. Gemeint sind damit aber nicht unbedingt die bekannten Lehrfilme, sondern Spielfilme, welche die Lebenswelt von Jugendlichen mitbestimmen. Wie kann man solche Filme analysieren?

1   Szene aus dem Spielfilm „Slumdog Millionaire"

SP   **Tipp**

Beurteilen
↪ Aufgabe 4

• Indien wird mit seinen Problemen wie Armut und Kriminalität gleichgesetzt, das ist aber nur eine Perspektive, ein Ausschnitt des Landes ...

Spielfilme sind viel mehr als bewegte Bilder, sie erzählen Geschichten. Diese spielen an Orten und in Landschaften, die die Geschichten atmosphärisch unterstützen sollen und oft keine reale Entsprechung auf der Erdoberfläche haben. Durch die Form- und Inhaltsanalyse mithilfe eines Einstellungsprotokolls können die konstruierten Räume und Landschaften analysiert werden. Unser Beispiel ist der Spielfilm „Slumdog Millionaire" aus dem Jahr 2008.

Eine Filmsequenz analysieren
1. Schritt: Vorbereitung
Wähle einen geeigneten Spielfilm aus und entscheide dich für maximal vier Sequenzen, die du analysieren möchtest.

2. Schritt: Analyse der Handlung
Notiere die Ereignisse in der jeweils betrachteten Sequenz.

Jamal und Salim spielen in der zweiten Sequenz mit anderen Kindern am Flughafen. Sie werden von der Polizei vertrieben, die ihnen folgt. Sie flüchten lachend in die Marginalsiedlung, in der sie wohnen (00:06:15 – 00:07:31). Dabei werden die Lebensbedingungen in einer solchen informellen Siedlung im Rahmen eines Kameraschwenks inszeniert.
Es sind Menschen zu sehen, die ...

Einstellungsprotokoll			
Sequenz	Handlung	Figuren	Filmraum/Landschaft (Bildinhalte/-komposition, Ton, Kameraeinstellung, Montage)

2

1
Lokalisiere die Handlungsorte mithilfe des Atlas und eines digitalen Kartendienstes.

2
Erkläre an Beispielen die Wirkung, die mit filmischen Gestaltungsmitteln bei der Konstruktion von Landschaften erzeugt wird.

Filmwissenschaftliche Begriffe

Sequenz:
Als Sequenz bezeichnet man eine Handlungseinheit, die mehrere Einstellungen umfasst. Den Wechsel markiert ein neuer Handlungsort, eine veränderte Figurenkonstellation oder ein zeitlicher Wechsel in der Erzählzeit.

Filmraum:
Der Filmraum entsteht durch das Zusammenspiel einzelner Bauelemente (Handlung, Figuren, Landschaft, Ton, Kameraeinstellung …) und das dadurch erzeugte Filmbild.

Totale:
Personen sind vollständig in ihrer Umgebung zu sehen.

Halbtotale:
Personen werden größer, von Kopf bis Fuß gezeigt.

 3

Stimmen aus Indien zum Film

„Das Problem ist: Es interessiert niemanden. In Indien ist Armut tabu. Armut beschämt. Das ist der Grund dafür, warum „Slumdog Millionaire" hier so umstritten ist. „Incredible India", mit diesem Slogan wirbt die indische Tourismusbranche seit Jahren. Indien ist unglaublich schön, soll das heißen, nicht unglaublich problematisch. Und jetzt dieser Film eines Briten über einen Bombayer Bengel, dessen Mutter von fanatischen Hindus ermordet wird, der bettelt und klaut, dessen Bruder Komplize ist von Menschenhändlern. Ein Film aus Klischees, eine Frechheit. […] „Slumdog" verletzt vor allem den Nationalstolz von Indiens aufstrebender Mittelschicht. […] In der Zeitschrift „India Today" empört sich ein bekannter Bollywood-Regisseur: „Indien ist nicht Somalia. Wir sind eine der führenden Atommächte. […] Es gibt keine blinden Kinder, die auf Mumbais Straßen betteln."

Fiona Ehlers: Das Spiel des Lebens. Auf: SPIEGEL Online v. 16.03.2009, unter: http://www.spiegel.de/spiegel/a-613522.html (Zugriff 27.10.2021)

 4

3. Schritt: Analyse der Figuren
Analysiere die dargestellten Figuren.

Jamal rennt in der zweiten Sequenz lachend durch die Marginalsiedlung. Die intensive Farbgebung und die fröhliche Musik sollen dem Zuschauer die positiven Emotionen der Hauptfigur sichtbar machen. Sie stehen im starken Kontrast zu dem Müll, Schmutz, der Unordnung und der schlechten Bausubstanz der Steinhäuser. Jamal ist eine Frohnatur und optimistisch. Er empfindet das Leben in Freiheit und Regellosigkeit als Abenteuer. Auch in späteren Sequenzen als Jugendlicher verfolgt er optimistisch seine Ziele und lässt sich von diesen selbst durch Misserfolge nicht abbringen. Salim dagegen …

4. Schritt: Analyse der Landschaft und ihrer Konstruktion
Beschreibe Natur- und Kulturelemente der Landschaft (Kameraperspektive, Inhalte und Anordnung der Bilder und ihre Wirkung, Musik …).
Beschreibe und erkläre die durch die Schritte 1 bis 3 konstruierte Landschaft. Diskutiere nach jeder Szene die Ergebnisse mit deinem Nachbarn.

Die Landschaft besteht aus bunt bemalten Steinhütten mit Wellblechdächern, engen, schmutzigen Gassen, Müllbergen …, die vor allem in der Kameraeinstellung der Totalen und in der Halbtotalen gefilmt sind.
Die schnellen Schnitte, das Rennen der Kinder und die fröhliche Musik lassen die Marginalsiedlung noch chaotischer und unordentlicher erscheinen. Allerdings wird durch die Handlung und die Musik das Elend der negativen Lebensbedingungen entschärft. …

5. Schritt: Reflexion
Reflektiere und bewerte die Filmsequenzen im Hinblick auf ihre Darstellung.

 3
Erkläre am Beispiel der Figuren, der Handlungen, der Landschaft sowie des Filmraums, wie Indien dargestellt wird.

 4
Beurteile mithilfe von Text 4 das Indienbild, das der Film vermittelt.

 5
Analysiert einen weiteren Spielfilm:
a) Wählt gemeinsam einen Spielfilm, der das Unterrichtsthema aufgreift oder erweitert.
b) Entscheidet euch für drei kurze Sequenzen, die dann herausgeschnitten und bearbeitet werden.

Verteilung der Weltbevölkerung

Nie zuvor gab es so viele Menschen auf der Erde wie heute. Nach wie vor wächst die Weltbevölkerung rasant: Bis zum Jahr 2050 werden es voraussichtlich mehr als neun Milliarden Menschen sein. Doch wie verteilt sich die Menschheit heute und schätzungsweise 2050 über die Erde?

Die Weltbevölkerung betrug im Jahr 2019 etwa 7,7 Milliarden Menschen, 2020 waren es bereits über 7,8 Milliarden. Ihre Verteilung ist sehr ungleichmäßig. Der bevölkerungsreichste Kontinent ist Asien mit fast 4,6 Milliarden Menschen, gefolgt von Afrika mit 1,3 Milliarden, Amerika mit über 1 Milliarden und Europa einschließlich Russland mit 746 Millionen Menschen. Australien/Ozeanien wird von 42 Millionen Menschen bewohnt.

Weltbevölkerungsentwicklung bis 2050

Die jüngsten Projektionen der UN zur Entwicklung der Weltbevölkerung zeigen, dass bereits geringe Unterschiede der Gesamtfruchtbarkeitsrate einen erheblichen Einfluss auf das **Bevölkerungswachstum** haben können. Die

wahrscheinlichste Variante der Projektionen erwartet eine Gesamtfruchtbarkeitsrate von 2,0 und ein Anwachsen der Weltbevölkerung auf 9,8 Milliarden bis 2050. Wie sähe deren Verteilung aus?

Der bevölkerungsreichste Kontinent wäre nach wie vor Asien mit rund 5,3 Milliarden Menschen, gefolgt von Afrika mit 2,5 Milliarden und Amerika mit 1,2 Milliarden. In Europa leben dann 731 Millionen Menschen. In Australien/Ozeanien steigt die Einwohnerzahl auf 63 Millionen. Am 11. Juli 1987 überschritt die Weltbevölkerung die Zahl von fünf Milliarden Menschen. Um auf die damit verbundenen Probleme aufmerksam zu machen, wurde seit 1989 der 11. Juli eines jeden Jahres zum Internationalen Weltbevölkerungstag erklärt.

Rang	Staaten	Einwohner (gerundet auf Millionen)				Jahr des Bev.-Max.
		1950	2000	2019	2050	
	Welt	2518	6071	7691	9868	nach 2050
1.	China	554	1283	1398	1402	nach 2030
2.	Indien	376	1053	1391	1639	nach 2050
3.	USA	158	282	329	379	nach 2050
4.	Indonesien	70	212	268	331	nach 2050
5.	Brasilien	54	175	209	229	nach 2050
6.	Pakistan	38	139	216	338	nach 2050
7.	Nigeria	38	122	201	401	nach 2050
8.	Bangladesch	38	132	164	193	nach 2050
9.	Russland	103	147	146	133	nach 1995
10.	Japan	83	128	126	109	nach 2010
…	…	…	…	…	…	…
16.	Deutschland	70	81	83	79	nach 2005

Eigene Zusammenstellung nach United Nations, Population Division (Hrsg.): UN world population prospects

1 Die bevölkerungsreichsten Staaten der Welt 2019 und ihre Bevölkerungsentwicklung 1950 bis 2050

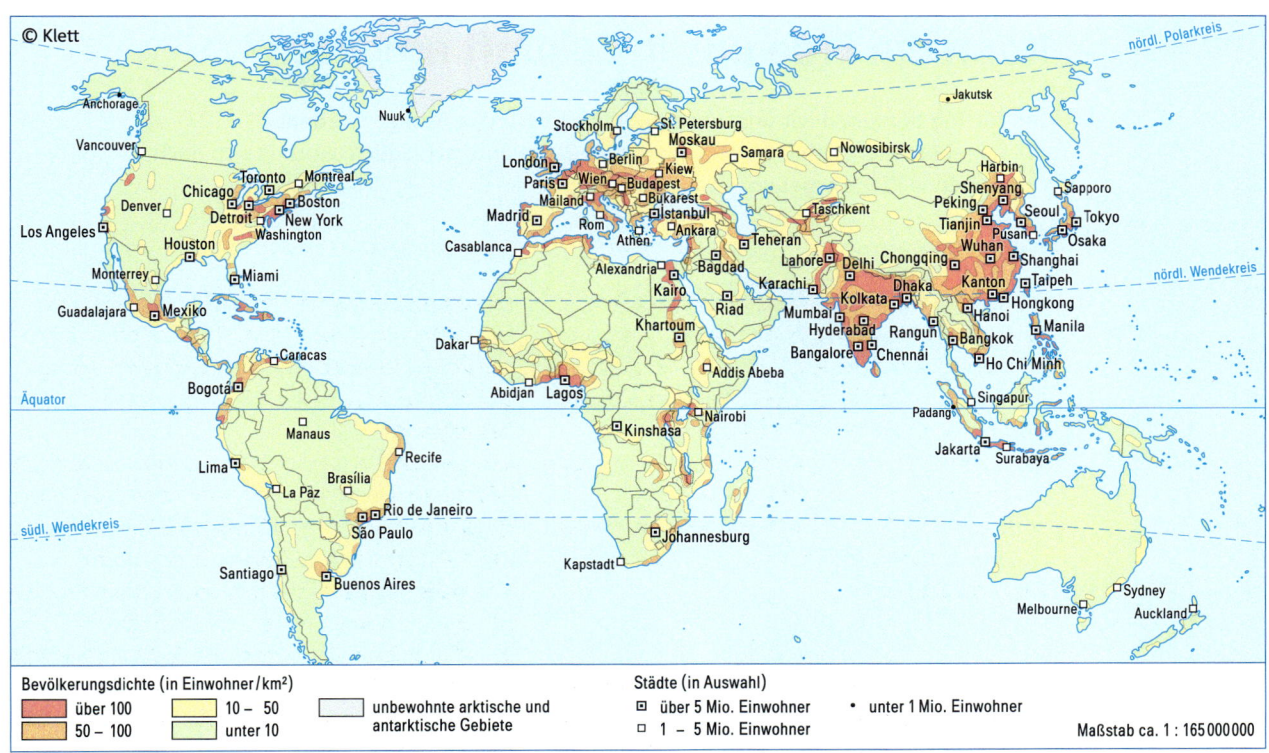

2 Bevölkerungsdichte

Bevölkerungsdichte (in Einwohner/km²)
- über 100
- 50 – 100
- 10 – 50
- unter 10
- unbewohnte arktische und antarktische Gebiete

Städte (in Auswahl)
- ⊡ über 5 Mio. Einwohner
- □ 1 – 5 Mio. Einwohner
- • unter 1 Mio. Einwohner

Maßstab ca. 1 : 165 000 000

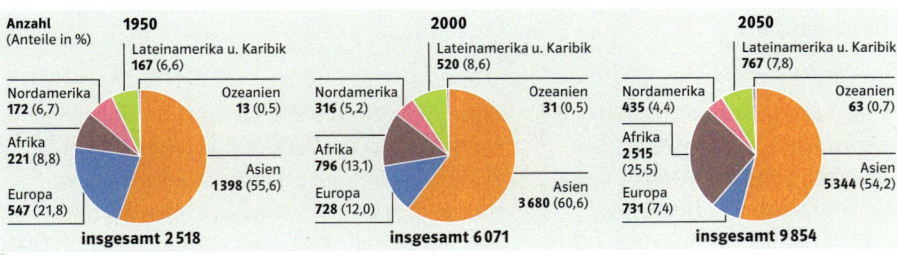

3 Wenn die Welt ein Dorf wäre, dann lebten um … in … Mio. Menschen

1

Verteilung der Weltbevölkerung:

a) Beschreibe mithilfe der Karte 2 und der Karte 3 auf Seite 101 die Verteilung der Bevölkerung auf den einzelnen Kontinenten.

b) Interpretiere Karte 2.

2

Beurteile folgende Aussage: „Die Bevölkerungsverteilung wird durch naturräumliche und sozioökonomische Faktoren beeinflusst."

3 ✐☺

Arbeit mit den Diagrammen 3:
a) Vergleicht die abgebildeten Kreisdiagramme.
b) Beschreibt die Veränderungen von 1950 bis 2050 für die Kontinente.

4 🗝

Bearbeite drei Länder aus der Tabelle 1:
a) Beschreibe deren Bevölkerungsentwicklung von 1950 bis 2050.
b) 🆔 Recherchiere für diese drei Länder die aktuellen Kenndaten der Bevölkerung und begründe damit die in Aufgabe 4a beschriebene Entwicklung.

Kann die Erde uns in Zukunft ernähren?

**Tag für Tag bemühen wir uns, unseren Bedürfnissen gerecht zu werden.
Die Angebote hierzu sind an verschiedenen Orten unterschiedlich, woraus sich auch
verschiedene Wege ergeben.**

1 Welternährungswettlauf

→ SDG
Seite 172/173

Der Pro-Kopf-Verbrauch an Lebensmitteln steigt. Der Fleischkonsum in den westlichen hoch industrialisierten Ländern erreicht ungeahnte Maße. Die weltweite **Bevölkerungsexplosion** verschärft die Schwierigkeiten noch, den Bedarf an Nahrungsmitteln zu decken. Auch die Verteilung der Nahrungsmittel weltweit stellt sich problematisch dar. Besonders brisant erscheint die Nahrungsmittelversorgung in den Ländern des globalen Südens. Hier prallen hohes Bevölkerungswachstum und vergleichsweise geringe Nahrungsmittelproduktion aufeinander, wodurch Hunger entsteht. Getreide wird außerdem für die Fleischproduktion verfüttert. Bei dieser Veredlung werden mindestens drei Getreidekalorien benötigt, um eine Fleischkalorie zu erzeugen. Drei bis vier Prozent der weltweiten Ackerfläche werden für Pflanzen genutzt, die der Strom- und Wärmeversorgung dienen. Darüber hinaus erzielen Cash Crops, wie Kaffee, Tee oder Kakao, also Produkte, die für den Export angebaut werden, die höchsten Gewinne. Daher nutzt man in den Ländern des globalen Südens große Flächen mit guten Böden für deren Erzeugung, sodass diese nicht für die Produktion von Grundnahrungsmitteln zur Verfügung stehen.

Zwar können heute beispielsweise Trockenräume durch künstliche Bewässerung agrarisch nutzbar gemacht werden. Dennoch schrumpft die pro Kopf verfügbare Ackerfläche. Nicht nur das Bevölkerungswachstum ist dafür verantwortlich, auch Bodenerosion sowie Desertion und Desertifikation tragen zur Verringerung bei. Die Auswirkungen der steigenden mittleren Temperatur der Erde durch den Treibhauseffekt können bislang kaum abgeschätzt werden.

Wie viele sind zu viel?

Die Tragfähigkeit der Erde ist ein öffentlich breit diskutiertes Thema. Sie wird definiert als die Anzahl von Menschen, die von der Erde auf überwiegend agrarischer Grundlage auf Dauer unterhalten werden kann, ohne dass der Naturhaushalt nachteilig beeinflusst wird. Dabei werden zukünftig wahrscheinliche Entwicklungen des Kultur- und Zivilisationsstandes berücksichtigt. Prognosen besagen, dass die maximale agrarische Tragfähigkeit der Erde bei etwa 7,7 Milliarden Menschen erreicht ist.

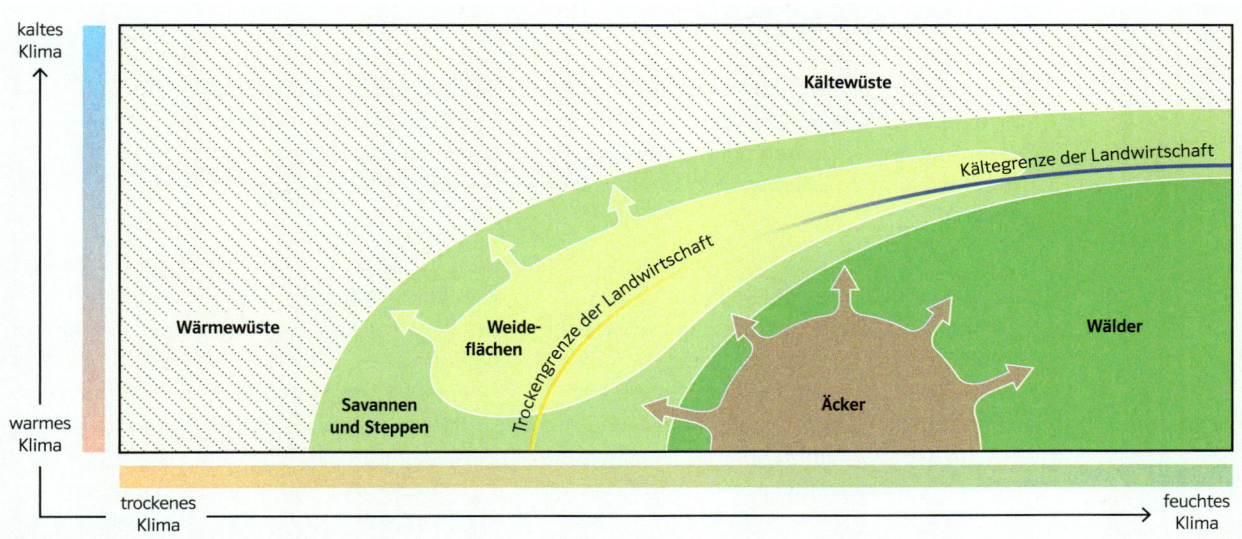

2 Grenzen landwirtschaftlicher Nutzung

Im November 2020 lebten bereits 7,8 Milliarden Menschen auf dem Planeten. Der Begriff der Tragfähigkeit ist jedoch sehr dehnbar. Das liegt vor allem daran, dass zukünftige Entwicklungen nicht sicher vorherzusagen sind. Daher werden regelmäßig verschiedene Möglichkeiten prognostiziert.

Prognosen gehen von einem Wachstum der Weltbevölkerung auf fast 10 Milliarden Menschen im Jahr 2050 aus. Die Nahrungsmittelversorgung pro Kopf würde in diesem Fall auf einen niedrigeren Stand als in den 1980er-Jahren sinken. Neue Studien gehen davon aus, dass das Weltbevölkerungswachstum schwächer wird. Dennoch prognostizieren auch diese noch 10,9 Milliarden Menschen im Jahr 2100.

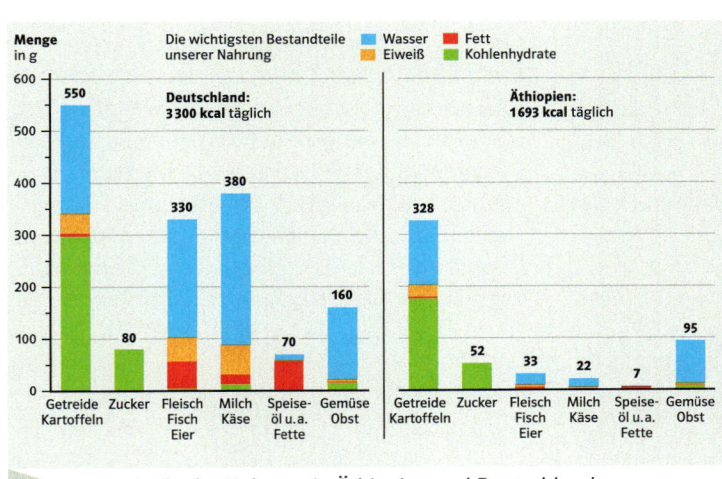

3 Bestandteile der Nahrung in Äthiopien und Deutschland

1

Wettlauf zwischen Pflug und Storch.
Erkläre die Aufgabenüberschrift „Wettlauf zwischen Pflug und Storch" mithilfe der Karikatur 1.

2

Landwirtschaftliche Nutzfläche
a) Stelle begründete Hypothesen zu künftigen Entwicklungsmöglichkeiten der landwirtschaftlichen Nutzung auf (Karte 2).
b) Diskutiert, inwiefern die Aussagen über die jeweilige Ertragsfähigkeit nur begrenzt möglich sind.

3

Arbeit mit Grafik 3
a) Beschreibe die Grafik M3 und formuliere die wichtigsten Aussagen in drei Sätzen.
b) Erkläre mithilfe des Textes die Unterschiede zwischen Deutschland und Äthiopien.
c) Diskutiere, inwiefern sich die dargestellte Ernährungssituation in Deutschland und Äthiopien in Abhängigkeit von den Grenzen der landwirtschaftlichen Nutzung (M2) verändern wird.

4

Kann die Erde uns in Zukunft ernähren?
Erstelle Szenarien zur Entwicklung der weltweiten Ernährungssicherung, in denen du die Ergebnisse der Aufgaben 1–3 berücksichtigst. Beantworte die übergeordnete Frage für die drei Szenarien.

Szenarien entwickeln

Niemand kann in die Zukunft blicken, aber mögliche Drehbücher können wie im Film schon entworfen werden: Diese Szenarien gründen sich auf aktuellen Fakten und Erkenntnissen, aus denen dann zukünftige Projektionen stammen. Auf deren Grundlage können Lösungsansätze für sich abzeichnende Probleme abgeleitet werden.

Wie wird sich die Erde entwickeln? Welche Auswirkungen werden die Veränderungen auf unser Leben haben? Exakt kann dies niemand voraussagen. Doch um auf die Herausforderungen reagieren und Anpassungsstrategien entwickeln zu können, ist es wichtig, möglichst genaue Vorhersagen zu erhalten. Dabei kann das Erstellen von Szenarien helfen. Szenarien sind Entwürfe über mögliche positive oder negative Entwicklungen in der Zukunft. Die Ergebnisse der Methode kann man am besten mithilfe eines Szenariotrichters veranschaulichen. Dabei wird auch deutlich, dass die Aussagen ungenauer werden, je weiter sie zeitlich vom Ausgangspunkt entfernt sind. Die Zusammenhänge verschiedener Aspekte sind sehr komplex, die Veränderung eines Faktors verändert auch die Wirkung anderer Faktoren. Daher ist es wichtig, alle möglichen Entwicklungen in den Blick zu nehmen, um entsprechende Handlungsoptionen abwägen zu können. In der Regel werden drei Grundtypen von Szenarien entwickelt:

– ein positives Extremszenario mit der günstigsten Zukunftsentwicklung (Best-Case-Szenario),
– ein negatives Extremszenario mit dem schlechtest möglichen Entwicklungsverlauf (Worst-Case-Szenario),
– und ein Trendszenario, das die heutige Situation für die Zukunft fortschreibt.

1. Schritt: Thema finden und analysieren
Wählt gemeinsam ein Thema aus und grenzt dieses mithilfe von Leitfragen ein: Welche aktuellen Entwicklungen gibt es? Wie verändert sich die Weltgetreideproduktion im Vergleich zur Weltbevölkerung?

2. Schritt: Einflussfaktoren analysieren
Welche politischen, gesellschaftlichen, ökonomischen und ökologischen Größen sind zu berücksichtigen? Ordne diese in einer Mindmap.

3. Schritt: Szenarien entwickeln
Entwirf ein Positiv-, ein Trend- und ein Negativszenario und zeige die Folgen auf.

4. Schritt: Szenarien präsentieren
Präsentiere deine Szenarien und diskutiere sie kritisch. Sucht auf Grundlage der Szenarien im Plenum nach Maßnahmen zur Verhinderung der negativen bzw. zur Förderung der positiven Entwicklungen.

1 Szenariotrichter

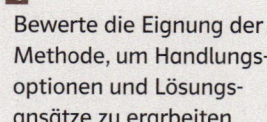

1 Bewerte die Eignung der Methode, um Handlungsoptionen und Lösungsansätze zu erarbeiten.

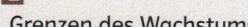

2 Grenzen des Wachstums
a) Erkläre die beiden Modelle von Meadows (Abbildung 2).
b) Beurteile die Modelle vor dem aktuellen Hintergrund.
c) Zeichne dein eigenes Weltmodell unter Verwendung der Kriterien von Meadows und begründe deine Entscheidung.

◗ 2a ● 1, 2b – c ⇥ Lösungshilfen ab S. 178

Grenzen des Wachstums

So hieß eine revolutionäre Veröffentlichung vor 50 Jahren, ein Bericht für den amerikanischen Präsidenten Jimmy Carter zur Zukunft der Erde. Donella und Dennis Meadows entwickelten hier mithilfe von Computersimulationen modellhafte Prognosen für die nächsten 100 Jahre. Die Ergebnisse ließen die Welt aufhorchen und waren alarmierend, zeigten sie erstmals systematisch die Endlichkeit der Ressourcen und die Überlastung der Tragfähigkeit der Erde auf. Zwar konnte die zumindest teilweise Abkehr von der Atomkraft ebenso wenig vorher gesehen werden wie neue Fundorte von Rohstoffen, trotzdem sind sie in ihren Aussagen aktueller denn je.

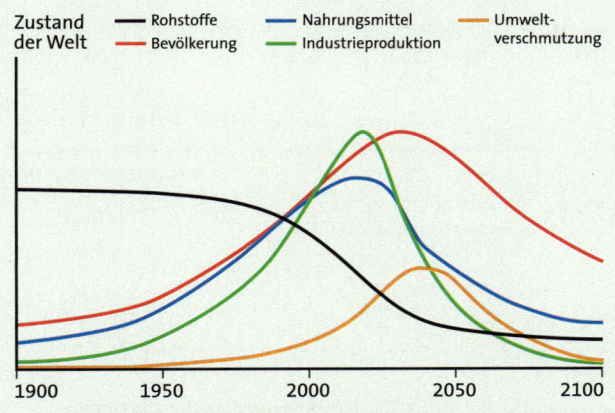 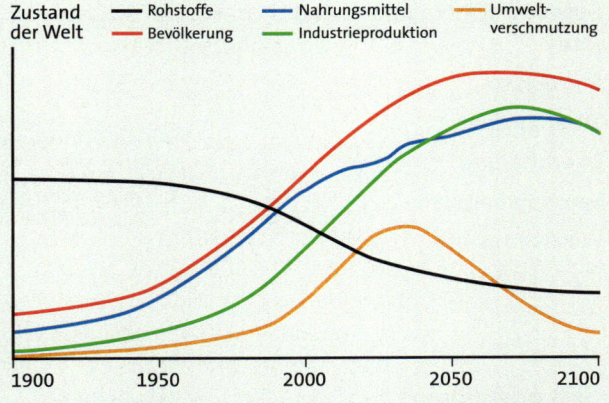

nach: Donella Meadows, Dennis L. Meadows, Jørgen Randers, William W. Behrens III: Die Grenzen des Wachstums – Bericht des Club of Rome zur Lage der Menschheit. Deutsche Verlags-Anstalt, Stuttgart 1972

Wie wird sich die Erde entwickeln? Zwei Modelle nach Meadows.
Links: Die Entwicklung verläuft wie bisher.

Rechts: Hier wird angenommen, dass die Ausnutzung der Ressourcen jährlich um 5 Prozent verbessert wird und dass weltweit die Geburtenkontrolle funktioniert.

2

Beispiel: Szenarien zur globalen Entwicklung 2052

Positivszenario (Best-Case-Szenario)

– Auf der Erde leben 7,5 Milliarden Menschen. Die Zahl ist nun rückläufig.
– Die globale mittlere Temperatur bleibt auf dem Stand von 2012.
– Die landwirtschaftliche Produktion erhöht sich durch Investitionen und neue Technologien (Gentechnik, Düngemittel). Die Intensivierung der Landwirtschaft im Zusammenspiel mit der Ausbreitung der Nutzfläche ergibt eine größere Produktivität bei gleichzeitiger Umweltschonung.

Trendszenario (aktueller Zustand auch in der Zukunft)

– Die Weltbevölkerung erreicht 2040 mit 8,1 Milliarden Menschen ihren vorläufigen Höhepunkt und ist seitdem rückläufig
– Die globale mittlere Temperatur steigt um mehr als 2 Grad Celsius an. Durch den Klimawandel gibt es mehr extreme Wetterphänomene, sodass sich die landwirtschaftliche Nutzfläche reduziert.

– Die Nahrungsmittelproduktion dehnt sich durch Investitionen und neue Technologien (Entsalzung, Gentechnik, Düngemittel) aus, es gibt höhere Erträge in eigentlich ungeeigneten Gebieten.
– Der Pro-Kopf-Verbrauch von Nahrungsmitteln steigt. Dennoch bleiben die ungleiche Verteilung und damit Hunger bestehen.

Negativszenario (Worst-Case-Szenario)

– Auf der Erde leben mehr als elf Milliarden Menschen.
– Die globale mittlere Temperatur steigt um mehr als 4 Grad Celsius an. Durch den Klimawandel gibt es extreme Wetterphänomene, sodass sich die landwirtschaftliche Nutzfläche stark reduziert hat.
– Die Nahrungsmittelproduktion kann den Bedarf nicht decken.
– Die Nahrungsmittelversorgung ist auf dem niedrigsten Stand seit den 1980er-Jahren. Die ungleiche Verteilung hat sich noch verstärkt, der Hunger in der Welt breitet sich aus.

3

Wichtige Begriffe

- Bevölkerungsdiagramm
- Bevölkerungsstruktur
- Bevölkerungsexplosion
- demografische Entwicklung
- Geburtenrate
- Gesamtfruchtbarkeits-rate
- Sterberate
- Tragfähigkeit
- Überalterung
- Verdopplungszeit
- Wachstumsrate

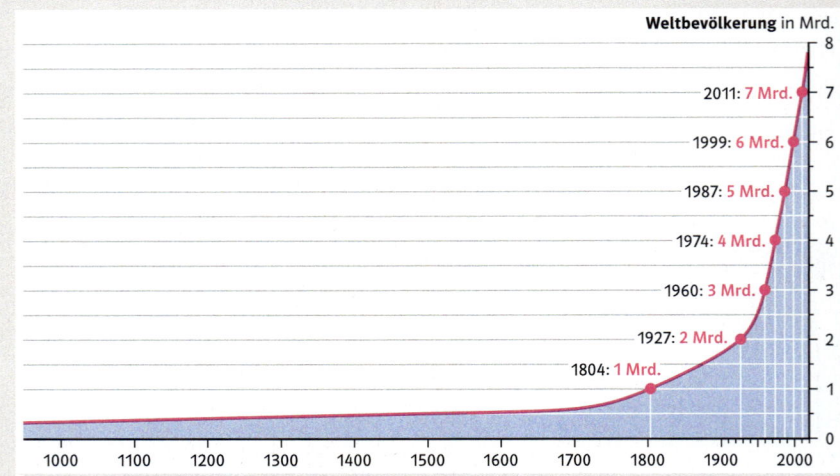

1 Historische Entwicklung der Weltbevölkerung
nach Deutsche Stiftung Weltbevölkerung, Hannover

Sich orientieren

1 Karte 3 und Strukturdaten
a Nenne die Staaten, die eine Wachstumsrate von drei Prozent und mehr haben.
b Berechne die Bevölkerungszahlen dieser Staaten für das Jahr 2025 und vergleiche diese Bevölkerungsentwicklung mit derjenigen Deutschlands.

Kennen und verstehen

2 Finde die Begriffe:
a Durchschnittszahl an Kindern, die eine Frau in ihrem Leben zur Welt bringt.
b Massives Bevölkerungswachstum der letzten Jahrzehnte.
c Verursacht große Probleme für die Sozialversicherung.

3 Richtig oder falsch?
Überprüfe auch mithilfe der Karten 3 und 5 die falschen Aussagen und begründe deine Verbesserungen.
a China wird immer das Land mit der höchsten Einwohnerzahl sein.

b Mit Bevölkerungsdiagrammen kann man keine Aussagen zur zukünftigen Entwicklung eines Landes treffen.
c Die absolut höchsten Bevölkerungszuwächse gibt es in Afrika.
d Das Bevölkerungswachstum in Europa stagniert.

4 Geburten- und Sterberaten
Erläutere das Diagramm 4.

Fachmethoden anwenden

5 Bevölkerungsdiagramme interpretieren
a Interpretiere die Bevölkerungsdiagramme im Material 2.
b Beschreibe jeweils Auswirkungen auf das Wachstum der Bevölkerung, die sich aus dem Altersaufbau ergeben.

6 Statistiken auswerten
a Vergleiche Diagramm 1 mit dem Diagramm 2 auf Seite 80. Achte auf die Achsen.
b Gibt es einen Zusammenhang zwischen der absoluten Weltbevölkerungszahl und dem jährlichen Zuwachs in Millionen pro Jahr?

Beurteilen und bewerten

7 Kartendarstellungen beurteilen
Vergleiche die Karte 3 mit der Karte 5.
a Analysiere, welche gemeinsamen bzw. unterschiedlichen Aussagen hier getroffen werden.
b Begründe, welche Kartendarstellung du aussagekräftiger findest.

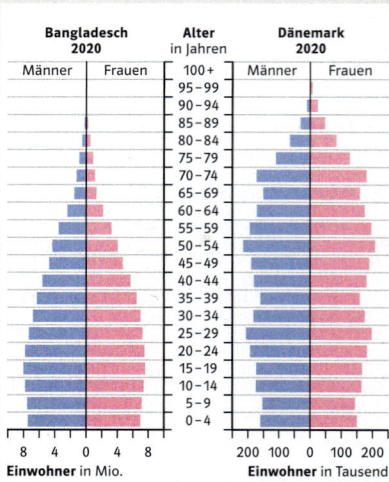

2 Bevölkerungsdiagramme von zwei Staaten im Jahr 2020
CIA World Factbook, www.cia.gov/ library/publications/the-world-factbook/geos/bg.html und www.cia. gov/library/publications/the-world-factbook/geos/da.html

🌐 Üben interaktiv
9i36xd

🌐 Material
Selbsteinschätzung
9i36xd

🌐 Lösungen
9i36xd

Bevölkerungsentwicklung **4**

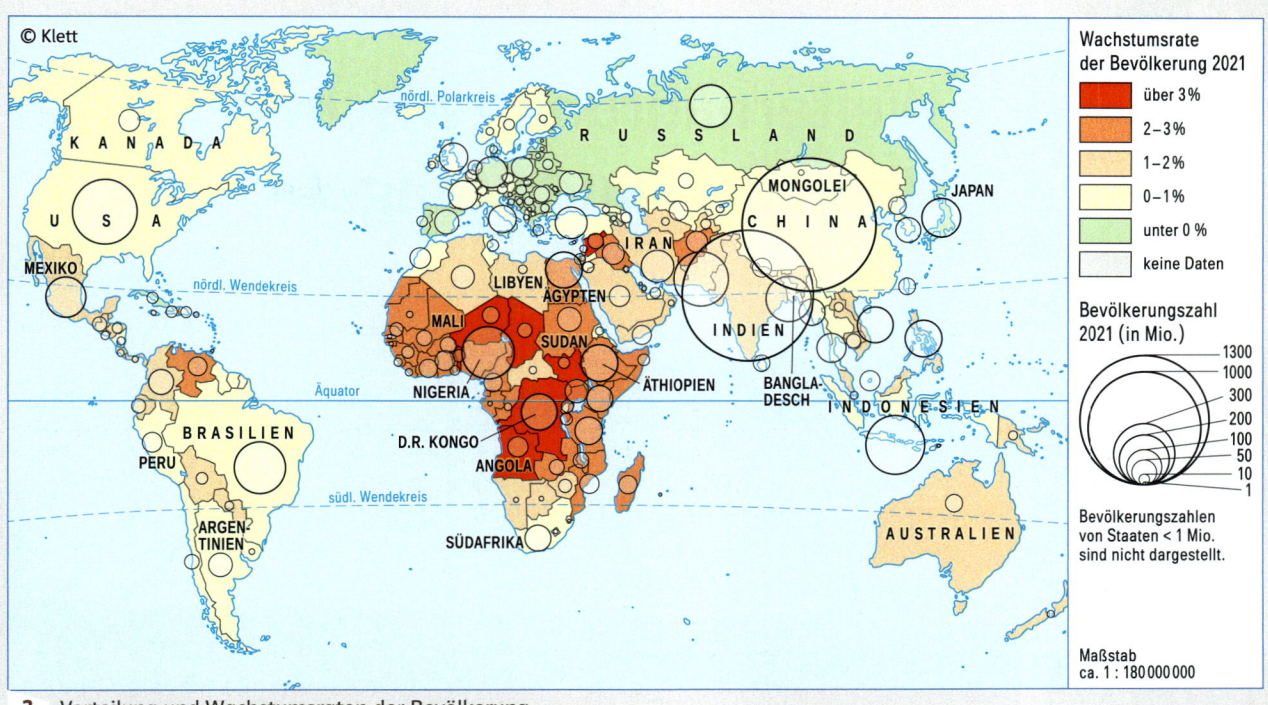

3 Verteilung und Wachstumsraten der Bevölkerung

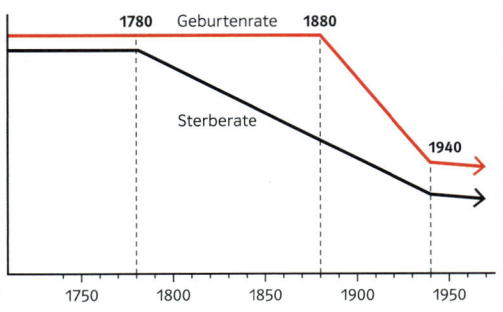

4 Dänemark: Geburten- und Sterberate
leicht verändert nach Jürgen Bähr:
Bevölkerungsgeographie: Verteilung und Dynamik
der Bevölkerung in globaler, nationaler und
regionaler Sicht. Stuttgart: Ulmer (UTB), 1997,
Abb. 62.

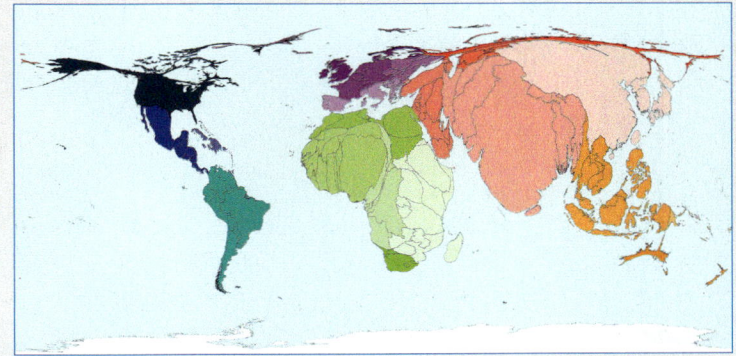

5 Prognose zur Verteilung der Weltbevölkerung 2050 (die Darstellung der
Größe eines Landes resultiert aus der jeweiligen Bevölkerungszahl)

Jetzt kannst du ...

– die Bevölkerungsentwicklung weltweit sowie einzelner Länder und
Regionen untersuchen;

– die Ursachen und Folgen der
Bevölkerungsentwicklung für
Mensch und Region abschätzen;

– das Modell des demografischen
Übergangs erläutern;

– Bevölkerungsdiagramme
interpretieren;

– Maßnahmen zur Einflussnahme
auf die veränderte Bevölkerungsentwicklung und ihre Auswirkungen bewerten.

5

Welternährung zwischen Überfluss und Mangel

Schätzungen zufolge leiden weltweit 820 Millionen Menschen täglich Hunger oder sind unterernährt. Zugleich gelten über zwei Milliarden Menschen als übergewichtig. Die Vereinten Nationen führen in ihren Zielen die Bekämpfung der Mangelernährung an vorderster Stelle.

Dabei sind die Probleme akuter Mangelernährung bereits seit Jahrzehnten bekannt. Welche Faktoren sind also dafür verantwortlich? Welche Wege zu einer gerechteren Verteilung und nachhaltigeren Ernährungssicherung gibt es? Wie stellt sich die Ernährungssituation in unterschiedlichen Teilen der Erde überhaupt dar?

Der Weltacker

Wie wird weltweit Landwirtschaft betrieben? Was geht uns das an?

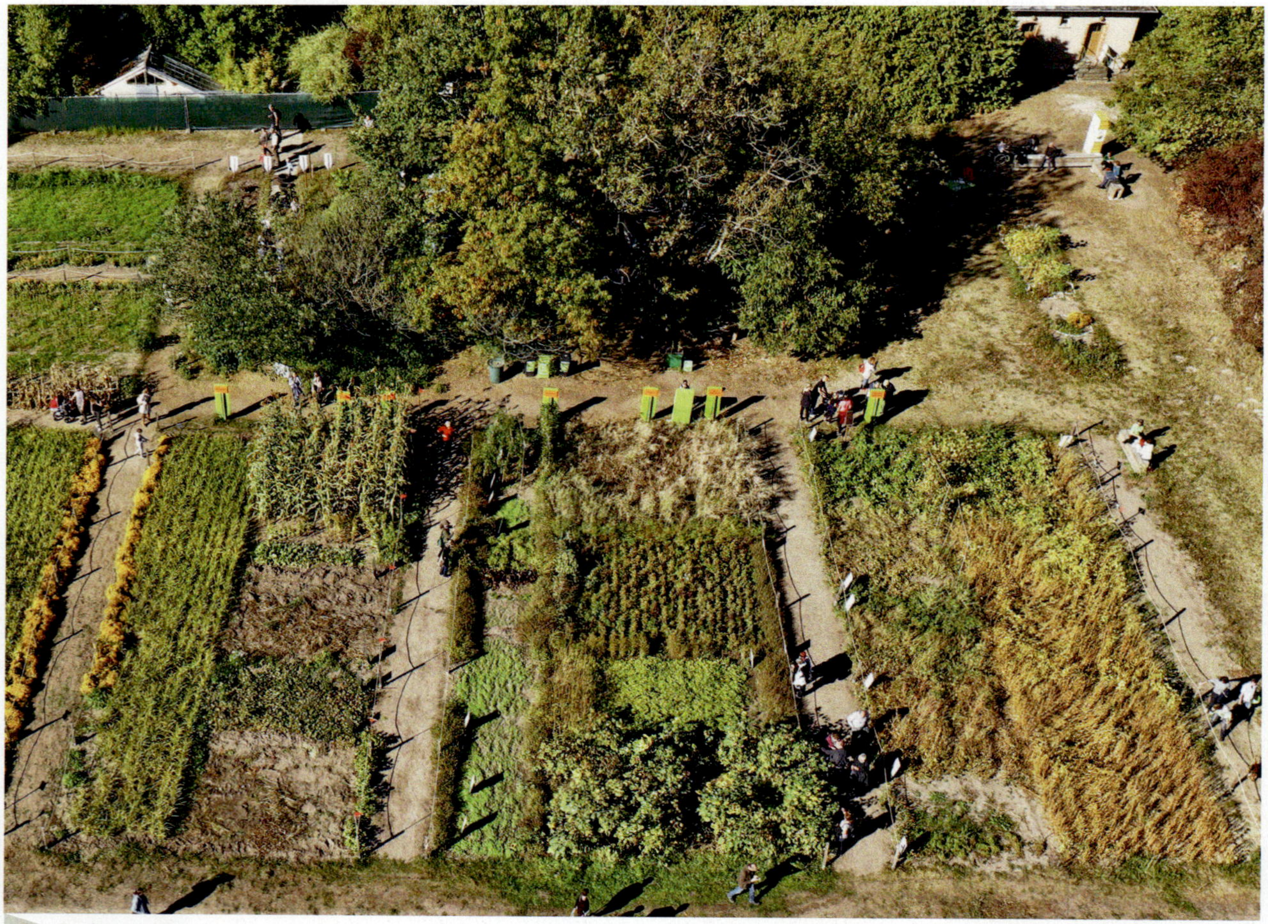

1 Berliner Weltacker

Die Zukunftsstiftung Landwirtschaft hat das Projekt Weltacker in Berlin gegründet. Dort kann man sich ansehen, wie global Landwirtschaft betrieben wird, welche Probleme damit verbunden sind und wie wir Einfluss mit unserem eigenen Handeln nehmen können.

Der globale Blick

Ungefähr 10 Prozent der Landoberfläche unseres Planeten werden als Äcker und Gärten bestellt. Darauf wächst alles, was wir täglich zum Leben brauchen und nicht von Weiden oder aus dem Meer stammt: Getreide, Ölfrüchte, Gemüse, Obst, Erdfrüchte, neues Saatgut, aber eben auch die Ausgangsstoffe für unsere Kleidung, Tierfutter und in zunehmendem Maße Pflanzen für Biosprit und Biogas.

Weltweit gibt es rund fünf Milliarden Hektar Agrarfläche, insgesamt knapp 40 Prozent der weltweiten Landfläche. Die Ackerfläche ist allerdings ungleich verteilt: In Deutschland gibt es pro Person etwa 1500 Quadratmeter, in den USA 5000 Quadratmeter, in China 900 Quadratmeter. Ungleich ist auch der Verbrauch. In der EU verbrauchen wir für unseren Konsum knapp 3000 Quadratmeter, wir importieren also Flächen für Produkte, die wir nicht selbst anbauen, die unter Umständen dann aber anderen fehlen.

Der Weltklimarat schlägt Alarm

Zwischen 1985 und 2005 haben weltweit die Ackerflächen um 154 Millionen Hektar zugenommen – das entspricht der 4,3-fachen Fläche

Deutschlands. Die Flächenausweitung erfolgte insbesondere in den Tropen, wo die Umwandlung von Wald in Felder den wichtigsten Teil des Flächenverbrauchs darstellt. Damit verbunden ist ein dramatischer Verlust an Biodiversität und Ökosystemleistungen wie etwa die Speicherung von Wasser oder Kohlendioxid (CO_2). Zudem steht der landwirtschaftliche Flächenbedarf in unmittelbarem Nutzungskonflikt zum Flächenbedarf des Siedlungsbaus. Bis 2050 erhöht sich der Anteil der Siedlungsfläche an der Landoberfläche auf vier bis fünf Prozent, davon betroffen sind besonders die Ballungsräume: Im Jahr 2050 werden schätzungsweise rund 2,5 Milliarden Menschen in Städten leben. Damit einhergehend wird das Ackerland hier dann weiter verbraucht: Nach Schätzungen des Global Land Outlook Report 2017 der UNCCD gehen vom Jahr 2000 bis 2030 jährlich zwischen 1,6 und 3,3 Millionen Hektar wertvolles Ackerland durch städtischen Flächenverbrauch verloren. Auszugleichen ist dieser Verlust nur durch weiteres Abholzen von Wäldern. Die Schätzungen, wie viel Fläche auf der Erde zerstört wird, sind wenig erfreulich: Demnach sind inzwischen bereits 75 Prozent der weltweiten Landfläche durch Erosion, Versalzung, Übernutzung oder Austrocknung degradiert. Pro Jahr kommt eine Fläche von der Größe der halben EU hinzu.

Folgen für den Klimawandel
Neben dem Verlust an kohlenstoffspeichernder Biomasse ist auch das CO_2-Speicherpotenzial unberührter Böden nicht zu unterschätzen: Der organische Kohlenstoffgehalt des Bodens wurde durch Nutzung und Freisetzung bereits stark reduziert.

Das lokale Weltacker-Experiment
Teilt man die globale Ackerfläche durch die Zahl der auf der Erde lebenden Menschen, ergibt das ungefähr eine Ackerfläche von 2000 Quadratmetern pro Person. Darauf muss

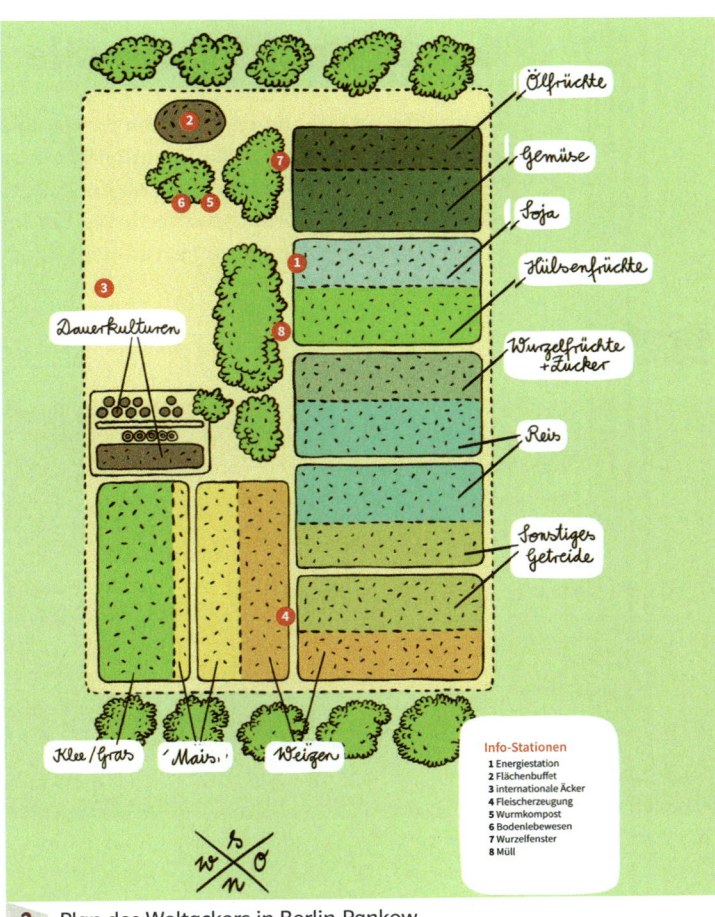

2 Plan des Weltackers in Berlin-Pankow

Info-Stationen
1 Energiestation
2 Flächenbuffet
3 internationale Äcker
4 Fleischerzeugung
5 Wurmkompost
6 Bodenlebewesen
7 Wurzelfenster
8 Müll

alles wachsen, was wir brauchen: Getreide, Reis, Kartoffeln, Obst, Gemüse, Öl, Zucker … aber auch das Futter der Nutztiere. Und nicht zu vergessen: Baumwolle für unsere Kleidung und nachwachsende Rohstoffe wie Raps.

Es ergeben sich Fragen, die sich an jeden von uns richten:
– Was verbrauche ich eigentlich?
– Was lebt auf 2000 m²?
– Was kann man auf dieser Fläche anbauen?
– Was wird weltweit alles weggeworfen?
– Was bedeutet mein Fleischkonsum für den Acker?

1 👥👥

Projekt Weltacker Berlin
a) 🅼🅺 Recherchiere zum Projekt, wähle nach deinem Interesse einen konkreten Schwerpunkt aus und erläutere ihn (z.B. Biodiversität, Erträge, Flächenverteilung, Verbrauch, Abfall, Fleischkonsum, Flächenimporte, Energie, Chemie und Klima).

b) Stellt euch die Themen gegenseitig vor und diskutiert sie miteinander unter besonderer Berücksichtigung der SDGs.
c) Beziet Stellung: Welche Aufgaben hat die Politik zu übernehmen?

Genug Nahrung für alle – aber wie?

Während die Menschen der reichen Länder in der Regel ausreichend mit Nahrungsmitteln versorgt sind, ist die Situation in armen Ländern wie Äthiopien ganz anders. Wie viele Menschen auf der Erde an den Folgen von Unterernährung sterben, weiß niemand genau. Warum schafft die Welt es immer noch nicht, alle Menschen zu ernähren, obwohl sie Nahrungsmittel im Überfluss produziert?

1 Spendenaufruf einer Hilfsorganisation im Internet

3 Essensausgabe in einem Flüchtlingslager

2

Food Crops

Agrarprodukte, die zum eigenen Verzehr angebaut werden

Dass ausreichende und gesunde Ernährung ein unveräußerliches Menschenrecht ist, hatten die Vereinten Nationen (UN) bereits 1948 eingefordert. Im Jahre 1996 verpflichteten sich die Staatschefs auf dem Welternährungsgipfel in Rom feierlich, bis 2015 die Zahl der Hungernden auf 425 Millionen zu halbieren. Die Zahl der Hungernden geht tatsächlich weltweit zurück. Doch nach Schätzungen der Welternährungsorganisation FAO gelten aber noch immer etwa 820 Millionen Menschen als unterernährt. Der Generaldirektor der FAO, Dr. Qu Dongyu, betonte im Jahr 2020: „Nahrung ist ein Menschenrecht." Geldmangel, nicht Nahrungsmittelknappheit ist das Problem des **Weltagrarmarktes**. Einige Menschen können vom Lohn ihrer Arbeit nicht leben. Andere, die **Subsistenzproduktion** betreiben, können nicht genug Food Crops für sich und ihre Familien erzeugen, weil sie nicht genug Anbaufläche besitzen. In den ärmsten Ländern geben die Menschen bis zu 80 Prozent ihres Haushaltseinkommens für Nahrungsmittel aus. In den reichen Ländern sind es dagegen nur zwölf Prozent. Es klingt paradox, aber zwei Drittel der Hungernden und die Mehrheit der Armen, die mit weniger als zwei Dollar pro Tag

auskommen müssen, leben auf dem Land. Der UN-Generalsekretär für Ernährung und Landwirtschaft sagt: „Was fehlt, ist der politische Wille, den Hunger für immer auszumerzen." Der Klimawandel verschlimmert die Situation für die arme und hungernde Bevölkerung in einigen Entwicklungsländern. Denn immer häufiger zerstören Naturkatastrophen wie Überschwemmungen und lange Dürreperioden die Ernten.

Weihnachtszeit – Spendenzeit

Jedes Jahr im Advent starten kirchliche Hilfswerke wie „Misereor", „Brot für die Welt" oder nichtstaatliche Hilfsorganisationen wie „Welthungerhilfe" neue Spendenaktionen und rufen dazu auf, die Benachteiligten dieser Welt zu unterstützen. Vorrangiges Ziel der Organisationen ist der Kampf gegen den weltweiten Hunger mit dem Ziel einer nachhaltigen Ernährungssicherung. Dies umfasst die Förderung standortgerechter Landwirtschaft, den Zugang zu sauberem Wasser, umweltfreundliche Energieversorgung und die Verbesserung von Gesundheit und Bildung.

4 Abgeholzte Landschaft in Äthiopien

6 Zara Church Forest in Äthiopien

Hunger in Äthiopien

„Ebenso wie Armut haben auch Hunger und Unterernährung in Äthiopien in den letzten Jahren abgenommen, befinden sich aber nach wie vor auf einem problematisch hohen Niveau. Während der Welthunger-Index-Wert 2000 bei 55,9 lag – eine gravierende Hungersituation –, beläuft er sich 2020 auf 26,2. Ausgesprochen besorgniserregend ist die Ernährungssituation von Kindern, denn eine Mangelernährung in den ersten beiden Lebensjahren hat lebenslange Konsequenzen. Mit 38,4 Prozent gilt das Wachstumsverzögerungsniveau bei äthiopischen Kindern unter fünf Jahren als „hoch". Nur 7,3 Prozent der Kinder im Alter von 6 bis 23 Monaten erhalten eine angemessene Mindesternährung. In den letzten Jahren hat Äthiopiens nachhaltiges Wirtschaftswachstum zur Verbesserung der Kinderernährung beigetragen. Hilfsprojekte und Nahrungsmittelhilfsprogramme verbessern zusätzlich die Versorgung der gesamten Bevölkerung."

Gekürzt und verändert nach: Fraser Patterson et al.: Äthiopien – eine eingehendere Betrachtung von Hunger und Unterernährung, auf: Welthunger-Index v. Oktober 2018, unter: https://www.globalhungerindex.org/de/case-studies/2018-ethiopia.html (Zugriff 12.11.2020)

5

Ein Projekt in Äthiopien – Schutz der Kirchenwälder

[...] Noch zu Beginn des 20. Jahrhunderts war Äthiopien zu 40 Prozent mit Wald bedeckt, heute sind es nicht einmal mehr fünf Prozent. Vielerorts wurden Wälder gerodet, um Platz für den Anbau von Lebensmitteln für die stark wachsende Bevölkerung zu schaffen. [...]
Noch vor ein paar Jahren hat Melkie Getachew im Kirchenwald von Taragedam selbst Feuerholz geschlagen – aus Armut, wie viele Menschen hier in der Gegend. Als die Mönche ihn dabei ertappten, musste er für einige Tage in Arrest. Doch die strengen Regeln sind nicht der einzige Schutz für den Wald, die Kirche bietet auch Workshops an, um Menschen wie Melkie Getachew zu zeigen, wie wichtig der Wald für das Leben aller ist. So wurde er zum Saatgutsammler für die Baumschulen des Aufforstungsprojekts und hat dadurch ein zusätzliches Einkommen. Außerdem lernte er in den Workshops nachhaltige Anbaumethoden für seine kleine Landwirtschaft und wie man Schafe hält. [...]

Brot für die Welt Evangelisches Werk für Diakonie und Entwicklung e.V. (Hrsg.): Wissen hilft, den Wald zu schützen; unter: https://www.brot-fuer-die-welt.de/projekte/aethiopien-kirchenwaelder/ (Zugriff am 28.12.2020)

7

FAO

(Food and Agricultural Organization) 1945 gegründete Ernährungs- und Landwirtschaftsorganisation der UNO mit den Zielen, die Ernährungs- und Lebensstandards, die Produktion und Verteilung von Erzeugnissen des Primären Sektors sowie die Lebensbedingungen der ländlichen Bevölkerung zu verbessern

Brot für die Welt

ist ein Entwicklungshilfswerk der evangelischen Kirchen in Deutschland. Gemeinsam mit lokalen Partnern werden weltweit Hilfsprojekte umgesetzt.

1 Nenne Ursachen, die zu Mangel- und Unterernährung führen.

2 Beurteile den Spendenaufruf 1.

3 Untersuche anhand von verschiedenen Informationsmedien (Internet, Fernsehen, Tageszeitungen), wie „das Gesicht des Hungers" in den Medien vermittelt wird.

4 Analysiere das Projekt „Schutz der Kirchenwälder" und beurteile, inwiefern das Projekt den Hunger in Äthiopien bekämpfen kann.

Südsudan – Hunger durch Krieg

Der Südsudan, der jüngste Staat Afrikas, verfügt über zahlreiche Erdölvorkommen.
Trotzdem warnt die UN vor „der schlimmsten Nahrungsmittelkrise der Welt".
Wegen des Bürgerkriegs und Missernten sind rund die Hälfte der Bevölkerung von
Ernährungsunsicherheit betroffen. Über vier Millionen Menschen sind im eigenen Land
und in den Nachbarländern auf der Flucht. Wie konnte es dazu kommen?

1

Desertifikation
dauerhafte Verschlechterung der Bodenfruchtbarkeit in trockenen Gebieten, auch Wüstenausbreitung genannt

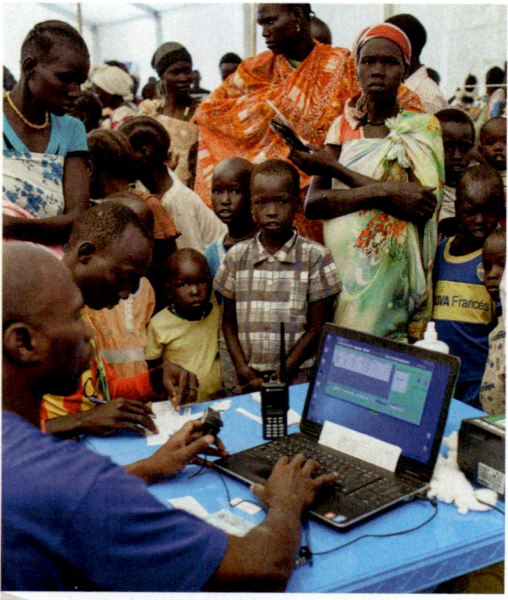

3 Im Flüchtlingslager: südsudanesische Flüchtlinge werden registriert

Der im Dezember 2013 eskalierte Konflikt zwischen Regierungstruppen und Aufständischen hat die Hungersnot im Land mitverursacht. Bei den Kämpfen wurden Tausende Menschen getötet. Millionen Menschen haben ihre Felder verlassen und konnten nun nicht säen oder Viehzucht betreiben. **Dürren** und eine damit einhergehende **Desertifikation** verschlimmerten die Situation. Während des Bürgerkriegs gab es zahlreiche Hilfsaktionen. Doch oft erreichten sie nicht die Not leidende Bevölkerung. Schuld daran waren die Bürokratie, schlechte Verkehrswege und nicht zuletzt die Selbstbedienung von Regierungstruppen und Rebellen.
Die Wirtschaft ist nach Jahren des Bürgerkriegs kaum entwickelt. Die große Herausforderung ist, die Abhängigkeit von Ölexporten sowie von Nahrungsmittelimporten zu verringern. Die Einnahmen des Landes hängen fast gänzlich vom Erdöl ab.

1947 Vereinigung von Nord- und Südsudan: Der Süden hatte dabei kein Mitspracherecht.
1956 Beginn des Konflikts:
Im Zuge der Erlangung der Unabhängigkeit von Großbritannien 1956 wurden ethnische und religiöse Unterschiede nicht berücksichtigt. Der Norden ist islamisch geprägt, im Süden leben überwiegend Christen und Anhänger von Naturreligionen. In zwei Unabhängigkeitskriegen (1955–1972 und 1983–2002) kämpften die Südsudanesen für ihre Selbstständigkeit.

2005 Friedensabkommen:
Das Friedensabkommen sicherte dem Südsudan weitgehende Autonomie zu.
2011 Unabhängigkeitsreferendum:
Am 9. Juli 2011 erlangte der Südsudan die Unabhängigkeit vom Sudan. 99 Prozent der abstimmenden Südsudanesen sprachen sich für die Unabhängigkeit aus.
2012 nach der Unabhängigkeit:
Die Auseinandersetzung der beiden Staaten verschärft sich immer wieder aufgrund des unklaren Grenzverlaufs. Dabei dreht sich der Konflikt vor allem um die Ölvorkommen.

2013/2014 Bürgerkrieg im Südsudan:
Ein bewaffneter Kampf um die politische Macht zwischen Präsident Salva Kiir und seinem Rivalen Riek Machar eskaliert. Mindestens 400 000 Menschen sind auf der Flucht.
2015 Kindesentführungen:
Im Südsudan sollen Rebellen Hunderte Schuljungen entführt haben – vermutlich sollen sie im Bürgerkrieg kämpfen.
2019 Menschen auf der Flucht:
Mehr als 4,3 Millionen Südsudanesen sind auf der Flucht, 1,9 Millionen innerhalb der Landesgrenzen. 2,4 Millionen sind in die Nachbarländer geflohen.

2 Chronik des Südsudan

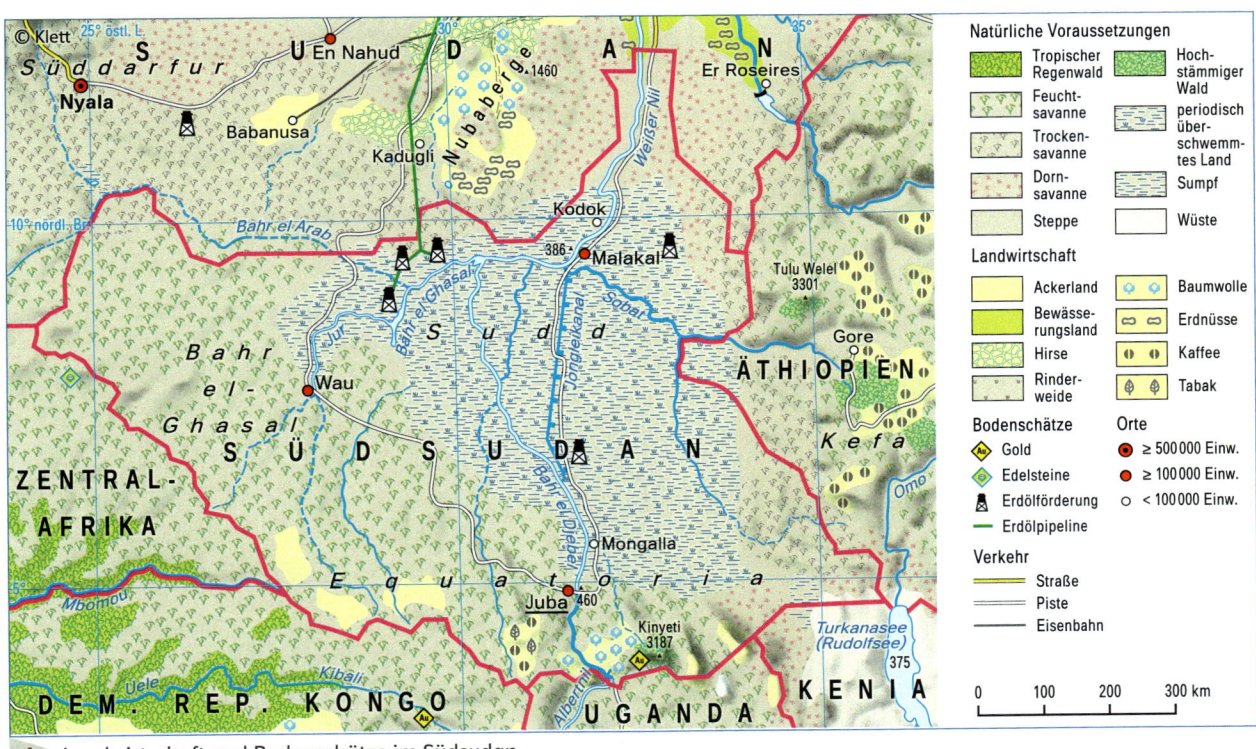

4 Landwirtschaft und Bodenschätze im Südsudan

„Für eine Sondermaßnahme im Bereich Sozialschutz im Südsudan stellt die Europäische Union einen Beitrag in Höhe von 100 Mio. Euro aus Mitteln des 11. Europäischen Entwicklungsfonds (EEF) zur Verfügung. Ziele des Vorhabens sind der Ausbau der sozialen Sicherungsnetze inkl. Gesundheits- und Ernährungskomponenten, die Förderung von Wirtschaftsreformen inkl. Verbesserung der Verwaltung öffentlicher Ressourcen, die Verbesserung der wirtschaftlichen Chancen für Jugendliche und Frauen sowie die Unterstützung des Friedensprozesses und der demokratischen Regierungsführung."

Germany Trade and Invest – Gesellschaft für Außenwirtschaft und Standortmarketing mbH: Sondermaßnahme – Sozialschutz, South Sudan Special measure for a contribution to the European Union Emergency Trust Fund vom 20.04.2020; unter: https://www.gtai.de/gtai-de/trade/ entwicklungsprojekte/suedsudan/sondermassnahmesozialschutz-240780

5 EU gewährt Südsudan Entwicklungshilfe

„Der ostafrikanische Staat hat reiche Ölvorkommen – gehört aber trotzdem zu einem der ärmsten Länder der Welt. Der Bürgerkrieg im Südsudan spielt sich größtenteils zwischen Regierungstruppen und Rebellen ab. Die einen kämpfen auf der Seite des Präsidenten Salva Kiir, die anderen stehen unter der Führung des ehemaligen Vizepräsidenten Riek Machar. Im Juli 2013 entließ Präsident Kiir seinen Vizepräsidenten Machar. Der Präsident warf Machar einen Putschversuch vor, den dieser aber dementierte. Danach brachen Kämpfe zwischen den Anhängern beider Lager aus. Diese gelten als Auslöser für den Bürgerkrieg, der seitdem schon 50 000 Menschen das Leben gekostet hat. Gekämpft wird um die politische Macht im Südsudan – aber auch um die Kontrolle über die Ressource Öl. Auch die ethnische Dimension des Konflikts hat zugenommen. Eine politische Lösung der Krise ist nicht in Sicht. Beiden Kriegsparteien werden Massaker, Vertreibungen und andere Menschenrechtsverletzungen vorgeworfen."

Janina Semenova: Südsudan – nicht endende Gewalt: In: Deutsche Welle (DW) vom 10.08.2017; unter: www.dw.com/de/s%C3%BCdsudan-nicht-endende-gewalt/a-40045854

6 Nicht endende Gewalt

1

Werte die Karte 4 „Landwirtschaft und Bodenschätze" aus:

a) Nenne die Hauptanbauprodukte sowie die geförderten Bodenschätze im Südsudan.

b) Analysiere einen möglichen Zusammenhang zu den Konflikten im Land.

2 MK

Erstelle ein Wirkungsgefüge zu den Hungerursachen im Südsudan.

3 👥👥

Recherchiere zur aktuellen Situation im Südsudan und erarbeite dazu ein Referat.

Ein Dilemma bearbeiten: grüne Gentechnik

Seit Jahren wird über den Anbau von gentechnisch veränderten Pflanzen diskutiert. Die Befürworter argumentieren, dass resistentere und ertragreichere Pflanzensorten zur Bekämpfung der Unterernährung in weiten Teilen der Erde beitragen können. Gegner hingegen warnen vor einem Eingriff in die Natur, dessen Folgen nicht absehbar seien.

1 Ernährungssicherung durch grüne Gentechnik?

Ein Dilemma bezeichnet eine Situation, in der es keine Lösung gibt, die alle Beteiligten in gleichem Maße zufriedenstellt. Nicht zuletzt deshalb gibt es in der Diskussion keinerlei Annäherung zwischen den Parteien. Der Einsatz der Gentechnologie in der Landwirtschaft ist ein aktuelles Beispiel dafür: Mittlerweile können die Erbanlagen für Merkmale, also die Gene von Organismen, verändert werden. Viele haben aber Angst vor unbekannten und möglichen, unerforschten Konsequenzen für die Menschen. Die Lebensmittelhersteller müssen mittlerweile ihre Produkte kennzeichnen und so angeben, ob sie gentechnisch veränderte Organismen (GVO) verwendet haben. Wie stehen wir zur grünen Gentechnik?

Standpunkte zur Gentechnik

- Erwartung einer höheren Widerstandsfähigkeit gegen Schädlinge, Pilze und Bakterien bzw. Viren bei GVO;
- Versprechen geringeren Einsatzes von Schädlingsbekämpfungsmitteln, somit gesündere Nahrungsmittelproduktion, Schutz der Umwelt und Einsparung von Geld und Zeit;
- GVO sollen einen geringeren Wasserbedarf aufweisen, ertragreicher und gegen Trockenheit, Hitze und Kälte unempfindlich sein;
- weitere Forschung könnte die Nährwerte der Produkte verbessern;
- Gentechnikforschung ist mit hohen Investitionen verbunden;
- mögliche Gefahr der Übertragung der GVO-Eigenschaften auf verwandte Wildarten durch Pollenflug;
- Kleinbauern in Entwicklungsländern geraten in Abhängigkeit von großen Agrarkonzernen der Industrieländer, weil nur diese das neue Saatgut entwickelt haben und besitzen;
- Verwendung der GVO als Futtermittel zur Erzeugung von „günstigem Fleisch";
- Gentechnikforschung konzentriert sich aktuell auf Pflanzen, die keine Grundnahrungsmittel darstellen. Beispiel Soja: Über 80 Prozent der weltweiten Produktion sind gentechnisch veränderte Sorten. Weltweit werden 90 Millionen Hektar (dreimal so große Fläche wie Deutschland) mit GV-Soja bestellt – überwiegend in agrarindustriellen Monokulturen. Etwa 80 Prozent der Weltsojaproduktion werden zu Futtermitteln verarbeitet;
Ursache ist der Fleischkonsum in den Industrieländern (Deutschland: circa 60 Kilogramm Fleisch pro Jahr pro Person);
Es stellt sich also die Frage: Wie soll es weitergehen? Soll die Forschung zur gentechnischen Veränderung von Organismen in der Landwirtschaft vorangetrieben werden? Kann so der weltweite Hunger besser bekämpft werden?

2

Ein Dilemma bearbeiten

1. Schritt: Dilemma erkennen

Zunächst wird der Sachverhalt dargestellt.
Nutzt dazu die zur Verfügung gestellten Materialien und klärt offene Sachfragen. Am Ende
leitet ihr die Fragestellung ab, über die entschieden werden muss.

> *Wie soll es weitergehen? Soll die Gentechnik-Forschung in der Landwirtschaft vorangetrieben werden? …*

2. Schritt: Erste Abstimmung vornehmen

Jeder hat spontan eine Meinung. Diese wird
nun in einer ersten Abstimmung festgehalten
und das Ergebnis an der Tafel notiert.

3. Schritt: Gruppendiskussion durchführen

Aus dem Abstimmungsergebnis leiten sich die
zwei Großgruppen für „Ja" und „Nein" ab, die
ihr in Kleingruppen unterteilt. Analysiert nun
das Material intensiv und sammelt Argumente
(maximal vier), die eine nachvollziehbare Begründung beinhalten. Abschließend gewichtet
ihr eure Argumente nach deren Bedeutsamkeit
und Überzeugungskraft.

> – *Ja, die gentechnische Züchtung von Pflanzen
> mit geringerem Wasserbedarf trägt dazu bei,
> die landwirtschaftlichen Anbaugebiete
> auszuweiten.*
> – *Nein, viele GVO werden als Futtermittel zur
> Produktion von günstigem Fleisch für die
> Industrieländer verwendet.*

4. Schritt: Argumente vortragen

Tragt eure Ergebnisse im Plenum vor. Dazu
werden die Argumente einzeln und im Wechsel
der Gruppen dargelegt. Beginnt jeweils mit
den wichtigsten Argumenten. Vermeidet
Dopplungen. Notiert alle Aussagen stichwortartig an der Tafel. Die Zuhörer dürfen
Verständnisfragen stellen, jedoch werden die
Argumente noch nicht diskutiert.

5. Schritt: Offen diskutieren

Überprüft und diskutiert die Argumente hinsichtlich ihrer Stichhaltigkeit und ihrer Bedeutsamkeit.

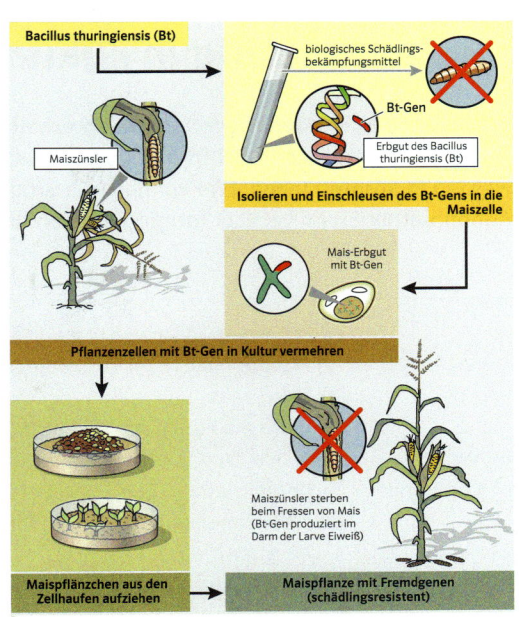

3 So wird Mais gentechnisch schädlingsresistent
gemacht.

6. Schritt: Zweite Abstimmung vornehmen

Nutzt die Möglichkeit einer kurzen Bedenkzeit,
um die Ergebnisse noch einmal zu reflektieren:
die Hierarchie der Argumente, Abwägung der
Darlegungen, Bildung eines fundierten Urteils.
Führt eine Abstimmung durch. Haltet dieses
Ergebnis an der Tafel fest.

7. Schritt: Abschlussdiskussion führen

Klärt abschließend die Frage, warum eine für
alle befriedigende Entscheidung nicht möglich
ist. Reflektiert die Bedeutung von Emotionen in
solchen breit geführten öffentlichen Diskussionen.

> – *Bei der zweiten Abstimmung haben vier Schülerinnen und Schüler
> ihre Meinung geändert. Sie erklären die Gründe für ihre
> Meinungsänderung. Davon ausgehend wird in der Klasse diskutiert,
> welche Rolle Fachwissen, die Information der Medien oder auch die
> Einstellung von Familie und Freunden spielen.*

1
Bearbeitet das
Dilemma in
Text 2. Nutzt
dazu auch die
Grafik 3.

2
Arbeitet in Gruppen:
a) Zeigt ein weiteres Dilemma eines anderen
   Themas in diesem Schulbuch auf und bearbeitet es.
b) Tauscht die Dilemmata aus und bearbeitet sie.
   Stellt eure Ergebnisse anschließend im
   Plenum vor.

Ernährung in Zukunft: Vertical Farming

Über sieben Milliarden Menschen bevölkern die Erde heute, im Jahr 2050 werden es nach Schätzungen der Vereinten Nationen über neun Milliarden sein, die meisten werden in Städten leben. Wie können alle ernährt werden? Zwei Möglichkeiten neuer Anbaumethoden im vertical farming werden hier vorgestellt.

1

Wähle nach deinem Interesse eine Aufgabe aus (Aufgabe A oder B).

A Hydroponiks
a) Beschreibe und erkläre die Funktionsweise der Hydroponik-Methode.
b) Stelle Vor- und Nachteile der Methode zusammen.

B Aquaponiks
a) Beschreibe und erkläre die Funktionsweise der Aquaponik-Methode.
b) Stelle Vor- und Nachteile der Methode zusammen.

2
Gemeinsame Aufgabe
Beurteilt gemeinsam beide Methoden im Vergleich zur konventionellen Landwirtschaft (Tabelle 4).

3
Diskutiert die Zukunftsfähigkeit unter Nachhaltigkeitskriterien.

 ⬤ 1A+B ● 2 → Lösungshilfen ab S. 178

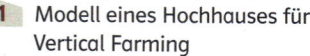

1 Modell eines Hochhauses für Vertical Farming

Hydroponik-Methode

Pflanzen sitzen eng nebeneinander mit ihren Wurzeln ohne Erde in einem Wasserbehälter mit zirkulierender Nährlösung. Die Nährsalze können sehr effizient nach dem Bedarf der Pflanzen gegeben werden. So wird diese Technik zunehmend in Gewächshäusern eingesetzt. In Zukunft wird mit einem starken Anstieg dieser Form des Vertical Farming gerechnet.

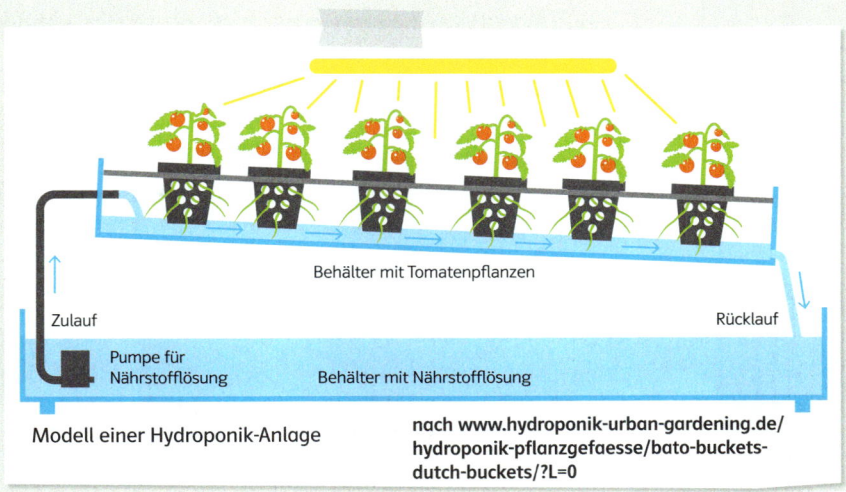

Behälter mit Tomatenpflanzen

Zulauf

Rücklauf

Pumpe für
Nährstofflösung

Behälter mit Nährstofflösung

Modell einer Hydroponik-Anlage

nach www.hydroponik-urban-gardening.de/
hydroponik-pflanzgefaesse/bato-buckets-
dutch-buckets/?L=0

2 Hydroponik-Methode

Aquaponik-Methode

Aquaponik verbindet Hydroponik (Pflanzenanbau im Wasser) und Aquakultur (Fischkultur) miteinander. Dabei werden Fische in Wassertanks eines Überseecontainers gehalten, das Gemüse steht hydroponisch auf diesem Container. Beide Behälter sind in einem fast geschlossenen Wasserkreislauf miteinander verbunden: Der Fischkot dient als Nährmedium für die Pflanzen, während Bakterien der Hydrokultur das Abwasser säubern. Das Ergebnis ist eine Einsparung von Wasser um fast die Hälfte.
Neue Entwicklungen kommen von der Humboldt Universität Berlin: Dabei geht es um eine Modifizierung der Aquaponik-Technik, um noch weiter Umweltbelastungen (CO_2,

N, Wasserbedarf) zu reduzieren. Bis zu 90 % des Wassers werden eingespart, die Austräge von Stickstoff, Phosphor und CO_2 werden minimiert, Pflanzendünger kann bei Tomatenanbau um ca. 75 %, bei Salatanbau um ca. 66 % eingespart werden.

Die Forscher nennen das Produkt „Tomatenfisch", weil so prinzipiell alle Pflanzen mit der Aquaponiktechnik gezogen werden können. Und es geht weiter: Man forscht nun an der zusätzlichen Integration von Insekten als Eiweißquelle in das System.

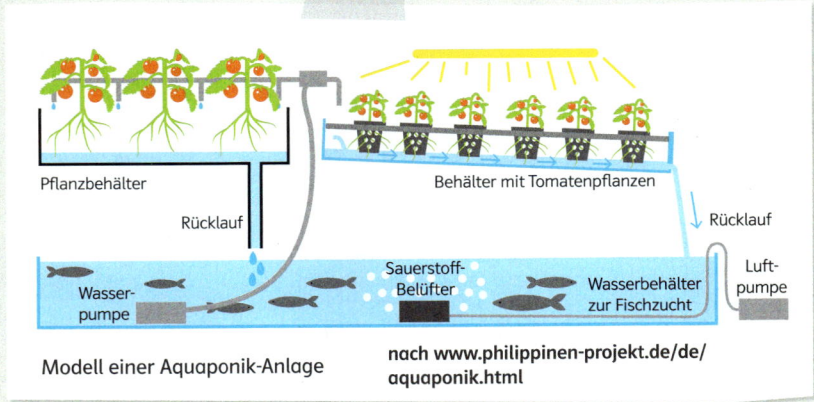

Pflanzbehälter

Behälter mit Tomatenpflanzen

Rücklauf

Rücklauf

Sauerstoff-
Belüfter

Luft-
pumpe

Wasser-
pumpe

Wasserbehälter
zur Fischzucht

Modell einer Aquaponik-Anlage

nach www.philippinen-projekt.de/de/
aquaponik.html

3 Aquaponik-Methode

Konventionelle Landwirtschaft im Vergleich zur vertikalen Landwirtschaft am Beispiel Salat					
	Ernteerträge	Energieverbrauch	Wasserverbrauch	Wachstumszeit	Erntehäufigkeit pro Jahr
Traditionelle Landwirtschaft	3,9 kg/m²	1 100 kj/kg	250 l/kg	60 Tage	2–3
Vertikale Landwirtschaft	41 kg/m²	90 100 kJ/kg	20 l/kg	30 Tage	12

Nach: Larges Barbosa et al. (2015): Comparison of land, water, and energy requirements of lettuce grown using hydroponic vs. conventional agricultural methods; unter: https://www.ncbi.nim.nih.gov/pmc/articles(PMC4483736/ Zugriff am 17.11.2017)

4

Ernährungssicherung durch weniger Nahrungsmittelverschwendung?

Schätzungen zufolge werden jedes Jahr etwa 30 Prozent der global produzierten Lebensmittel weggeworfen. Liegt hier ein Schlüssel zur Bekämpfung des Hungerproblems?

1 Täglich werden unverbrauchte Backwaren entsorgt.

Mehr Wertschätzung, weniger Verschwendung

Mit *„Zu gut für die Tonne!"* setzt sich das Bundesministerium für Ernährung und Landwirtschaft (BMEL) dafür ein, Verbraucherinnen und Verbraucher sowie Verantwortliche entlang der gesamten Lebensmittelversorgungskette für einen nachhaltigen Umgang mit Lebensmitteln zu sensibilisieren und deren Verschwendung zu reduzieren. Ziel ist es, langfristig unser Verhalten im Alltag zu verändern.

Bundesanstalt für Landwirtschaft und Ernährung, Lebensmittelverschwendung in Deutschland, v. 25.03.2021, unter: https://www.zugutfuerdietonne.de/strategie/hintergrund (Zugriff: 04.11.2021)

2 Aufklärungskampagne gegen Nahrungsmittelverschwendung

Dass so viele Nahrungsmittel weggeworfen werden, hat verschiedene Ursachen: Zum einen entspricht ein Teil der produzierten Lebensmittel den ästhetischen Anforderungen nicht. Da beim Verkauf in erster Linie optische Qualitätseindrücke entscheidend sind, wird bereits bei der Produktion aussortiert. So ist beispielsweise fast ein Viertel der deutschen Kartoffelernte aus unterschiedlichen Gründen (nicht akzeptierte Größe, Verfärbung, kleine Schadstellen) Ausschuss. Zum anderen gibt es auf Verbraucherseite durch Fehlkäufe, falsche Lagerung und Verunsicherung hinsichtlich der Verbrauchsdaten Verluste. Auch Überproduktion, Preisdruck und Misswirtschaft führen dazu, dass Nahrungsmittel vernichtet werden.

Um Lebensmittel herzustellen benötigen wir, je nach Art, unterschiedlich große Mengen an Energie und Nährstoffen. Bei Obst und Gemüse aus Intensiv- oder Gewächshauskulturen, aber insbesondere bei tierischen Produkten, wird vergleichsweise viel Energie für Aufzucht, Verarbeitung, Transport, Kühlung und Verkauf der Lebensmittel aufgewandt.

Werfen wir also tierische Produkte weg, bevor sie im Verzehr ihrer Bestimmung in der

Nahrungskette zugeführt werden, so werden große Mengen aufgewendeter Ressourcen verschwendet. Die Verwertung von weggeworfenen Lebensmitteln in Biogasanlagen kann die Bilanz dabei nur geringfügig verbessern.

Doch Nahrungsmittelverschwendung ist nicht nur in den entwickelten Staaten ein Problem. Auch in Entwicklungs- und Schwellenländern werden angebaute **Cash Crops** vernichtet, weil sie aufgrund von fehlender Infrastruktur, wie z.B. Transport- oder Kühlmöglichkeiten, gar nicht erst zu den potenziellen Verbrauchern gelangen können. Hier ist Entwicklungshilfe dringend nötig.

Die Verschwendung von Nahrungsmitteln hat nicht nur Auswirkungen auf die aktuelle Ernährungssituation, die Vermeidung von Nahrungsmittelabfall wird auch von entscheidender Bedeutung bei der Bekämpfung des Klimawandels sein.

Nahrungsmittelverschwendung und Klimawandel

„Bis zu 18 Millionen Tonnen Lebensmittel landen in Deutschland Jahr für Jahr im Müll. Das entspricht fast einem Drittel unseres gesamten Nahrungsmittelverbrauchs! […] Das ist nicht nur moralisch fraglich, sondern auch für das Klima eine Zumutung. Denn all die Lebensmittel, die bei uns auf dem Müll landen, wurden angebaut, geerntet, transportiert, weiterverarbeitet, vielleicht sogar gekühlt. Umgerechnet bedeutet dies, dass dadurch fast 46 Millionen Tonnen Treibhausgase umsonst ausgestoßen werden. […]"

Freie und Hansestadt Hamburg, Behörde für Umwelt und Energie: 18 Millionen Tonnen für die Tonne; unter: https://moinzukunft.hamburg/tipps-bewusster-leben-und-konsumieren/12337600/lebensmittelverschwendung (Zugriff am 18.04.2021)

 4

Mindesthaltbarkeitsdatum

Gibt den Zeitraum an, unter dem ein Lebensmittel bei sachgemäßer Lagerung seine vom Hersteller beschriebenen Produkteigenschaften mindestens beibehält.

Verbrauchsdatum

Bei leicht verderblichen Lebensmitteln, wie z.B. Hackfleisch, wird ein Verbrauchsdatum angegeben. Nach diesem Datum dürfen solche Lebensmittel nicht mehr verkauft und sollen auch nicht mehr verzehrt werden.

Cash Crops

Agrarprodukte, die ausschließlich zum Verkauf angebaut werden

SP Tipp

Bewerten
→ Aufgabe 2

- Dieser Vorschlag ist sinnvoll, weil …
- Zu beachten ist dabei …
- Kritisch sehe ich …

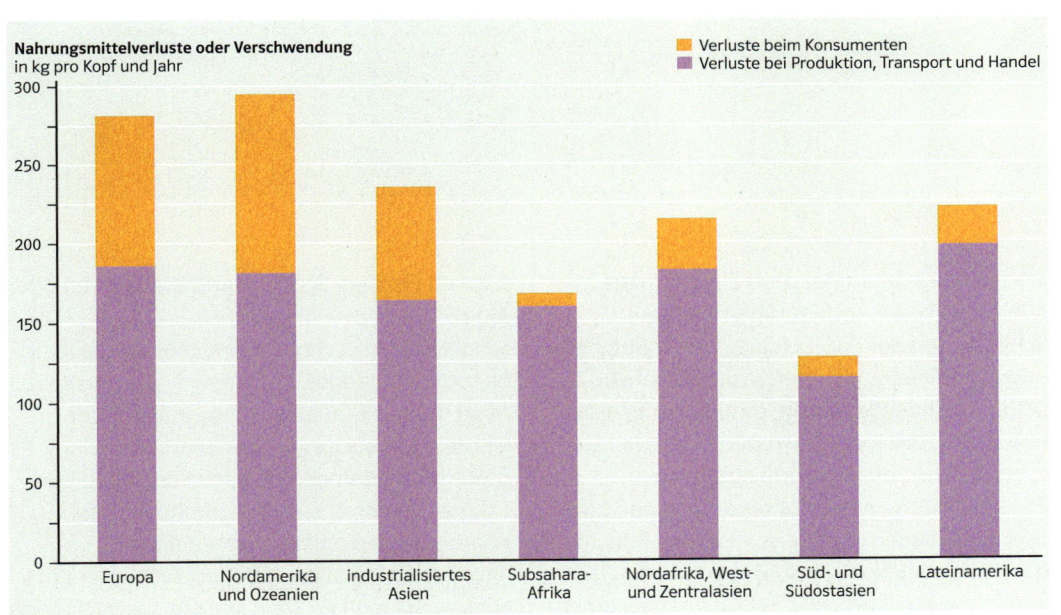

 3 Nahrungsmittelverluste und -verschwendung in ausgewählten Regionen nach Verarbeitungszustand nach FAO

---

1 🔑

Nahrungsmittelverschwendung:

a) Erläutere den Unterschied zwischen Mindesthaltbarkeitsdatum und Verbrauchsdatum.

b) Vergleiche die Nahrungsmittelverluste von Nord- und Lateinamerika. Finde mögliche Gründe für die Unterschiede (Diagramm 3).

c) Erläutere, welche globalen Unterschiede es bei der Nahrungsmittelverschwendung gibt.

d) Entwickle Kriterien für einen sinnvollen Umgang mit Lebensmitteln. Betrachte einen für dich beispielhaften Tag: Wo verschwendest du Lebensmittel, wo besteht Einsparpotenzial und wie ließe sich die Einsparung umsetzen?

2 SP 👥👥

Bewertet, inwieweit die in 1d) entwickelten Kriterien zur Lösung des globalen Hungerproblem beitragen können. Bedenkt dabei auch ethische Gesichtspunkte wie Gerechtigkeit und Menschenwürde.

Nahrung aus dem Meer

Die Meere sind teilweise leergefischt und einzelne Fischarten von Ausrottung bedroht. Dies verschärft die Ernährungssituation, denn Fischeiweiß ist für Millionen von Menschen die Hauptquelle für tierische Proteine und damit auch wichtiger Bestandteil ihrer Ernährung. Welche neuen Wege geht man, um Gewässer als Nahrungsquelle zu erhalten und auszubauen?

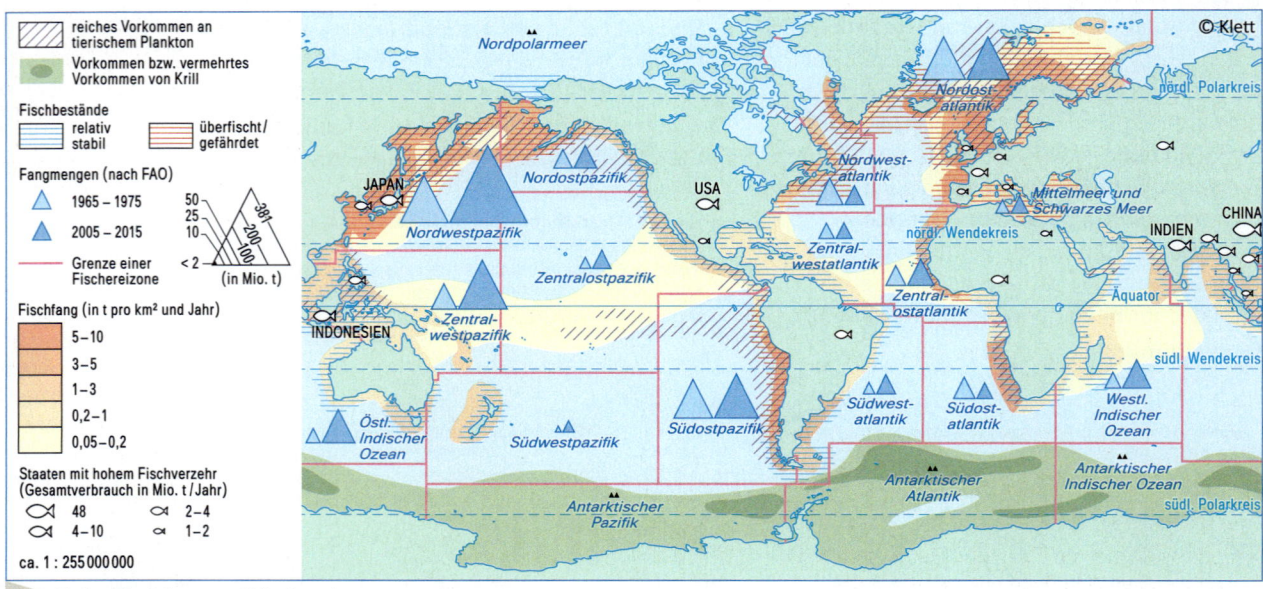

1 Erde: Fischfang und Fischzucht

← Vertical
Farming
Seiten 112/113

Fisch ist eine Nahrungs- und Einkommensquelle für Millionen Menschen weltweit. Schätzungen der FAO zufolge gibt es weltweit etwa 54 Millionen Fischer, rechnet man Zuliefer- und nachgeordnete Industrie hinzu, sind 620 bis 840 Millionen Menschen weltweit wirtschaftlich von der Fischerei abhängig.

Für viele Menschen, insbesondere in den Entwicklungsländern wie beispielsweise Bangladesch, Kambodscha oder Ghana decken Fisch und Fischeiweiß bis zu 50 Prozent der gesamten tierischen Proteinzufuhr. Im Vergleich zu Fleisch ist Fisch in vielen Ländern leicht verfügbar, als Wildfang ein ökologisch erzeugtes Lebensmittel und verhältnismäßig erschwinglich.

Neben der Funktion als Speisefisch spielt die Nutzung von kleineren Fischen für die Tier- und Fischmast eine bedeutende Rolle.

Um die beständige Nachfrage bedienen zu können, hat auch bei der Fischproduktion die industrielle Massentierhaltung in Form von Aquakulturen Einzug gehalten.

Unter Aquakultur versteht man die kontrollierte Aufzucht im Wasser lebender Organismen wie z. B. von Fischen, Schalen- und Krebstieren oder Algen.

Am weitesten verbreitet sind hierbei Anlagen aus schwimmenden Käfignetzen, die im offenen Meer oder in Binnengewässern installiert werden, wie bei der Lachsmast in Skandinavien. Diese Methoden gelten jedoch aufgrund der Schadstoffeinträge in das umgebende freie Wasser als ökologisch fragwürdig.

Als Alternative zu den offenen Systemen gewinnen Anlagen an Land, die mit geschlossenen Wasserkreisläufen und Pumpen arbeiten, zunehmend an Bedeutung. Diese Anlagen sind jedoch in Aufbau und Unterhalt sehr teuer. Sie können durch den Einsatz von Filtertechniken die Ausscheidungen der Fische vom Wasser trennen und eine Überdüngung des Wassers reduzieren. Auch Ernteausfälle sind in den überdachten, geschlossenen Anlagen unwahrscheinlich.

In Entwicklungsländern versucht man, mit vergleichsweise einfach in Teichen zu haltenden Süßwasserfischen, wie Karpfen, die steigende Nachfrage nach Fisch zu befriedigen.

2 Lachszucht in Aquakultur bei Stavanger (Norwegen)

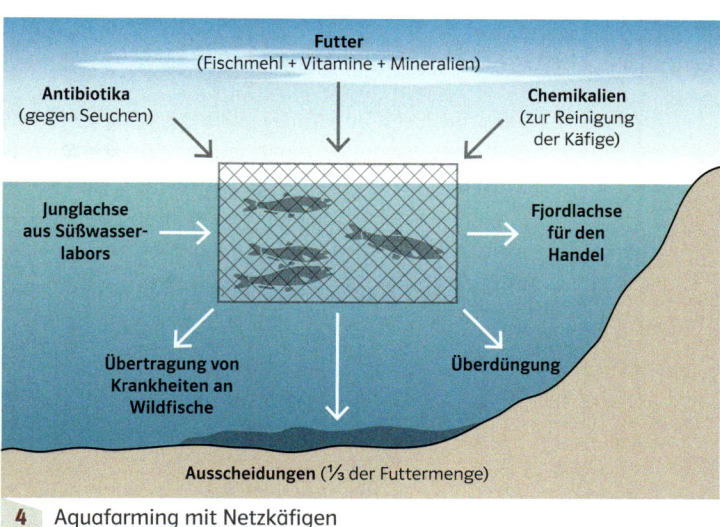

Futter
(Fischmehl + Vitamine + Mineralien)

Antibiotika
(gegen Seuchen)

Chemikalien
(zur Reinigung der Käfige)

Junglachse aus Süßwasser-labors

Fjordlachse für den Handel

Übertragung von Krankheiten an Wildfische

Überdüngung

Ausscheidungen (⅓ der Futtermenge)

4 Aquafarming mit Netzkäfigen

Erzeugnisse in Mio. t — Wildfänge — Aquakultur

2002	2004	2006	2008	2010	2012	2014	2016	2018	2020
128	134	137	142	148	158	160	171	178	182

3 Entwicklung von Fisch- und Fischereierzeugnissen aus Wildfängen und Aquakulturen 2002–2020

5 Algensalat liegt im Trend

Aquaponik – ein Zukunftsszenario?

Mit Aquaponik, einer Kombination aus Fischzucht und Gewächshaus in einem geschlossenen System, erhofft man sich Lösungen auch für die Nahrungsmittelproduktion im urbanen Raum. Die Ausscheidungen der Fische werden dabei durch Bakterien in pflanzenverfügbare Nährstoffe umgewandelt. Mithilfe dieser Nährlösung kann dann in angeschlossenen Gewächshäusern Gemüse gedüngt werden. Somit werden Aquakultur und Vertical Farming miteinander sinnvoll kombiniert. Die Forschung in diesem Bereich ist den letzten Jahren stark intensiviert worden und erste kommerzielle Anlagen haben ihren Betrieb aufgenommen.

Algen als Nahrungsmittel

Neben Fischen und Meeresfrüchten rückt aktuell verstärkt auch die Nutzung der Ozeane als „Gartenfläche" in den Mittelpunkt. Von besonderer Bedeutung sind Algen, die in Asien schon seit Jahrhunderten Bestandteil der Nahrung sind. Ihr Anbau ist wenig anspruchsvoll, sie betreiben Fotosynthese und können als Nahrung neben Proteinen auch Nährsalze und Spurenelemente liefern. Für den Verzehr sind allerdings nur einige Arten, wie beispielsweise die Grün- und Braunalgen, geeignet.

1 Erläutere die Bedeutung von Fischfang oder Fischzucht für die globale Ernährungssicherung.

2 Beschreibe mithilfe des Atlas, der Karte 1 und dem Diagramm 3 die Entwicklung und Verbreitung von Aquakulturen.

3 Nachhaltige Aquakulturen?
A Nenne ökologische Probleme im Zusammenhang mit Aquakulturen.
B Erörtere Chancen und Risiken der zunehmenden Bedeutung von Aquakulturen.

MK Eine Karikatur auswerten

Karikaturen begegnen uns als gezeichnete Kritik tagtäglich in den Medien. Es sind Bilder, mit denen der Zeichner eine Meinung verbreiten will. In der Zeichnung hebt er daher den kritisierten Sachverhalt besonders hervor, indem er ihn übertrieben oder witzig darstellt. Durch die Betonung des Wesentlichen vereinfachen Karikaturen ein komplexes Thema.

1 „Schaut euch doch mal um!"

Um die Aussage einer Karikatur zu verstehen und sie auch beurteilen zu können, geht man am besten schrittweise vor.

Zum Verständnis und zur Auseinandersetzung mit einer Karikatur ist Vorwissen über das Thema, das mit der Karikatur angesprochen wird, erforderlich.

1. Schritt: Beschreibung der Bildelemente
Hier geht es darum, die Einzelheiten der Karikatur, die dargestellte Szene, die Personen, die Handlung und eventuell auch den Stil der Zeichnung möglichst genau zu beschreiben. Dabei ist auf Folgendes zu achten: Wie sind die einzelnen Bildelemente angeordnet? Welche Auffälligkeiten gibt es? Wie lauten eventuell vorhandene Bildunterschriften oder begleitende Textteile?

Die Karikatur zeigt einen dicken, weißen Mann, der von einem übervollen Teller Essen in sich hineinstopft. Er liegt mit dem Rücken auf einer Wippe und streckt die Beine in die Höhe. Am anderen Ende der Wippe versucht ein dünner, dunkelhäutiger Mann vergeblich mit beiden Händen, ein auf der Wippe liegendes Stück Brot zu erreichen. Das Gesicht des dicken Mannes zeigt dabei nicht in Richtung des dunkelhäutigen Mannes. In der Bildunterschrift steht: „Schaut euch doch mal um!"

2. Schritt: Deutung der Bildelemente und der Gesamtaussage
Im Anschluss an die Beschreibung geht es um die Deutung der Karikatur. Dabei hilft die Beantwortung einiger Leitfragen:
- Wen oder was stellen die Personen und die Gegenstände dar?
- Welche Entwicklung wird aufgezeigt?
- Auf welches Problem wird aufmerksam gemacht?
- Was genau wird kritisiert?
- Für welche Position wird Partei ergriffen?

Der dicke Mann steht stellvertretend für die Bevölkerung der Industrieländer, der dunkelhäutige Mann für die Entwicklungsländer. Mit der Wippe wird die Machtbalance in der Welt dargestellt. Damit soll ausgedrückt werden, dass die Industrieländer fast an ihrem Wohlstand ersticken, während Menschen in Entwicklungsländern unterernährt sind bzw. verhungern. Die Industrieländer bringen die Welt aus ihrem Gleichgewicht. So sind am anderen Ende der Welt die Menschen in Entwicklungsländern kaum in der Lage, zu überleben. Durch die Liegeposition und den abgewendeten Blick des dicken Mannes soll verdeutlicht werden, dass die Menschen in Industrieländern nicht daran interessiert sind oder dass sie gar nicht mitbekommen, was am anderen Ende der Welt mit den dort lebenden Menschen passiert.

Die Aufforderung in der Bildunterschrift ist direkt an den Betrachter gerichtet. Er wird als Mitglied der Wohlstandsgesellschaft aufgefordert, sich mit dem Hungerproblem und dem Ungleichgewicht zwischen Industrie- und Entwicklungsländern zu befassen und auch zu handeln.

2 Logistisch

3. Schritt: Beurteilung und Stellungnahme

Abschließend geht es darum, die Karikatur zu beurteilen. In einer eigenen Stellungnahme lässt sich deutlich machen, ob man die Sichtweise des Karikaturisten teilt oder anderer Meinung ist.

Auch dabei helfen neben zusätzlichen Informationsquellen wieder Leitfragen, z.B.:
- Wie wirkt die Karikatur auf den Betrachter, wie spricht sie dich an?
- Welche „Gefahren" können von der Karikatur ausgehen?
- Ist die Karikatur berechtigt?
- Ist die Karikatur zu stark verzerrt gezeichnet?
- Soll die Karikatur belehren oder verspotten?

Mit der Wippe hat der Karikaturist eine gute Metapher gewählt, um zu zeigen, dass etwas aus dem Gleichgewicht geraten ist. Entwicklungs- bzw. Industrieländer sind durch die Hautfarbe, die Haltung und das Gewicht der Personen überspitzt, aber sofort erkennbar dargestellt. Problematisch ist an der Karikatur, dass dunkelhäutig mit arm gleichgesetzt wird, was rassistische Vorbehalte schüren könnte. Allerdings ist es dem Karikaturisten gelungen, mit einfachen Mitteln ein leider immer noch aktuelles Problem auf den Punkt zu bringen und damit einen Missstand anzuprangern.

Ausgeblendet wird die Tatsache, dass Versuche unternommen werden, um die bestehenden Verhältnisse zu ändern bzw. die Probleme zu entschärfen.

Der Grundaussage dieser Karikatur kann aber trotzdem zugestimmt werden.

SP **Tipp**

Auswerten
↗ Aufgabe 1
- Die Karikatur zeigt …
- … sind dargestellt
- Man erkennt …
- … rechts/links/ vor/hinter … befindet sich
- … damit soll gezeigt werden
- Die Karikatur soll …
- Ich stimme der Aussage … zu/ nicht zu, weil …

1 **SP**
Werte die Karikatur 2 nach der vorgegebenen Schrittfolge aus.

2
Recherchiere im Internet nach einer deiner Meinung nach gelungenen Karikatur und begründe, was der Zeichner besonders gut dargestellt hat.

Biokraftstoffe – Treib- oder Zündstoff?

7 BEZAHLBARE UND SAUBERE ENERGIE

Seit einigen Jahren erweitern Kraftstoffe aus nachwachsenden Ressourcen das Angebot an unseren Zapfsäulen. Können Biokraftstoffe die Umweltbelastung durch den Verkehr verringern, solange noch Verbrennungsmotoren eine Rolle spielen? Oder wird zu ihrer Herstellung nur wertvolle Ackerfläche „verschwendet"?

1 Ernte von Zuckerrüben

3 Raffinerie zur Herstellung von Bioethanol

Bioethanol wird aus regenerativer Biomasse, beispielsweise aus Zuckerrüben oder Getreide, hergestellt. Seit mehr als zwei Jahrzehnten werden größere Agrarflächen in vielen Ländern der Erde zur Herstellung von Biokraftstoffen bewirtschaftet. Auch in Deutschland werden Bioethanol und Biodiesel produziert und genutzt. Bereits seit 2004 müssen hierzulande fünf Prozent Bioethanol dem Benzin beigemischt

werden. Anfang 2011 wurde zudem der Benzinkraftstoff E10 (Benzin mit zehn Prozent Bioethanol) in Deutschland eingeführt. Warum das Ganze?

Zum einen möchte man die Abhängigkeit der heimischen Wirtschaft von Erdölimporten verringern. Zum anderen sind die Klimaschutzziele der Bundesregierung und der EU zur Reduzierung der Treibhausgasemissionen zu nennen. Es wird argumentiert, dass mit diesem Kraftstoff bei Produktion und Verbrauch weniger Treibhausgase ausgestoßen werden, da vor seiner Verbrennung Kohlendioxid von den Pflanzen gebunden wird. EU-Vorgaben besagen, dass Biokraftstoffe gegenüber konventionellen Kraftstoffen mindestens 35 Prozent an Treibhausgasen vermeiden müssen.

Ob es sich um eine wirklich nachhaltige Alternative zu fossilen Brennstoffen handelt, wird diskutiert: Ein hoher Energieverbrauch bei Anbau, Ernte, Transport und Verarbeitung, Flächennutzungskonflikte mit dem Anbau von Nahrungsmittelpflanzen und auch Angst um die biologische Vielfalt in den Anbauländern sind nur einige Kritikpunkte, die von den Zweiflern vorgebracht werden.

Dieselkraftstoff 32.139.000 t — **62,6 %**

Biokraftstoffanteil** — **6,5 %**

Biomethan 65.000 t — 0,1 %
Bioethanol 1.098.000 t — 1,3 %
Hydrierte Pflanzenöle (HVO)* 42.000 t — < 0,1 %
Biodiesel 2.984.000 t — 5,0 %
Pflanzenöl* 1.000 t — < 0,1 %

gesamt **51,9 Mio. t**

Erdgas (CNG)* 114.000 t — **0,3 %**
Flüssiggas (LPG)* 353.000 t — **0,7 %**
Ottokraftstoff 15.120.000 t — **30,0 %**

*Prozentangaben bezogen auf den Energiegehalt,
* Schätzung, ** ohne Stromverbrauch im Verkehrssektor*

Quelle: FNR nach AGEB, BAFA, BLE, DVFG (2021)
© FNR 2021

FNR

2 Kraftstoffverbrauch Deutschland 2020

→ Karikaturen auswerten Seite 118/119

→ Wirkungsgefüge erstellen Seite 181

4 „Biosprit – teuer erkauft?"

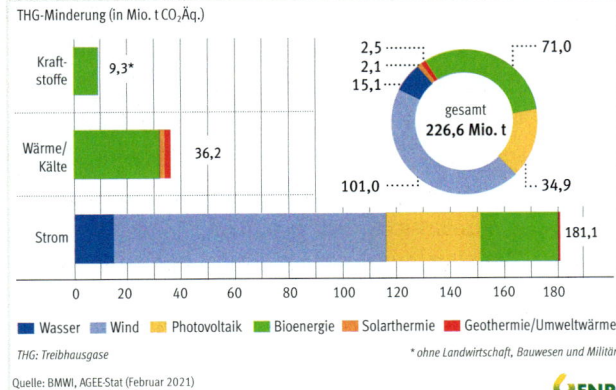

6 Reduktion von Treibhausgas-Emissionen durch die Nutzung erneuerbarer Energien 2020

„Biodiesel: Urwaldvernichtung fürs Klima"

„[...] Dem an den Tankstellen verkauften Dieselkraftstoff wird bis zu 7 % Biodiesel beigemischt, so schreiben es deutsche und EU-Gesetze vor. [...] Über die Hälfte des in die EU importierten Palmöls enden so in den Tanks von Dieselautos und Lastwagen. [...]

Für den Anbau von Ölpalmen werden [in Südostasien] die Tropischen Regenwälder abgeholzt, um Platz für endlose Monokulturen zu machen. Das schädigt nicht nur das Weltklima, sondern dezimiert auch die tropische Artenvielfalt und zerstört die Lebensgrundlagen der dort lebenden Menschen.

Nach jahrelangen Kampagnen von Umwelt- und Entwicklungsorganisationen hat die EU zwar beschlossen, die Beimischung von Palmöl auslaufen zu lassen. Doch die dafür gesetzte Frist bis 2030 ist viel zu lang. Weitere zehn Jahre bedroht das Palmöl im Diesel die Regenwälder und deren Bewohner wie die Orang Utans. [...]"

Rettet den Regenwald e.V.: Fernsehreportage „Biodiesel: Urwaldvernichtung fürs Klima" vom 18.09.2020; unter: https://www.regenwald.org/news/9886/fernsehreportage-biodiesel-urwaldvernichtung-fuers-klima

---

1 Erstellt ein Lernplakat zum Thema Biokraftstoffe.

2 Werte die Karikatur 4 aus.

5

3 MK Stelle den Zusammenhang zwischen der Herstellung von Biodiesel und der Bedrohung des Regenwaldes her, indem du
A ein Wirkungsgefüge erstellst oder
B einen Bericht für die Schülerzeitung schreibst.

4 Bewerte Biokraftstoffe als Alternative zu fossilen Kraftstoffen im Hinblick auf ihre ökologische Nachhaltigkeit.

5 Die Wochenzeitung „Die Zeit" bezeichnet in einer Artikelüberschrift den Biokraftstoff als „Die grüne Lüge". Nimm Stellung zu dieser Aussage.

Fleischkonsum und Fast Food

Imbissstände, Dönerläden und Fast-Food-Ketten prägen das Bild der Großstädte und stehen symbolisch für eine Konsumgesellschaft. Fragwürdig ist der tägliche Verzehr von Fleisch nicht nur aus gesundheitlicher und ethischer Sicht, sondern vor allem, wenn es um den Welthunger, den Klimaschutz und die Lebensraumzerstörung geht.

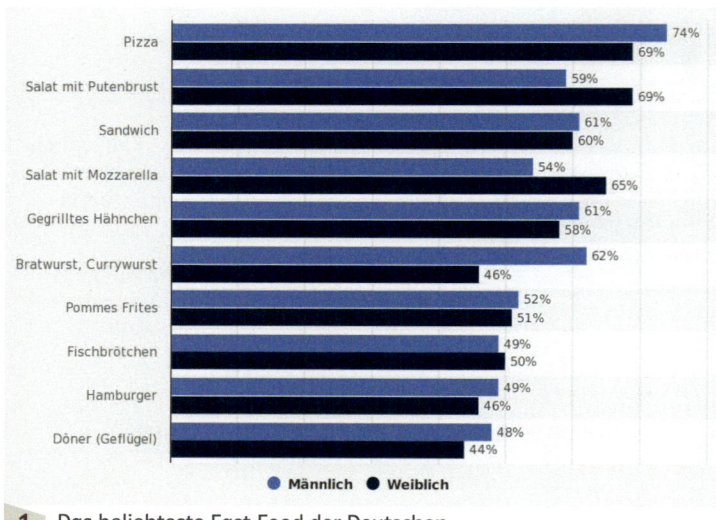

1 Das beliebteste Fast-Food der Deutschen

2 Nährwertverluste durch Fleischproduktion
nach: Brot für die Welt

Adipositas

Eine Vermehrung des Körperfetts, die über das Normalmaß hinausgeht. Adipositas, auch als Fettleibigkeit bezeichnet, wird mithilfe des BMI ermittelt.

Veredlungsverluste

Ein beachtlicher Anteil des Getreides in Deutschlands Futtertrögen stammt aus Ländern der Südhemisphäre. Für den Anbau werden große Flächen benötigt, was auch zur Regenwaldabholzung und damit zu Biodiversitätsverlust führt. Zudem gibt es Landnutzungskonflikte zwischen Plantagenbetreibern und landlosen Hungernden. Besonders problematisch ist das Verhältnis von direkter zu indirekter Nahrung. Während der direkte Verzehr von Getreide, zum Beispiel in Form von Brot, energetisch betrachtet nahezu „verlustfrei" abläuft, gehen beim Füttern von Tieren mit Getreide mindestens zwei Drittel der Kalorien im Stoffwechselkreislauf der Tiere verloren. Dies nennt man Veredlungsverlust. Im Schnitt sind circa sechs pflanzliche Kalorien notwendig, um eine Kalorie an tierischen Lebensmitteln zu erzeugen.

Weltweiter Fleischkonsum

In den letzten 50 Jahren hat sich der weltweite Fleischkonsum verfünffacht. In den Industrieländern konsumiert der Durchschnittsbürger pro Jahr 90 Kilogramm Fleisch. Vor allem in Schwellenländern wie China, Indien oder Brasilien ist die Nachfrage nach Fleisch stark angewachsen. In China gilt der tägliche Konsum von Fleisch als Statussymbol der wachsenden Mittelschicht. Während vegetarische Kost im Westen längst nicht mehr nur mit dem Öko-Gedanken in Verbindung gebracht wird, wird Vegetarismus in China als Zeichen für finanzielle Not gewertet.

Arbeitsbedingungen in der Fleischindustrie

Nicht nur die Massentierhaltung ermöglicht, dass Fleisch in großen Mengen und billig zur Verfügung steht, auch die Arbeitsverhältnisse in den Schlachthöfen tragen dazu bei. Dort arbeiten häufig Leiharbeiter aus Osteuropa für geringen Lohn. Während des Aufenthalts in Deutschland wohnen sie in überbelegten kleinen Wohnungen oder Wohncontainern. Die Bundesregierung plant die schlechten Arbeitsbedingungen in der Fleischindustrie durch verschiedene Gesetzesvorhaben zu verbessern.

Die Dosis macht das Gift

Fast-Food-Gerichte sind nicht nur stark fetthaltig, sie enthalten auch zu viel Zucker und führen daher oft zu **Fehlernährung**. Im Durchschnitt enthält zum Beispiel ein Liter eines Softdrinks 100 Gramm Zucker, das sind etwa 32 Zuckerwürfel, was 400 Kilokalorien entspricht. Der von Medizinern empfohlene Tagesrichtwert liegt hier aber nur bei 200 Kilokalorien. Aber nicht nur in Limonaden und Schokoriegeln ist Zucker enthalten, sondern auch in allen möglichen anderen Lebensmitteln, etwa in Ketchup, Fertigsuppen, Toastbrot oder Spaghetti.

Fast Food begünstigt Übergewicht

Manchmal ist Übergewicht zwar krankheitsbedingt, überwiegend sind allerdings Fehlernährung und Bewegungsmangel dafür verantwortlich.

Laut UN-Gesundheitsorganisation sterben weltweit jedes Jahr mindestens 500 000 adipöse Personen, denn jedes Kilo zu viel belastet den gesamten Organismus. Bei Übergewichtigen muss das Herz ständig Mehrarbeit leisten. Außerdem werden im Körper vermehrt Wasser und Natrium zurückgehalten, was die Entstehung von Bluthochdruck begünstigt. Die Folgen sind Angina pectoris, Herzinfarkt und chronische Herzschwäche. Auch die Lunge muss, um den erhöhten Sauerstoffbedarf decken zu können, vermehrt arbeiten. Oft reicht aber die Lungenkapazität nicht aus, sodass sich ein chronischer Sauerstoffmangel entwickelt. Verstärkt wird dies noch durch Störungen der Atmung während des Schlafes (Schlaf-Apnoe-Syndrom). Die Betroffenen klagen über lautes Schnarchen und ruhelosen Schlaf.

Mehr Mülltonnen sind keine Lösung

Aber auch die Umwelt leidet: Immer mehr Verpackungsmüll durch die „To-go"-Produkte belastet die Städte. Mit einer Sonderabgabe auf Verpackungsmüll könnte dieser verteuert und stärker vermieden werden. Aus der Sicht der Unternehmen ist die Papierverpackung noch immer die hygienischste und nachhaltigste Verpackung in der Lebensmittelindustrie. Die alternative Nutzung von Geschirr hätte wiederum einen hohen Wasserverbrauch zur Folge.

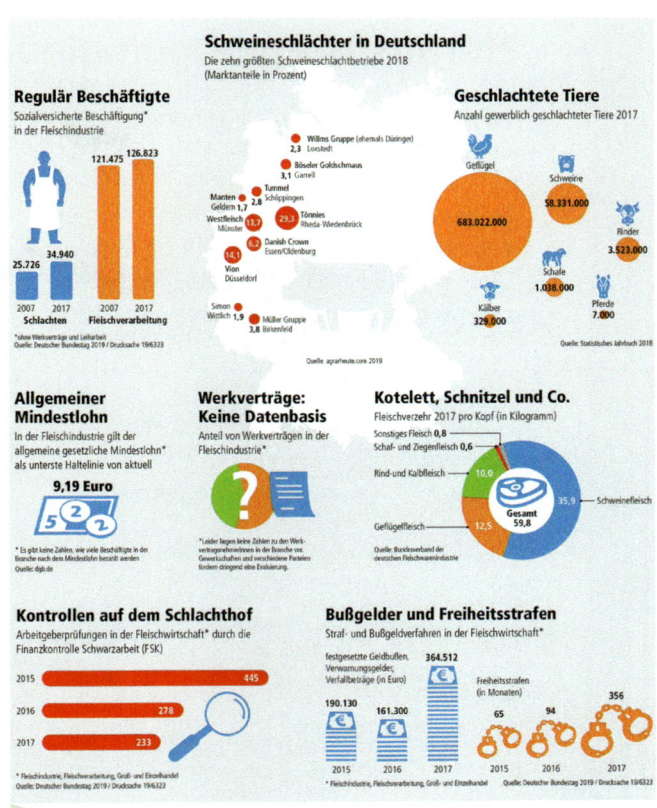

3 Schlachtindustrie in Deutschland (eine Infografik des DGB)

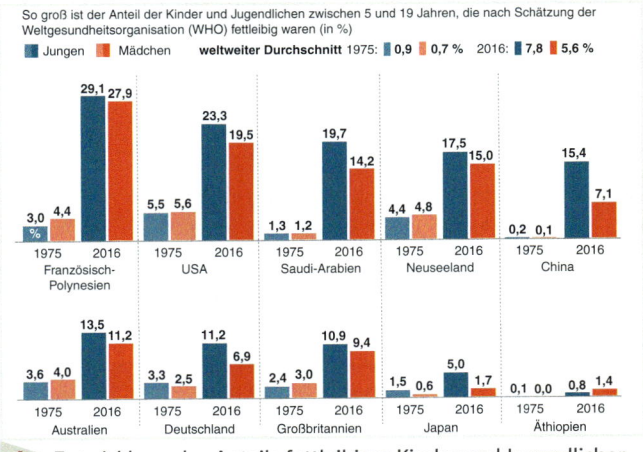

4 Entwicklung des Anteils fettleibiger Kinder und Jugendlicher

---

1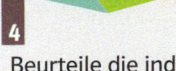
Erweiterung
Erkläre die Begriffe direkte und indirekte Nahrung (Grafik 2).

2
Vertiefung
Nenne Gründe für den Fast-Food-Verzehr.

3
Stelle die Zusammenhänge zwischen Fleischkonsum, Fleischproduktion, Fast Food und Übergewicht dar:
A in einem Strukturdiagramm,
B in einer Skizze.

4
Beurteile die industrielle Fleischproduktion hinsichtlich ihrer Nachhaltigkeit (Grafik 3).

5
Werte Grafik 4 aus: Stelle Vermutungen zur Erklärung der Entwicklung der Fettleibigkeit in verschiedenen Ländern an. Überprüfe deine Vermutungen mithilfe einer Internetrecherche (Quellenangabe nicht vergessen).

Herausforderungen globaler Ernährung

Welche Herausforderungen stellt der globale Klimawandel an die Sicherung der Ernährung weltweit?

Mehr als ein Drittel der weltweiten Festlandsgebiete gilt als landwirtschaftliche Nutzfläche. Diese muss ausreichen, um eine wachsende Bevölkerung zu ernähren. Durch den Einsatz von Technik, Maschinen und veränderten Anbaumethoden versuchen Menschen die landwirtschaftlich nutzbaren Flächen auszuweiten. Der Klimawandel wird die landwirtschaftlich nutzbaren Flächen verändern.

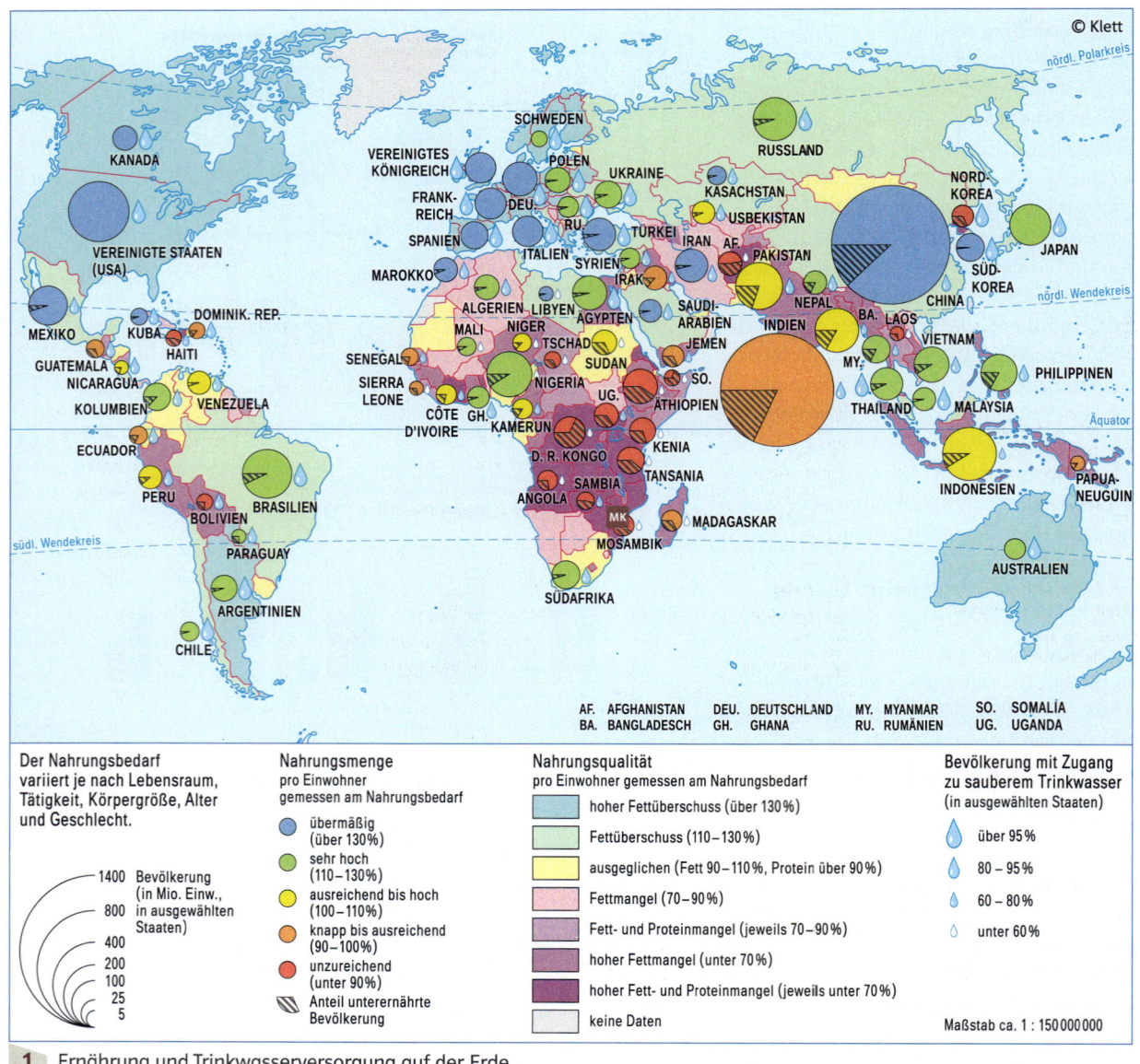

© Klett

AF. AFGHANISTAN   DEU. DEUTSCHLAND   MY. MYANMAR   SO. SOMALIA
BA. BANGLADESCH   GH. GHANA   RU. RUMÄNIEN   UG. UGANDA

Der Nahrungsbedarf variiert je nach Lebensraum, Tätigkeit, Körpergröße, Alter und Geschlecht.

1400 Bevölkerung (in Mio. Einw., in ausgewählten Staaten)
800
400
200
100
25
5

Nahrungsmenge
pro Einwohner
gemessen am Nahrungsbedarf

- übermäßig (über 130%)
- sehr hoch (110–130%)
- ausreichend bis hoch (100–110%)
- knapp bis ausreichend (90–100%)
- unzureichend (unter 90%)
- Anteil unterernährte Bevölkerung

Nahrungsqualität
pro Einwohner gemessen am Nahrungsbedarf

- hoher Fettüberschuss (über 130%)
- Fettüberschuss (110–130%)
- ausgeglichen (Fett 90–110%, Protein über 90%)
- Fettmangel (70–90%)
- Fett- und Proteinmangel (jeweils 70–90%)
- hoher Fettmangel (unter 70%)
- hoher Fett- und Proteinmangel (jeweils unter 70%)
- keine Daten

Bevölkerung mit Zugang zu sauberem Trinkwasser (in ausgewählten Staaten)

- über 95%
- 80–95%
- 60–80%
- unter 60%

Maßstab ca. 1 : 150 000 000

1 Ernährung und Trinkwasserversorgung auf der Erde

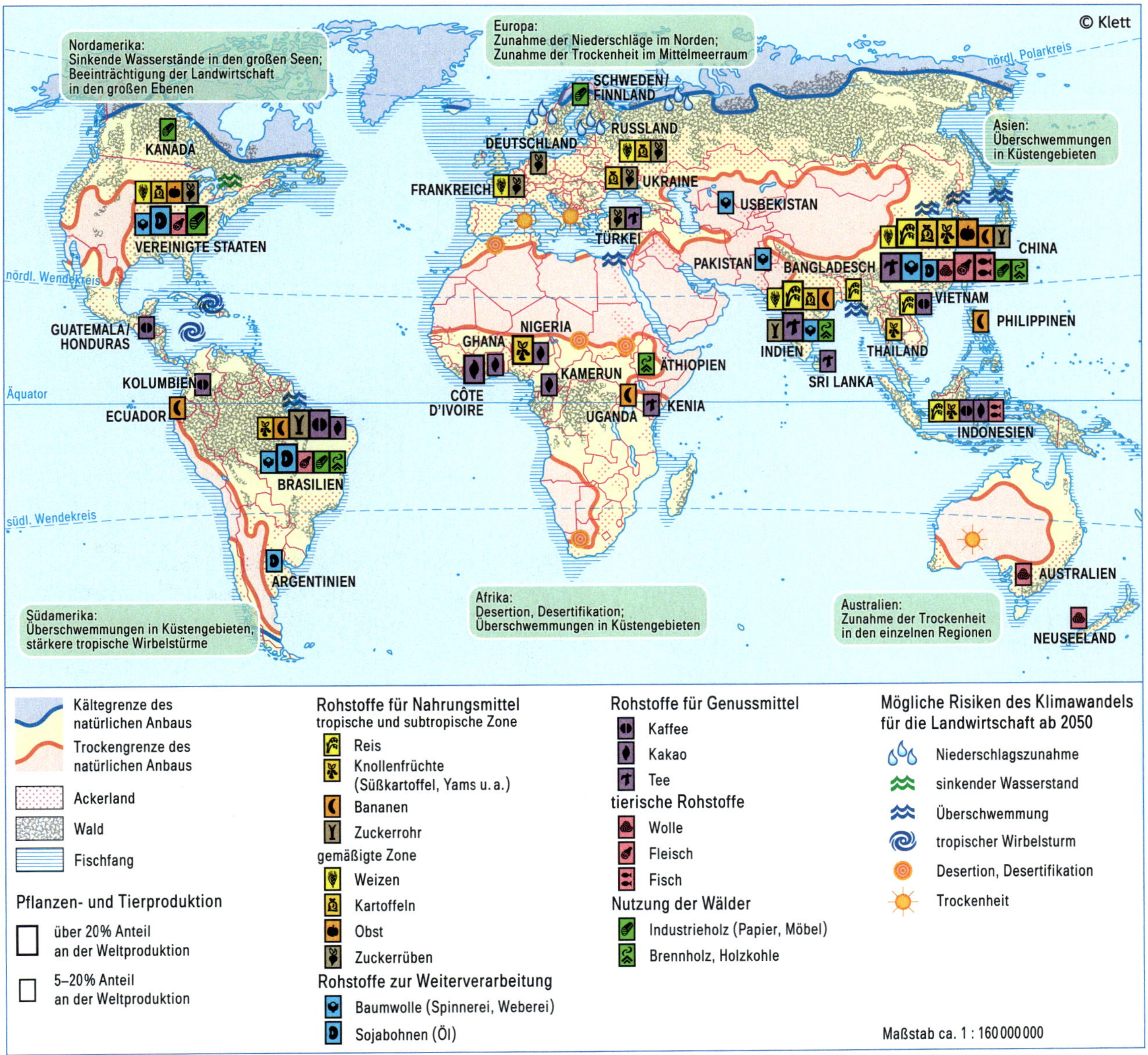

© Klett

Nordamerika:
Sinkende Wasserstände in den großen Seen; Beeinträchtigung der Landwirtschaft in den großen Ebenen

Europa:
Zunahme der Niederschläge im Norden; Zunahme der Trockenheit im Mittelmeerraum

nördl. Polarkreis

Asien:
Überschwemmungen in Küstengebieten

KANADA

SCHWEDEN/FINNLAND

RUSSLAND

DEUTSCHLAND

FRANKREICH   UKRAINE

USBEKISTAN

VEREINIGTE STAATEN

TÜRKEI

CHINA

nördl. Wendekreis

PAKISTAN   BANGLADESCH

GUATEMALA/HONDURAS

NIGERIA

INDIEN

VIETNAM

PHILIPPINEN

KOLUMBIEN

GHANA

KAMERUN   ÄTHIOPIEN

THAILAND

Äquator

ECUADOR

CÔTE D'IVOIRE

SRI LANKA

UGANDA   KENIA

BRASILIEN

INDONESIEN

süd. Wendekreis

AUSTRALIEN

ARGENTINIEN

Südamerika:
Überschwemmungen in Küstengebieten; stärkere tropische Wirbelstürme

Afrika:
Desertion, Desertifikation; Überschwemmungen in Küstengebieten

Australien:
Zunahme der Trockenheit in den einzelnen Regionen

NEUSEELAND

〰 Kältegrenze des natürlichen Anbaus

〰 Trockengrenze des natürlichen Anbaus

▦ Ackerland

▦ Wald

▦ Fischfang

Pflanzen- und Tierproduktion

☐ über 20% Anteil an der Weltproduktion

☐ 5–20% Anteil an der Weltproduktion

Rohstoffe für Nahrungsmittel
tropische und subtropische Zone

🌾 Reis

🌱 Knollenfrüchte (Süßkartoffel, Yams u. a.)

🍌 Bananen

🌿 Zuckerrohr

gemäßigte Zone

🌾 Weizen

🥔 Kartoffeln

🍎 Obst

🌱 Zuckerrüben

Rohstoffe zur Weiterverarbeitung

🔵 Baumwolle (Spinnerei, Weberei)

🔵 Sojabohnen (Öl)

Rohstoffe für Genussmittel

◆ Kaffee

◆ Kakao

🍵 Tee

tierische Rohstoffe

🐑 Wolle

🥩 Fleisch

🐟 Fisch

Nutzung der Wälder

🌲 Industrieholz (Papier, Möbel)

🌲 Brennholz, Holzkohle

Mögliche Risiken des Klimawandels für die Landwirtschaft ab 2050

💧 Niederschlagszunahme

〰 sinkender Wasserstand

〰 Überschwemmung

🌀 tropischer Wirbelsturm

⊙ Desertion, Desertifikation

☀ Trockenheit

Maßstab ca. 1 : 160 000 000

2 Landwirtschaftliche Rohstoffe auf der Erde und Risiken für die Landwirtschaft durch den Klimawandel

---

1
Karte 2: Benenne die Zonen der Erde, in denen sich die Hauptgebiete
a) des Fischfangs,
b) der Getreideproduktion,
c) der Fleischerzeugung befinden.

2
Karte 2: Benenne natürliche Grenzen und durch den Klimawandel bedingte Veränderungen der Anbauflächen.

3
Karte 1: Benenne Staaten, deren Ernährungssituation durch
a) Hunger/Mangel,
b) Überfluss/Überernährung gekennzeichnet ist.

4
Zusammenschau beider Karten: Vergleiche die nördliche mit der südlichen Hemisphäre hinsichtlich Ernährungsqualität und Produktion von Nahrungsmitteln.

5
Erläutere, wie sich der Klimawandel auf die Ernährungssituation in Somalia, Mosambik, Indien, Großbritannien und Brasilien auswirken könnte.

6
Beurteile Möglichkeiten und Grenzen für eine nachhaltige Ernährungssicherung der wachsenen Weltbevölkerung.

Wichtige Begriffe

- Biodiversität
- Cash Crop
- Dürre
- Export
- Fehlernährung
- Food Crop
- Hunger
- Import
- Mangelernährung
- Subsistenzproduktion
- Weltagrarmarkt
- Welternährung

Sich orientieren

1 Hunger auf der Erde

a Nenne mithilfe der Karte auf Seite 124 fünf Staaten der Erde, in denen Mangel an Nahrung besonders groß ist.

b Bestimme die Lage dieser Staaten und benenne die Klimazonen, in denen diese Länder liegen.

Kennen und verstehen

2 Hungerbekämpfung
Benenne nachhaltige Maßnahmen, den Hunger der Welt einzudämmen. Erläutere die deiner Meinung nach erfolgversprechendste Maßnahme genauer.

3 Nahrungsmittelverschwendung
Erläutere, inwiefern die Eindämmung der Nahrungsmittelverschwendung ein Beitrag zur Lösung der Hungerproblematik sein kann.

4 Richtig oder falsch?
Korrigiere die falschen Aussagen und schreibe sie richtig auf.

a Die Länder, in denen viele Menschen an Unterernährung leiden, sind gleichmäßig über die Erde verteilt.

b Hunger und Mangelernährung sind ausschließlich Probleme in Entwicklungsländern.

c Subsistenzwirtschaft bezeichnet landwirtschaftliche Produktion für den Eigenverbrauch.

d Food Crops sind agrarische Produkte, die für den menschlichen Verzehr angebaut werden. Cash Crops müssen hingegen unter Aufwendung finanzieller Mittel zunächst noch veredelt werden.

e Biokraftstoffe sind eine nachhaltige Alternative zu fossilen Kraftstoffen.

f Veredlungsverluste bei der Fleischerzeugung werden als indirekte Nahrung bezeichnet.

5 Begriffe gesucht
Finde die passenden Fachbegriffe:

a Unzureichende Ernährung, bei der der Kalorienbedarf nicht gedeckt ist.

b Nahrungsmittel, die zur Selbstversorgung angebaut werden.

c Maßeinheit für den Energiegehalt von Nahrungsmitteln.

Fachmethoden anwenden

6 Karten interpretieren

a Werte die Karte 1 aus.

b Werte die Karte auf Seite 116 aus.

7 Karikaturen auswerten
Werte die Karikatur 2 aus.

1 Weltweite Produktion von Meeresfisch im Jahr 2013 (einschließlich Aquakultur)

⊕ Üben interaktiv
8ut5fm

⊕ Material
Selbsteinschätzung
8ut5fm

⊕ Lösungen
8ut5fm

Welternährung zwischen Überfluss und Mangel **5**

Beurteilen und bewerten

8 Mindesthaltbarkeitsdatum versus Verbrauchsdatum

„Das Mindesthaltbarkeitsdatum ist Verbrauchertäuschung und muss daher durch ein Verbrauchsdatum ersetzt werden." Beurteile diese Aussage.

Wissen vernetzen

9 Mit einem Schaubild arbeiten

a Übertrage das Schaubild 3 in dein Heft und vervollständige es, indem du den vier Oberbegriffen passende Stichpunkte zuordnest.

b Verbinde Stichpunkte zwischen den Oberbegriffen, bei denen ein inhaltlicher Zusammenhang besteht.

Handeln

10 Globales Frühstück

a Plant und führt gemeinsam ein nachhaltig produziertes, globales Frühstück durch.

b Hinterfragt diese Mahlzeit hinsichtlich ökonomischer, ökologischer und sozialer Gesichtspunkte kritisch.

2 Restaurant Atlantik

3 Welternährung im Zusammenhang

Jetzt kannst du …

– Unterschiede in der globalen Ernährungssituation beschreiben und erläutern,

– Ursachen und Wechselwirkungen von Hunger beschreiben und erklären,

– Maßnahmen gegen den globalen Hunger benennen und bewerten,

– den Interessenkonflikt zwischen Nahrungsmittel- und Kraftstofferzeugung aufzeigen,

– ein Dilemma bearbeiten.

6

Länder und ihre Entwicklungsmöglichkeiten

1 Im Bau befindliche Stadtbahn in Addis Abeba (Äthiopien)

Entwicklungsländer, Entwicklungszusammenarbeit, Entwicklungsziele, Entwicklungshilfe – Entwicklung ist ein zentraler Begriff. Doch was heißt „Entwicklung" eigentlich? Wie sind die bestehenden Entwicklungsunterschiede zu erklären? Welche Entwicklung ist wünschenswert und wie kann diese beeinflusst werden?

Wähle aus!

A   Was ist Entwicklung?

Die Länder der Welt weisen unterschiedliche Entwicklungsstände auf. Doch wer bestimmt, was Entwicklung ist? Was sagen Daten und Fakten über das Leben der Menschen aus? Und welche Entwicklung gilt es überhaupt anzustreben?

Um Entwicklung messen zu können, muss man sie definieren und davon ausgehend geeignete statistische Daten erheben, die als Berechnungsgrundlage dienen.

A Du arbeitest gerne mit Karten.

B Du arbeitest gerne mit Zahlen und Ranglisten.

Vergleiche die vorgestellten Instrumente zur Klassifizierung BNE, HDI und HPI und stelle deine Ergebnisse in einer Tabelle dar. Beispieltabelle (s. S. 132).
a) Analysiere die jeweiligen Aussagen hinsichtlich der Aspekte Ökonomie, Ökologie und Soziales.
b) Definiere, was das jeweilige Instrument unter Entwicklung versteht: Welche Entwicklung gilt es demnach anzustreben?
c) Beurteile die Eignung der Instrumente, um Aussagen zur Entwicklung eines Landes zu treffen.

Was sagen Daten und Fakten über das Leben der Menschen? Vergleiche die Platzierung Deutschlands nach den verschiedenen Instrumenten: Erläutere ausgehend von deiner eigenen Wahrnehmung des Entwicklungsstandes von Deutschland, welche Platzierung dir am passendsten und welche am wenigsten passend erscheint.

Untersuche für zwei weitere Beispielländer deren jeweilige Platzierungen nach den unterschiedlichen Kategorisierungsinstrumenten und begründe die Platzierung jeweils.

4

Wer bestimmt, was Entwicklung ist? Erläutere ausgehend von deinen bisherigen Ergebnissen, inwiefern diese Frage den „Knackpunkt" in der Diskussion um Kategorisierungsinstrumente darstellt.

5

Gestalte ein eigenes Instrument, um die Entwicklung Ruandas und Deutschlands vergleichend zu beschreiben. Wähle dazu aus den Strukturdaten im Anhang geeignete Indikatoren aus. Gewichte die Indikatoren anschließend in einer Rangliste (1. Platz = höchste prozentuale Berücksichtigung) für die Berechnung deines Instruments. Begründe deine Auswahl vor dem Hintergrund des Vierecks der Nachhaltigkeit.

○ 1a ◗ 1b, 2, 3 ● 1c, 4, 5   → Lösungshilfen ab S. 178

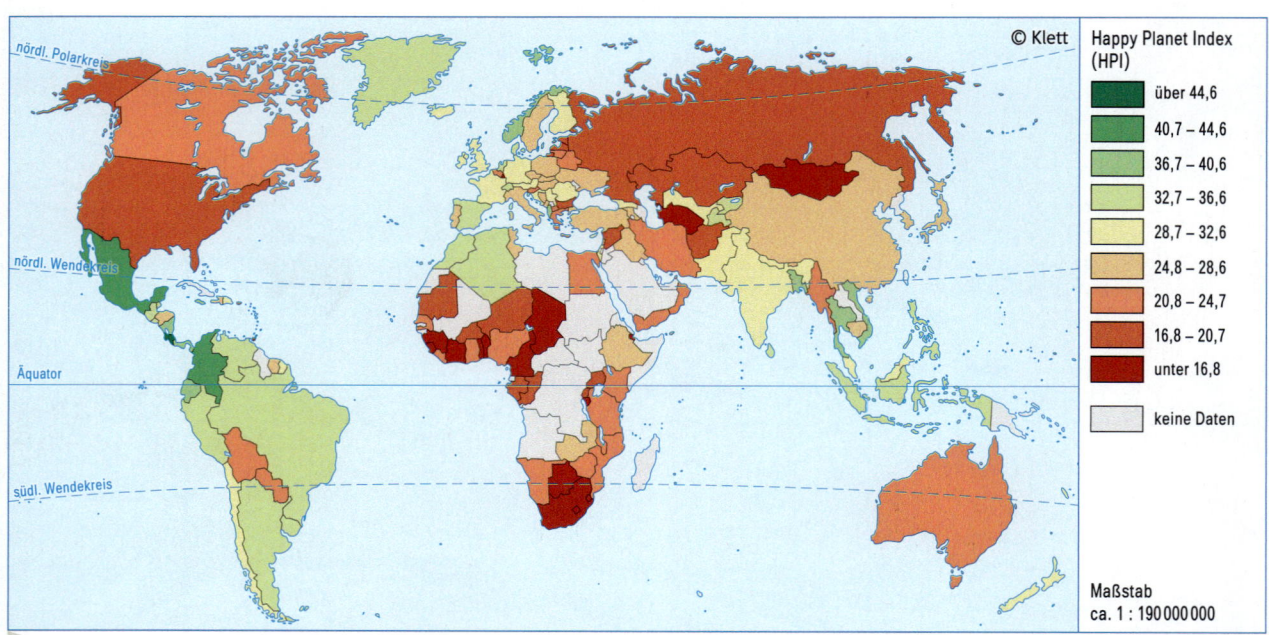

1 Happy Planet Index 2019

(Nach http://happyplanetindex.org)

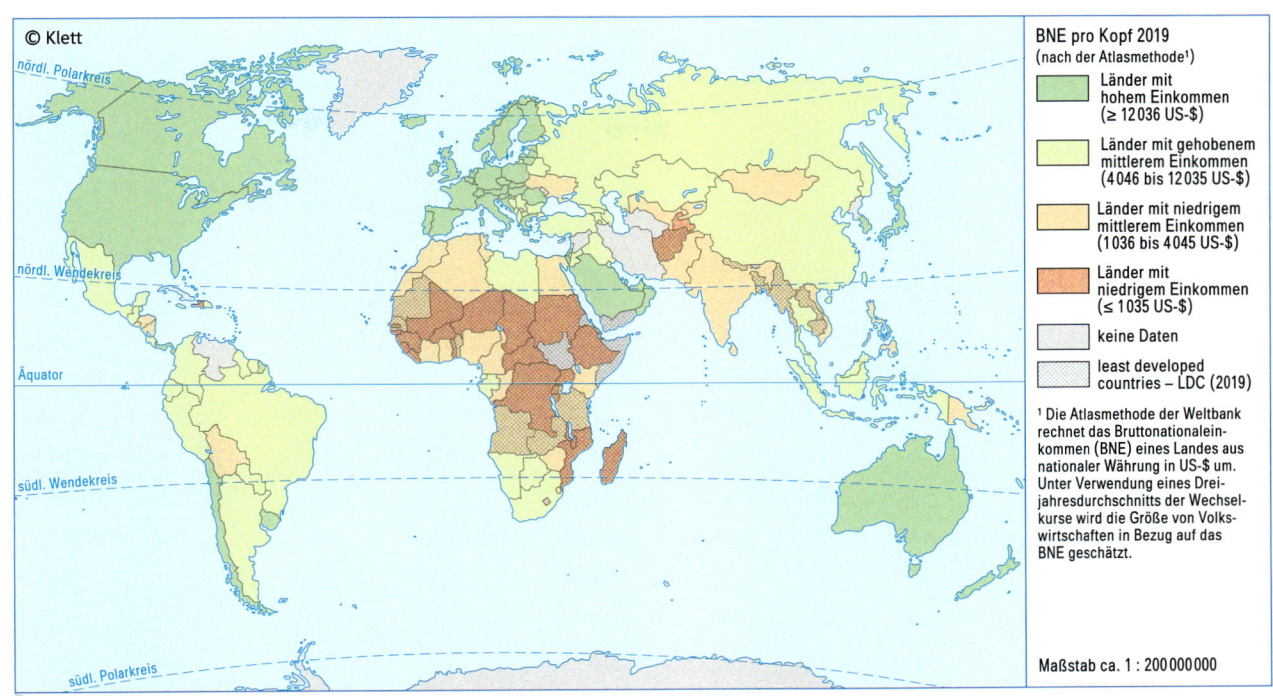

2 Länderklassifizierung der Weltbank nach BNE pro Kopf 2019 sowie Least Developed Countries (LDC) der UNO

BNE pro Kopf 2019
(nach der Atlasmethode[1])

Länder mit hohem Einkommen (≥ 12 036 US-$)

Länder mit gehobenem mittlerem Einkommen (4 046 bis 12 035 US-$)

Länder mit niedrigem mittlerem Einkommen (1 036 bis 4 045 US-$)

Länder mit niedrigem Einkommen (≤ 1 035 US-$)

keine Daten

least developed countries – LDC (2019)

[1] Die Atlasmethode der Weltbank rechnet das Bruttonationaleinkommen (BNE) eines Landes aus nationaler Währung in US-$ um. Unter Verwendung eines Dreijahresdurchschnitts der Wechselkurse wird die Größe von Volkswirtschaften in Bezug auf das BNE geschätzt.

Maßstab ca. 1 : 200 000 000

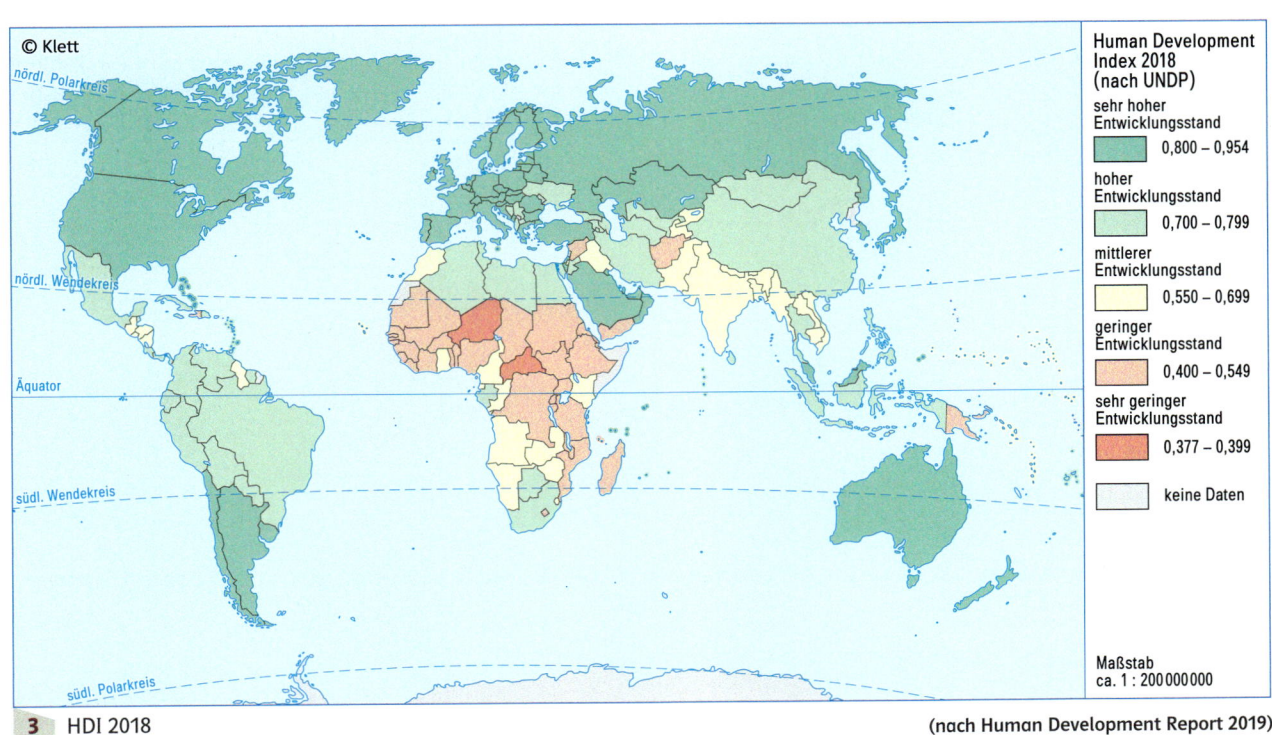

3 HDI 2018

(nach Human Development Report 2019)

Human Development Index 2018
(nach UNDP)

sehr hoher Entwicklungsstand
0,800 – 0,954

hoher Entwicklungsstand
0,700 – 0,799

mittlerer Entwicklungsstand
0,550 – 0,699

geringer Entwicklungsstand
0,400 – 0,549

sehr geringer Entwicklungsstand
0,377 – 0,399

keine Daten

Maßstab ca. 1 : 200 000 000

→ Millenniumsziele Seite 172/173

Wähle aus! B

		BNE-Rang
1	Singapur	92 270
3	Luxemburg	79 660
5	Norwegen	72 920
7	USA	70 430
15	Deutschland	59 120
24	Italien	46 110
65	Costa Rica	20 470
74	China	16 760
165	Ruanda	2 250

https://knoema.de/atlas/topics/Wirtschaft/ Volkswirtschaftlich e-Gesamtrechnung-Brut- tonationaleinkommen/BNE-pro-Kopf-PPK

4 Daten und Rangliste BNE/Kopf kaufkraftbereinigt

Rang	Land	HDI	Gesundheit Lebenser- wartung bei Geburt	Bildung Voraus- sichtliche Schulbe- suchsdauer	Durch- schnittliche Schulbe- suchsdauer	Wirtschaft BNE/Kopf- kaufkraft- bereinigt
1	Norwegen	0,957	82,4	18,1	12,9	72 920
6	Deutsch- land	0,947	81,3	17	14,2	59 120
11	Singapur	0,938	83,6	16,4	11,6	92 270
13	USA	0,926	78,9	16,3	13,4	70 430
23	Luxemburg	0,916	82,3	14,3	12,3	79 660
29	Italien	0,892	83,5	16,1	10,4	46 110
62	Costa Rica	0,810	80,3	15,7	8,7	20 470
85	China	0,761	76,9	14	8,1	16 760
160	Ruanda	0,543	69	11,2	4,4	2 250

http://hdr.undp.org/en/content/latest-humandevelopment-index-ranking

7 Daten und Rangliste HDI

Rang	Land	HPI	Lebenser- wartung bei Geburt	Subjektive Zu- friedenheit von 1 bis 10	Ökologischer Fuß- abdruck (globale Hektar/Person)	Ungleichheit innerhalb der Bevölkerung hinsichtlich Lebenserwartung und Zu- friedenheit (in Prozent)
1	Costa Rica	44,7	80,3	7,3	2,8	15
12	Norwegen	36,8	82,4	7,7	5	7
49	Deutschland	29,8	81,3	6,7	5,3	8
60	Italien	28,1	83,5	5,8	4,6	12
72	China	25,7	76,9	5,1	3,4	17
108	USA	20,7	78,9	7	8,2	13
111	Ruanda	19,6	69	3,3	0,9	37
139	Luxemburg	13,2	82,3	7	15,8	7
k.A.	Singapur					

http://happyplanetindex.org

5 Daten und Rangliste HPI 2016 (Subjektive Zufriedenheit, ökologischer Fußabdruck, Ungleichheit) und 2019 (Lebenserwartung) (140 Ränge)

	BNE	HDI	HPI
Ökonomische Aspekte			
Ökologische Aspekte			
Soziale Aspekte			
Definition von Entwicklung			
Ziele der Entwicklung			
Eignung			

6 Beispieltabelle zu Aufgabe 1 (S. 130)

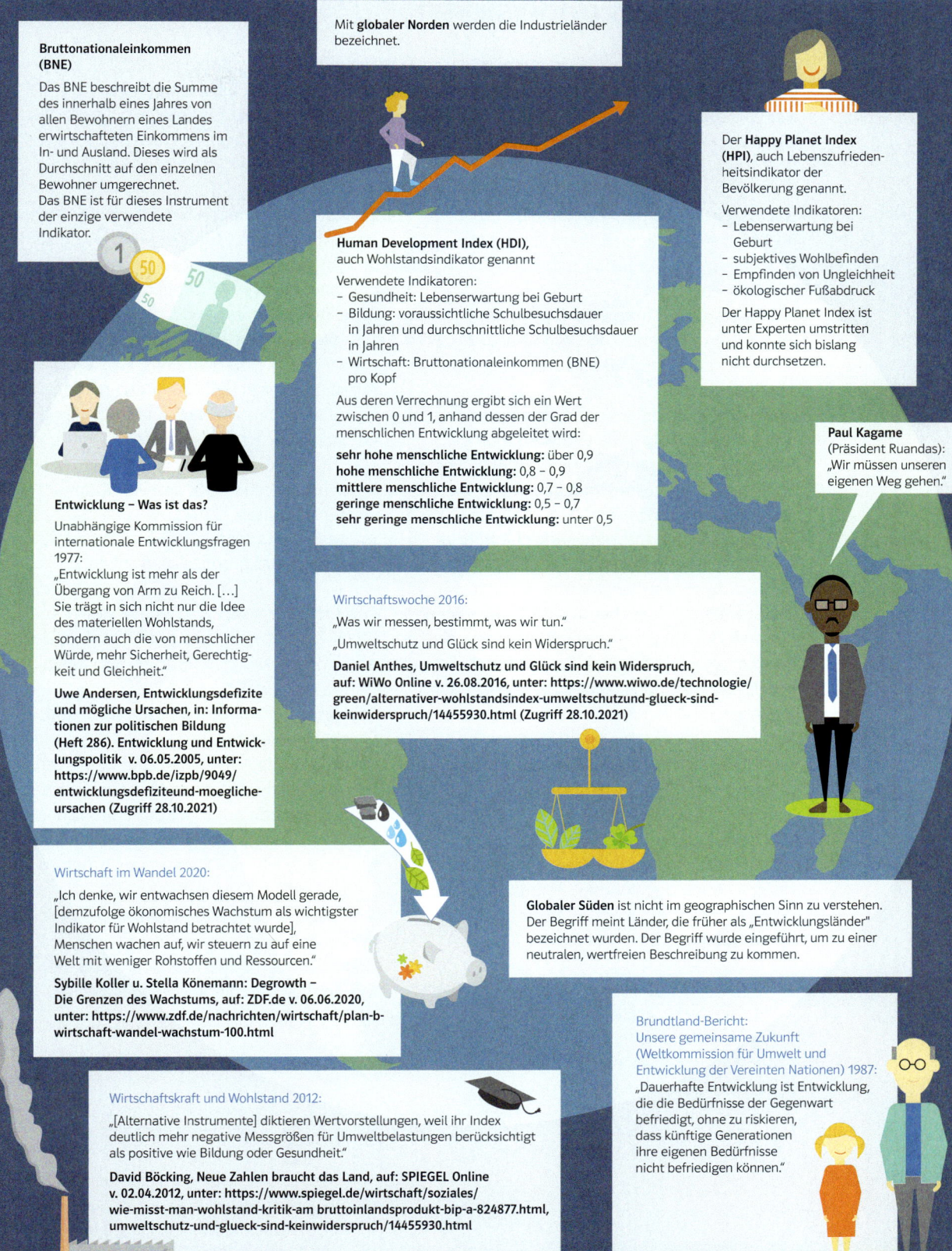

Bruttonationaleinkommen (BNE)

Das BNE beschreibt die Summe des innerhalb eines Jahres von allen Bewohnern eines Landes erwirtschafteten Einkommens im In- und Ausland. Dieses wird als Durchschnitt auf den einzelnen Bewohner umgerechnet.
Das BNE ist für dieses Instrument der einzige verwendete Indikator.

Mit **globaler Norden** werden die Industrieländer bezeichnet.

Der **Happy Planet Index (HPI)**, auch Lebenszufriedenheitsindikator der Bevölkerung genannt.

Verwendete Indikatoren:
- Lebenserwartung bei Geburt
- subjektives Wohlbefinden
- Empfinden von Ungleichheit
- ökologischer Fußabdruck

Der Happy Planet Index ist unter Experten umstritten und konnte sich bislang nicht durchsetzen.

Human Development Index (HDI), auch Wohlstandsindikator genannt

Verwendete Indikatoren:
- Gesundheit: Lebenserwartung bei Geburt
- Bildung: voraussichtliche Schulbesuchsdauer in Jahren und durchschnittliche Schulbesuchsdauer in Jahren
- Wirtschaft: Bruttonationaleinkommen (BNE) pro Kopf

Aus deren Verrechnung ergibt sich ein Wert zwischen 0 und 1, anhand dessen der Grad der menschlichen Entwicklung abgeleitet wird:

sehr hohe menschliche Entwicklung: über 0,9
hohe menschliche Entwicklung: 0,8 – 0,9
mittlere menschliche Entwicklung: 0,7 – 0,8
geringe menschliche Entwicklung: 0,5 – 0,7
sehr geringe menschliche Entwicklung: unter 0,5

Paul Kagame (Präsident Ruandas): „Wir müssen unseren eigenen Weg gehen."

Entwicklung – Was ist das?
Unabhängige Kommission für internationale Entwicklungsfragen 1977:
„Entwicklung ist mehr als der Übergang von Arm zu Reich. […] Sie trägt in sich nicht nur die Idee des materiellen Wohlstands, sondern auch die von menschlicher Würde, mehr Sicherheit, Gerechtigkeit und Gleichheit."
Uwe Andersen, Entwicklungsdefizite und mögliche Ursachen, in: Informationen zur politischen Bildung (Heft 286). Entwicklung und Entwicklungspolitik v. 06.05.2005, unter: https://www.bpb.de/izpb/9049/entwicklungsdefiziteund-moegliche-ursachen (Zugriff 28.10.2021)

Wirtschaftswoche 2016:
„Was wir messen, bestimmt, was wir tun."
„Umweltschutz und Glück sind kein Widerspruch."
Daniel Anthes, Umweltschutz und Glück sind kein Widerspruch, auf: WiWo Online v. 26.08.2016, unter: https://www.wiwo.de/technologie/green/alternativer-wohlstandsindex-umweltschutzund-glueck-sind-keinwiderspruch/14455930.html (Zugriff 28.10.2021)

Wirtschaft im Wandel 2020:
„Ich denke, wir entwachsen diesem Modell gerade, [demzufolge ökonomisches Wachstum als wichtigster Indikator für Wohlstand betrachtet wurde], Menschen wachen auf, wir steuern zu auf eine Welt mit weniger Rohstoffen und Ressourcen."
Sybille Koller u. Stella Könemann: Degrowth – Die Grenzen des Wachstums, auf: ZDF.de v. 06.06.2020, unter: https://www.zdf.de/nachrichten/wirtschaft/plan-b-wirtschaft-wandel-wachstum-100.html

Globaler Süden ist nicht im geographischen Sinn zu verstehen. Der Begriff meint Länder, die früher als „Entwicklungsländer" bezeichnet wurden. Der Begriff wurde eingeführt, um zu einer neutralen, wertfreien Beschreibung zu kommen.

Brundtland-Bericht: Unsere gemeinsame Zukunft (Weltkommission für Umwelt und Entwicklung der Vereinten Nationen) 1987:
„Dauerhafte Entwicklung ist Entwicklung, die die Bedürfnisse der Gegenwart befriedigt, ohne zu riskieren, dass künftige Generationen ihre eigenen Bedürfnisse nicht befriedigen können."

Wirtschaftskraft und Wohlstand 2012:
„[Alternative Instrumente] diktieren Wertvorstellungen, weil ihr Index deutlich mehr negative Messgrößen für Umweltbelastungen berücksichtigt als positive wie Bildung oder Gesundheit."
David Böcking, Neue Zahlen braucht das Land, auf: SPIEGEL Online v. 02.04.2012, unter: https://www.spiegel.de/wirtschaft/soziales/wie-misst-man-wohlstand-kritik-am-bruttoinlandsprodukt-bip-a-824877.html, umweltschutz-und-glueck-sind-keinwiderspruch/14455930.html

Einen Raum analysieren

Es gibt verschiedene Möglichkeiten, Räume zu analysieren. Wichtig dabei ist, sich bewusst zu machen, wie man den Raum beobachtet. So kann man jeden Raum aus vier verschiedenen Blickwinkeln oder Perspektiven betrachten. Oder anders formuliert: Welches „Fenster" der Weltbeobachtung öffne ich?

1 Lage Ruandas

Bei dieser Form einer Raumanalyse wendest du verschiedene Raumkonzepte an und schaust aus vier interessanten Blickrichtungen auf Ruanda.

Man kann einen Raum eher objektiv beobachten, indem man z. B. seine Lage und seine Strukturen untersucht und ihn in Beziehung zu anderen Räumen setzt.

Beobachtest du einen Raum eher subjektiv, dann fragst du dich, wie die Menschen die Region wahrnehmen, mit welchen Absichten über den Raum gesprochen und wie er in den Medien vermittelt wird.

Beides zusammen ist eine wirkliche Herausforderung, aber es ist auch spannend. Du schaust durch vier Fenster und musst dich selbst fragen, wie du beobachtest und was dahintersteckt. Am Ende ermöglicht dir eine solche Raumanalyse ein tieferes Verständnis in Bezug auf die Entwicklung des Landes und der dort lebenden Bevölkerung.

Eine problemorientierte Raumanalyse entlang der vier geographischen Raumkonzepte durchführen

1. Schritt: Fragen formulieren
Formuliere eine oder mehrere Leitfragen zur Untersuchung des Raumes. Achte darauf, dass deine Untersuchungsfragen in einen Problemzusammenhang gestellt werden.

Lohnende Leitfragen können beispielsweise sein:
- Was geschieht aktuell in Ruanda?
- Ruanda als Ziel für Touristen?
- Wie wird moderne Technik eingesetzt?
- Was können wir von Ruanda lernen?
...

2. Schritt: Material recherchieren und sichten
Recherchiere das Material, welches du zur Beantwortung der Leitfragen benötigst. Sichte anschließend das Material und arbeite wesentliche, den Raum prägende Strukturen heraus, z. B. die räumliche Verteilung von Städten, Industriestandorten oder der Bevölkerung, auffällige Muster in der Raumnutzung oder Naturraumstrukturen wie die Verteilung von Gebirgs- oder Tieflandregionen.

3. Schritt: Tabelle nach den vier Raumkonzepten füllen
Analysiere das Material nach den vier Raumkonzepten und ergänze die Tabelle 2.

4. Schritt: Wechselbeziehungen klären
Stelle Zusammenhänge zwischen den Ergebnissen der jeweiligen Raumperspektiven dar.

5. Schritt: Leitfrage(n) beantworten und Ergebnisse beurteilen
Formuliere die Antwort(en) auf deine Leitfrage(n). Stelle dabei auch heraus, welche Blickrichtungen auf den Raum dich am stärksten geleitet haben und was du über den Blick durch alle vier Fenster neu gesehen hast.

6. Schritt: Reflexion der Materialien und des Vorgehens
Beurteile abschließend die verwendeten Materialien und deine Vorgehensweise.

1
Erstellt eine problemorientierte Raumanalyse entlang der vier geographischen Raumkonzepte zu Ruanda und präsentiert eure Ergebnisse mithilfe geeigneter Medien.

Wie bekomme ich Materialien zu Ruanda?

Naturraum Ruandas

– Atlas: physische Karten und Karten zu Klima/Landschaften/Geozonen Afrikas
– Schülerbuch: Seiten 150 …
– Internetrecherche

Wirtschaft und Bevölkerung Ruandas

– Atlas: Karten zu Wirtschaft, Bevölkerung, Landwirtschaft und Landhandel Afrikas
– Schülerbuchseiten: 150, 146, 148
– Internet: Wirtschaftskammer Österreich (Abteilung für Statistik) (2020): Länderprofil Ruanda; DESTATIS (2020): Ruanda; National Institute of Statistics of Rwanda (NISR): Rwanda Statistical YearBook; Rwanda Development Board (2020): Investment Opportunities;

Beziehung Ruandas zu anderen Räumen

– Atlas: Karten zu Staaten, Wirtschaft Afrikas
– Internet: New Times (Tageszeitung Ruanda); Wissenschaftliche Dienste des Deutschen Bundestages

Stimmen zu Ruanda

– Internet: Ruanda Revue (Rheinland-Pfalz); Pädagogisches Landesinstitut Rheinland-Pfalz (Hrsg.) (2019): Partnerland Ruanda; New Times (Ruanda); UN News (o.D.): Rwanda; Botschaft Ruanda in Deutschland (Berlin);

Soziale Medien (YouTube, Facebook, Twitter …)

Darstellung Ruandas in den Medien

– Internet: Ruanda Revue (Rheinland-Pfalz); Freedom House; Botschaft Ruanda in Deutschland (Berlin); Reporter ohne Grenzen; Rwanda Governance Board; soziale Medien (YouTube, Facebook, Twitter …)

2 Material zu Ruanda recherchieren (2. Schritt)

Objektraum	Beziehungsraum	Wahrgenommener Raum	„Gemachter" Raum
Objektive Betrachtung eines Raumes		Subjektive Betrachtung eines Raumes	
Hier betrachtest du Ruanda als einen abgegrenzten Raum. Dabei untersuchst du seine Raumausstattung (z.B. Lage, Klima, Relief, Wirtschaft, Bevölkerung) und das Zusammenwirken einzelner Elemente dieser Ausstattung.	Hier untersuchst du, wie Ruanda mit anderen Räumen in Verbindung steht (z.B. Distanzen und Erreichbarkeit, Handelsbeziehungen, Standortgunst/-ungunst, Migration) und was dies für Ruanda bedeutet.	Du untersuchst, wie Ruanda von verschiedenen Personen subjektiv wahrgenommen wird (z.B. in sozialen Netzwerken durch Einheimische, Touristen, Politiker, Personen unterschiedlichen Alters, Geschlechts oder Berufs), welche Gründe es dafür gibt und welche Folgen dies für Ruanda hat.	Du untersuchst, wie Ruanda in den Medien von verschiedenen Interessengruppen dargestellt wird (z.B. als touristischer Ort, als Wirtschaftsraum), welche Gründe es dafür gibt und welche Folgen dies für Ruanda hat.
Ruanda wird erfasst: • Lage: Ostafrika, am Kivusee, Nachbarländer Tansania, Uganda, DR Kongo, Burundi – …	Ruanda wird in Beziehung gesetzt: • zwei Flughäfen mit internationalen Verbindungen • Binnenlage • noch keine Bahnverbindungen	Ruanda wird wahrgenommen von: • Touristen • Entwicklungshelfern • Bürgern • …	Ruanda wird von … kommuniziert und „gemacht": • Frieden und politische Stabilität • wunderbare Natur • Sicherheit • …

3 Tabelle zur Analyse eines Raumes nach den vier Raumkonzepten (3. Schritt)

Strom für Afrika

7 BEZAHLBARE UND SAUBERE ENERGIE

Großprojekte der Stromerzeugung haben vor allem Städte und Industriekomplexe mit elektrischer Energie erreicht. Viele Menschen in den Dörfern bleiben buchstäblich im Dunkeln sitzen. Können erneuerbare Energie hier eine Lösung sein und Energien für alle bereitstellen?

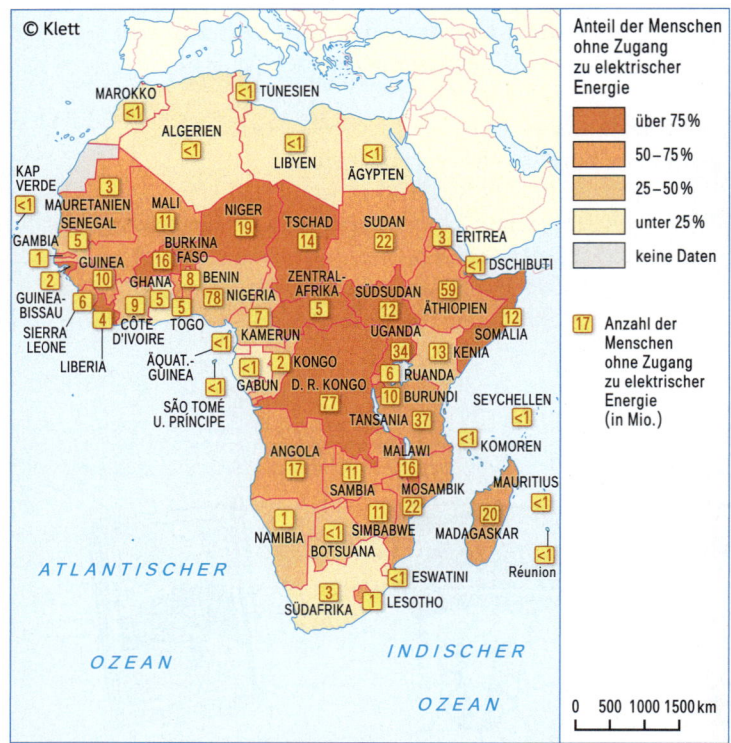

1 Anteil der Menschen ohne Zugang zu elektrischer Energie in Afrika nach Staaten

Anteil der Menschen ohne Zugang zu elektrischer Energie
- über 75 %
- 50 – 75 %
- 25 – 50 %
- unter 25 %
- keine Daten

17 Anzahl der Menschen ohne Zugang zu elektrischer Energie (in Mio.)

2 Staudämme Inga I (im Vordergrund) und Inga II (im Hintergrund) am Kongo

3 Der Kiosk in Soweto (Südafrika) wird mit vor Ort erzeugtem Solarstrom versorgt

Trotz großer Fortschritte in den vergangenen Jahren haben der Internationalen Energieagentur (IEA) zufolge noch immer rund 580 Mio. Menschen in Afrika keinen Strom – bei einer Bevölkerung von etwa 1,3 Mrd. Menschen.

www.heise.de/news/Stromversorgung-in-Afrika

„Der fehlende Zugang zu Energie und Wasser ist zugleich Ursache und Folge von Armut". Für Donald Kaberuka, von 2005 bis 2015 Präsident der afrikanischen Entwicklungsbank, ist deshalb der Ausbau der Energieversorgung Afrikas vorrangig. Ein Großteil der Stromversorgung wird mit Dieselaggregaten bereitgestellt. Das ist teuer und belastet die Umwelt. Nur etwa 20 Prozent der Stromversorgung Afrikas südlich der Sahara stammen heute aus Wasserkraft. Damit nutzt die Region nur einen Bruchteil ihres Potenzials. Entsprechend sollen neue Staudammprojekte in der D.R. Kongo, in Äthiopien, in Mosambik und in Guinea die Stromversorgung verbessern. Noch 2013 hatte die Demokratische Republik Kongo große Pläne: Mit dem Staudammprojekt Grand Inga am Kongo sollte nicht nur das Energieproblem des

Landes gelöst werden, sondern durch den Stromexport nach Südafrika schien auch die Finanzierung gesichert zu sein. Die Bauarbeiten sollten 2015 beginnen, der Strom 2021 fließen. Selbst die Weltbank hatte finanzielle Unterstützung zugesagt. Die Grand-Inga-Staudämme sollten alles bisher Dagewesene in den Schatten stellen:
Mit einer Leistung von 40 000 Megawatt wäre der Staudammkomplex fast doppelt so groß wie der gigantische Drei-Schluchten-Staudamm in China. Die Baukosten sollten bei rund 60 Milliarden Euro liegen. Weltbank und Investoren schwärmten von den großen Chancen: Halb Afrika – insgesamt 500 Millionen Menschen – könnten mit Elektrizität versorgt werden. Doch dann kam das Projekt ins Stocken. Umweltschützer und NGOs übten massive Kritik an

den notwendigen Eingriffen in die Natur. Unabhängige Umweltverträglichkeitsstudien zweifelten an der Umsetzbarkeit des Staudammprojekts. 2016 stieg die Weltbank aus. Bis heute ist unklar, ob es zum Bau des Megastaudamms kommt.

Light up and power Africa

„Africa is simply tired of being in the dark. It is time to take decisive action and turn around this narrative: to light up and power Africa – and accelerate the pace of economic transformation, unlock the potential of businesses, and drive much needed industrialization to create jobs", so Akinwumi Adisina, seit 2015 Präsident der afrikanischen Entwicklungsbank.
Der Energieverbrauch pro Einwohner liegt in Subsahara-Afrika (ohne Südafrika) bei 180 kWh pro Jahr – im Vergleich zu 13 000 kWh in den USA oder rund 6 500 kWh in Europa. Millionen Afrikaner können nicht warten, bis die Stromnetze des Kontinents gebaut sind. Das sagt auch Kofi Annan, ehemaliger Generalsekretär der Vereinten Nationen und Vorsitzender des „African Progress Panels". Stattdessen empfiehlt er Afrika unabhängig von großen Stromnetzen zu entwickeln, mit Solarenergie in kleinen Regionalnetzen, sogenannten Mini-Grids. Dafür müsste eine Entwicklung in drei Phasen erfolgen: Zunächst müssten einfache Solarlampen für Licht sorgen. Der Anschaffungspreis von unter fünf Dollar ist auch für die Armen lukrativ, die bislang ein Vielfaches im Jahr für Kerzen, rußende Kerosinlampen oder batteriebetriebene Taschenlampen ausgeben. In einem zweiten Schritt sollten die Häuser mit netzunabhängigen Solaranlagen ausgestattet werden, die den Betrieb einiger Endverbraucher erlauben – unter anderem auch das Aufladen der Handys. Schließlich sollen Mini-Grids geschaffen werden, mit denen man sogar Pumpen zur Bewässerung betreiben kann.

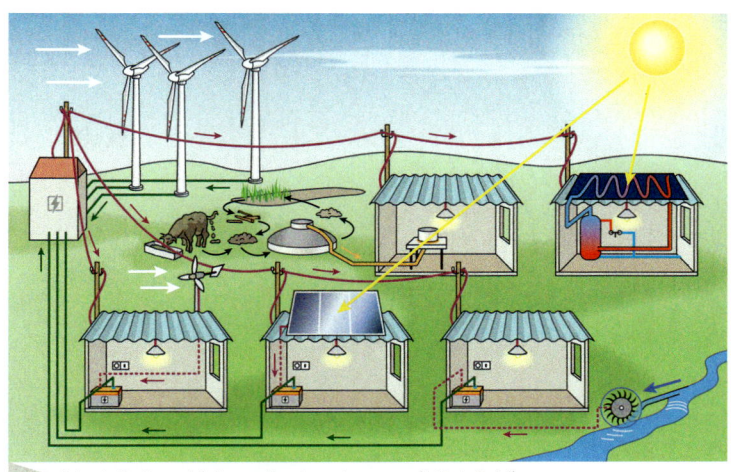

4 Modell eines kleinen Regionalnetzes (Mini-Grid)

In Entwicklungsländern sind Frauen und Kinder, die kilometerweit mit Reisigbündeln auf den Köpfen zu ihren Hütten wandern, ein alltägliches Bild. Allein mit dem Sammeln von Brennholz verbringen sie häufig mehrere Stunden täglich. In dieser Zeit können Kinder nicht zur Schule gehen; ihre Mütter werden von Tätigkeiten abgehalten, mit denen sie ein Einkommen erzielen könnten. Zudem sind sie beim Kochen ständig in Kontakt mit dem Rauch und Ruß der offenen Feuerstellen. Darunter leidet ihre Gesundheit. Jährlich sterben laut UN-Angaben rund eine Million Kinder an Atemwegserkrankungen, die im Zusammenhang mit der Luftbelastung von Innenräumen stehen.
Für Frauen, Kinder und die Umwelt bringt der Einsatz erneuerbarer Energien und verbesserte konventionelle Technik viele Vorteile. Kleine Biogasanlagen oder Holz-Kochöfen, welche die offenen Feuerstellen ersetzen, stellen bereits einen großen Fortschritt dar. Denn sie verbrennen Biomasse umwelt- und gesundheitsfreundlicher und nutzen die enthaltene Energie dabei noch weitaus effizienter.

Bundesministerium für wirtschaftliche Zusammenarbeit und Entwicklung (BMZ): BMZ Materialien. Nr. 127. Erneuerbare Energien. Mai 2004. S.7 unter: https://www.ecologic.eu/sites/default/files/event/2015/bmz_materialien_erneuerbare_energie_127.pdf (Zugriff 28.10.2021)

5

---

1 Werte die thematische Karte 1 aus.

2 Beschreibe die Probleme der Realisierung des Staudammprojektes Grand Inga.

3 Erläutere das Modell der Mini-Grids (Grafik 4).

4 Arbeite mithilfe des Autorentextes, Text 5 und Grafik 4 Vor- und Nachteile von kreativen Kleinprojekten zur Sicherung der Energieversorgung heraus.

5 „Zur Sicherstellung der Energieversorgung in abgelegenen ländlichen Räumen ist es effektiv, mithilfe von Mikrokrediten an betroffene Frauen lokale Kleinprojekte zur Nutzung von erneuerbaren Energien zu fördern." Beziehe Stellung zu dieser These.

RUANDA

Kivusee

Nyagahanga

Kigali

Tanganjikasee

50 km

1

2 Ecole Feminine d'Agronomie de Nyagahanga

Schulpartnerschaft – der lange Weg zueinander

Rheinland-Pfalz ist seit über 30 Jahren Partnerland von Ruanda. Diese Graswurzel-partnerschaft lebt in vielen kleinen, dezentral angelegten, dauerhaften Projekten. „Von unten" gilt als Vorbild der Entwicklungszusammenarbeit und wird besonders in Schulen deutlich.

Graswurzel-partnerschaft

Damit wird ein Modell zur Selbst-hilfe beschrieben, bei dem Entwick-lungshilfe von unten angestoßen wird, indem die lokale Bevölkerung sowie Nicht-regierungsorgani-sationen einbe-zogen werden.

Der lange Weg …

Das Stefan-George-Gymnasium in Bingen (SGG) und die Ecole Feminine d'Agronomie de Nyagahanga sind Partner seit 1986. Der Kontakt wurde in all den Jahren, auch in den 1990er-Jahren, der Zeit von Krieg und Genozid in Ruanda, aufrechterhalten. Seit 2001 haben sechsmal Schüler des SGG die Partnerschule besucht, dort gefeiert, diskutiert und sich ausgetauscht. E-Mails, Twitter, Facebook und andere Kommunikationsdienste revolutionie-ren den Austausch. Weg vom Briefeschreiben, das v. a. den Ruandern traditionell nicht ent-spricht, hin zur spontanen, schnellen und mündlichen Kommunikation, hin zur Normalität: ein Durchbruch!

Einiges ist über die Zeit geleistet worden, nicht alles hat nach Plan funktioniert. Vor Ort sollten die SGG-Schüler zusammen mit den ruandischen

Schülern entscheiden, wie unterstützt werden sollte. Bücher, Hefte, aber auch Sportartikel wie Bälle und Netze wurden angeschafft. Das Großprojekt – eine gute Trinkwasserversorgung mit Duschen und Toiletten nach den SGG-Vor-stellungen – wurde nur zögerlich umgesetzt. Aber warum? Nyagahanga sah andere Dinge wie Computer- und Solarausstattung als viel wichtiger an und verstand lange nicht die Wünsche ihrer Partner. Wer hatte hier wen nicht verstanden? Ein Lernprozess in der **Ent-wicklungszusammenarbeit** auf beiden Seiten begann. Seit 2018 spezialisiert sich die Schule auf die Erzeugung landwirtschaftlicher Fertig-produkte: Fruchtsäfte, Marmeladen und andere haltbare Produkte werden mit neuen Küchen-geräten für den Markt hergestellt. Eine dafür ausgebildete Lehrerin wurde eingestellt.

3 Hinweisschild auf die Schulpartnerschaft

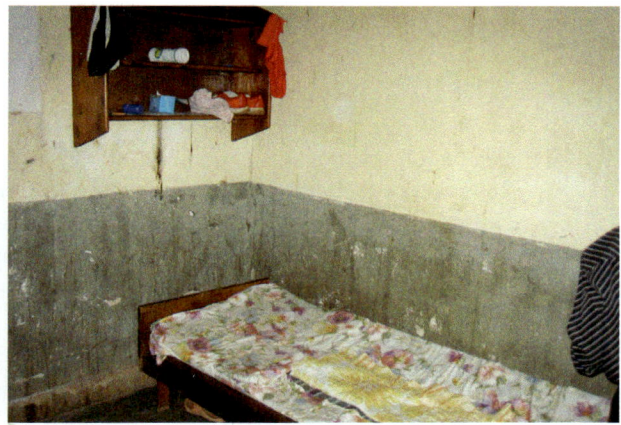

5 Zimmer einer Schülerin aus Nyagahanga

Steckbrief von Johanna aus Bingen

- **Name:** Johanna
- **Age:** 18
- **City:** Bingen
- **Class:** MSS 12
- **Favourite subjects:** French, Geography
- **Hobbies:** to meet friends, to swim, to play the guitar, photography

I live with my mother who is 46 years old and my younger brother. He is 9 years old. My parents are separated and live apart – but we often meet our father.

I have also a boyfriend. His name is David. Whenever we have time, we like to go through the vineyards along the river Rhine.

Here you can see the house I live in. There is space for two families because there are two flats.

4

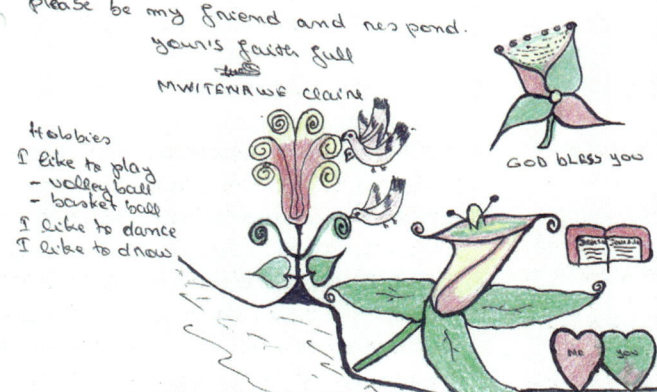

6 Steckbrief von Clarine aus Nyagahanga

1	**2**	**3**	**4**	**5**
Nenne die besonderen Aspekte der Partnerschaft.	Partnerschaft auf Augenhöhe? Diskutiere und beurteile die Erfahrungen des SGG.	Wie sollten Hilfsleistungen veranlasst werden? Entwickle eine Strategie für alle Beteiligten.	Analysiere die Steckbriefe der beiden Schülerinnen und beurteile ihre Wirkung.	Diskutiert: Soll eure Schule eine Partnerschaft aufbauen?

Europa und Afrika – ein Gesundheitszentrum in Ruanda

Seit 15 Jahren gibt es eine gemeinsame Strategie der europäischen Länder für die Zusammenarbeit mit Afrika. Dabei stehen aktuell die SDGs im Mittelpunkt, zu deren Umsetzung sich alle Länder der Welt verpflichtet haben. In Ruanda wird ein umfassendes Gesundheitswesen aufgebaut. Wie kann gemeinsames Know-how werden?

1

3 GESUNDHEIT UND WOHLERGEHEN

2 Gesundheitszentrum Gikonko

Fast 90 % der Bevölkerung lebt auf dem Land. Auf einen Arzt kommen ca. 18 000 Einwohner, die manchmal sehr weite Strecken zurücklegen müssen, um einen Arzt zu erreichen. Neben der akuten Behandlung muss hier auch besonders die Prävention bzw. Aufklärung erfolgen.
Eine medizinische Grundversorgung wird sichergestellt: Eine lokale Krankenversicherung ist eingeführt, der Beitrag ist nach dem jeweiligen Einkommen gestaffelt; durchschnittlich 5 Dollar pro Jahr und Kopf bedeuten für die Menschen aber eine gewaltige Vorausleistung zu Beginn des Jahres, die manche kaum aufbringen können.

Gikonko
Neben Geldspenden ist besonders die Kooperation mit deutschen Kliniken wichtig: Know-how-Austausch, Medikamente und medizinische Geräte.
Seit 2017 ist Gikonko an ein revolutionäres Projekt angeschlossen: Drohnen starten von mittlerweile drei Ports und bringen punktgenau bestellte Blutkonserven und Medikamente per Luftpost.

1
a) Beschreibe den Aufbau des ruandischen Gesundheitssystems und entwickle dazu eine Mindmap.
b) Vergleiche das ruandische mit dem deutschen Gesundheitssystem.

2
Diskutiert die Herausforderungen von Dr. Duell.

3
Recherchiere ein aktuelles Beispiel für die Zusammenarbeit zwischen Afrika und Europa (mit Angabe der Quellen).

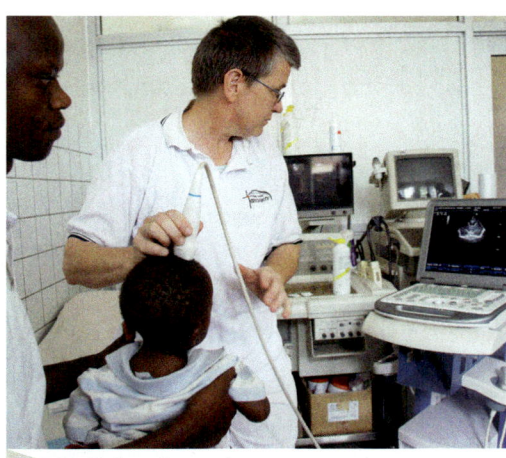

3 Im Behandlungszimmer

5 Im Wartebereich

Interview mit Dr. Uta Duell, der Leiterin des Gesundheitszentrums Gikonko

Wie viele Menschen versorgt das Gesundheitszentrum?
Das Gesundheitszentrum Gikonko hat ein Einzugsgebiet von 30 000 Einwohnern.
Welche Krankheiten werden behandelt?
Routine ist: Malaria, Magen-Darm-Infekte, Infektionen der oberen und unteren Atemwege, Verletzungen aller Art, Geburten und ihre Komplikationen, Tuberkulose, HIV, chronische Krankheiten wie Diabetes und Bluthochdruck, Herzkrankheiten, Epilepsie etc. Chirurgie: Kaiserschnitt, gynäkologische Operationen, Brustkarzinome, Knochenbrüche und andere orthopädische Eingriffe, Leistenbrüche und weitere Magen-Darm-Eingriffe. Kinder mit angeborenen Fehlbildungen wie Hydrozephalus (Wasserkopf) oder Spina bifida (Neuralohrfehlbildung), Klumpfüßen etc.
Wie sieht ein normaler Arbeitstag aus?
Jeder Tag ist anders, nie vorprogrammierbar und voller Überraschungen ...
05:30 Uhr Laudes und stilles Gebet – Frühstück
06:30 Uhr Gottesdienst
07:30 Uhr Teambesprechung

Bis in den Abend: Visite – Sprechstunde – Meetings – Supervisionen – Meetings mit Gesundheitsarbeitern – Operationen – Besucher etc.
Oft bis Mitternacht: Schriftverkehr, Abrechnungen, Berichte, Statistik, Fortbildung, Korrespondenz etc.
Wie ist das ruandische Gesundheitssystem aufgebaut?
In jedem Sektor gibt es ein Gesundheitszentrum, dann folgen Distriktkrankenhaus und am Ende die Uniklinik.
Warum unterstützt ihr auch andere Bereiche des täglichen Lebens der Menschen (z. B. Hüttenbau, Schulgeld)?
Wenn man so mitten unter den Menschen lebt und jeden Tag ihre Sorgen und Nöte sieht und kennt, so kann man die Augen nicht verschließen vor den Problemen, die außerhalb der Medizin liegen. Die soziale Situation ist manchmal auch unmittelbar Ursache der Krankheit, oder der Erfolg der Behandlung hängt auch davon ab.
Gikonko wird von Drohnen versorgt.
Wie ist der Ablauf einer Blutkonservenlieferung genau?
Per WhatsApp oder Telefon erfolgt die Kontaktaufnahme und Bestellung, diese wird bestätigt, die Drohnenankunftszeit mitgeteilt, fünf Minuten

davor wird noch einmal vorgewarnt, danach wird der Erhalt bestätigt.
Von wo startet die Drohne?
Vom Drohnenflughafen in Muhanga/Gitarama, die Flugzeit dauert ca. 30 Minuten.
Welche Vorteile ergeben sich für deine Arbeit?
Schnelle Lieferung der benötigten Blutkonserven in der Menge, die gebraucht wird. Mittlerweile sind auch Blutplasma und Thrombozytenkonserven erhältlich, und das in akzeptabler Zeit, was für Massenblutungen oder Menschen mit Gerinnungsstörungen oder seltenen Blutgruppen lebensrettend ist.
Wie hat sich deine Arbeit verändert?
Wir können schneller reagieren, Patienten mit seltenen Blutgruppen können vor Ort behandelt werden.
Wer übernimmt die Kosten?
Die Firma Zipline wird vom Gesundheitsministerium bezahlt.
Wie nimmt die Bevölkerung das Projekt auf?
Die Menschen freuen sich immer über das kleine Flugzeug.

Rwanda. Interview mit Dr. Uta Duell, der Leiterin des Gesundheitszentrums Gikonko, unter: http://www.institut-st-bonifatius.de/de/Mission/Rwanda/ (Zugriff 28.09.2021)

4 Autoreninterview

Wähle aus!

Wähle aus! **A** ## Ruanda – Entwicklungspole

Ruandas Zukunft hängt davon ab, wie gut das Land mit Energie und Ressourcen versorgt werden kann.

	A	**B**	**1**
Wähle ein Thema aus (Aufgabe A oder B), das dich besonders interessiert.	**Methangasgewinnung in Ruanda** (Material 1)	**Coltangewinnung in Ruanda** (Material 2)	**Gemeinsame Aufgabe**
	1 Analysiere die Entwicklung der ruandischen Energiegewinnung.	1 Beschreibe den Abbau von Coltan und anderen Mineralen.	Diskutiert, warum diese Projekte wichtig für die ruandische Entwicklung sind.
	2 Beschreibe die Methangasgewinnung.	2 Erkläre die Zusammenhänge zwischen Coltan und Handy.	
	3 „Methan: die Lösung für alle Energieprobleme Ruandas." Beurteile diese Aussage kritisch.		

○ A2, B1　◐ A1, B2　● A3, 1

Energiegewinnung: Beispiel Methan

Um den Energiehunger der wachsenden Wirtschaft zu stillen, wird eine neue Form der Energieerzeugung erprobt und umgesetzt: Im Kivusee befinden sich in den unteren Wasserschichten hohe Methanvorkommen, die über ein neues Verfahren offshore gefördert werden. Das gewonnene Methan wird von einer Plattform über Pipelines ans Festland transportiert und dort als Energiequelle verwendet. Die Förderung könnte allerdings unter Umständen einen Gasausbruch im Kivusee begünstigen, außerdem werden geotektonische Risiken diskutiert. Auf ca. 50 Jahre Förderzeit werden die Vorkommen geschätzt, die Ökobilanz ist besser als bei Kohle oder Erdöl.

Methangewinnung im Kivusee

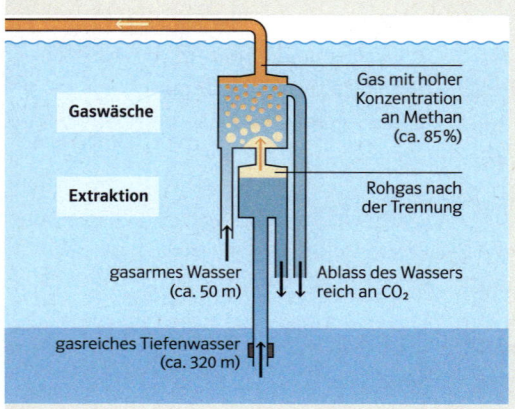

Gaswäsche

Gas mit hoher Konzentration an Methan (ca. 85 %)

Extraktion

Rohgas nach der Trennung

gasarmes Wasser (ca. 50 m)

Ablass des Wassers reich an CO_2

gasreiches Tiefenwasser (ca. 320 m)

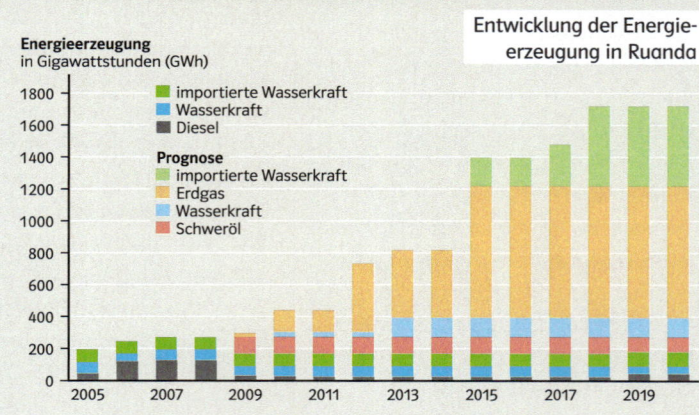

Energieerzeugung in Gigawattstunden (GWh)

Entwicklung der Energieerzeugung in Ruanda

- importierte Wasserkraft
- Wasserkraft
- Diesel

Prognose
- importierte Wasserkraft
- Erdgas
- Wasserkraft
- Schweröl

nach: Rwanda Environment Management Authority: Atlas of Rwanda's Changing Environment – Implications for Climate Change Resilience.

1

Bodenschätze: Beispiel Coltan

Im Kibaragebirge, das sich vom Kongo über Ruanda bis nach Tansania zieht, werden reiche Vorkommen von Zinn, Coltan und Wolfram vermutet. Aus zwei großen Abbauzonen, eine davon in der Hauptstadt Kigali, wird momentan gefördert. Vor allem im Grenzgebiet zur D.R. Kongo im Bereich der Vulkane, aber auch im Njungwe-Nationalpark liegen förderungswürdige Abbaumengen von Wolfram und Coltan. Dies sind aber auch Naturschutzgebiete. Mehrere Minen fördern diese begehrten Minerale. In Stollen wird das anstehende Gestein unter Tage abgebaut, dann außerhalb gereinigt, zerkleinert und bei hoher Hitze getrennt. Ruanda hat sich durch eine Zertifikation verpflichtet, Arbeitssicherheitsvorschriften zu garantieren; ebenso werden strikte und transparente Dokumentationen der Erträge sichergestellt und damit der verbreitete Schwarzhandel dieses globalen Produkts eingedämmt. Der Bergbausektor ist zusammen mit dem Tourismus und dem Tee-und Kaffeeexport die wichtigste Einnahmequelle des Landes.

Coltan:
Aus dem Erz Coltan wird das seltene Tantalum gewonnen, das für Hightech-Produkte verwendet wird. Man findet es in Kondensatoren für Spielkonsolen, in Laptops, Mobiltelefonen und der modernen Waffentechnik.

Coltanabbau

Reinigung des Erzes

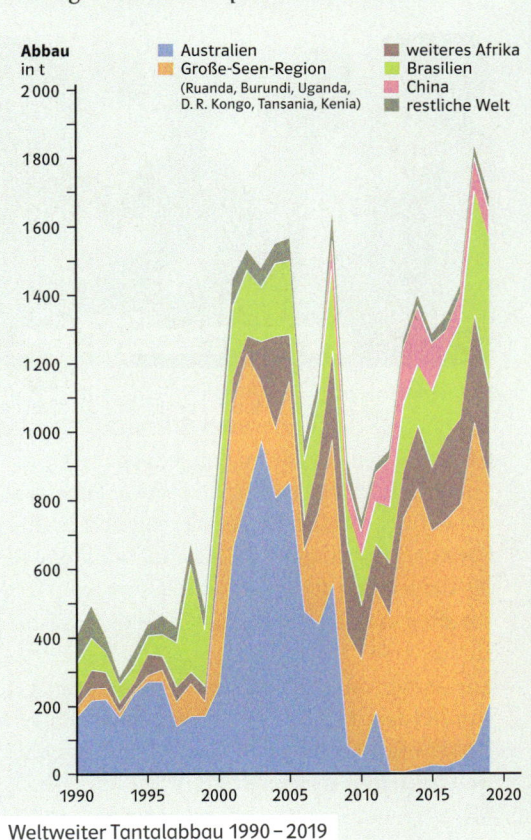

Abbau in t	Australien	weiteres Afrika
	Große-Seen-Region (Ruanda, Burundi, Uganda, D.R. Kongo, Tansania, Kenia)	Brasilien
		China
		restliche Welt

Weltweiter Tantalabbau 1990 – 2019

BGR-Rohstoffdatenbank, Bundesanstalt für Geowissenschaften und Rohstoffen: Tantal, Informationen zur Nachhaltigkeit.

2

Verhüttung

Wähle aus! **B** # Es gibt viele Arten, zu helfen

„Jede Hilfe zählt!", so textet eine Hilfsorganisation in der Werbung ihrer Weihnachtsaktion. Sicherlich stimmt das, doch unterscheiden sich die Arten und Möglichkeiten der Hilfe. Dies gilt für die Helfer ebenso wie für die, denen geholfen werden soll. Spendet man Geld? Oder nimmt man selbst an einem Hilfseinsatz teil? Wie werden die Mittel vor Ort eingesetzt?

1

A Arbeite mit Material 1:
a) 🅼🅺 Lokalisiere die Länder, mit denen Deutschland Reformpatenschaften abgeschlossen hat. Recherchiere, welche Projekte dadurch umgesetzt werden konnten, und bereite eine Präsentation vor.
b) Beurteile, welche Rolle Frauen für die Ernährungssicherung in Entwicklungsländern haben.

B Arbeite mit Material 2:
a) Lokalisiere das Projekt. Recherchiere weitere Informationen und bereite dazu eine Präsentation vor.
b) Beurteile, inwiefern das Projekt als Beispiel für eine nachhaltige Entwicklungszusammenarbeit gelten kann.

C Arbeite mit Material 3:
a) Erstelle ein Schaubild, das die Aussagen des kenianischen Ökonomen James Shikwati illustriert.
b) „Wer Afrika helfen will, darf kein Geld geben!" Nimm Stellung zur Forderung von James Shikwati.

2

Ergänzt folgende Aussagen. Begründet eure Position bzw. eure Meinung:
a) Entwicklung ist …
b) Entwickelt ist, wer …
c) Entwicklungszusammenarbeit gelingt, wenn …

◗ Aa, Ab, Ba, Ca, 2　● Bb, Cb

Marshallplan mit Afrika

ist eine Strategie der EU für eine neue Entwicklungszusammenarbeit mit Afrika.

A Reformpartnerschaften

„Die Reformpartnerschaften sind ein zentrales Element des Marshallplans mit Afrika. Sie bilden ein neues partnerschaftliches Kooperationsmodell ab, das zum Erreichen der Ziele auf gegenseitige Verpflichtungen und mehr Eigenverantwortung der afrikanischen Partner setzt. … Das BMZ [Bundesministerium für wirtschaftliche Zusammenarbeit und Entwicklung] unterstützt mit den Reformpartnerschaften ausgewählte Compact-Länder, die besonderen Reformwillen … beweisen. … Daher wird mit jedem Partnerland … eine individuelle Partnerschaft in einem bestimmten Schwerpunktsektor entwickelt, die das Land beim Erreichen selbst gesetzter Ziele unterstützt.
Eine detaillierte Reformagenda umfasst Reformverpflichtungen des Partnerlandes sowie Angebote des BMZ, um die Entwicklung des Reformsektors und der guten Regierungsführung zu fördern. Um Reformkräfte zu unterstützen, wird die bilaterale Unterstützung und Zusage der Mittel an die Umsetzung von Reformfortschritten durch das Partnerland geknüpft – das heißt, dass zum Beispiel bestimmte … [Finanzierungspakete] erst nach Erreichen vorab definierter

Ausbildungsstätte bei Krones in Thika, Kenia

Reformerfolge ausgezahlt werden. Das BMZ hat 2017 bereits Reformpartnerschaften mit Côte d'Ivoire, Ghana (beide im Bereich erneuerbare Energien und Energieeffizienz) sowie Tunesien (im Banken- und Finanzsektor) abgeschlossen. 2017 und 2018 sagte das BMZ Unterstützung für die Umsetzung der ersten drei Reformpartnerschaften in Höhe von bis zu 800 Millionen Euro zu.
Zusammen mit den übrigen bilateralen Zusagen wurden damit in diesem Zeitraum mehr als 1,4 Mrd. Euro bereitgestellt. … 2019 hat das BMZ weitere Reformpartnerschaften mit Äthiopien, Marokko und Senegal vertraglich vereinbart."
BMZ (2020): Neue Partnerschaft für Entwicklung, Frieden und Zukunft. Ein Marshallplan mit Afrika (2.7.2020)

1

Kioskbesitzerin beim Abwiegen von Aprikosen

James Shikwati, Geograph und Ökonom aus Kenia
sowie Experte für Wirtschaft in Afrika

B Eine Erfolgsgeschichte aus Kaschmir

Wie Frauen ihr eigenes Einkommen erwirtschaften.
Khazira [...] stolze Inhaberin eines eigenen Kiosks. Damit
verdient sie den Lebensunterhalt für sich und ihre Kinder,
sie hat ein eigenes Zuhause, kann sogar die Schulgebühr
für die Kinder bezahlen. Für eine Frau in Kaschmir ist das
immer noch alles andere als selbstverständlich. Sie selbst
sagt: „Ich hatte keine Idee, wie ich unser Leben sichern
sollte, nachdem mein Mann uns ohne eine Versorgung
von einem Tag auf den anderen verlassen hat."
So wie Khazira geht es vielen anderen Frauen in Kaschmir.
[...] Jeder Dritte lebt in extremer Armut. [...] Krieg, Armut
und die traditionell bedingte Dominanz der Männer bedeuten für ihr Leben eine dreifache Last.
Khazira wurde noch als Mädchen gegen ihren Willen ver-
heiratet. Mit drei Kindern ließ ihr Mann sie sitzen. Ohne
jede Unterstützung. [...] Dann hörte Khazira von der
Selbsthilfegruppe in ihrem Dorf. Das war die Wende. In
der Gruppe lernte sie, Eigeninitiative zu entwickeln. Mit
Erfolg! Heute betreibt Khazira einen eigenen Kiosk im
Dorf. Sie verkauft dort Milch, Gebäck und andere Kleinig-
keiten. Beim Start half ein Kleinkredit ihrer Selbsthilfegruppe. Die umgerechnet 50 Euro konnte sie schon bald
mit Zinsen zurückzahlen.
Für Frauen in Kaschmir ist es überlebenswichtig, ihr Leben
selbst in die Hand nehmen zu können. Deshalb fördert die
Welthungerhilfe [...] Selbsthilfegruppen. Dort lernen die
Frauen, wie sie sich ein eigenes Einkommen erwirtschaften
können. Dabei unterstützen sie sich gegenseitig durch
einen Fonds, in den sie regelmäßig einzahlen. Sie lernen
lesen und schreiben und können eine Ausbildung absolvieren. Das alles stärkt ihr Selbstvertrauen und so
schaffen sie es, sich auf eigene Füße zu stellen. [...]

Deutsche Welthungerhilfe. Eine Erfolgsgeschichte aus Kaschmir v.
03.09.2014. unter: https://www.welthungerhilfe.de/aktuelles/blog/
frauen-erwirtschaften-eigenes-einkommen/ (Zugriff 28.10.2021)

2

C Entwicklungshilfe, nein danke!

„Fast zehn Jahre ist es her, dass Shikwati mit seinen streit-
baren Thesen an die Öffentlichkeit gegangen ist. Heute
sagt er: ‚Ich habe meine Meinung nicht geändert, und ich
bin froh, dass meine Forderungen viele wichtige politische
Debatten ausgelöst haben'. ... Seine Botschaft an die
Mächtigen: Internationale Hilfe verfestige korrupte
Strukturen auf seinem Heimatkontinent und halte die
Afrikaner davon ab, mehr Eigeninitiative zu zeigen. Internationalen Geldgebern unterstellt er eigene Machtinter-
essen, die für Afrika letztlich mehr Schaden als Nutzen
anrichteten. ...
Shikwati begeisterte sich mehr und mehr für die Modelle
amerikanischer Ökonomen: ‚Offene Märkte und die Möglichkeit, Unternehmen aufzubauen, sind der Schlüssel für
die Entwicklung', ist Shikwati überzeugt. Während in Entwicklungsorganisationen oft von einem ‚Global Village'
die Rede ist, in dem die Welt solidarisch zusammenrückt,
sieht der streitbare Mann die Welt als ‚Global Jungle', in
dem man eine Überlebensstrategie benötige. Und an dieser
Strategie mangele es Afrika nach wie vor. ... Inzwischen
sind es nicht mehr nur die Europäer und Amerikaner, die
in Afrika mitmischen. Chinas Einfluss wächst von Jahr zu
Jahr, vor allem durch Milliardeninvestitionen in Infra-
strukturprojekte. Sein Fazit zum immensen Einfluss
Chinas. ... ‚Es gibt neue Chancen, aber von einer Win-win-
Situation sind wir noch weit entfernt', sagt Shikwati.
Anders als die Europäer würden die Asiaten keinen Hehl
daraus machen, dass sie an Rohstoffen und Einfluss auf
dem Kontinent interessiert seien. ... Allerdings müssten die
Afrikaner nun auch offensiver als bisher ihre Interessen
deutlich machen. ... Shikwati will, dass die Afrikaner nicht
länger als hilflos und bedürftig abgestempelt werden. Den
deutschen Entwicklungspolitikern rät der radikale Denker:
‚Begreift Afrika endlich als Ort der Chancen und Wachs-
tumsmöglichkeiten.'"

Johannes Pennekamp: Internationale Unterstützung in Afrika – Entwicklungshilfe, nein danke! In: Frankfurter Allgemeine Zeitung vom
13.2.2014 (2.7.2020)

3

Wichtige Begriffe

- Bruttonationalein-
  kommen (BNE)
- Entwicklungsland
- Entwicklungs-
  zusammenarbeit
- globaler Süden
- globaler Norden
- Human Development
  Index (HDI)
- Industrieland
- Millenniumsziele
- SDG

Kennen und verstehen

1 Begriffe gesucht

a Wichtige Unterstützung der
armen Länder durch die Industrieländer.

b Staaten, die im globalen Vergleich
einen geringen Stand der Entwicklung besitzen.

c Staaten, die im globalen Vergleich
als hoch entwickelt gelten.

d Maßstab für die Wirtschaftsleistung eines Landes.

e Maßstab für den Entwicklungsstand eines Landes.

2 Richtig oder falsch?
Begründe die richtigen Aussagen
und korrigiere die falschen Aussagen:

a Nahrungsmittellieferungen sind
immer eine sinnvolle Hilfe für die
Entwicklungsländer.

b Die Lebenserwartung in den Entwicklungsländern ist ähnlich hoch
wie in den Industrieländern.

c Der HDI berücksichtigt Lebenserwartung, Ernährungssituation und
Wirtschaftskraft eines Landes.

Fachmethoden anwenden

3 Bilder auswerten

a Beschreibe die Fotos 3 und 4.

b Erkläre, inwieweit hier
Entwicklungszusammenarbeit
fehlgeschlagen sein könnte.

4 Karikaturen auswerten
Werte die Karikatur 5 aus.

5 MK Arbeite mit den beiden
„anamorphen Weltkarten" 1 und 2.
Sie stellen Themen, wie hier „Bevölkerung" oder „Wirtschaftsleistung", im Vergleich zu ihrer
Fläche dar. Leben in einem Land
also sehr viele Menschen und ist
dieser Anteil an der Weltbevölkerung größer als der Anteil der
Landesfläche an der Erdoberfläche, dann wird das Land viel
größer als in den dir vertrauten
Weltkarten dargestellt.

a Auch bei amorphen Weltkarten
handelt es sich um thematische
Karten, deren Bearbeitung du bereits kennengelernt hast. Werte
beide Karten vergleichend aus.

b Bewerte die Art der Darstellung
im Vergleich zu „normalen" Karten:
Wo liegen Vorteile, wo Nachteile?

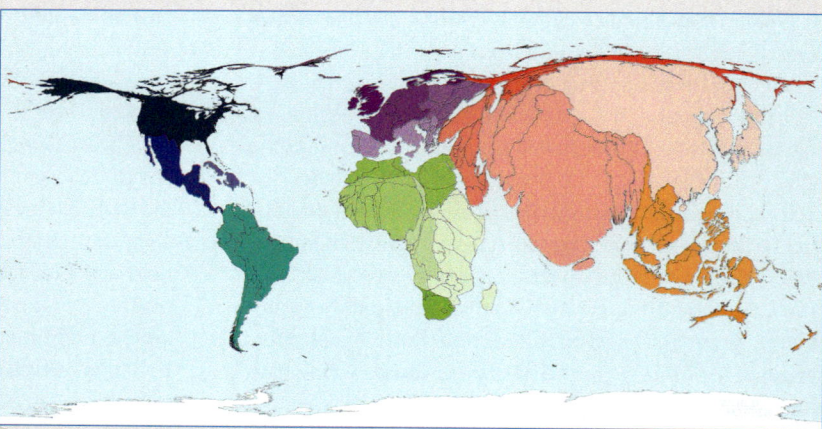

1 Bevölkerung weltweit

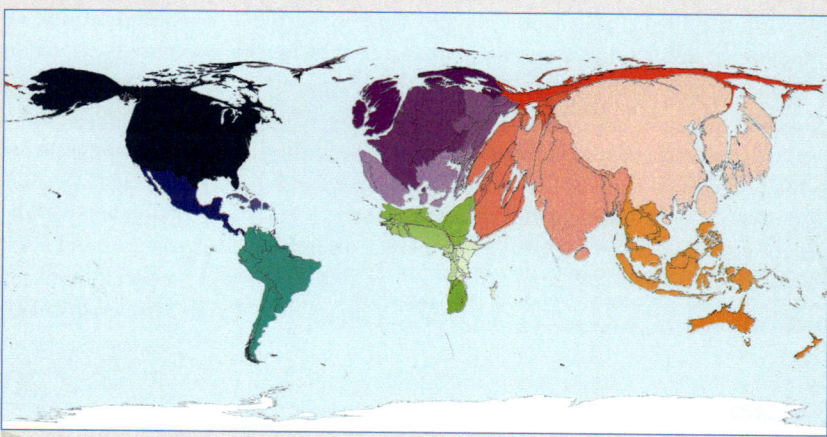

2 Wirtschaftsleistung weltweit

🌐 Üben interaktiv
x6ce2p

🌐 Material
Selbsteinschätzung
x6ce2p

🌐 Lösungen
x6ce2p

Länder und ihre Entwicklungsmöglichkeiten **6**

3 Auf dem Wochenmarkt im Angebot: internationale Lebensmittelhilfe

4 Kinder fischen mit einem Moskitonetz

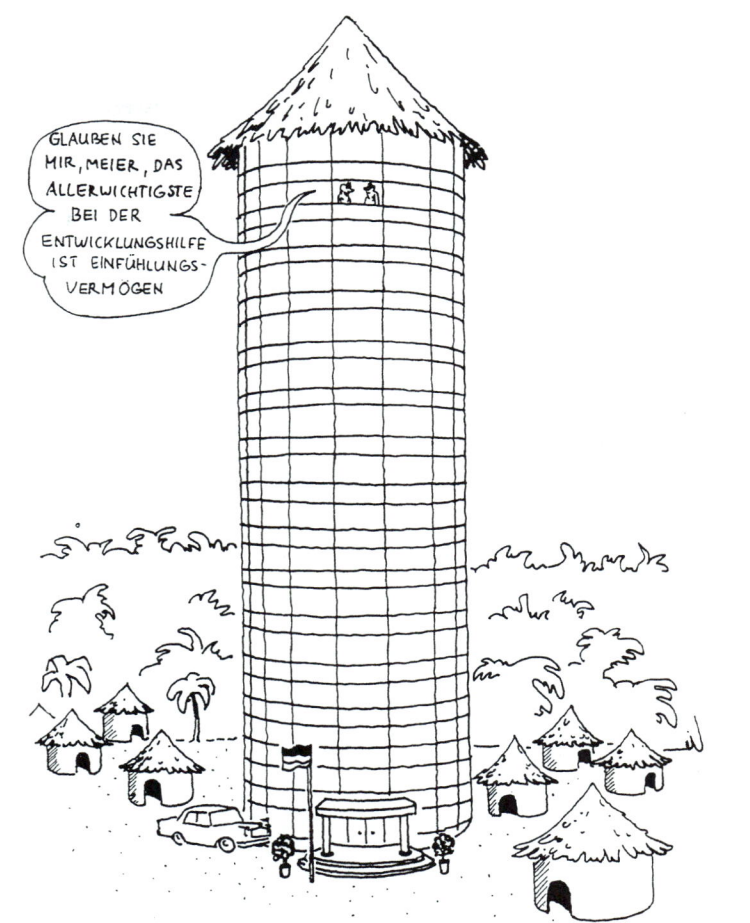

5 „Entwicklungshilfe"

Beurteilen und bewerten

6 **Entwicklungsstand**
Setze dich vor dem Hintergrund des Zitates von Gustavo Esteva („I got underdevelopment when I was thirteen years old.") mit Weltkarten wie Karte 3 auf Seite 131 auseinander, die den unterschiedlichen Entwicklungsstand zum Thema haben.

7 **Perspektiven zur Entwicklung**
Entwicklung kann nur aus verschiedenen Perspektiven verstanden werden. Erkläre.

Jetzt kannst du ...

– Raumstrukturen und -potenziale eines Landes ermitteln und die Qualität der Entwicklung bewerten,

– Entwicklungsunterschiede verschiedener Länder erklären,

– Karten, Grafiken und Tabellen auswerten und die Ergebnisse in einer Raumanalyse zusammenfassen,

– die Ergebnisse der Raumanalyse mediengestützt präsentieren,

– die Einteilung der Welt kritisch bewerten.

Globalisierte Lebenswelten

Warst du schon einmal in einem fremden und weit entfernten Land? Dann hast du dort vielleicht viele dir bereits bekannte Geschäfte, Restaurants oder Automarken gesehen. Kein Wunder – die ganze Welt ist eng miteinander vernetzt.
Globalisierung – ein Begriff, der uns ständig begegnet und der für vieles steht: ob für kurze und schnelle Handelswege, grenzenlose und sekundenschnelle Kommunikation oder kulturellen Austausch. All das bietet viele Möglichkeiten, fordert aber auch globale Regeln, die nicht immer für alle fair gestaltet sind. Globalisierung kennt Gewinner und Verlierer.

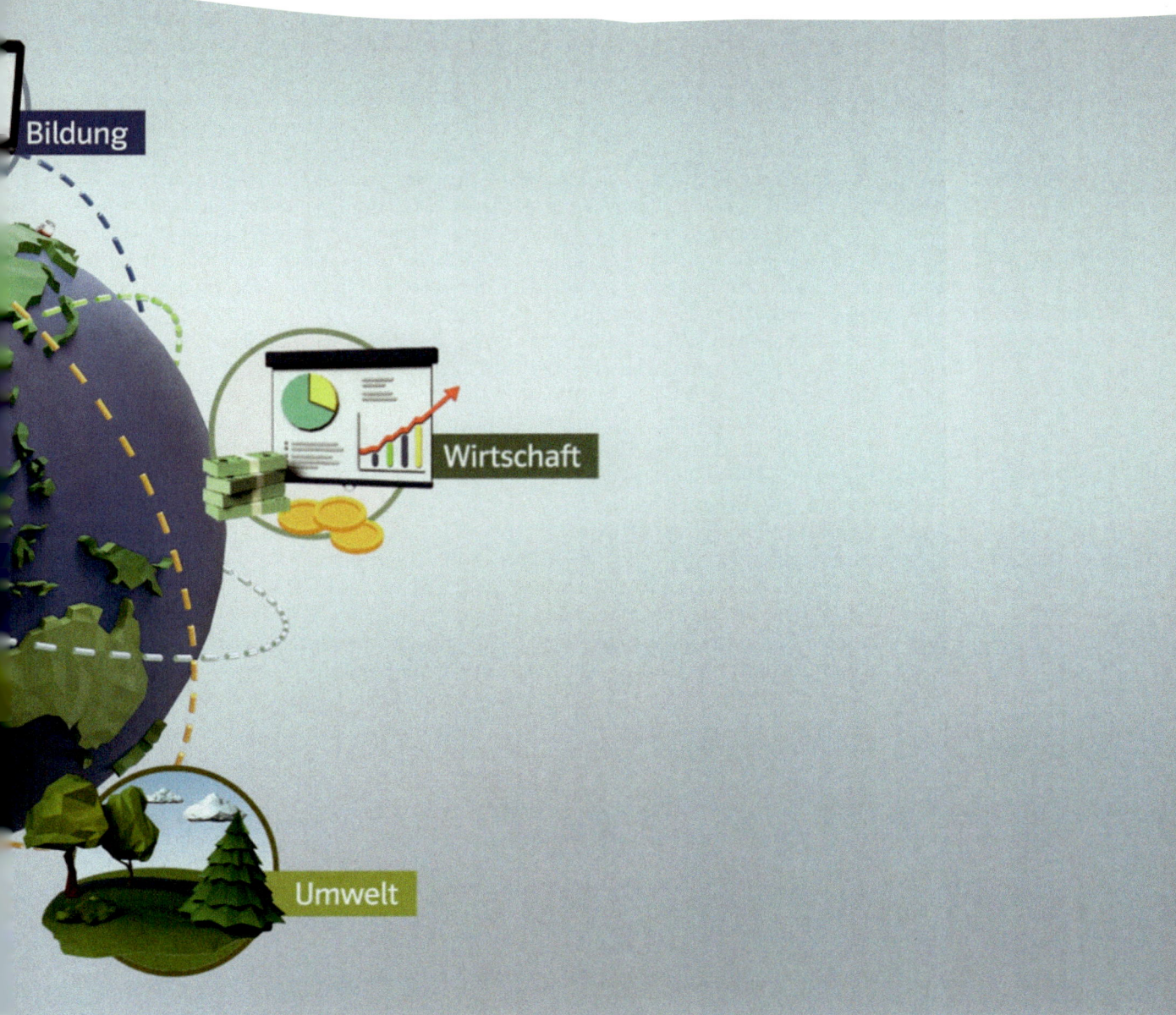

Globalisierung: Was ist das?

Der Begriff Globalisierung steht für den zunehmenden weltweiten Austausch von Waren, Kapital und Dienstleistungen. Das hat weitreichende Folgen. Die Weltwirtschaft wächst und rückt näher zusammen. Aber dadurch werden auch die gegenseitigen Abhängigkeiten größer. Und längst nicht jeder profitiert von der Globalisierung.

1 Wortwolke Globalisierung

Das Wort **Globalisierung** ist heute in aller Munde, besonders in der Wirtschaft. Es beschreibt in erster Linie den weltweiten Prozess der erhöhten Mobilität von Waren, Dienstleistungen, Wissen und Kapital – aber auch von Personen. Beschleunigt wurde der Globalisierungsprozess vor allem durch neue Technologien im Kommunikations-, Informations- und Transportwesen. Sie ermöglichen erst die rasante Zunahme der weltweiten Kommunikation. Das Internet erlaubt den Wirtschaftsunternehmen heute eine weltweite Zusammenarbeit in kürzester Zeit. Es macht kaum einen Unterschied, ob sich ein Geschäftspartner nebenan oder auf einem anderen Kontinent befindet. Hauptakteure der Globalisierung sind große multinationale Unternehmen, die sogenannten Global Player, die mit ihren Investitions-, Produktions- und Produktstrategien weltweit agieren. Sie suchen sich nicht nur ihre Handelsplätze frei aus, sondern wählen auch Produktionsstandorte nach dem Prinzip der Kostenminimierung. Dies führt zum **Outsourcing**, d.h. zur Auslagerung von Produktions- und Dienstleistungsstandorten in Niedriglohnländer. Forschung und Entwicklung von neuen Produkten finden überwiegend noch in Industrieländern statt. Durch die **arbeitsteilige Produktion** können viele Staaten am Endprodukt beteiligt sein.

Die Globalisierung wird jedoch nicht nur positiv gesehen. Viele kritisieren die wirtschaftlichen Entwicklungen und warnen vor den negativen Folgen. Insbesondere Entwicklungsländer schaffen es nicht, mit der rasanten Entwicklung mitzuhalten. Nichtregierungsorganisationen wie Attac haben es sich zur Aufgabe gemacht, auf negative Folgen der Globalisierung hinzuweisen.

Auch auf kultureller und sozialer Ebene nimmt die Globalisierung stetig zu. Vom kulturellen Austausch profitieren viele, es kommt aber auch zu einer kulturellen Überprägung. So findet man in den Einkaufsstraßen gleiche Marken, egal ob in Dortmund, Berlin, Moskau, New York oder Shanghai.

Globale Vernetzung

Durch die modernen Kommunikationsmedien – Radio, Fernsehen, Telefon und Internet – ist die Welt heute sehr gut verbunden. Daten und Informationen werden weltweit ausgetauscht, Geldströme gelenkt und Waren gekauft, verkauft

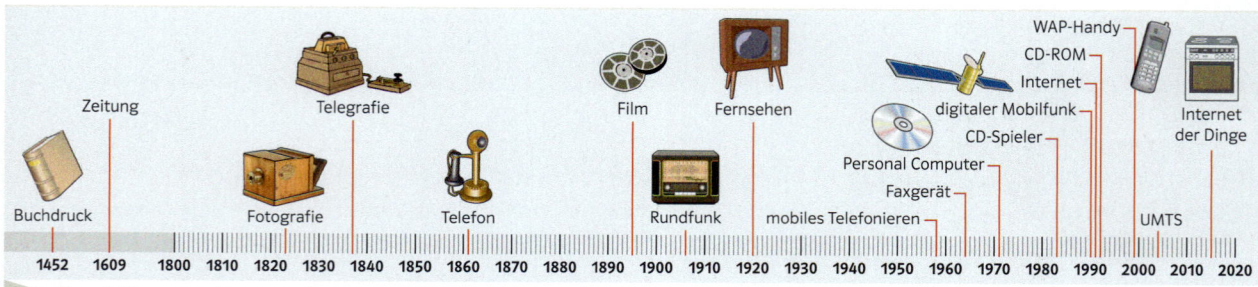

2 Entwicklung der Kommunikationsmedien

Chancen und Risiken der Globalisierung (ungeordnete Auswahl)

– mehr Wohlstand bei uns
– Ankurbelung der Wirtschaft
– Zerstörung einheimischer Strukturen
– globalisierte Kommunikation
– Belastung der Umwelt
– internationales Warenangebot
– mehr Armut woanders
– weltweite Zusammenarbeit
– mehr internationale Kriminalität
– verschärfter Wettbewerb
– Auslagerung von Arbeitsplätzen ins Ausland
– größere Mobilität
– globalisierte Krankheiten
– Zusammenwachsen der Kulturen
– Verlust regionaler Identität
– sinkende Preise bei uns
– kein fairer Wettbewerb
– globalisierte Krisen

3

und verschickt. Das weltweite Netz, das uns mit anderen Menschen in anderen Ländern verbindet, wird durch moderne Technik möglich. Daten werden über Satelliten oder durch weltumspannende Glasfaserkabel in Bruchteilen von Sekunden rund um den Globus gesendet. Diese intensive globale Vernetzung ermöglicht auch neue Chancen für lokales Handeln. Vernetzt sich globales Denken mit lokalem Handeln, dann spricht man von „glokal". Dies bietet gerade der jungen Generation die Möglichkeit, sich besser auszubilden, da sie durch das Internet Zugang zu vielfältigen Informationen hat.

Ohne Container kein Welthandel. Mit genormten Frachtcontainern wird der größte Teil des globalen Handels per Schiff, Flugzeug, Lastkraftwagen oder Bahn schnell und kostengünstig abgewickelt. Seit Mitte der 1970er-Jahre ist der Containerverkehr zum unverzichtbaren Bestandteil des Welthandels geworden. Ein Container (engl. „Behälter") ist eine Stahlkiste mit genormten Maßen (Twenty-foot Equivalent Unit [TEU] = Standardcontainer: 5,10 Meter lang, 2,40 Meter breit und 2,60 Meter hoch), kann gestapelt werden und wiegt beladen bis zu 30 Tonnen. Dank der Standardmaße, die für Schiffe, Lkw und Eisenbahnwaggons gelten, kann ein Container schnell von einem Transportmittel auf ein anderes umgeladen werden.

4 Infokasten Container

Fair Work • Migration • Globale Vernetzung • Finanzkrise
Outsourcing • Terms of Trade • Welthandel

Global denken – lokal handeln • Pandemie • Fair Trade
Global City • Global Player

5 Globalisierung

---

1 MK

Was ist Globalisierung?
a) Erläutert die Entwicklung der Kommunikationsmedien und deren Einfluss auf die Globalisierung (Grafik 2).
b) Notiert Stichpunkte aus dem Text und dem Erklärfilm (i8au2d). Erläutert damit euren Mitschülern den Begriff „Globalisierung".

2

Die Globalisierung und wir
Kauf eines T-Shirts online oder vor Ort? Erörtert die Frage auf der Basis von tabellarischen Gegenüberstellungen und stellt euch die Ergebnisse gegenseitig vor:
A Vor- und Nachteile für euch;
B Vor- und Nachteile für den Produzenten;
C Vor- und Nachteile für die Umwelt.

3

Erstelle eine eigene Wortwolke zum Stichwort „Globalisierung in meinem Alltag".

Tomaten für Ghana

Kein Land in Europa baut mehr Tomaten an als Italien. Die größten Anbauflächen befinden sich im Süden, in Apulien. Bei der Ernte sind viele afrikanische Arbeitskräfte im Einsatz, z. B. aus Ghana. Einige von ihnen hatten vor ihrer Ausreise selbst Tomaten angebaut. Dann ließ die Nachfrage nach. Wie kam es dazu?

8 MENSCHENWÜRDIGE ARBEIT UND WIRTSCHAFTSWACHSTUM

10 WENIGER UNGLEICHHEITEN

1 Tomaten auf einem Markt in Ghana – lokale Ware oder Import?

Tomatenproduktion 2018 (in Tonnen)		
1.	China	61 523 462
2.	Indien	19 377 000
3.	USA	12 612 139
4.	Türkei	12 150 000
5.	Ägypten	6 624 733
6.	Iran	6 577 109
7.	Italien	5 798 103
8.	Spanien	4 768 595
9.	Mexiko	4 559 375
10.	Brasilien	4 110 242
…		
23.	Niederlande	910 000
…		
44.	Ghana	381 015
…		
57.	Belgien	258 680
…		
78.	Deutschland	103 266
Nach FAO: FAOSTAT		

2 Moderne Verarbeitungsanlage für Tomaten und Tomatenmark in Apulien, Italien

3

SP Tipp

Nimm Stellung
→ Aufgabe 3

- Meiner Meinung nach stimmt der Vergleich, denn …
- Ich finde das (nicht) gut, weil …
- Eine Bewertung ist schwierig, da …
- Deshalb / darum …

Wakuso Kwesi gehört zu den Afrikanern, die ihr Glück in Europa suchten. Er fand Arbeit bei einem Gemüseproduzenten in Altamura in der Nähe der Hafenstadt Bari. An vielen Tagen ist er bei der Tomatenernte im Einsatz. Für 300 kg gepflückter Tomaten erhält er 4,50 Euro. Das Unternehmen baut auf 18 ha Tomaten an. Bewässerungseinrichtungen sorgen dafür, dass ganzjährig geerntet werden kann.
Wakuso erinnert sich an sein Leben in Ghana. Er baute auf 1,5 ha Gemüse an: Maniok, Tomaten, Zwiebeln und Paprika. In der Trockenzeit war es nicht leicht, die Pflanzen zu erhalten. Die Ernte verkaufte seine Frau auf dem Markt, ein Teil der Tomatenernte wurde aber auch von einer Konservenfabrik aufgekauft. Die Früchte wurden dort zu Tomatenmark verarbeitet.

Wakuso verdiente nicht viel, doch es reichte, um seine Familie zu ernähren. Dann stellte die Fabrik die Produktion ein, gleichzeitig verkaufte Frau Kwesi nicht mehr so viele Tomaten auf dem Markt. Die Ursache: Italienische Firmen belieferten Ghana mit Tomaten in Dosen – geschält, gehackt oder als Tomatenmark.
Die Tomaten oder Tomatenprodukte aus der Dose schmecken den Ghanaern nicht nur gut, sie sind auch billiger als die heimischen Produkte. Wie ist das zu erklären?
Die EU unterstützt mit **Subventionen** den Tomatenanbau. Jeder Betrieb, der Tomaten anbaut, erhält eine festgelegte Betriebsprämie. Sie senkt die **Produktionskosten** und führt dazu, dass verarbeitete Tomaten unter dem Erzeugerpreis verkauft werden können. So soll verhindert

Tomaten als Fluchtursache?

„Langfristig ... werden die meisten Flüchtlinge nicht aus dem Nahen Osten kommen. Viel mehr Menschen werden sich aus Afrika nach Europa aufmachen, um der Armut in ihrer Heimat zu entrinnen. Die EU will nun ‚Fluchtursachen bekämpfen', sie will dafür sorgen, dass sich die Lebensbedingungen in den Heimatländern der Flüchtlinge verbessern. Die Strategie klingt einleuchtend. Aber sie hat einen Haken: Die EU will nicht nur Hilfe nach Afrika schicken, sie will auch Handel mit Afrika treiben. Aber es ist ein Handel, der die Chancen von Bauern ... verschlechtert. Warum die europäische Handelspolitik diesen Bauern schadet, versteht man, wenn man ... dem Weg der Tomaten folgt. Zu den Märkten und Straßenhändlern in Ghana, die keine heimischen Tomaten verkaufen, sondern Tomaten aus dem Ausland. Zu den riesigen Agrarkonzernen in Süditalien, die diese Tomaten produzieren und im großen Stil exportieren. Zu den Menschen, die diese Tomaten ernten. Am Ende wird man auf ghanaische Flüchtlinge treffen, die Tausende Kilometer weit gereist sind ..., um in Europa genau dasselbe zu tun wie zu Hause: Tomaten zu pflücken. Im südöstlichen Zipfel Italiens ... erstreckt sich eine fruchtbare Ebene entlang der Adria. ... Dies ist Apulien, das größte Tomatenanbaugebiet Europas. Oro rosso werden die Tomaten hier genannt: rotes Gold. Die Fabrik ... steht in einem Industriegebiet nahe der Provinzhauptstadt Foggia. ... 400 000 Tonnen Tomaten können hier pro Jahr verarbeitet werden, 80 Prozent davon für den Export. Sie werden gewaschen und geschält, geseiht und gewürfelt, zu Soße gekocht und zu Mark konzentriert. ... Die fertigen Konserven landen in den Regalen europäischer Supermärkte – und im **Container**hafen von Neapel. Von dort werden sie in die Welt verschifft. Auch nach Afrika.

Es gibt noch einen weiteren Vorteil aufseiten der Europäer. ... Obwohl das Lohnniveau in Europa im weltweiten Vergleich sehr hoch liegt, verfügen die Tomatenbauern in Italien über ein schier unerschöpfliches Reservoir an billigen Arbeitskräften: Flüchtlinge.

Will man sie besuchen, muss man ... nach Apulien, ins Land des roten Goldes. Nicht weit von der Tomatenfabrik in Foggia entfernt ... [liegt das] ghetto ghanese – das ghanaische Ghetto. Hier hausen in zerfallenen Hütten etwa 150 Menschen. Zur Erntesaison im Sommer schwillt das Camp auf bis zu 800 Menschen an. Viele von ihnen sind Bauern, die vor dem Preisdruck nach Europa geflohen sind."

Matthias Krupa, Caterina Lobenstein: Ein Mann pflückt gegen Europa. In: DIE ZEIT Nr. 51 vom 17.12.2015 (18.6.2020)

4

werden, dass die europäischen Betriebe ihre Waren zu höheren Preisen anbieten als die Konkurrenz und aufgeben müssten. In Italien profitieren vor allem die Gemüsebauern von diesem System. Durch Freihandelsabkommen, z. B. mit Ghana, ist es möglich, dass EU-Waren zollfrei nach Afrika eingeführt werden können. Die Folge: Der Tomatenmarkt in Ghana ist zusammengebrochen. Die sechs Konservenfabriken verfallen. Stattdessen importiert Ghana über 50 000 t Tomatenmark im Jahr (vor allem aus der EU und China). Geflüchtete Bauern wie Wakuso Kwesi tragen nun als Saisonarbeiter in Italien dazu bei, dass hier kostengünstig produziert werden kann. Der Lohn beträgt weniger als die Hälfte des italienischen Mindestlohns. Auch wenn Wakuso Kwesi weiß, dass die EU-Agrarpolitik mit dazu beigetragen hat, seine berufliche Existenz in Ghana zu zerstören, bleibt er in Italien, um von Zeit zu Zeit seiner Familie Geld zu überweisen.

→ Wirkungsgefüge Seite 181

1
Erkläre, warum die afrikanischen Arbeitskräfte in Italien mit dazu beitragen, dass die landwirtschaftlichen Produkte dort kostengünstiger erzeugt werden können als in ihrer Heimat. Erstelle hierzu ein Wirkungsgefüge (Methode, Seite 181).

2 MK
Recherchiere zu dem Handelsabkommen Economic Partnership Agreements (EPA) zwischen der EU und Afrika und seinen Auswirkungen auf die Exporte Afrikas in die EU.

3 SP
„Wir können mit den hochsubventionierten Agrarprodukten aus Europa nicht mithalten. Freihandel zwischen Europa und Afrika ist wie ein Fußballspiel zwischen Real Madrid und der Schulauswahl von Boli Bomboi", sagt der ghanaische Ökonom Kwabena Otoo.
A Nimm Stellung zu dieser Aussage.

B Überlege, wie den ghanaischen Landwirten geholfen werden könnte. Müssen Tomaten eine Fluchtursache bleiben?

Eine Hose für die Welt

Made in World: Die Jeans ist das wohl berühmteste internationale Kleidungsstück, ein weltweiter Erfolgsartikel der Textilindustrie. Die Hose hat, ehe man sie anzieht, bereits einen langen Weg hinter sich und zeigt so die internationale Arbeitsteilung der globalen Wirtschaft idealtypisch auf.

Der Produktionsprozess einer Jeans kann in einzelne Phasen zerlegt werden, die an unterschiedlichen Standorten dieser Welt stattfinden; dort, wo die Arbeitskräfte am billigsten sind, wird produziert. Höher qualifizierte Arbeiten verbleiben meist in den Industrieländern. Am Beispiel der Jeans erfolgt z. B. das Spinnen des Baumwollgarns und die Herstellung des Färbemittels in EU-Ländern. Man spricht von einer arbeitsteiligen Produktion. Dieses **Outsourcing** wirkt sich in Schwellenländern durchaus positiv aus, indem hier neue Industrien entstehen. In Entwicklungsländern allerdings werden die Produktionsstätten kaum in den Binnenmarkt integriert, die Menschen bleiben arm.

In den Industrieländern gibt es aber auch Veränderungen: Zum einen ist ein hoher Arbeitsplatzverlust gerade im Billiglohnsektor zu verzeichnen, zum anderen steigt auch der Druck auf die anderen Arbeitsplätze. Mehr Flexibilität und höherer Einsatz sind gefordert, sodass eine sogenannte arbeitsteilige Dienstleistungsgesellschaft entsteht.

Neben den globalen Verflechtungen der Jeansproduktion stehen auch ökologische und soziale Aspekte stark in der Kritik.

1

Jährlich werden dort (in China) mehr als 260 Mio. Jeans hergestellt und in die ganze Welt exportiert, wie Greenpeace berichtet. Dort werden die Chemikalien, welche für die Herstellung der Jeans benutzt werden freigesetzt, und vergiften und zerstören die Umwelt. Darunter nimmt auch die Gesundheit der Arbeiter Schaden. Dazu kommen der Verbrauch von Unmengen an Ressourcen, welche für die Produktion von Blue Jeans gebraucht werden. [...] Der Verbrauch von 35% der jährlichen Baumwollproduktion und der damit zusammenhängende Aufwand von 10'000 Liter Wasser für ein Kilo Baumwolle ist die besorgniserregende Realität, wie naturschutz.ch berichtete. Chemikalien und Pestizide machen Baumwollpflanzen resistenter und garantieren einen größeren Ertrag. [...] Das Färben und das Designen der Jeansmode verursachen zusätzlich gesundheitliche Probleme bei den Arbeitern, welche Konsument und Modeindustrie bis jetzt schweigend hingenommen haben. [...] Die großen Fashion Labels und Hersteller könnten, wenn sie denn wollten, bereits heute den Einsatz von Pestiziden (um 60 – 80%) und Wasser (um 70%) drastisch reduzieren. Schädlingsresistente Baumwollpflanzen und der Anbau in geeigneteren Gebieten stellen dabei eine tolle Lösung dar. Auch die Stickstoff-Färbung ist eine weitere nachhaltige Möglichkeit, welche den für die blaue Jeans Farbe verantwortlichen Farbstoff „Indigo" natürlich konzentriert und so Chemikalien und Wasser einspart. Ansonsten ist es zu empfehlen, beim Kauf von Baumwollprodukten auf ein Fairtrade Label zu achten. Bei Fairtrade-Baumwolle wurden die ökologischen Auswirkungen reduziert und biologische Pflanzenschutzmittel gefördert. Zudem wird eine Pufferzone zu Gewässern gewährleistet, damit die Chemikalien nicht ins Wasser gelangen können.

Verein Naturschutz.ch, Die Jeans-Produktion schadet unserem Planeten, v. 27.11.2018, unter: https://naturschutz.ch/tipps/nachhaltig-leben/die-jeans-produktion-schadet-unserem-planeten/128832 (Zugriff 31.10.2021)

2 Jeansproduktion

3 Die Jeans-Produktion schadet dem Planeten.

Baumwolle

Der Anbau erfolgt in den Tropen und Subtropen in Monokulturen, die anfällig für Schädlinge sind. Zehn Prozent des weltweiten Pestizid- und Düngemittelverbrauchs entfallen auf Baumwolle. Für den Anbau benötigt man sehr viel Wasser. Da Baumwolle zu den Welthandels- gütern zählt, also international gehandelt wird, bildet sich ihr Preis auf dem Weltmarkt. Für die Entwicklungsländer gehört sie zu den wichtigen Cash Crops.

4

Ein ganz besonderer Rucksack

Für Jeans, jede andere Ware oder Dienstleistung werden Ressourcen verbraucht. Deren Menge lässt sich mit dem ökologischen Rucksack vergleichen. Das ist eine Metapher für die Ressourcen, die bei Herstellung, Gebrauch und Entsorgung eines Gegenstandes verbraucht wurden. Für eine 600 Gramm schwere Jeans ergibt sich ein ökologischer Rucksack von 32 Kilogramm.

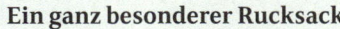

6

Anteile am Verkaufspreis einer Jeans	
Löhne in der Produktion	1%
Transportkosten	11%
Materialkosten	13%
Bekleidungsfirma (Werbung, Forschung, Design, Gewinn …)	25%
Einzelhandel (Personal, Miete, Gewinn …)	50%

7

Bis ein Hemd in deutschen Läden liegt, gibt es viele Arbeitsschritte. Am Anfang dieser Lieferketten stehen oft Kinderarbeit und Hungerlöhne. […] Sollen deutsche Firmen notfalls gesetzlich dazu gezwungen werden, in weltweiten Lieferketten Menschenrechte einzuhalten? […] „Was der Minister plant, gefährdet unsere Existenz", sagte die Präsidentin des Gesamtverbands textil+mode, Ingeborg Neumann, der Deutschen Presse-Agentur in Berlin. „Unsere globalen Konkurrenten werden uns einfach aus dem Markt fegen." […]
Müller beklagt, dass Zwangsarbeit und Hungerlöhne vielerorts allgegenwärtig seien. Deutschland und seine Firmen müssten dazu beitragen, diese Missstände endlich zu überwinden. […] Neumann dagegen sagte, die Pläne Müllers gingen vollkommen an der Realität vorbei. „Wir können nicht alleine als deutsche Unternehmen die globale Welt retten." […]

5 So schwer ist der Kampf für faire Mode

Ein 2016 von der Bundesregierung beschlossener Nationaler Aktionsplan für Wirtschaft und Menschenrechte fordert von Unternehmen eine menschenrechtliche Sorgfalt in internationalen Lieferketten - zunächst auf Basis freiwilliger Selbstverpflichtungen. Klappt dies nicht, will Müller den Unternehmen notfalls gesetzliche Vorgaben machen. […] „Wenn es nach dem Minister geht, müssen wir als Mittelständler jedes Baumwollfeld, jede Knopffabrik und jede Reißverschlussproduktion bis ins kleinste Glied kont- rollieren." Die deutsche Textilindustrie produziere bereits nach den weltweit höchsten Standards. […] „Mit seinem Lieferkettengesetz vertreibt der Entwicklungsminister ausgerechnet die heimischen Mittelständler, die weltweit die Standards heben."

Andreas Hoenig, dpa, Textilindustrie: Entwicklungsminister gefährdet Existenz der Branche, dpa-Meldung v. 18.04.2019, gekürzt © dpa Deut- sche Presse-Agentur GmbH

1

Eine Hose für die Welt

a) Zeige die globalen Verflechtungen und deren Folgen auf, indem du auf wirtschaftliche, soziale und ökologische Aspekte bei der Jeansproduktion eingehst.

b) Diskutiert und beurteilt am Beispiel der Jeans: Wer ist Gewinner, wer Verlierer der Globalisierung?

c) Recherchiere nach weiteren Modesiegeln, die für nach- haltige Produktionsbedingungen stehen.

d) Diskutiert über euer Konsumverhalten. Welchen Ein- flüssen seid ihr ausgesetzt? Welche Folgerungen ergeben sich für euch?

Präsentiert eure Ergebnisse in einem Lernplakat.

MK Ein Mystery entschlüsseln: „Was haben Elenas Rosen mit Darias Leben zu tun?"

Ein Mystery beschreibt Situationen, die auf den ersten Blick nichts miteinander zu tun haben. Indem ihr die zahlreichen Informationen (Mystery-Karten und Begleitmaterial) ordnet, könnt ihr Zusammenhänge herstellen und die Ausgangsgeschichte entschlüsseln. Dafür gibt es verschiedene Möglichkeiten.

1 Gewächshäuser am Naivasha-See in Kenia

Im Alltag begegnen uns oft Probleme, deren Bewältigung uns herausfordert: Es gibt viele unterschiedliche Informationen, die manchmal sogar widersprüchlich sind, sodass uns die Lösung Schwierigkeiten bereitet.

So ist das auch beim Mystery. Es handelt sich um eine Art Rätsel, das aus einer Geschichte und einer Reihe von zusätzlichen Informationen besteht. Die Zusammenhänge zwischen diesen Informationen erscheinen zunächst unklar. Wenn es dir aber gelingt, die Informationen sorgfältig zu lesen, Wichtiges von Unwichtigem zu unterscheiden und die zentralen Informationen miteinander zu verknüpfen, dann kannst du das Mystery lösen.

Was ihr braucht:
- dieses Schulbuch
- 1 DIN-A4-Blatt mit den Mystery-Karten
- 1 leeres DIN-A3-Blatt oder 2 zusammengeklebte DIN-A4-Blätter
- 1 Schere
- Klebstoff
- Bleistift, Farbstifte

1. Schritt: Hypothesen formulieren

Es stellt sich die Leitfrage: „Was haben Elenas Rosen mit Darias Leben zu tun?" Stellt Vermutungen zur Beantwortung an.

2. Schritt: Mystery-Karten lesen

In Gruppen von maximal vier Mitgliedern könnt ihr euch nun an die Arbeit machen: Kopiert die Mystery-Karten (Seite 160/161) und schneidet anschließend die einzelnen Karten aus. Lest danach alle Mystery-Karten in der Gruppe vor und klärt unbekannte Begriffe.

3. Schritt: Mystery-Karten und Begleitmaterial auswerten

a) Unterstreicht auf jeder Karte mit einem Farbstift die wichtigste Aussage oder den Schlüsselbegriff.

b) Ordnet und strukturiert die Karten und setzt die Informationen zueinander in Beziehung, um die Leitfrage zu beantworten. Verwendet dabei auch das Begleitmaterial. Achtung: Nicht alle Karten sind für die Lösung wichtig.

4. Schritt: Leitfrage beantworten

Entwerft eine begründete Lösung des Mysterys und stellt die Zusammenhänge in Form eines Wirkungsgefüges eurer Klasse vor.

5. Schritt: Erkenntnisse verallgemeinern

Was habt ihr aus dem Mystery gelernt? Zieht Schlussfolgerungen für euer eigenes Konsumverhalten und überlegt, wie die Situation verbessert werden kann.

Leitfrage: Was haben Elenas Rosen mit Darias Leben zu tun?

Mai 2020 – Die Arbeiterin Daria (25 Jahre alt, 3 Kinder) pflückt in einer Blumenfarm am Naivasha-See in Kenia Rosen.

2

Mai 2020 – Die Schülerin Elena kauft für ihre Mutter als kleines Dankeschön einen Strauß Rosen für 1,99 Euro in einem Bochumer Supermarkt.

4

12 NACHHALTIGE/R KONSUM UND PRODUKTION

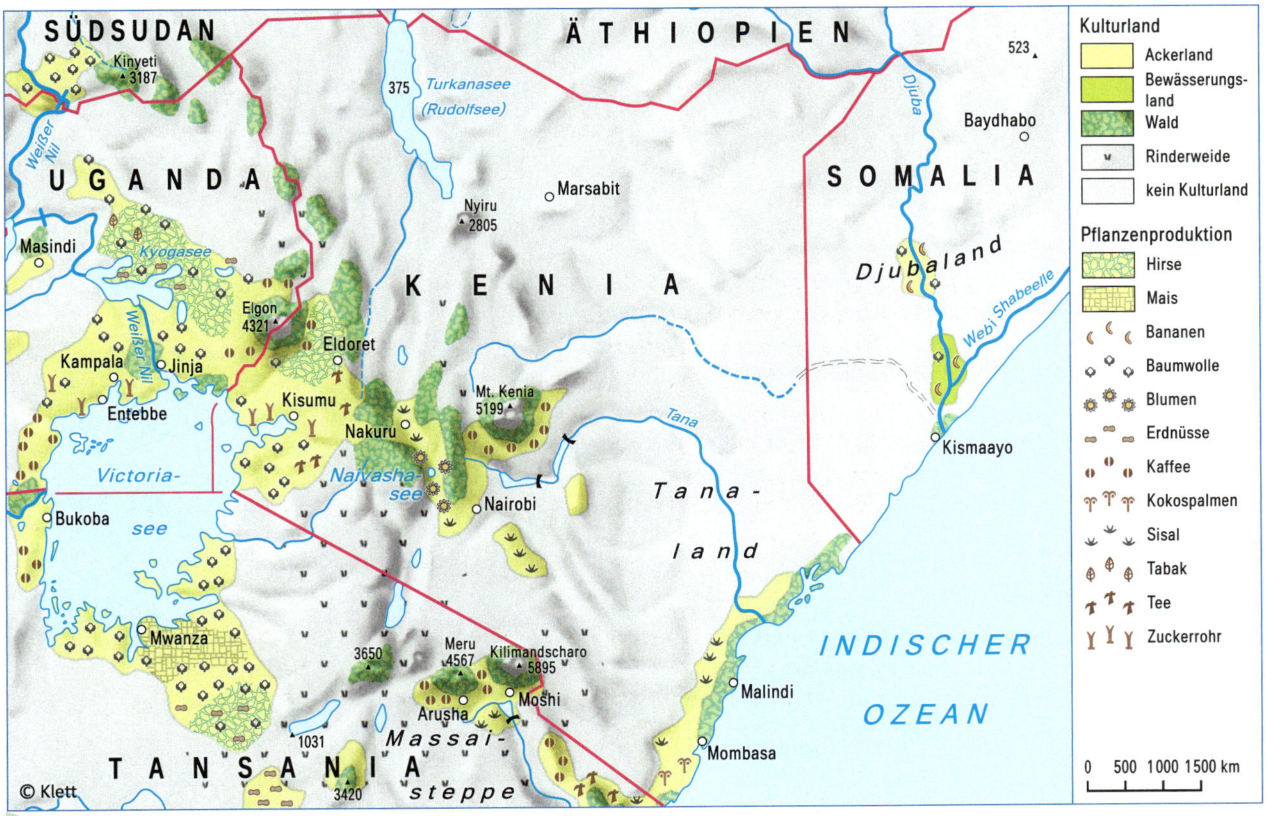

Kulturland

- Ackerland
- Bewässerungsland
- Wald
- Rinderweide
- kein Kulturland

Pflanzenproduktion

- Hirse
- Mais
- Bananen
- Baumwolle
- Blumen
- Erdnüsse
- Kaffee
- Kokospalmen
- Sisal
- Tabak
- Tee
- Zuckerrohr

0   500 1000 1500 km

© Klett

3 Das Blumenanbaugebiet am Naivasha-See in Kenia

---

1 Entschlüsselt das Mystery mithilfe der Mystery-Karten (Seite 158/159) und der Materialien 2–4. Beantwortet abschließend die Leitfrage.

2 Entwickelt Ideen, wie die Rosenindustrie in Kenia nachhaltiger gestaltet werden kann.

1. Entwicklung Schnittblumenexport Kenias

1980	1990	2000	2010	2017
1900 t	15000 t	38750 t	120220 t	159961 t

Nach Kenya Flower Council, 2020

2. Zugewanderte Blumenpflückerin

Daria: „Die Blumenindustrie ist wichtig. Sie gibt uns Jobs und sichert das Familieneinkommen."

3. Wichtiges Blumenanbaugebiet für Deutschland

Die Rose ist die beliebteste Blume der Deutschen. Zwei Drittel aller in Deutschland verkauften Rosen kommen aus Kenia. Ihre Reise beginnen sie in Naivasha, dem größten Blumenanbaugebiet Afrikas.

4. Bevölkerungsentwicklung am Naivasha-See

1969	7000 Einwohner
2007	300000 Einwohner
2019	1000000 Einwohner

5. Mehr Arbeitsplätze auf den Blumenfarmen

Die Hoffnung auf einen Arbeitsplatz auf den Farmen zieht immer mehr Menschen an. Dank der Rosenindustrie sind etwa 100000 Arbeitsplätze entstanden.

6. Die Königin der Blumen

Die Rose kommt ursprünglich aus Persien. Es gibt Hunderte von Rosenarten. Sie wird seit der griechischen Antike auch als „Königin der Blumen" bezeichnet.

7. Voraussetzungen für die Rosenproduktion

Temperatur	max. 28°C, mind. 15°C
Wasser	täglich 60000 Liter pro ha
Licht	mind. 10 Std. Sonne pro Tag

8. Kenia: ein Entwicklungsland

Kenia gilt als eines der ärmsten Länder der Welt. Die Lebensbedingungen sind sehr schwierig. Das BIP pro Kopf liegt bei rund 2000 US-Dollar (Stand 2019).

9. Bezahlung

Ein Arbeiter auf einer Blumenfarm in Kenia verdient ca. 45 Euro im Monat. In Deutschland liegt der monatliche Durchschnittslohn bei 2079 Euro (Stand 2019).

10. Arbeitsbedingungen I: Gesundheitsgefährdung

Ein Arbeiter erzählt: „Manche nehmen stark ab und denken, dass sie Aids haben. Aber es sind die Pestizide. Wir sprühen täglich neun Stunden lang mit wenigen Pausen. Und die ganze Zeit ernten die Frauen ein paar Meter weiter ohne Schutzkleidung die Blumen."

11. Rosenpreis in Deutschland

Elena ist begeistert. Sie hat heute für 1,99 Euro einen Strauß Rosen im Supermarkt gekauft. „Ein super Preis!"

12. Veränderungen im See

Der Wasserspiegel ist in den vergangenen Jahrzehnten um fünf Meter gesunken. Die Blumenfarmen entnehmen dem Naivasha-See unbekannte Mengen an Wasser.

13. Klimatische Bedingungen

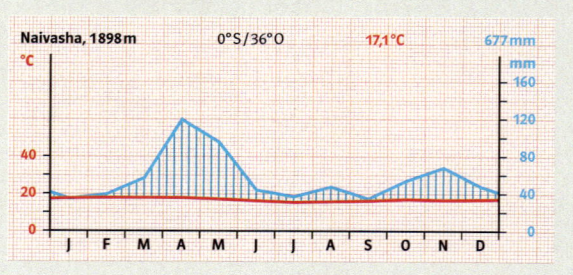

14. Fischsterben

Heute hat der Fischer Chumba viele tote Fische an der Oberfläche des Naivasha-Sees gesehen.

15. Leben am Naivasha-See

Der Naivasha-See versorgt die lokale Bevölkerung mit Trinkwasser und Fisch. Außerdem ist er Heimat vieler Tier- und Pflanzenarten. Er lockt zahlreiche Touristen an.

16. Bedeutung der Blumenindustrie für Kenia

Mit einem Jahresumsatz von rund 700 Mio. Euro macht die Blumenindustrie etwa 1,3 % des kenianischen Bruttoinlandsproduktes (BIP) aus und stellt neben dem Tourismus einen der wichtigsten Devisenbringer für Kenia dar (Stand 2017).

17. Fairtrade-Siegel

Das Siegel zum fairen Handel garantiert, dass die importierten Schnittblumen aus menschenwürdiger und umweltschonender Produktion stammen. Blumenfarmen, die die Fairtrade-Standards erfüllen, erhalten das Gütesiegel. Die Fairtrade-Standards:

– Zwangsarbeit und Arbeiten für Kinder unter 15 Jahren sind verboten.
– Löhne müssen den regionalen Durchschnittslöhnen oder dem lokalen Mindestlohn entsprechen oder höher sein.
– Um Verletzungen zu vermeiden, müssen Maßnahmen zum Gesundheitsschutz und zur Sicherheit der Arbeiter vorhanden sein.

18. Darias Wohnviertel

19. Blumenhandel in Deutschland

Der 14. Februar (Valentinstag) und der zweite Sonntag im Mai (Muttertag) sind die beiden umsatzstärksten Tage im deutschen Blumenhandel. Auch Elena möchte ihrer Mutter in diesem Jahr wieder eine Freude machen.

20. Lebensunterhalt für die Großfamilie

„Ohne meine Arbeit kann ich kein Essen für meine Familie kaufen und meinen Kindern auch keine Schulbildung ermöglichen", sagt Daria.

21. Umweltkontrollen

Die Blumenfarmen rund um den Naivasha-See werden etwa alle zwei Jahre von einem Umweltinspekteur kontrolliert. Die Kontrollen müssen vorher angekündigt werden.

22. Starkes Algenwachstum

Die Einleitung der ungeklärten, mit Düngemitteln und Pestiziden verunreinigten Abwässer der Blumenfarmen verursacht eine Überdüngung des Sees (Eutrophierung). Dadurch kommt es zu einem starken Algenwachstum.

23. Arbeitsbedingungen II: Arbeitszeiten und Regeln

Die durchschnittliche Wochenarbeitszeit in der kenianischen Blumenindustrie liegt bei über 50 Stunden. Besonders an den Tagen vor Valentinstag oder Muttertag müssen die Arbeiter zahlreiche, meist nicht oder schlecht bezahlte Überstunden leisten. Zudem herrscht eine „Hire-and-Fire"-Politik, d.h., wer sich nicht an die Regeln des Chefs hält, wird entlassen.

24. Arbeiter versprüht Pestizide

25. Blumentransport Kenia – Europa

Aus dem Kühlhaus werden die Rosen per Lkw nach Nairobi gebracht. Jede Nacht fliegen mehrere Flugzeuge vom internationalen Flughafen in Nairobi nach Europa und transportieren etwa 300 Tonnen Schnittblumen über 7 000 km.

Global Player Boehringer Ingelheim

Eine spannende Geschichte: Aus einem kleinen Familienunternehmen in Rheinhessen wird ein Global Player im Pharmageschäft. Wie behauptet sich Boehringer Ingelheim auf dem Weltmarkt?

1

Global Player

Multinationales Unternehmen, das auf fast allen nationalen Märkten mit eigenständigen Betriebsteilen bzw. Tochterfirmen agiert. Ein Global Player optimiert Zulieferung, Produktion und Absatz durch Nutzung von Kostenvorteilen im globalen Maßstab. Eine Kontrolle durch die nationalen Behörden ist dabei kaum noch möglich.

3 Schrägluftbild des Werks von Boehringer Ingelheim in Ingelheim

Boehringer Ingelheim ist auf Forschung und Entwicklung (F&E), die Produktion sowie den Vertrieb neuer Medikamente der Humanpharma und Tiergesundheit spezialisiert. Der Unternehmensverband umfasst im Jahr 2020 176 Gesellschaften mit weltweit mehr als 52 000 Mitarbeiterinnen und Mitarbeitern. Mit einem Konzernumsatz von rund 19,6 Milliarden Euro gehört Boehringer Ingelheim zu den

20 umsatzstärksten Unternehmen weltweit. Bei uns bekannt sind vor allem Medikamente zur Behandlung von Krebserkrankungen und Stoffwechselerkrankungen sowie Erkrankungen der Atemwege, des Herz-Kreislauf-Systems und des zentralen Nervensystems.

Hohe Investitionen in Forschung und Entwicklung

Das primäre Ziel ist es, marktgerechte Medikamente und Therapien für Krankheiten zu entwickeln, für die es bislang noch keine zufriedenstellende Behandlung gibt. Dazu arbeitet Boehringer Ingelheim mit externen Kooperationspartnern zusammen wie beispielsweise öffentlichen Forschungseinrichtungen oder Biotechunternehmen. 2020 waren in der Forschung und Entwicklung bei Boehringer Ingelheim über 9 500 Mitarbeiterinnen und Mitarbeiter beschäftigt. Rund 3,7 Milliarden Euro werden weltweit in diesen Bereich investiert. Das entspricht etwa 18,9 Prozent des Konzernumsatzes. An den deutschen Standorten

Forschung und Entwicklung	2020	2019	2018	2017	2016
Aufwendung gesamt in Mio. EUR	3 696	3 462	3 164	3 078	3 112
– in % der Umsatzerlöse	18,9	18,2	18,1	17,0	19,6
Aufwendung für Humanpharma in Mio. EUR	3 283	3 042	2 780	2 714	2 870
– in % der Umsatzerlöse Humanpharma	22,8	21,8	22,1	21,5	23,9
Aufwendung für Tiergesundheit in Mio. EUR	412	419	384	357	180
– in % der Umsatzerlöse Tiergesundheit	10,0	10,4	9,7	9,2	12,3
durchschnittliche Mitarbeiterzahl in F&E	9 504	9 154	8 552	8 589	8 055
Sachanlageninvestitionen in Mio. EUR (ohne Investition in Infrastruktur)	181	183	136	71	92

C. H. Boehringer Sohn AG & Co. KG (Hrsg.): Unternehmensbericht 2020.
Ingelheim: Boehringer Ingelheim GmbH 2021, S. 13

2

4 Qualitätskontrolle in der Entwicklung

6 Pharmaproduktion in Ingelheim

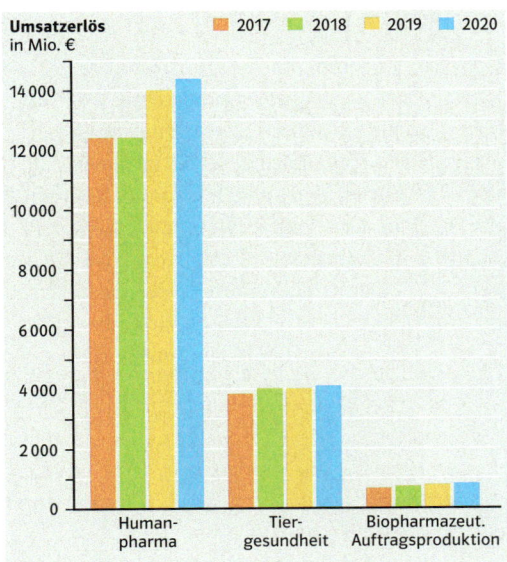

5 Umsatzerlöse nach Geschäftsbereichen in den Jahren 2017, 2018 und 2019
nach: C. H. Boehringer Sohn AG & Co. KG (Hrsg.): Konzernlagebericht 2019 und 2020

arbeiten 2020 16 319 Menschen aus über 90 Nationen zusammen. In dieser Vielfalt sieht Boehringer Ingelheim einen wichtigen Treiber für Innovationen.

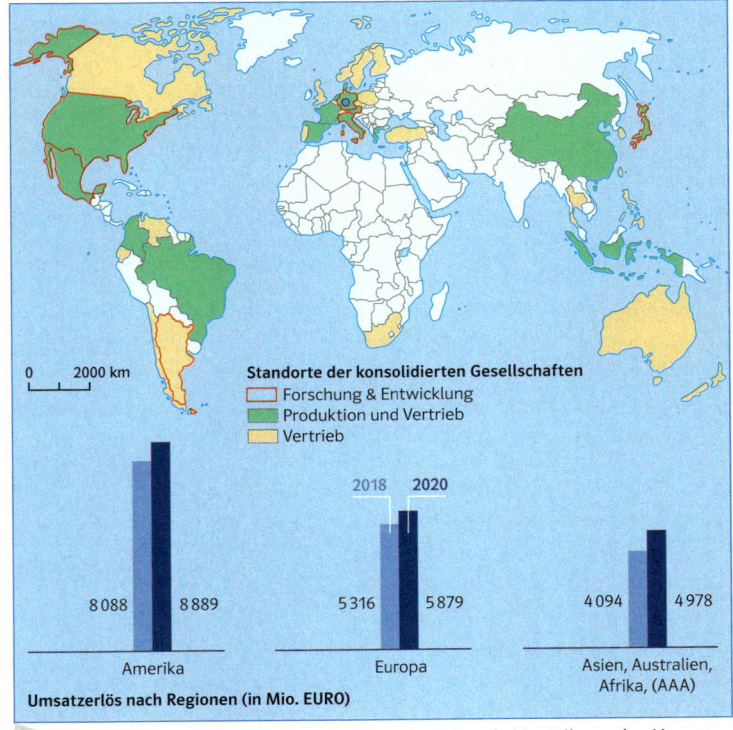

Umsatzerlös nach Regionen (in Mio. EURO)

7 Boehringer Ingelheim: Standorte und regionale Verteilung der Umsatzerlöse in den Jahren 2018 und 2019
nach: C. H. Boehringer Sohn AG & Co. KG (Hrsg.): Unternehmensbericht 2019 und 2020

1
Beschreibe die Arbeitsfelder des Unternehmens.

2
Erläutere mithilfe der Materialien 2, 5 und 7, inwiefern es sich bei Boehringer Ingelheim um einen Global Player handelt.

3 MK
Recherchiere im Internet die internationale Konkurrenz von Boehringer Ingelheim.
A Erstelle dazu eine übersichtliche Tabelle.
B Schreibe dazu einen Artikel für eine Schülerzeitung.

8 Boehringer-Ingelheim-Werksarzt Dr. Michael Schneider

10 Unternehmenszentrale in Ingelheim

Interview mit dem Arbeitsmediziner und leitenden Werksarzt Dr. Michael Schneider zum Thema: „Welchen neuen Anforderungen muss sich das Gesundheitsmanagement intern stellen?"

TERRA: *Welche Aufgaben haben Sie?*
Dr. Schneider: Die demografische Entwicklung stellt alle Betriebe heute vor große Herausforderungen. Für die Unternehmen ist es besonders wichtig, die Effizienz und Effektivität von betrieblichen Wertschöpfungsprozessen zu optimieren; dabei spielen neben den eigentlichen Produktionsprozessen insbesondere motivierte und engagierte Mitarbeiter eine herausragende Rolle. Als leitender Betriebsarzt bin ich für die Gesundheit unserer Mitarbeiter in Deutschland verantwortlich.

TERRA: *Wie hat sich Ihre Arbeit in den letzten zehn Jahren verändert?*
Dr. Schneider: Die Zeit ist schneller geworden, Prozesse sind vielschichtiger und international geworden, dabei vielfach auch deutlich schlanker. Durch eine zunehmende Technisierung und eine permanente Verfügbarkeit weitverzweigter Informationsmedien, insbesondere durch den weltumspannenden Internetverkehr, werden Entscheidungen deutlich schneller getroffen.

TERRA: *Boehringer Ingelheim ist ein Global Player. Welche Entwicklungen sind für Sie positiv, welche kritisch zu beurteilen?*
Dr. Schneider: Vorteile: Die Märkte können deutlich schneller erreicht und Dienstleistungen weltweit angeboten werden. Der Prozess einer ungezügelten Globalisierung hat natürlich auch seine Probleme. Eng getaktete Informationsflüsse über unterschiedliche Zeitzonen hinweg können sich durchaus kritisch auf die Gesundheit der Mitarbeiter auswirken. Hier gilt es für Unternehmen vorzusorgen – wie beispielsweise Boehringer Ingelheim mit seinem umfassenden Gesundheitspräventionsprogramm.

TERRA: *Globalisierung und Gesundheit: Wer ist Gewinner, wer Verlierer?*
Dr. Schneider: Für die Mitarbeiter in weltweit operierenden Unternehmen bietet die Globalisierung die Möglichkeit, Wertschöpfung zu erhöhen und sichert dadurch Arbeitsplätze. Diese Entwicklung macht es erforderlich, dass die Berichtsstrukturen und Informationswege weltweit vernetzt sind und dabei unterschiedliche

Kulturen aufeinandertreffen. Hier müssen Unternehmen neue Wege der Kommunikation einschlagen. Es ist aber auch dringend nötig, die Auswirkungen auf den lokalen Märkten im Blick zu behalten. Alle am Markt agierenden Unternehmen haben ja eine soziale Verantwortung, besonders die in der Gesundheitsbranche. Daher engagieren wir uns beispielsweise mit der gemeinnützigen Organisation Ashoka in der Initiative „Making More Health". Unser Ziel ist es dabei, Sozialunternehmer im Gesundheitsbereich weltweit zu fördern.

TERRA: *Ihr Blick in die Zukunft: Wie sieht die Wirtschaftswelt in zehn Jahren aus?*
Dr. Schneider: Alle Menschen werden länger arbeiten. Auch ist absehbar, dass sich zunehmend qualifizierte Mitarbeiter ihren Arbeitgeber aussuchen werden. Für eine Entscheidung werden Faktoren wie z. B. Zufriedenheit am Arbeitsplatz, Vereinbarung von Beruf und Familie wichtiger. Solche Entwicklungen sind bereits heute zu beobachten.
TERRA: Vielen Dank für das Interview.
Vom Autor geführtes Interview

9

Soziales Engagement eines Unternehmens: die Initiative Making More Health

Seit 2010 arbeiten Boehringer Ingelheim und Ashoka, dem größten internationalen Netzwerk für Sozialunternehmer, im Rahmen der globalen Initiative Making More Health zusammen. Die Vision ist zusammen neue Methoden zu entwickeln, die die weltweite Gesundheitsversorgung verbessern. Die Initiative ist weltweit auf der Suche nach sozialen Innovationen, unkonventionellen Partnerschaften und Geschäftsmodellen, die die lokalen Gemeinden unterstützen. Business und soziales Engagement sollen miteinander verbunden werden, um so nachhaltig und langfristig die Situation zu verbessern. Dabei werden die Mitarbeitenden von

Boehringer Ingelheim im Rahmen dieser Aktivitäten mit eingebunden, um die Sozialunternehmer zu fördern und mit ihrem Know-how zu unterstützen.

Boehringer Ingelheim Corporate Center GmbH, Communications + Public Affairs (2020), Andreas Autzen, Ingelheim

11

Projekte der Initiative „Making More Health"

„Ein Beispiel ist Miguel Neiva aus Portugal, der das Thema Farbenblindheit aufgreift und bestehende Probleme farbenblinder Menschen durch die Entwicklung einer auf Symbolen beruhenden Sprache löst, die mit Farbkennungen kombiniert werden. Somit werden z. B. grüne und rote U-Bahnlinien auf Metroplänen, Warnfarben (Ampeln etc.), aber auch farbliche Kennzeichnungen bei Medikamenten (z. B. Konzentration eines Wirkstoff usw.) für alle erkennbar. Durch den Verkauf der Idee an Verkehrsbetriebe, Buntstiftindustrie und andere farbenbezogene Akteure wird die Verbreitung dieser farblichen Symbolik weltweit ermöglicht. Ein Win-win für alle.
Ein zweites Beispiel ist Michaela Nachtrab aus Deutschland. Sie hat ein System entwickelt, das gehörlosen Menschen die Möglichkeit bietet,

sich über Handy oder Laptop online mit einem Dolmetscher zu verbinden."
Seit 2019 arbeitet Boehringer Ingelheim mit der Defeat-NCD-Partnerschaft an der Bekämpfung nicht ansteckender Krankheiten in vor allem ärmeren Ländern zusammen. Die Defeat-NCD-Partnerschaft ist eine öffentlich-private Partnerschaft verankert in den vereinten Nationen, die sich aus Regierungen, akademischen Institutionen und Unternehmen zusammensetzt. Das Ziel ist durch Prävention und Behandlung die Frühsterblichkeit bis 2030 um ein Drittel zu senken. An nichtübertragbaren Krankheiten sterben jährlich 41 Millionen Menschen. Da der Zugang zu essenziellen Medikamenten in ärmeren Ländern häufig unzureichend ist, treten dort drei Viertel dieser weltweiten Todesfälle auf.

Boehringer Ingelheim Corporate Center GmbH, Communications + Public Affairs (2020), Andreas Autzen, Ingelheim

12

4
Analysiere das Interview mit Dr. Schneider.
a) Zeige Folgen der Globalisierung für das Unternehmen auf.
b) Diskutiere die dargestellten Entwicklungen.

5
Beschreibe Ansatz und Ziel des Programms „Making More Health".

6
Beurteile das soziale Engagement von Boehringer Ingelheim: Welche Erwartungen stellt die Öffentlichkeit wohl an das Unternehmen?

7
Was erwartest du von einen Global Player? Erstelle ein Anforderungsprofil im Sinne eines Leitfadens.

Welthandelsströme und wirtschaftliche Zusammenschlüsse

Die ganze Welt ist ein riesiges Kaufhaus. Waren werden weltweit produziert, verkauft und über die ganze Welt bewegt. Transport und Logistik setzen kaum Grenzen und fast alle Waren können so an jeden Ort der Welt transportiert werden. Internationale Handelsbündnisse vereinfachen den Warenaustausch und festigen damit die Wirtschaftsbeziehungen zwischen den Partnerländern. Aber nicht nur durch eine Pandemie kann es zu Störungen kommen.

Index
statistische Messzahl, die genommen wird, wenn mehrere Aspekte mit einer einzigen Zahl dargestellt werden sollen, um durchschnittliche Veränderungen zu zeigen

Die internationalen Warenströme sind ständig im Wandel, abhängig von Wirtschaftskrisen oder wirtschaftlichem Aufschwung. Die Exporte und Importe konzentrieren sich auf die drei großen Wirtschaftsregionen der Erde: Asien, Nordamerika und Europa. Gerade Asiens Wirtschaftszentren Indien und China zeigen in jüngster Vergangenheit die größte Dynamik im Handelsaufkommen. Deutschland, zwischen 2003 und 2008 sowie im Jahr 2016 globaler Exportweltmeister, wurde mittlerweile von anderen Nationen verdrängt und liegt inzwischen auf Platz 3 deutlich hinter China und den USA.

Wirtschaftliche Zusammenschlüsse ...

Um ihre wirtschaftliche Macht zu stärken und das Handelsvolumen zu vergrößern, bilden Staaten Zusammenschlüsse und schließen Handelsabkommen miteinander. Die Mitgliedsstaaten einer Freihandelszone erheben untereinander keine Zölle und errichten auch keine anderen Handelshemmnisse. Gegenüber außenstehenden Staaten kann jedoch jedes Mitglied selbstständig Zölle festlegen, was für viele Entwicklungsländer zum Nachteil wird. Die EU bildet eine Ausnahme bei den wirtschaftlichen Zusammenschlüssen, da ihre Mitgliedsstaaten auch auf politischer Ebene zusammenarbeiten.

... und die Politik

Politische Zusammenarbeit kann also der wirtschaftlichen Zusammenarbeit einen stabilen Rahmen geben. Umgekehrt gilt aber auch, dass politische Differenzen negativen Einfluss auf wirtschaftliche Kooperation nehmen können. Drei Beispiele sollen das verdeutlichen:

Es kann sein, dass ...

- ... nach einer Wahl die neue Regierung eines Landes das nationale Interesse in den Vordergrund stellt und die internationale Kooperation mit Wirtschaftspartnern als nachteilig für das eigene Land darstellt;
- ... ein Land mit Strafzöllen oder einem Handelsboykott versucht, ein anderes Land unter Druck zu setzen, mit dessen Politik es nicht einverstanden ist;
- ... eine über Jahrzehnte erarbeitete wirtschaftliche und politische Stabilität auf der Grundlage einer Kooperation im gemeinsamen Frieden von den Menschen als so selbstverständlich angesehen wird, dass es dem Einzelnen als nicht notwendig erscheint, sich für diese Stabilität zu engagieren.

Handelsabkommen – auf dem Weg oder in der Sackgasse?

CETA (Comprehensive Economic and Trade Agreement)
Freihandelsabkommen zwischen der EU und Kanada, seit September 2017 vorläufig in Kraft; bis Januar 2020 haben 14 EU-Länder das Abkommen ratifiziert.

CPTPP (Comprehensive and Progressive Agreement for Trans-Pacific Partnership)
Freihandelsabkommen zwischen Australien, Brunei, Chile, Japan, Kanada, Malaysia, Mexiko, Neuseeland, Peru, Singapur, Vietnam; ab 30.12.2018 für die ersten Partnerländer in Kraft.

JEFTA (Japan-EU Free Trade Agreement)
Freihandelsabkommen zwischen Japan und der EU; seit dem 1.2.2019 in Kraft.

1

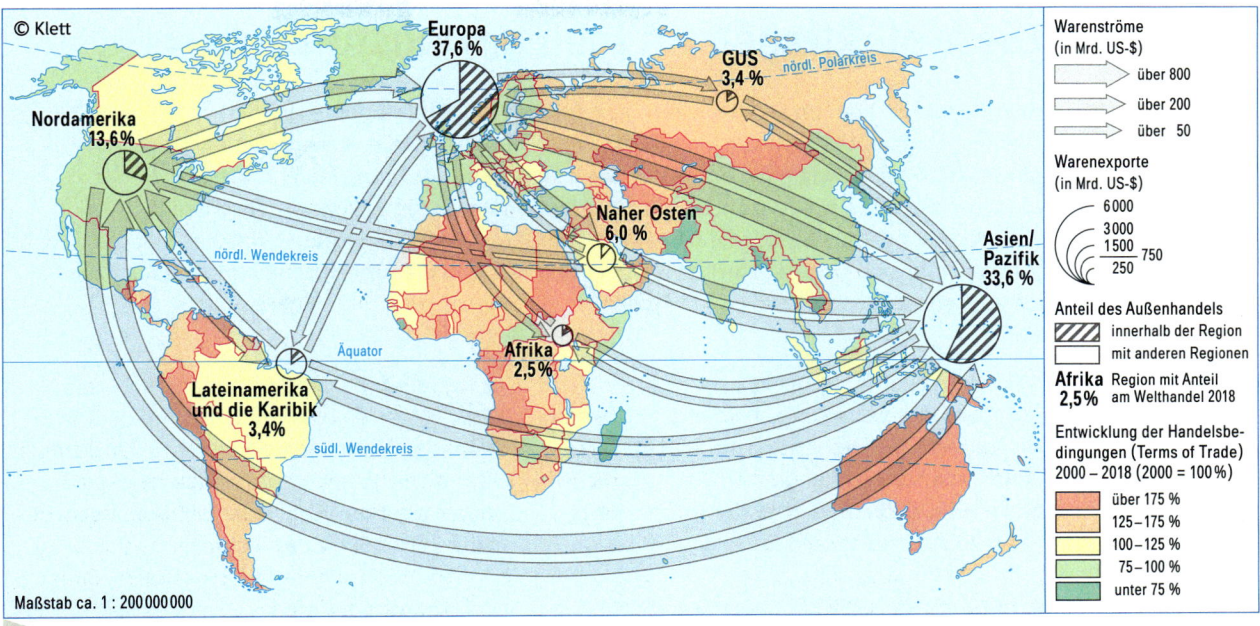

2 Welthandel

Karte-Legende:

Warenströme (in Mrd. US-$)
- über 800
- über 200
- über 50

Warenexporte (in Mrd. US-$)
- 6000
- 3000
- 1500
- 750
- 250

Anteil des Außenhandels
- innerhalb der Region
- mit anderen Regionen

Afrika 2,5% Region mit Anteil am Welthandel 2018

Entwicklung der Handelsbedingungen (Terms of Trade) 2000 – 2018 (2000 = 100%)
- über 175%
- 125 – 175%
- 100 – 125%
- 75 – 100%
- unter 75%

Regionen-Werte:
- Europa 37,6%
- GUS 3,4%
- Nordamerika 13,6%
- Naher Osten 6,0%
- Asien/Pazifik 33,6%
- Afrika 2,5%
- Lateinamerika und die Karibik 3,4%

Maßstab ca. 1 : 200000000

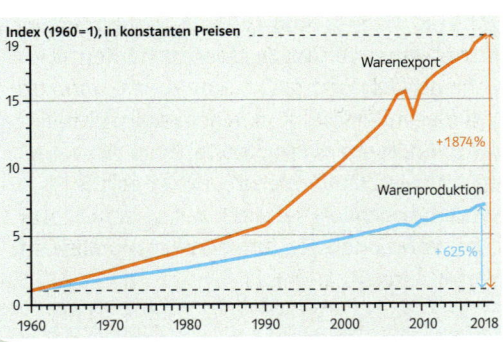

Index (1960 = 1), in konstanten Preisen

- Warenexport +1874%
- Warenproduktion +625%

3 Entwicklung des grenzüberschreitenden Warenhandels

Exportländer 2019	
China	2 499,03
USA	1 645,63
Deutschland	1 489,16
Niederlande	709,23
Japan	705,53
Frankreich	569,73

Nach statista, 2020

Importländer 2019	
USA	2 568,41
China	2 077,1
Deutschland	1 234,22
Japan	720,74
Ver. Königreich	691,8
Frankreich	651,18

4 Die größten Export- und Importländer 2019 (in Mrd. US-Dollar)

1 MK

Wirtschaftliche Zusammenschlüsse (Material 1 und Karte 2)
a) Beschreibe die räumliche Verteilung der wirtschaftlichen Zusammenschlüsse und die Warenströme des Welthandels.
b) Vergleiche den Handel innerhalb der jeweiligen Regionen mit dem Volumen des Handels außerhalb.
c) Informiere dich über den aktuellen Stand der Abkommen CETA, CPTPP und JEFTA.

2

Welt-Warenhandel (M 3):
a) Beschreibt den Verlauf der beiden Kurven.
b) Erläutert die Entwicklung des Warenexports im Zusammenhang mit Zöllen und Handelsabkommen sowie im Zusammenhang mit der Finanzkrise 2008. Wie hat sich die Corona-Pandemie ausgewirkt?
c) „Der Handel ist der Motor der Globalisierung." „Die Globalisierung ist der Motor des Handels." Erörtert die beiden Aussagen.

3

Es kann sein, dass …
A Nennt Beispiele aus den letzten Jahren, die die erste Aussage (Seite 164) bestätigen.
B Nennt Beispiele aus den letzten Jahren, die die zweite Aussage (Seite 164) bestätigen.
C Nennt Beispiele aus den letzten Jahren, welche die dritte Aussage (Seite 164) bestätigen.
D Fasst zusammen, welche Vorteile die EU für die Mitgliedsstaaten und für die Bürger hat.

Die Welt klingelt an meiner Haustüre

12 NACHHALTIGE/R KONSUM UND PRODUKTION

Anstatt den Einkauf im Stadtzentrum zu erledigen, wird immer häufiger der Onlineshop gewählt. Zeitliche Flexibilität, eine unendlich große Auswahl und häufig günstigere Preise locken die Kunden in die Onlineshops. Auf großen Verkaufsplattformen, wie z. B. Amazon, können internationale Waren unkompliziert bestellt werden. Aber wie gelangen die bestellten Produkte zu mir nach Hause? Welche Infrastruktur und Logistik steckt dahinter? Und wie sind die Arbeitsbedingungen in diese Branche?

Geklickt, gekauft, verpackt ...

Aufgrund des technischen Fortschritts können Menschen heute nahezu überall, schnell und einfach Waren aus der ganzen Welt online bestellen. Ein Klick auf den Button „Bestellung abschließen" startet die Auftragsabwicklung.

1 DHL HUB – Warendrehkreuz Leipzig

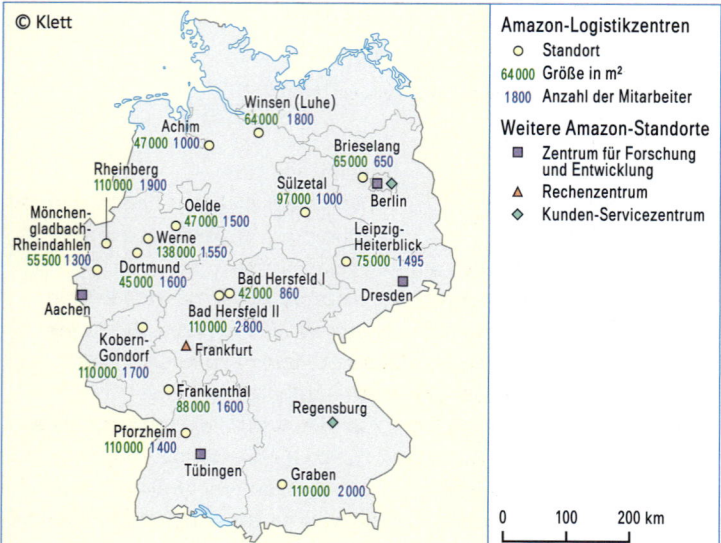

2 Amazon – Standorte, Größe und Mitarbeiterzahl der Logistikzentren

In Vorbereitung auf den Versand in einem Logistikzentren werden die Waren dann zusammengestellt, verpackt und an den Versand übergeben. Je nach Automatisierungsgrad des Lagers arbeiten mehr oder weniger Menschen Hand in Hand mit der Technik.

... verpackt, geliefert ...

Der Weg vom Logistikzentrum zum Abnehmer geht über ein oder mehrere Warenverteilungszentren. Die insgesamt zunehmenden Onlinebestellungen führen zu einem erhöhten Verkehrsaufkommen.

Um diesem Problem entgegenzuwirken, wurden unter anderem digital unterstützte Konzepte entwickelt. Ziel für die Zukunft ist es, die Warensendungen selbst „intelligent" werden zu lassen, sodass sie ihren Transport autonom organisieren.

Dank moderner Technik wüsste man immer, wo sich das Paket gerade befindet. Eine Paketverfolgung auf einer Karte in Echtzeit (Live-Tracking) ist bereits heute bei einigen Versandunternehmen möglich.

Zunehmend werden die Möglichkeiten einer vollautomatisierten Zustellung in der realen Welt getestet: So rollten im Herbst 2016 sechsrädrige Lieferroboter durch Hamburgs Straßen. Bereits im Dezember 2016 verschickte z. B. Amazon eine Lieferung per Drohne und wird ab Herbst 2020 weitere Tests in den USA durchführen.

... gefällt nicht – retourniert.

Wenn einem Kunden die online bestellte Ware nicht gefällt, hat er das Recht, sie innerhalb von 14 Tagen zurückzusenden. 2019 sind geschätzt 500 Mio. Produkte retourniert worden, ein neuer Rekord. 3,9 Prozent dieser Waren wurden vernichtet (Grafik 5). Denn oft ist die Entsorgung billiger als die Aufbereitung. Zudem verstopft die zurückgesandte Ware die Lager (vor allem Saisonware). Vieles darf auch aus hygienischen Gründen nicht weiterverkauft werden.

Auswirkungen des Onlinehandels

Durch den zunehmenden Onlinehandel bilden sich immer neue Logistik-, Paket- und Warenverteilungszentren heraus. Zusätzlich werden bestehende erweitert. Dazu werden immer größere Flächen im ländlichen und stadtnahen Raum benötigt. Zum Teil können aber auch Flächen stillgelegter Industrien sinnvoll neu genutzt werden. An vielen Orten muss für neue Logistikzentren die Infrastruktur ausgebaut werden. Der Onlinekauf wird als zunehmende Konkurrenz für den lokalen Einzelhandel wahrgenommen, der höhere Kosten für Miete und Personal hat. Deshalb wird der Onlinehandel auch als Ursache für die abnehmende Zahl der Einzelhandelsgeschäfte in den Innenstädten verantwortlich gemacht.

Knochenjob Paketzusteller

Durch das große Branchenwachstum entsteht eine Vielzahl an neuen Arbeitsplätzen, die jedoch meist im Niedriglohnsektor angesiedelt sind. Die Belastung und der Konkurrenzdruck für die Paketdienstleister nimmt zu. Amazon hat kürzlich eine eigene Lieferlogistik zum Endkunden aufgebaut und macht damit den bisherigen Branchenriesen Konkurrenz.
Viele Angestellte in der Logistik- und Zustellerbranche klagen über schlechte Arbeitsbedingungen und über eine zu niedrige Bezahlung.

3 Paketzusteller bei der Arbeit

4 Versandhandel – Logistikzentrum

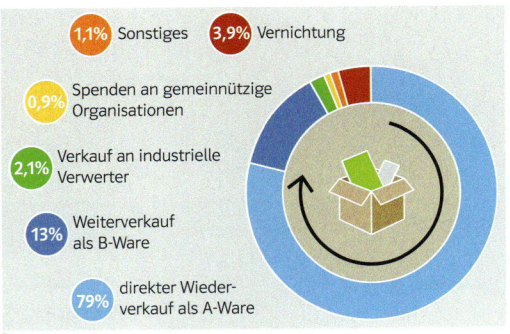

1,1% Sonstiges 3,9% Vernichtung
0,9% Spenden an gemeinnützige Organisationen
2,1% Verkauf an industrielle Verwerter
13% Weiterverkauf als B-Ware
79% direkter Wiederverkauf als A-Ware

5 Umgang mit Retouren
nach: Forschungsgruppe Retourenmanagement, Universität Bamberg

---

1
Erstellt ein Ablaufschema zum Thema „Der Weg einer Ware – vom Klick im Onlineshop bis zu mir nach Hause".

2 SP
Untersuche die Standorte der Amazon-Logistikzentren in Deutschland. Liegen sie im städtischen oder ländlichen Raum? Wie sind die Verkehrsanbindungen? Welche Flächen nehmen sie ein? Wie viele Arbeitsplätze gibt es an den jeweiligen Standorten? Arbeite mit Karte 2 und z. B. Google Maps.

3
Vor- und Nachteile des Onlinehandels:
a) Erstelle eine Tabelle zu den Vor- und Nachteilen des zunehmenden Onlinehandels. Gehe dabei v. a. auf Veränderungen ein, die den geographischen Raum und unsere Lebenswelt betreffen.
b) Nimm Stellung zu folgender Aussage: „Trotz Digitalisierung und Automatisierung nehmen die Arbeitsplätze in der Logistikbranche noch zu."
c) Schreibe einen Zeitungsartikel, indem du kritisch den Onlinehandel betrachtest.

Wichtige Begriffe

- arbeitsteilige **Produktion**
- **Container**
- **fairer Handel**
- **Globalisierung**
- **Global Player**
- **glokal**
- **Outsourcing**
- **Pandemie**
- **Produktionskosten**
- **Subventionen**
- **Welthandel**

2 Finde den Staat

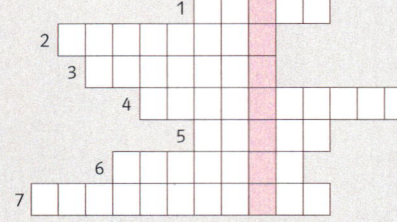

1 südlicher Nachbarstaat Perus
2 Hauptstadt Ungarns
3 Staat östlich von Kenia
4 Region im Süden Spaniens
5 weltweit größter Agrarproduzent
6 Hauptsitz der EU-Behörden
7 Beneluxstaat mit großen Gewächshausflächen

3 Fachbegriffe üben (Material 2 und Online-Code i8au2d)

a Schreibe die gesuchten Begriffe zur Globalisierung in dein Heft. Ersetze dabei die Leerstellen aus der Silbenliste.
b Arbeitet zu zweit: Der eine nennt den Begriff, der andere erläutert ihn. Der eine umschreibt ein Phänomen, der andere nennt den passenden Begriff.

4 Fachbegriffe finden

a Öffentliche Gelder, die Betriebe oder Produktionszweige unterstützen sollen.
b Wirtschaftspolitische Maßnahmen, um ausländischen Anbietern den Zugang zum heimischen Markt zu erschweren.
c Zunehmende Vernetzung von Menschen und Unternehmen.
d Auslagerung von Produktion oder Dienstleistungen, um die Kosten niedrig zu halten.

Fachmethoden anwenden

5 Auswertung und Interpretation der Karikatur 1

a Beschreibe die Karikatur.
b Erläutere die unterschiedliche Darstellung zwischen der G20-Welt und der restlichen Welt.
c Erörtere die Verantwortung der G20-Länder für die Länder der restlichen Welt.

Kennen und verstehen

1 Global Player (Internetrecherche)

a Welcher Kontinent hat 2019 die meisten Global Cities der Top 10?
b Liegt ein wichtiger Container- oder Flughafen in einer der Top 10 Global Cities? Wenn ja, welcher?
c Welche Kontinente haben keine Global City der Top 10?

1 „Weltenretter"

🌐 Üben interaktiv
i8au2d

🌐 Material
Selbsteinschätzung
i8au2d

🌐 Lösungen
i8au2d

Globalisierte Lebenswelten **7**

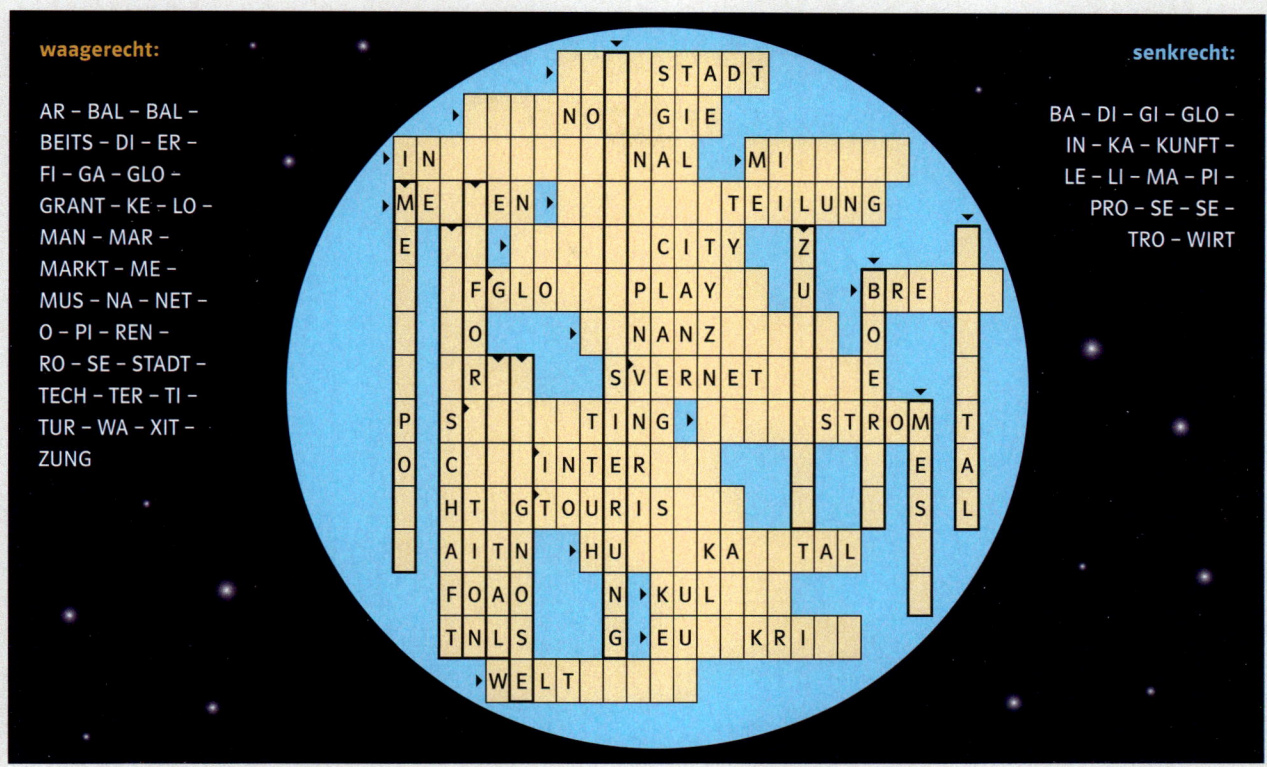

2 Rätselhafte Globalisierung

Inside the puzzle image:

waagerecht:

AR – BAL – BAL –
BEITS – DI – ER –
FI – GA – GLO –
GRANT – KE – LO –
MAN – MAR –
MARKT – ME –
MUS – NA – NET –
O – PI – REN –
RO – SE – STADT –
TECH – TER – TI –
TUR – WA – XIT –
ZUNG

senkrecht:

BA – DI – GI – GLO –
IN – KA – KUNFT –
LE – LI – MA – PI –
PRO – SE – SE –
TRO – WIRT

Beurteilen und bewerten

6 MK **Du bist gefragt!**
Als dieses Buch geschrieben wurde (Redaktionsschluss Oktober 2021), war noch nicht abzusehen, wie sich die Corona-Pandemie im sozialen, wirtschaftlichen und ökologischen Bereich auswirkt. Es haben sich Veränderungen in vielen Lebensbereichen ergeben, aber wie es wird oder bis jetzt geworden ist, musst du selbst recherchieren. Untersuche, wie sich die im Kapitel dargestellten Phänomene verändert haben:

a Was hat sich zum jetzigen Zeit-punkt negativ verändert?
b Was ist zum jetzigen Zeitpunkt besser geworden?
c Was haben wir gelernt?

Handeln

7 Wir müssten auf etwa ein Drittel des Konsums an tierischen Kalorien verzichten, wenn das Idealbild einer ökologischen Landwirtschaft umgesetzt würde.
Nimmst du an dieser Umstellung teil? Begründe deine Haltung.

Jetzt kannst du …

– Staaten nennen, in denen eine be-deutende Produktion an Tomaten und Rosen zu finden ist;

– ein Mystery entschlüsseln;

– die internationale Arbeitsteilung an einem Beispiel erläutern;

– internationale Verflechtungen eines Global Players beschreiben;

– Gewinner und Verlierer, Chancen und Risiken der Globalisierung erläutern;

– Möglichkeiten global verantwort-lichen Handelns nennen;

– wirtschaftliche und wirtschafts-politische Zusammenhänge er-läutern und erörtern.

Arbeitsanhang

In diesem Anhang findet ihr wertvolle Hilfen für die selbstständige Arbeit im Erdkundeunterricht: Hilfen zum Verstehen der Operatoren in Aufgaben, Lösungshilfen zu ausgesuchten Aufgaben sowie die Erklärungen der wichtigen Begriffe.

Nachhaltige Entwicklungsziele der Agenda 2030

- extreme Armut beenden
- nationale Armutsquoten halbieren
- Sozialschutzsysteme für alle Bevölkerungsgruppen einrichten
- Recht auf Zugang zu den Ressourcen (insbesondere soziale Dienste, Grundeigentum, Erbschaften, etc.) für alle Männer, Frauen und Kinder

- inklusive, gleichberechtigte und hochwertige Bildung für alle
- gleichberechtigte Schulbildung für Mädchen und Jungen
- Alphabetisierung aller Jugendlichen
- Bildung für nachhaltige Entwicklung und nachhaltige Lebensweisen sicherstellen

- Zugang zu verlässlicher, nachhaltiger und moderner Energie sichern
- Anteil erneuerbarer Energie deutlich erhöhen
- Energieeffizienz verdoppeln
- Zugang zu Forschung und Technologie im Bereich saubere Energie und Energieeffizienz fördern

- Hunger beenden
- Mangelernährung beenden, insbesondere die Auszehrung von Kleinkindern
- die landwirtschaftliche Produktivität verdoppeln
- die Nachhaltigkeit der Nahrungsmittelproduktion sicherstellen
- genetische Vielfalt bewahren

- alle Formen der Geschlechterdiskriminierung beenden
- Praktiken wie Kinder-, Früh- und Zwangsheirat beseitigen
- volle und wirksame Teilnahme von Frauen und ihre Chancengleichheit bei der Übernahme von Führungsrollen
- reproduktive Gesundheit

- dauerhaftes, breitenwirksames und nachhaltiges Wirtschaftswachstum fördern
- jährliches Wirtschaftswachstum von mindestens 7% in den am wenigsten entwickelten Ländern aufrechterhalten
- Ressourceneffizienz in Konsum und Produktion verbessern

- gesundes Leben für alle
- weltweit Müttersterblichkeit und Kindersterblichkeit auf bestimmte Quoten senken
- Prävention von Suchtstoffmissbrauch (z.B. Alkohol) verstärken
- Zahl der Todesfälle und der Verletzungen infolge Verkehrsunfällen halbieren

- nachhaltige Wasserversorgung und Sanitärversorgung
- Wasserqualität durch Verringerung der Verschmutzung weltweit verbessern
- Effizienz der Wasserversorgung steigern
- Berge, Wälder, Feuchtgebiete, Flüsse, Grundwasserleiter und Seen schützen

- widerstandsfähige Infrastruktur und nachhaltige Industrialisierung
- Anteil der Industrie an der Beschäftigung und am Bruttoinlandsprodukt erheblich steigern
- Zugang kleiner Industrie- und anderer Unternehmen zu Finanzdienstleistungen erhöhen

1 Die 17 Entwicklungsziele (SDGs) der Agenda 2030 und ausgewählte Zielvorgaben

Wer definiert Entwicklung?

Länder des globalen Südens können andere Ziele verfolgen als diejenigen des globalen Nordens, die Entwicklungshilfe geben. Um konkrete Pläne und Maßnahmen erarbeiten zu können, wurden im Jahr 2000 die Millenniumsziele der Vereinten Nationen festgehalten.

Darin enthalten sind die größten Herausforderungen an die Welt im 21. Jahrhundert. Es wurden acht konkrete Ziele abgeleitet, zu deren Erreichung sich die Weltgemeinschaft bis zum Jahr 2015 verpflichtete. Dieser Entwicklungsprozess, der auch in den Industrieländern ein Umdenken anstieß, mündete in die

10 WENIGER UNGLEICHHEITEN

- Ungleichheit in und zwischen Ländern verringern
- höheren Wohlstand der ärmsten 40 % gegenüber dem nationalen Durchschnitt erreichen
- politische Maßnahmen beschließen, um schrittweise größere Gleichheit zu erzielen
- Regulierung der Finanzmärkte verstärken

13 MASSNAHMEN ZUM KLIMASCHUTZ

- Maßnahmen zur Bekämpfung des Klimawandels und seiner Auswirkungen ergreifen
- Anpassungskapazitäten gegenüber klimabedingten Gefahren stärken
- die versprochenen 100 Mrd. US-$ für Maßnahmen der Klimaanpassung ab 2020 bereitstellen

16 FRIEDEN, GERECHTIGKEIT UND STARKE INSTITUTIONEN

- friedliche und inklusive Gesellschaften aufbauen
- Gewalt und gewaltbedingte Sterblichkeit deutlich verringern
- Rechtsstaatlichkeit und gleichberechtigten Zugang zur Justiz gewährleisten
- Korruption und Bestechung in allen ihren Formen erheblich reduzieren

11 NACHHALTIGE STÄDTE UND GEMEINDEN

- Städte und Siedlungen inklusiv, sicher, widerstandsfähig und nachhaltig gestalten
- Zugang zu bezahlbarem Wohnraum sicherstellen
- Slums sanieren
- Zahl der Katastrophenopfer deutlich reduzieren
- Umweltbelastung in den Städten senken

14 LEBEN UNTER WASSER

- Ozeane, Meere und Meeresressourcen erhalten
- Meeresverschmutzung erheblich verringern
- Versauerung der Ozeane auf ein Mindestmaß reduzieren
- die Fischfangtätigkeit bis 2020 wirksam regulieren und Überfischung beenden

17 PARTNER-SCHAFTEN ZUR ERREICHUNG DER ZIELE

- die globale Partnerschaft für nachhaltige Entwicklung mit neuem Leben füllen
- Mobilisierung der einheimischen Ressourcen verstärken
- die Einhaltung der Zusage der ‚entwickelten Länder', 0,7 % des BNE für Entwicklungszusammenarbeit zur Verfügung zu stellen, sicherstellen

12 NACHHALTIGE/R KONSUM UND PRODUKTION

- nachhaltige Konsum- und Produktionsmuster sicherstellen
- natürliche Ressourcen nachhaltig und effizient nutzen
- Abfallaufkommen deutlich verringern
- nachhaltige Verfahren bei der öffentlichen Beschaffung fördern
- ‚nachhaltige Bildung' für alle

15 LEBEN AN LAND

- Landökosysteme schützen bzw. wiederherstellen
- Entwaldung beenden, geschädigte Wälder wiederherstellen
- Wüstenbildung bekämpfen
- gerechte Aufteilung der sich aus der Nutzung genetischer Ressourcen ergebenden Vorteile vereinbaren

Nach Georg Krämer/ Michael Lesemann:
17 Ziele für eine zukunftsfähige Welt.
Bielefeld: Welthaus e.V. 2016, S. 20 (gekürzt)

nachhaltigen Entwicklungsziele (Sustainable Development Goals, SDG). Die nachhaltigen Entwicklungsziele beziehen sich dabei deutlicher auf die globale Entwicklung, während die Millenniumsziele den globalen Süden in den Fokus rückten.

Strukturdaten ausgewählter Staaten

Land	Internet-Nutzer 2020 je 1000 Einw.	Einwohner je Arzt 2018	Anteil unterernährter Menschen 2020 in %[1]	Analphabeten 2018 in %	Energieverbrauch je Einw. 2019 in kg Öleinheiten[2]	Arbeitslose 2020 in %	Anteil der Dienstleistungen am BIP 2020 in %[3]	Anteil der Industrie am BIP 2020 in %[3]	Erwerbstätige in Dienstleistungen 2019 in %[3]	Erwerbstätige in der Industrie 2019 in %[3]	Wirtschaftsleistung je Einw. 2020 in US-$[4]	Städtische Bevölkerung 2020 in %	Anteil der Bevölkerung älter als 64 Jahre 2020 in %	Anteil der Bevölkerung jünger als 15 Jahre 2020 in %	Lebenserwartung 2019 in Jahren	Sterberate 2019 in %	Geburtenrate 2019 in %	Natürliches Bevölkerungswachstum 2019 in %	Einwohner 2020 in Millionen	Fläche 2020 in 1000 km²
Europa																				
Albanien	722	598	3,9	1,8	816	12	48	20	43	20	5246	62	15	17	79	0,8	1,2	0,4	2,8	27
Belgien	915	168	<2,5		4750	6	70	19	78	21	45159	98	19	17	82	1,0	1,0	0,1	11,6	30
Bosnien-Herzegowina	732	443	<2,5	3,0	2199	17	56	25	50	32	6080	49	18	15	77	1,1	0,8	-0,3	3,3	51
Bulgarien	702	234	3,0	1,7	2645	6	61	22	63	30	10079	76	21	15	75	1,6	0,9	-0,7	6,9	109
Dänemark	965	240	<2,5		2744	6	65	21	79	19	61063	88	20	16	81	0,9	1,1	0,1	5,8	40
Deutschland	898	233	<2,5	0,1	3536	4	63	27	72	27	46208	77	22	14	81	1,1	0,9	-0,2	83,2	349
Estland	891	291	<2,5		3930	6	63	23	68	29	23027	69	20	16	78	1,2	1,0	-0,1	1,3	43
Finnland	922	216	<2,5		6024	8	71	16	75	22	48773	86	23	16	82	1,0	0,8	-0,2	5,5	304
Frankreich	831	159	<2,5		3598	8	60	15	77	20	39030	81	21	18	83	0,9	1,1	0,2	67,4	548
Griechenland	781	164	<2,5	1,8	2060	17	69	17	73	15	17623	80	22	14	82	1,2	0,8	-0,4	10,7	129
Großbritannien	948	171	<2,5		2539	4	73	17	81	18	41125	84	19	18	81	0,9	1,1	0,2	67,2	242
Irland	920	305	<2,5	0,1	2731	6	55	38	77	19	85268	64	15	21	82	0,6	1,2	0,6	5,0	69
Italien	760	123	<2,5	0,4	2501	9	67	22	70	26	31714	71	23	13	83	1,1	0,7	-0,4	59,6	298
Kroatien	783	321	<2,5	0,1	2119	7	59	21	66	28	14134	58	21	15	78	1,3	0,9	-0,4	4,0	57
Lettland	889	299	<2,5	0,1	2361	8	64	19	69	24	17726	68	21	16	75	1,5	1,0	-0,5	1,9	62
Litauen	831	201	<2,5		2726	8	62	25	69	26	20234	68	21	15	76	1,4	1,0	-0,4	2,8	63
Luxemburg	988	355	<2,5	0,9	6233	7	80	11	89	11	116015	91	14	16	82	0,7	1,0	0,3	0,6	2
Montenegro	814	359	<2,5		1768	16	58	17	73	19	7677	67	16	18	77	0,9	1,1	0,1	0,6	13
Niederlande	913	276	<2,5		4102	4	60	18	82	16	52397	92	20	16	82	0,9	1,0	0,1	17,4	34
Norwegen	970	205	<2,5		5097	5	63	26	79	19	67390	83	18	17	83	0,8	1,0	0,3	5,4	365
Österreich	875	192	<2,5		3745	6	58	25	71	25	48587	59	19	14	82	0,9	1,0	0,0	8,9	83
Polen	868	420	<2,5	0,9	2707	4	66	28	59	32	15721	60	19	15	78	1,1	1,0	-0,1	38,0	306
Portugal	783	189	<2,5	3,5	2111	7	61	19	70	25	22176	66	23	13	81	1,1	0,8	-0,3	10,3	92
Rumänien	785	329	<2,5	1,0	1708	5	56	26	49	30	12896	54	19	16	75	1,3	1,0	-0,4	19,3	230
Russland	850	223	<2,5	0,1	5362	6	54	30	67	27	10127	75	16	18	73	1,3	1,1	-0,4	144,1	16377
Schweden	945	196	<2,5		4736	8	66	21	80	18	52274	88	20	18	83	0,9	1,1	0,3	10,4	407
Schweiz	930	234	<2,5		2829	5	71	25	77	20	87097	74	19	15	84	0,8	0,9	0,2	8,6	40
Serbien	784	251	3,9	0,3	2213	9	52	25	57	27	7721	56	19	15	76	1,5	0,9	-0,5	6,9	87
Slowakei	899	285	4,0		3124	7	60	27	61	36	19267	54	17	16	77	1,0	1,1	0,1	5,5	48
Slowenien	866	319	<2,5	0,1	3241	5	57	29	62	34	25517	55	21	15	81	1,0	1,0	-0,1	2,1	20
Spanien	932	252	<2,5	0,3	2564	16	68	20	76	20	27063	81	20	14	83	0,9	0,8	-0,1	47,4	500
Tschechische Republik	813	243	<2,5		3996	3	58	31	60	37	22932	74	20	16	79	1,1	1,1	0	10,7	77
Ukraine	700	313	<2,5	0,1	2025	9	56	21	61	25	3727	70	17	16	72	1,5	0,8	-0,7	44,1	579
Ungarn	848	295	<2,5	0,8	2734	4	63	25	63	32	15981	72	20	14	76	1,3	1,0	-0,4	9,7	91
Weißrussland	851	255	<2,5	0,2	2760	5	49	31	59	30	6424	79	16	17	74	1,3	1,0	-0,4	9,4	203
Amerika																				
Argentinien	743	259	3,9	0,5	1751	12	55	23	78	22	8579	92	11	24	77	0,8	1,7	0,9	45,4	2737
Bolivien	551	1013	12,6	7,7	786		50	23	50	19	3133	70	7	30	72	0,7	2,7	1,5	11,7	1083
Brasilien	675	436	<2,5	6,7	1377	14	63	18	71	20	6797	87	10	21	76	0,7	1,4	0,7	212,6	8358
Chile	823	197	3,4	3,4	2164	12	56	31	69	22	13232	88	12	19	80	0,6	1,2	0,6	19,1	744
Ecuador	573	473	12,4	6,1	872	6	53	32	53	17	5600	64	8	27	77	0,5	1,9	1,4	17,6	248

[1] Diese Kennziffer wird von der FAO nicht für entwickelte Staaten ausgewiesen. [2] 1 kg Öleinheit = Energie von 1 kg Erdöl (etwa 10 000 Kalorien). Mit dieser Maßeinheit kann man verschiedene Energiearten untereinander vergleichen. [3] Der Anteil der Landwirtschaft ergibt sich, indem man die Anteile der Industrie und Dienstleistungen addiert und von 100 subtrahiert. [4] Gemeint ist das Bruttoinlandsprodukt (BIP) = Maß für die wirtschaftliche Leistung eines Landes; misst den Wert der im Inland hergestellten Waren und Dienstleistungen, soweit

Land	(1)	(2)	(3)	(4)	(5)	(6)	(7)	(8)	(9)	(10)	(11)	(12)	(13)	(14)	(15)	(16)	(17)	(18)	(19)	(20)
Guatemala	107	16,9	1,9	2,4	0,5	74	33	19	4603	52	5	50	22	62	5	863	19,1	16,8	2754	650
Haiti	28	11,4	1,6	2,4	0,8	64	32	7	1272	57	5	64	23	54	15	398	38,8	46,8	4375	325
Honduras	112	9,9	1,7	2,1	0,4	75	31	21	2389	58	5	49	26	58	9	579	11,3	13,5	3400	317
Kanada	8966	38,0	0,2	1,0	0,8	82	16	19	43258	82	18	79	24	60	9	8041	4,4	<2,5	416	910
Kolumbien	1110	50,9	0,9	1,5	0,6	77	22	20	5335	81	9	64	23	74	15	866	0,1	8,8	267	650
Kuba	104	11,3	0,1	1,0	0,9	79	16	17	9478	77	16	65	30	60	4	846	4,6	<2,5	119	618
Mexiko	1944	128,9	1,1	1,7	0,6	75	26	26	8329	81	8	62	30	54	5	1425	5,6	7,2	211	720
Peru	1280	33,0	1,2	1,8	0,6	77	25	15	6127	78	9	57			6	786		8,7	1257	653
USA	9147	329,5	0,3	1,1	0,9	79	18	20	63414	83	17	79			8	6716		<2,5	387	873
Venezuela	882	28,4	1,0	1,8	0,7	72	27	15		88	8	77			9	1164	3,4	27,4	559	720
Afrika																				
Ägypten	995	102,3	2,0	2,6	0,6	72	34	27	3569	43	5	52	32	52	10	940	28,8	5,4	1366	719
Algerien	2382	43,9	1,9	2,4	0,5	77	31	30	3307	74	7	60	20	49	13	1436	19,2	<2,5	604	596
Äthiopien	1129	115,0	2,5	3,2	0,6	67	40	9	936	22	4	24	23	37	3	390	47,2	16,2	13694	186
Burkina Faso	274	20,9	3,0	3,7	0,8	62	44	25	858	31	2	49	33	41	5		61,2	14,4	10944	160
Ghana	228	31,1	2,2	2,9	0,7	64	37	21	2206	57	3	49	30	45	5	360	21,0	6,1	9602	390
Kenia	569	53,8	2,3	2,8	0,5	67	39	6	1879	28	3	39	17	54	3	537	18,5	24,8	6686	226
Kongo. Dem. Rep.	2267	89,6	3,1	4,1	0,9	61	46	10	544	46	3	26	41	36	5	338	22,0	41,7	13955	86
Libyen	1760	6,9	1,3	1,8	0,5	73	28	24	3699	81	5	59			19	3184			499	218
Mali	1220	20,3	3,2	4,1	0,9	59	47	8	862	44	2	30	21	34	8		69,1	10,4	8252	130
Marokko	446	36,9	1,3	1,9	0,5	77	27	23	3009	64	8	44	26	51	10	603	26,2	4,2	1419	841
Niger	1267	24,2	3,8	4,6	0,8	62	50	7	568	17	3	21	20	36	1	140	65,0		26896	53
Nigeria	911	206,1	2,6	3,7	1,2	55	43	12	2097	52	3	53	28	46	9	764	38,0	14,6	2765	420
Ruanda	25	13,0	2,6	3,1	0,5	69	39	9	798	17	3	29	19	46	1		26,8	35,2	8681	218
Sambia	743	18,4	2,9	3,6	0,6	64	44	11	985	45	2	40	40	54	12	572	13,3		12143	143
Südafrika	1213	59,3	1,1	2,0	0,9	64	29	22	5656	67	6	72	23	65	29	2363	5,0	6,5	1278	562
Tansania	886	59,7	3,0	3,6	0,6	65	44	6	1076	35	3	28	29	36	2	371	25,1	25,1		250
Tunesien	155	11,8	1,1	1,7	0,6	77	24	33	3522	70	9	53	22	61	17	954	18,1	3,0	794	667
Asien																				
Bangladesch	130	164,7	1,2	1,8	0,6	73	27	21	1962	38	12	40	30	53	5	266	25,0	9,7	1586	129
China, VR	9425	1410,9	0,3	1,1	0,7	77	18	27	10435	61	12	47	38	55	5	2402	3,0	<2,5	499	706
Indien	2973	1380,0	1,0	1,8	0,7	70	26	25	1928	35	7	32	24	49	7	680	25,6	15,3	1088	345
Indonesien	1878	273,5	1,1	1,8	0,7	72	26	22	3870	57	6	49	38	44	4	881	3,9	6,5	2173	537
Irak	434	40,2	2,4	2,9	0,5	71	38	23	4146	71	3	59	41	55	14	1374	14,4	37,5	1478	494
Iran	1629	84,0	1,4	1,4	0,5	77	25	31	2422	76	7	51	34	71	11	3249	11,9	5,5	648	841
Israel	22	9,2	1,5	2,0	0,5	83	28	17	44169	93	12	82	19		5	2353		<2,5	198	868
Japan	365	125,8	-0,4	0,7	1,1	84	12	24	40193	92	28	72			3	3300		<2,5	399	846
Kasachstan	2700	18,8	1,5	2,2	0,7	73	29	21	9122	58	8	64	33	56	6	3897	0,1	<2,5	272	859
Korea, Republik	98	51,8	0,0	0,6	0,6	83	13	25	31631	81	16	70	33	57	4	5411		<2,5	420	965
Malaysia	329	32,4	1,1	1,7	0,5	76	23	27	10412	77	7	63	36	55	5	2839	4,9	3,2	696	896
Pakistan	771	220,9	2,1	2,8	0,7	67	35	25	1189	47	4	38	18	54	3	504	41,5	12,9	912	171
Philippinen	298	109,6	1,4	2,0	0,6	71	30	19	3299	71	6	58	28	61	3	562	3,2	9,4	1735	430
Saudi-Arabien	2150	34,8	1,4	1,7	0,4	75	25	25	20110	75	8	73	41	56	8	6164	2,3	3,9	396	979
Singapur	1	5,7	0,4	0,9	0,5	83	12	16	59798	83	13	84	24	71	9	6053	2,7		438	759
Syrien	184	17,5	1,8	2,3	0,5	73	31	23	530	55	5	67			3	530			778	343
Taiwan	36	23,6	0,1	0,8	0,7	81	13	34	32787	80	16	59	36	62	3	4783	1,1	3,3		862
Thailand	511	69,8	0,2	1,0	0,8	77	17	23	7187	51	13	46	33	58	1	1986	6,2	8,2	1091	778
Türkei	770	84,3	1,0	1,6	0,5	78	24	25	8536	76	9	57	28	54	14	1737	3,2	<2,5	567	777
Vietnam	310	97,3	1,0	1,6	0,6	75	23	27	2786	37	8	35	34	42	2	937	4,3	6,7	1255	703
Australien																				
Australien	7692	25,7	0,5	1,2	0,7	83	19	19	51693	86	16	78	25	66	7	5012	0,0	<2,5	274	865
Neuseeland	263	5,1	0,5	1,2	0,7	82	19	19	41441	87	16	75	20	73	5	4031		<2,5	313	908

…iese nicht vorher für die Produktion anderer Waren und Dienstleistungen verwendet werden. Quellen (Stand 2021): Global Energy Statistical Yearbook 2021, Grenoble/Singapur; Inter-
…ational Energy Agency, Paris; The World Bank, Washington; Statistisches Bundesamt, Wiesbaden; International Labour Organization, Genf; World Health Organization, Genf; International
…elecommunication Union, Genf; Food and Agriculture Organization of the United Nations, Rom; Central Intelligence Agency, Langley; National Statistics, Republic of China (Taiwan), Taipeh.

Klimastationen

		J	F	M	A	M	J	J	A	S	O	N	D	Jahr
Europa														
Athen, 105 m;	°C	9	10	11	15	19	23	27	26	23	19	14	11	17
Griechenland (Küste)	mm	54	46	33	23	20	14	8	14	18	36	79	64	406
Berlin, 57 m	°C	−1	0	3	8	13	16	18	17	14	8	4	1	8
	mm	49	33	37	42	49	59	80	57	48	43	42	42	581
Kiew, 179 m;	°C	−5	−4	1	9	15	18	19	19	14	8	2	−2	8
Ukraine	mm	46	46	38	48	52	69	87	67	43	39	50	47	832
Lissabon, 96 m;	°C	10	11	13	14	17	19	21	22	20	17	14	11	16
Portugal (Westküste)	mm	86	83	86	78	45	14	4	6	33	61	92	110	698
London, 36 m;	°C	3	4	6	9	12	16	17	17	14	10	6	4	10
Großbritannien	mm	50	37	38	40	48	52	62	58	55	70	56	48	614
Murmansk, 46 m;	°C	−12	−11	−7	−2	4	9	13	11	7	1	−5	−10	0
Russland (Barentssee)	mm	33	22	20	21	32	53	60	65	52	42	40	38	478
Tromsø, 10 m; Norwegen	°C	−4	−4	−2	1	5	9	12	11	7	3	−1	−3	3
(Nordwestküste)	mm	81	86	64	60	48	53	72	82	94	125	104	104	973
Asien														
Bombay, 11 m; Indien	°C	24	25	27	29	30	29	28	27	28	29	28	26	28
(Westküste, Halbinsel)	mm	1	1	1	2	11	579	703	443	269	56	17	7	2090
Djakarta, 8 m;	°C	25	25	26	26	26	26	26	26	26	26	26	26	26
Indonesien (Java)	mm	270	241	175	131	139	105	72	65	146	169	183	185	1881
Hongkong, 33 m; China	°C	16	15	17	21	25	27	28	28	27	24	21	17	22
(Südküste)	mm	33	46	69	135	305	401	356	371	246	130	43	28	2163
Hyderabad, 542 m; Indien	°C	22	25	28	32	33	29	27	26	27	26	23	22	27
(Hochland von Dekkan)	mm	6	9	16	17	40	116	155	163	152	97	29	3	803
Irkutsk, 459 m; Russland	°C	−21	−18	−9	1	8	14	18	15	8	1	−11	−18	−1
(Baikalsee)	mm	13	10	8	15	33	56	79	71	43	18	15	15	376
Jerusalem, 745 m;	°C	8	9	13	16	21	23	24	24	23	21	17	11	18
Israel	mm	104	135	28	25	3	0	0	0	0	5	30	74	404
Peking, 38 m;	°C	−4	−2	6	13	21	24	27	25	21	13	4	−2	12
China	mm	3	5	5	15	38	36	211	155	64	18	8	3	561
Shanghai, 7 m;	°C	3	4	8	13	19	23	27	27	23	17	12	6	15
China (Jangtse-Mündung)	mm	48	58	84	94	94	180	147	142	130	71	51	36	1135
Tokyo, 6 m;	°C	4	4	7	13	17	20	24	26	22	16	11	6	14
Japan	mm	56	66	112	132	152	163	140	163	226	191	104	56	1561
Werchojansk, 99 m;	°C	−50	−45	−30	−13	2	12	15	11	2	−14	−37	−47	−16
Russland (Ostsibirien)	mm	4	3	3	4	7	22	27	26	13	8	7	4	128
Antarktis														
Südpol, 2800 m;	°C	−29	−40	−54	−59	−57	−57	−59	−59	−59	−51	−39	−28	−49
US-Station	mm													
Australien														
Darwin, 31 m;	°C	29	28	29	29	28	26	25	26	28	29	30	29	28
Nordküste	mm	389	343	244	104	15	3	3	3	13	51	119	249	1536
Perth, 59 m;	°C	23	23	22	19	16	14	13	13	14	16	19	22	18
Südwestküste	mm	8	10	20	43	130	180	170	143	86	56	20	15	881
Sydney, 44 m;	°C	22	22	21	18	15	13	12	13	15	18	19	21	17
Südostküste	mm	90	114	122	140	127	121	118	73	71	70	71	70	1187
Afrika														
Addis Abeba, 2450 m;	°C	14	16	17	17	17	16	14	14	15	14	14	13	15
Äthiopien	mm	13	38	66	86	86	135	279	300	191	20	15	5	1234

		J	F	M	A	M	J	J	A	S	O	N	D	Jahr
Algier, 59 m;	°C	12	13	15	16	20	23	26	27	25	21	17	14	19
Algerien (Nordküste)	mm	110	83	74	41	46	17	2	4	41	80	128	135	762
In Salah, 273 m;	°C	13	15	20	24	30	34	37	36	33	27	20	14	25
Algerien (Sahara)	mm	3	2	0	0	0	0	0	0	1	0	4	3	13
Kairo, 33 m;	°C	12	13	16	20	24	27	27	27	25	22	18	14	20
Ägypten (Nil-Delta)	mm	5	5	5	3	3	0	0	0	0	3	3	5	32
Kapstadt, 12 m;	°C	22	22	21	18	16	14	13	13	14	17	19	21	18
Südafrika	mm	13	15	23	48	94	112	91	84	58	41	28	20	632
Kisangani, 460 m;	°C	26	26	26	26	26	25	25	25	25	25	25	25	25
D. R. Kongo	mm	95	115	152	181	167	115	100	186	174	228	177	114	1804
Daressalam, 58 m;	°C	27	28	27	26	26	24	24	24	24	25	26	27	26
Tansania	mm	88	56	133	271	178	40	30	39	27	62	117	101	1142
Ouagadougou, 316 m;	°C	25	28	31	33	31	29	27	26	27	29	28	26	28
Burkina Faso	mm	0	3	8	19	84	118	193	265	153	37	2	0	882
Nord- und Mittelamerika														
Edmonton, 658 m;	°C	−14	−11	−5	4	11	14	16	15	10	5	−4	−10	3
Kanada (Alberta)	mm	21	18	19	23	43	80	82	60	34	18	18	19	435
Eismitte, 3012 m;	°C	−42	−47	−39	−31	−20	−15	−11	−18	−22	−36	−43	−39	−30
Grönland	mm					keine Angaben								
Fairbanks, 152 m;	°C	−25	−18	−12	−2	8	15	16	13	6	−3	−16	−22	−3
USA (Alaska)	mm	19	12	21	7	14	36	47	42	40	19	17	17	291
Los Angeles, 103 m;	°C	12	13	14	15	17	19	21	21	20	18	16	13	17
USA (Kalifornien)	mm	78	84	70	26	11	2	0	1	4	17	30	66	389
Miami, 2 m;	°C	20	20	22	23	25	27	28;	28	27	26	23	21	24
USA (Florida)	mm	64	48	58	86	180	188	135	163	226	229	84	43	1504
New York, 96 m;	°C	−1	−1	3	9	16	20	23	23	19	13	7	2	11
USA (Ostküste)	mm	91	105	90	83	81	86	106	108	87	88	76	90	1091
New Orleans, 16 m;	°C	12	14	17	20	24	27	27	27	26	21	16	13	20
USA (Mississippi-Delta)	mm	108	116	118	135	115	151	159	144	130	82	81	120	1459
St. Louis, 173 m;	°C	−1	1	6	13	19	24	26	25	21	14	7	1	13
USA (mittl. Mississippi)	mm	94	86	93	95	92	98	77	76	74	69	94	84	1032
Havanna, 19 m;	°C	22	22	23	24	26	27	28	28	27	26	24	23	25
Kuba (Nordküste)	mm	76	38	43	43	130	142	109	109	127	178	81	61	1137
Mexiko-Stadt, 2282 m;	°C	13	15	17	18	19	18	17	17	17	16	15	14	16
Mexiko	mm	6	10	12	18	52	117	110	95	130	36	17	8	611
Südamerika														
Antofagasta, 94 m;	°C	21	21	20	17	16	14	14	15	15	16	18	20	17
Chile (Atacama-Wüste)	mm	0	0	0	1	0	0	0	0	0	0	0	0	1
Buenos Aires, 25 m;	°C	23	23	20	16	13	10	9	11	13	16	19	22	16
Argentinien	mm	78	71	98	122	71	52	54	56	74	85	101	102	964
La Paz, 3570 m;	°C	11	11	11	10	9	7	7	8	9	11	12	11	9
Bolivien (Altiplano)	mm	114	107	66	33	13	8	10	13	28	41	48	91	572
Lima, 158 m;	°C	23	24	23	21	19	17	16	16	16	17	19	21	19
Peru (Küstensaum)	mm	0	0	1	1	2	6	9	10	10	5	3	1	48
Manáus, 44 m;	°C	26	26	26	26	26	26	27	27	28	28	27	27	27
Brasilien (Amazonas)	mm	262	249	274	277	201	112	69	38	61	119	155	226	2043
Quito, 2850 m;	°C	13	13	13	13	13	13	13	13	13	13	13	13	13
Ecuador	mm	107	109	132	188	127	38	23	38	76	94	97	97	1126
Santiago, 520 m;	°C	20	19	17	14	11	8	8	9	12	14	17	19	14
Chile	mm	2	3	4	14	62	85	76	57	29	15	6	4	357

Lösungshilfen

2 Europa – Einheit und Vielfalt

Seite 25

4 **a)** Werte das Diagramm nach den Methodenschritten zur Diagrammauswertung aus.
b) Die Bevölkerungsdichte kannst du berechnen, indem du die Einwohnerzahl durch die Fläche dividierst.

Seite 26

2 **a/b)** Schau dir die Bildinhalte genau an, überlege dann, in welchem Raum (Mittelmeerraum, skandinavischer Raum, …) du sie verorten würdest, und versuche dann die Region genauer zu bestimmen.

Seite 29

1 **b)** keine Umtauschgebühren, kein Verlust durch Wechselkurse, Haftung bei Wirtschafts- und Finanzkrisen …

Seite 34

2) Anwendung der Merkmale von Aktiv- und Passivräumen auf ein Raumbeispiel aus dem Bereich der Blauen oder Gelben Banane (Zentrum) und aus dem Bereich der Atlantischen Peripherie oder des Südens (Peripherie).

3 Städtische Lebenswelten

Seite 61

3) In Lagos liegen Reichtum und Armut dicht beieinander. Auf der einen Seite luxuriöse Stadtquartiere, riesige Privatanwesen, Bürokomplexe und auf der anderen Seite Elendsviertel, in denen aber der größte Teil der Bevölkerung von Lagos lebt. Lagos ist eine Stadt zwischen Elend und Geld.

Seite 65

1 **a)** Im Text auf S. 64 und in Grafik 2 auf S. 65 findest du wichtige Hinweise für deine Definition. Eine Definition sollte möglichst einprägsam und nicht zu lang sein.
b) Die Bilder 1, 3 und 4 geben Hilfestellung für die Zuordnung der Berufe.

Seite 68

1 **a)** Folge der Schrittfolge auf Seite 68, nimm auch den Atlas zu Hilfe.
1 **b)** Nachdem du für die Bilder M1 und M2 jeweils eine Bildbeschreibung angefertigt hast, vergleichst du beide Beschreibungen und formulierst Gemeinsamkeiten und Unterschiede. Nutze dazu auch den Sprachtipp auf S. 164.

4 Bevölkerungsentwicklung

Seite 83

3) Eine Vielzahl von möglichen Maßnahmen findet ihr im Internet. Nenne zwei oder drei und überlege dann, ob eine Steigerung oder eine Abnahme der Wachstumsrate erreicht werden soll. Beurteile dann, wie erfolgreich jede Maßnahme deiner Meinung nach sein kann.

Seite 87

2) Überlege zuerst, welche Grundformen der Bevölkerungsdiagramme ein Wachstum, eine Stagnation oder Abnahme der Bevölkerung zur Folge hat. Ordne diese dann einer entsprechenden Phase des Modells des demografischen Übergangs zu.

Seite 95

4) Schaue dir zuerst alle Länder an und unterscheide in Länder mit wachsender, stagnierender oder fallender Bevölkerung. Wähle dann jeweils eines aus den Gruppen aus und arbeite dann weiter. Je mehr Kenndaten der Bevölkerung beachtet werden, umso deutlicher wird der Vergleich ausfallen.

5 Welternährung zwischen Überfluss und Mangel

Seite 107

1) Geldmangel, Nahrungsmittel-knappheit, zu geringe Anbauf-läche, zu hohe Nahrungsmittel-preise, Klimawandel und Naturkatastrophen etc.

Seite 109

1 a) Kartenauswertung mit Blick auf die Bodenschätze.
b) Die Erstellung eines Wirkungs-gefüges könnte bei der Lösung der Aufgabe helfen.

Seite 112

2

Seite 115

1 a) Die Erklärungen in der Randspalte helfen bei der Beantwortung.
b) Bedenke bei der Beantwortung z. B. die unterschiedliche wirt-schaftliche Situation.

Seite 117

2) Die weltweite Produktion von Fischereierzeugnissen ist in den vergangenen Jahrzehnten stetig angestiegen. Die Produktion aus Aquakulturen nimmt dabei eine immer größer werdende Rolle ein, da die Wildfangquoten relativ konstant bleiben.

Seite 121

5) Bedenkt bei eurer Stellungnahme auch, was alles zur Erzeugung der Biokraftstoffe nötig ist und welche Probleme der Anbau mit sich bringen kann.

Seite 123

1) Lest den Text auf S. 122 noch einmal genau durch.

Seite 124

2) Natürliche Grenzen der landwirt-schaftlichen Nutzung sind z. B. Trockengrenzen. Überlegt, was mit diesen Grenzen bei zunehmender Erwärmung passiert. Denkt auch an weitere Wetterereignisse und deren Auswirkungen auf die land-wirtschaftliche Nutzfläche.

7 Globalisierte Lebenswelten

Seite 153

1) Vor allem die illegal in Italien lebenden Arbeitskräfte werden schlecht bezahlt. Das drückt die Produktionskosten und macht italienische Tomaten billiger. Durch EU-Subventionen können die verarbeiteten Tomaten unter dem Erzeugerpreis verkauft werden.

Seite 157

1) Die folgenden Schlüsselbegriffe sollten in eurem Wirkungsgefüge nicht fehlen: Fairtrade-Siegel, deutsche Verbraucher, Blumen-farmen am Naivashasee, ökologische Folgeschäden, wirtschaftliche Bedeutung der Blumenindustrie für Kenia, Arbeiter der Blumenfarmen, Entwicklungsstand Kenias, Arbeitsbedingungen. Schreibt die einzelnen Begriffe auf kleine Zettel und überlegt, wie sie zusammengehören könnten. Verschiebt die Zettel so lange, bis die Anordnung eurer Meinung nach Sinn ergibt. Mithilfe der Mystery-Karten solltet ihr noch Unterbegriffe ergänzen, die für das Verständnis unverzichtbar sind. Klebt anschließend die Zettel auf ein großes Blatt Papier und verbindet sie mit Pfeilen.

Seite 161

2) z. B. hohe Aufwendungen für Forschung und Entwicklung, welt-weite Produktions- und Vertrieb-sorganisation, …

Ausgewählte Methoden im Überblick

Eine Kartenskizze zeichnen (Band 1) (Seiten 26/27)

1. Schritt: Raum auswählen
Suche im Atlas eine geeignete Karte (z. B. von Rheinland-Pfalz). Lege Transparentpapier auf und hefte dieses mit Büroklammern fest. Zeichne darauf einen rechteckigen Rahmen, der den Kartenausschnitt deiner Skizze begrenzt.

2. Schritt: Grenzen und Flüsse einzeichnen
Zeichne nun als Erstes die Grenzen mit einem roten und die größeren Flüsse mit einem blauen Farbstift nach. Dabei kannst du die vielen Flussbiegungen großzügig begradigen.

3. Schritt: Gebirge einzeichnen
Wähle für die Gebirge einen braunen Farbstift. Damit umfährst du diese und malst die Fläche braun aus.

4. Schritt: Städte einzeichnen
Markiere mit einem roten Farbstift die Städte. Wegen der großen Anzahl musst du Städte auswählen und die Flächen der Städte rot ausmalen.

5. Schritt: Beschriften und gestalten
Beschrifte deine Kartenskizze. Für Städte, Gebirge und Landschaften nimmst du einen schwarzen, für Flussnamen einen blauen Stift.

Bilder beschreiben und erleben (Band 1) (Seiten 38/39)

1. Schritt: Orientieren
Verschaffe dir einen ersten Eindruck. Wie lautet die Bildunterschrift? Wo und wann wurde das Bild aufgenommen?

2. Schritt: Fragen stellen
Was interessiert dich, welche Ideen verknüpfst du mit dem Bild? Welche Vorstellungen verbindest du damit?

3. Schritt: Beschreiben
Wer und was ist auf dem Bild zu sehen?
Kann man das Bild in Vorder-, Mittel- und Hintergrund gliedern? Fertige eine Zeichnung mit den wichtigsten Bildelementen an. Gehe z. B. so vor:
- Falls Personen sichtbar sind: Was tun sie?
- Sind Gewässer, Pflanzen oder Geländeformen erkennbar? Siehst du Siedlungen oder Verkehrswege?
- Wozu dienen z. B. die Gebäude?

4. Schritt: Erklären
Was fällt besonders auf? Welche Fragen stellen sich? Warum ist das so? Welche Absicht verfolgt wohl der Fotograf?

5. Schritt: Diskutieren und werten
Ergänze deine Erklärungen z. B. durch andere Bilder und durch den Austausch mit Mitschülerinnen und Mitschülern oder deiner Familie. Ist das Bild oder der Ausschnitt aussagekräftig, ist es/er typisch? Vergleiche deine Bewertung mit deinem ersten Eindruck. Was hat sich verändert?

Klimadiagramme zeichnen und auswerten (Band 1) (Seite 88)

1. Schritt: Grundlinie zeichnen
Zeichne eine waagerechte, 12 cm lange Grundlinie und teile sie für die Monate ein (1 Monat = 1 cm). Schreibe nun die Anfangsbuchstaben der Monate unter die Grundlinie.

2. Schritt: Temperatur und Niederschlagsskalen zeichnen
Zeichne links von der Grundlinie eine senkrechte Achse für die Temperaturwerte (rote Zahlen, 1 cm = 10°). Trage den Wert für 0° an der Grundlinie ein. Wenn es Monate mit Werten unter 0° gibt, muss die Achse nach unten verlängert werden. Zeichne rechts von der Grundlinie eine senkrechte Achse für die Niederschläge (blaue Zahlen, 1 cm = 20 mm). Beschrifte die Achsen jeweils mit °C und mm.

3. Schritt: Angaben zur Station eintragen
Schreibe den Namen der Klimastation und die Höhe links oben über das Klimadiagramm. Die Jahresmitteltemperatur schreibst du in die Mitte und die Jahresniederschlagsmenge auf die rechte Seite.

4. Schritt: Temperaturkurve zeichnen
Markiere die mittleren Monatstemperaturen mit einem Kreuz und verbinde sie mit einem roten Stift zu einer Kurve.

5. Schritt: Niederschlagssäulen zeichnen
Markiere die Höhe der mittleren Monatsniederschläge mit einem kleinen Punkt. Zeichne bis zu dieser Marke Säulen von 4 mm Breite in blau. Achte darauf, dass die Säulen mittig über den Monatsbezeichnungen stehen.

Klimadiagramme auswerten (Band 1) (Seite 89)

1. Schritt: Lage der Station bestimmen
Lies den Namen und die Höhe der Station ab.

2. Schritt: Temperaturwerte bestimmen
Lies die mittlere Jahrestemperatur ab und ermittle dann den kältesten und den wärmsten Monat.

3. Schritt: Jahresschwankung berechnen
Berechne die Jahresschwankung, das heißt den Unterschied zwischen dem wärmsten und dem kältesten Monat.

Eine Mindmap erstellen (Band 1) (Seiten 100/101)

1. Schritt: Gedanken sammeln
Notiere zunächst wichtige Gedanken oder Begriffe zum Thema, so wie sie dir gerade einfallen. Beschränke dich dabei möglichst auf ein bis zwei Worte.

2. Schritt: Gedanken ordnen
Suche Oberbegriffe, denen du deine Gedanken und Begriffe als Unterbegriffe zuordnen kannst. Erstelle dazu eine Tabelle.

3. Schritt: Mindmap erstellen
Wenn ihr handschriftlich arbeitet: Nimm ein unliniertes Papier im Querformat, schreibe das Thema in die Mitte des Blattes und kreise es ein. Zeichne von der Mitte ausgehend Hauptäste nach außen. Beschrifte diese mit den Leitbegriffen. Zeichne an die Hauptäste dünnere Nebenäste. Beschrifte diese mit den Unterbegriffen, die zu den Oberbegriffen gehören. Mit Farben und kleinen Zeichnungen kannst du die Übersichtlichkeit der Gedankenkarte verbessern.

Wenn du digital mit einem Programm oder einer App arbeitest: Meist musst du dich zunächst für die Form, das Aussehen deiner Mindmap entscheiden. Danach kannst du die Begriffe deiner Tabelle eingeben, z. B. zunächst das Thema als Hauptknoten, die Oberbegriffe dann als Unterknoten, die dann wiederum Unterknoten enthalten. Deine Mindmap wird automatisch erstellt, du siehst sofort das Ergebnis und kannst dieses abspeichern oder auch als Bild exportieren und dann so an andere schicken, die vielleicht nicht das entsprechende Programm haben.

Ein Profil zeichnen (Band 2) (Seiten 60/61)

1. Schritt: Vorbereitung
Du benötigst eine Karte mit Höhenangaben, Millimeterpapier, einen Bleistift, ein Lineal und einen Streifen Papier.

2. Schritt: Profilschnitt festlegen
Suche mithilfe des Lineals eine für deine Ziele geeignete Profillinie aus und zeichne sie als Strecke mit den Endpunkten A und B auf einen Papierstreifen.

3. Schritt: Höhen abtragen
Lege deinen Papierstreifen an deine Profillinie auf der Karte und markiere auf diesem die Höhenlinien, die von der Strecke von A nach B geschnitten werden. Schreibe die entsprechenden Höhenangaben dazu.

4. Schritt: Koordinatensystem anlegen
Lege auf dem Millimeterpapier ein Koordinatensystem an. Kennzeichne die Entfernung auf der x-Achse, indem du die Maßstabsleiste der Karte auf der x-Achse abträgst. Übertrage die Abstände zwischen den einzelnen Höhenlinien des Papierstreifens auf die x-Achse. Beschrifte die y-Achse, im Nullpunkt beginnend, mit den Höhenangaben. Wähle die Abstände so, dass die Höhenunterschiede deutlich erkennbar sind.

5. Schritt: Profilpunkte eintragen
Ziehe eine Senkrechte (= y-Achse) durch den ersten Wert auf der x-Achse. Suche den dazugehörenden Höhenwert auf der y-Achse und zeichne durch diesen Punkt eine Waagerechte. Du erhältst einen Schnittpunkt. Verfahre entsprechend mit den anderen Abständen und den dazugehörigen Höhen. Mit etwas Übung kannst du dir die Hilfslinien sparen und die Schnittpunkte freihändig setzen.

6. Schritt: Profillinie zeichnen
Verbinde die Schnittpunkte. Vergleiche dabei deine Profillinie immer wieder mit der Höhenschichtenkarte.

Karten hinterfragen (Band 2) (Seiten 76/77)

1. Schritt: Fragen stellen
Welche Frage oder Aufgabenstellung soll deine Karte beantworten? Was zeigt die Karte, wie sind die Elemente dargestellt?

2. Schritt: Vergleichen
Was zeigt die Karte nicht? Reichen die gewählten Elemente aus oder fehlt etwas? Sind andere Darstellungsmöglichkeiten denkbar?

3. Schritt: Motiv ermitteln
Wer hat diese Karte erstellt und welche Quellen werden angegeben? Hat die Karte eine bestimmte Wirkung auf dich, dein Denken und dein Handeln?

4. Schritt: Nutzen untersuchen
Wofür ist diese Karte besonders gut geeignet, wer kann sie verwenden?

5. Schritt: Abwägen und Beurteilen
Kann die Karte deine Fragen beantworten? Gibt es andere beziehungsweise bessere Darstellungsmöglichkeiten?

Ein Wirkungsgefüge erstellen (Band 2) (Seiten 128/129)

1. Schritt: Problem formulieren
Oft hat man nur ein ungefähres Themengebiet, hier z. B. die Desertifikation. Dann muss man zunächst genauere Festlegungen treffen und ein Problem formulieren: Geht es um die Auswirkungen des Tourismus auf den Naturraum, um die Artenvielfalt und ihre Gefährdung oder um die Zerstörung des Natur- oder Kulturraums insgesamt? Hier soll es um die Ursachen und Folgen der Desertifikation gehen.

2. Schritt: Stichworte sammeln
Notiere dir Stichworte, die dir zu diesem Problem einfallen oder die du recherchiert hast. Als Beispiele seien genannt: „Überweidung", „Übernutzung" und „Rodung". Notiere alle gesammelten Stichworte auf Karteikarten.

3. Schritt: Gedankenkarte erstellen
Überlege, welche der Begriffe in einem Zusammenhang stehen. Stelle dir dazu folgende Fragen:
- Ist das eine vielleicht eine Ursache von etwas anderem?
- Ist ein Aspekt die Folge eines anderen Aspekts?
- Lassen sich aus Einzelaspekten Gruppen mit einem gemeinsamen Oberbegriff bilden?
- Lässt sich ein Aspekt in weitere Unterbegriffe zerlegen?

Wenn du alle Aspekte geordnet hast, zeichnest du Pfeile ein, um Beziehungen und Abhängigkeiten deutlich zu machen. Beschrifte alle Pfeile sinnvoll.

4. Schritt: Ergebnisse präsentieren
Das Ergebnis ist immer eine Vereinfachung der Wirklichkeit. Deshalb ist es für einen Außenstehenden oft schwer, alle Überlegungen, die sich im Wirkungsgefüge finden, nachzuvollziehen.
- Präsentiert euch deshalb gegenseitig eure Entwürfe.
- Findet Unklarheiten oder Fehler.
- Diskutiert die Ergebnisse und macht Verbesserungsvorschläge.
- Nehmt gegebenenfalls noch Verbesserungen an dem Wirkungsgefüge vor.

Ein Projekt planen (Band 2) (Seiten 144/145)

1. Schritt: Projektwahl treffen
- Welche Themenbereiche stehen zur Auswahl?
- Welcher Themenbereich gefällt euch am besten?
- Möchtet ihr das Projekt mit einem Partner oder in der Gruppe durchführen?

3. Schritt: Projektthema festlegen
- Wie könnt ihr euren Themenbereich sinnvoll eingrenzen, um daraus ein konkretes Projektthema zu machen?
- Wie könnt ihr euer Projektthema gliedern (Unterthemen bilden)?

4. Schritt: Materialbeschaffung klären
- Welche Hilfsmittel benötigt ihr, um das Projekt durchzuführen und zu präsentieren?
- Welches Material steht zur Verfügung?
- Wie, wo und wann bekommt ihr zusätzliches Material?

5. Schritt: Arbeits- und Zeitplan erstellen
- Wann ist der Abgabetermin?
- Was ist in der zur Verfügung stehenden Zeit zu schaffen?
- Wie soll das Arbeitsergebnis präsentiert werden? (z. B. Plakat, Themenmappe)
- Wie teilt ihr euch die Arbeit auf?
- Wie viel Zeit plant ihr für die Arbeitsschritte ein?

6. Schritt: Erste Prozessbewertung
- Wie sind die einzelnen Planungsentscheidungen zustande gekommen?
- Ist die Mehrheit der Gruppe zufrieden mit den Entscheidungen?
- Wurde der Arbeits- und Zeitplan eingehalten?

Informationen gewinnen, verarbeiten und dokumentieren (Band 2) (Seiten 146/147)

1. Schritt: Informationen gewinnen, verarbeiten und dokumentieren

Zunächst solltet ihr alles sammeln, was ihr zu dem Thema finden könnt.

- Im Internet und in Bibliotheken findet ihr Lexika, Fachzeitschriften, Bildbänden oder andere geographischen Medien. Denkt daran, dass auch Grafiken, Bilder, Diagramme und Karten wichtige Informationen enthalten können. Notiert die Quellenangaben.
- Je nach Thema bietet sich weiterhin ein Interview mit Experten oder eine Umfrage an.

2. Schritt: Informationen sortieren und auswählen

Ihr habt sicher eine große Menge an Informationen zusammengetragen, sodass man schnell die Übersicht verlieren kann.

- Daher müsst ihr jetzt herausfinden, mit welchen Informationen eure Unterthemen am besten zu beantworten sind.
- Prüft, ob die Quellen zuverlässig und die Informationen richtig sind.

3. Schritt: Informationen verarbeiten

Die ausgewählten Informationen müsst ihr verarbeiten, um eure Fragen aussagekräftig zu beantworten. Überlegt:

- Sollten Tabelleninhalte zu Diagrammen verarbeitet werden?
- Können aus Diagrammen und Karten Fakten zusammengefasst werden?
- Sind Zeichnungen anzufertigen?
- Können Informationen eventuell durch ein Experiment bestätigt werden?

4. Schritt: Informationen dokumentieren

Alle Aufgabenstellungen und Antworten werden nun übersichtlich angeordnet. Möglichkeiten dazu bietet z. B. eine Themenmappe oder ein Portfolio

- Ist die Leitfrage damit beantwortet?
- Bleiben Fragen offen? Falls ja, begründet, woran das liegt (z. B. Thema ist nicht ausreichend erforscht, es existieren unterschiedliche Meinungen in der Wissenschaft).

Ein Projekt präsentieren (Band 2) (Seiten 148/149)

1. Schritt: Präsentation vorbereiten

Ihr habt euch nun ein umfangreiches Wissen zu eurem Thema erarbeitet. Nun müsst ihr überlegen, wie ihr eurem Publikum die Inhalte präsentieren wollt. Ist diese Entscheidung gefallen, besprecht ihr den Aufbau der Präsentation:

- Begrüßung,
- Gliederung,
- Thema,
- Zusammenfassung,
- Quellen.

Überlegt, wie ihr die Zuschauer für eure Präsentation interessieren und sie möglicherweise in euren Vortrag einbinden könnt. Denkt darüber nach, welche Fragen die Zuschauer haben könnten, und bereitet mögliche Antworten vor. Besorgt euch für die Präsentation geeignete Hilfsmittel (z. B. Computer, Beamer, Tafel, Stellwände, Overheadprojektor, Wandkarten, Abdunklungsmöglichkeit). Überprüft, ob die Technik funktionstüchtig ist und ihr damit umgehen könnt.

2. Schritt: Freies Sprechen üben

Ein Vortrag sollte möglichst frei gehalten werden. Karteikarten oder Stichwortzettel können euch eine Hilfe sein. Um die Übersicht nicht zu verlieren, bietet es sich an, die Karten durchzunummerieren. Versucht, nicht zu viele Fremdwörter zu verwenden. Übt die richtige Aussprache schwieriger Wörter. Verwendet die Fachsprache.

3. Schritt: Generalprobe abhalten

Führt eine Generalprobe durch. Vorhergehendes Üben gibt euch Sicherheit für die Präsentation. Freunde und Mitschüler sind geeignete Zuhörer. Bittet sie um eine Einschätzung: Stimmt der Aufbau? Gibt es Fehler? Ist etwas unklar? Was sollte verbessert werden? Ist alles lesbar? Wurde die vereinbarte Zeit eingehalten?

4. Schritt: Präsentation durchführen

Überprüft noch einmal, ob Technik und Medien funktionstüchtig sind. Haltet die Karteikarten griffbereit. Achtet auf eure Körperhaltung und atmet tief durch. Die ersten Sätze solltet ihr auswendig gelernt haben. Haltet Blickkontakt zu euren Zuhörern. Ermuntert sie am Ende eurer Präsentation Nachfragen zu stellen.

5. Schritt: Projekt auswerten

Mit der Präsentation eurer Arbeitsergebnisse ist das Projekt noch nicht beendet. Folgende Fragen können euch helfen, das Projekt auszuwerten:

- War unser Projekt erfolgreich?
- Haben wir alle Ziele erreicht?
- Entspricht das erarbeitete Ergebnis unseren Erwartungen und den Erwartungen der Zuhörer?
- Was ist gut gelaufen, was ist uns besonders gut gelungen?
- Wurde der Zeitplan eingehalten?
- Wie haben wir in der Gruppe zusammengearbeitet?
- Hat uns die Projektarbeit im eigenverantwortlichen Lernen vorangebracht?
- Haben wir genügend Anerkennung für unsere Arbeit erhalten?
- Welche Schlussfolgerungen für ein nächstes Projekt sind zu ziehen?

Wichtige Begriffe

Aktivraum: Bezeichnung für Gebiete mit einer dynamischen Wirtschaftsentwicklung, die u.a. durch eine hohe Zahl an Arbeitsplätzen, hohe Einkommen und Zuwanderung gekennzeichnet sind.

arbeitsteilige Produktion: Zerlegung von komplexen Arbeitsprozessen in Teilprozesse. Diese werden an den weltweit jeweils günstigsten Standorten ausgeführt.

Bevölkerungsdiagramm: grafische Darstellung der Bevölkerung eines Gebiets (Staat, Region, Gemeinde oder Stadt) nach Alter und Geschlecht.

Bevölkerungsexplosion: Damit wird das starke Bevölkerungswachstum in einzelnen Teilräumen der Erde, insbesondere den Entwicklungsländern, vor allem in den letzten 50 Jahren bezeichnet. Die Bevölkerung wächst dort nicht linear, sondern exponentiell. Das explosionsartige Wachstum wird deutlich, wenn man die Zeiträume für den Zuwachs von einer Milliarde Menschen auf der Erde betrachtet. Etwa 1830: eine Milliarde; 1930: zwei Milliarden; 1960: drei Milliarden; 1975: vier Milliarden; 1986: fünf Milliarden; 1999: sechs Milliarden; 2011: sieben Milliarden.

Bevölkerungsstruktur: Beschreibt die Zusammensetzung und den inneren Aufbau der Bevölkerung. Dazu werden Merkmale wie Alter, Geschlecht, Familienstruktur, Stellung im Beruf, Einkommen u.a. verwendet.

Bevölkerungswachstum: Damit wird die Zunahme der Bevölkerung in einzelnen Teilräumen der Erde bezeichnet. Besonders dynamisch verlief diese, vor allem in den letzten 50–60 Jahren, in den → Entwicklungsländern.

Binnenmarkt: ein abgegrenztes Wirtschaftsgebiet, dass durch den freien Verkehr von Waren, Dienstleistungen und Kapital sowie eine angeglichene Rechtsordnung gekennzeichnet ist. Der Begriff wird für den Wirtschaftsraum der EU, aber auch als Bezeichnung für den nationalen Markt eines Landes verwendet.

Biodiversität: Vielfalt aller lebenden Organismen, Lebensräume und Ökosysteme. Der Begriff beinhaltet die Artenvielfalt als auch die Vielfältigkeit innerhalb einer Art, die Vielfalt an Ökosystemen, an Biotopen, schließt aber auch die vielfältigen Verhaltensweisen von Tieren mit ein.

Brexit: EU-Austritt des Vereinigten Königreichs, der am 31.01.2020 erfolgte; zuvor kam es 2016 zu einem Referendum, bei denen 51,89 % für einen EU-Austritt stimmten.

Bruttoinlandsprodukt (BIP): Gesamtwert aller produzierten Güter (Waren und Dienstleistungen) innerhalb eines Landes (Gebietes) während eines Zeitraumes (meistens eines Jahres), einschließlich der von Ausländern erbrachten Leistungen.

Bruttonationaleinkommen (BNE): Geldwert aller in einer Volkswirtschaft im Zeitraum eines Jahres produzierten Güter und erbrachten Dienstleistungen. Hierbei werden die von Ausländern erbrachten Leistungen nicht miteinbezogen, dafür sind jedoch die von Deutschen im Ausland erbrachten Werte enthalten.

Cash Crop: Produkt, dessen Anbau ausschließlich verkaufsorientiert ist und das überwiegend dem Export dient.

Container: ein genormter Großbehälter zum Transport von Stückgütern. Sie können schnell zwischen den jeweiligen Transportmitteln (Schiff, Eisenbahn, Lkw) umgeladen werden und erleichtern so den Austausch von Gütern.

demografischer Übergang: Wandel der natürlichen Bevölkerungsbewegung von relativ hohen Geburten- und Sterberaten zu vergleichsweise niedrigen Werten.

Desertifikation: wörtlich: Wüste machen. Übernutzung einer Landschaft durch den Menschen, wodurch die natürliche Vegetation beseitigt wird (z.B. durch übermäßigen Holzeinschlag, Zerstörung der Grasnarbe in der Trockensteppe, Überweidung, wüstennahen Ackerbau ohne bodenschützende Maßnahmen). Dadurch kommt es zu einer Ausbreitung von Wüsten. Besonders gefährdet sind große Bereiche der Dorn- und Trockensavanne im Sahel.

Dürre: über einen Zeitraum von mehreren Wochen bis zu einigen Jahren anhaltender, abnormaler Zustand, in dem die natürlichen Pflanzenvorkommen sowie die Nutzpflanzen weniger Wasser zur Verfügung haben, als es zum Überleben notwendig ist. Für die Landwirtschaft in den betroffenen Gebieten haben Dürren meist katastrophale Folgen.

Entwicklungsland: Land, das in Bezug auf seine wirtschaftliche, soziale und politische Entwicklung einen relativ niedrigen Stand aufweist. Beispielhafte Merkmale sind ein hohes Bevölkerungswachstum, unzureichende Nahrungsmittelversorgung, hohe Analphabetenrate, niedriges Pro-Kopf-Einkommen und Kapitalmangel.

Entwicklungszusammenarbeit: Offiziell verwendeter Begriff für Entwicklungshilfe; der Terminus soll das partnerschaftliche Verhalten zum Ausdruck bringen – und nicht die Unterscheidung in Geber- und Nehmerländer, wie dies in Entwicklungshilfe unterschwellig zum Ausdruck kommt.

Europäische Union (EU): Verbund europäischer Staaten, der durch den Maastrichter Vertrag gegründet wurde. Diesen Vertrag unterzeichneten am 7. Februar 1992 die zwölf Mitgliedsstaaten der Europäischen Gemeinschaften (EG) in der niederländischen Stadt Maastricht.

Euroregion (Euregio): länderübergreifende Gebiete in Europa, Durch sie wird die grenzüberschreitende Zusammenarbeit in wirtschaftlicher, gesellschaftlicher und kultureller Hinsicht gefördert.

Export: Bezeichnung für die Ausfuhr wirtschaftlicher Güter aus einem Raum.

fairer Handel (Fair Trade): Synonym für Bestrebungen eines gerechten und nicht nur ausschließlich gewinnorientierten Austausches in der Welt. Durch garantierte Mindestpreise sowie die Gründung von Genossenschaften soll der kapitalgesteuerten Ausbeutung der → Entwicklungsländer entgegengewirkt werden. Garantierte Mindestpreise reduzieren die Abhängigkeit von den starken Schwankungen der Weltmarktpreise. Die Prämien des fairen → Welthandels werden in der Genossenschaft investiert.

Fehlernährung: Sind die Bestandteile der Nahrung eines Menschen über einen längeren Zeitraum hinweg unausgewogen zusammengesetzt (z.B. durch zu fettreiche, aber vitaminarme Kost) kann dies zu gesundheitlichen Problemen führen.

Flächennutzungsplan: der Entwicklungsplan einer Gemeinde, in dem festgelegt ist, wie die Flächen der Gemeinde genutzt werden sollen. Er weist u.a. Wohnbauflächen, Grünflächen und Flächen für die Land- und Forstwirtschaft aus.

Flucht: unfreiwilliges Verlassen der Heimat aufgrund von Naturkatastrophen, wirtschaftlicher Not, Verfolgung aus politischen bzw. weltanschaulichen Gründen oder Krieg.

Food Crop: Anbaufrucht, die im Gegensatz zu → Cash Crops am Bedarf der eigenen Bevölkerung orientiert ist und ihr zur Grundernährung dienen kann.

Geburtenrate: Zahl der Lebendgeborenen bezogen auf eine bestimmte Einwohnerzahl während eines bestimmten Zeitraumes.

Gesamtfruchtbarkeitsrate: Die durchschnittliche Anzahl der Lebendgeborenen in einem Staat, die eine Frau in ihrem Leben zur Welt bringt.

Globalisierung: seit Ende des 20. Jahrhunderts besonders dynamisch ablaufender Prozess, in dem Produktion, Handel mit Gütern und Dienstleistungen, Kapital, Kommunikation und Technologie über nationale Grenzen hinweg zu einem „Weltbinnenmarkt" zusammenwachsen.

Global Player: multinationales Unternehmen, das auf fast allen Märkten der Welt vertreten ist. Es optimiert Zulieferung, Produktion und Absatz im globalen Maßstab.

glokal: Vernetzung von globalem Denken mit lokalem Handeln.

Happy Planet Index (HPI): ein Index zur Darstellung der menschlichen Zufriedenheit und ökologischen Nachhaltigkeit.

Hilfe zur Selbsthilfe: Form der Entwicklungshilfe, bei der den Einheimischen eine Chance gegeben werden soll, ihre Zukunft selbst besser zu gestalten. Ziel: Eigenständigkeit fördern und Hoffnung geben. Dies geschieht zum Beispiel durch die Ausbildung einheimischer Fachleute.

Human Development Index (HDI): Maßzahl für den Stand der menschlichen Entwicklung. Drei Indikatoren sind maßgebend: Lebenserwartung bei der Geburt, Bildungsrate und reale Kaufkraft pro Kopf.

Hunger: Erhält ein Mensch dauerhaft zu wenig Energie in Form von Nahrungsmitteln, so führt dies zu schweren gesundheitlichen Schäden, die nach einer gewissen Zeit zum Hungertod führen können.

Import: Bezeichnung für die Einfuhr wirtschaftlicher Güter in einen Raum.

Industrieland: Land mit einem hohen wirtschaftlichen Entwicklungsstand. Merkmale sind der hohe Anteil der Industrie und der Dienstleistungen am BIP und eine relativ geringe Bedeutung des primären Sektors. Industrieländer haben ein hohes Pro-Kopf-Einkommen, ein hohes Bildungsniveau und ein geringes Bevölkerungswachstum.

informeller Sektor: ein auch als „Schattenwirtschaft" bezeichneter Wirtschaftszweig, der weder von der Steuer erfasst noch von anderen gesetzlichen Vorschriften geregelt wird.

Landflucht: Wechsel einer großen Anzahl von Menschen aus den ländlichen Gebieten in die Städte.

Lebenserwartung: statistisch ermittelte durchschnittliche Anzahl von Lebensjahren der Bevölkerung in einem Raum.

Mangelernährung: eine unzureichende, wenn auch möglicherweise quantitativ ausreichende Ernährung, die durch das ständige Fehlen lebensnotwendiger Stoffe (z.B. Eiweiß und Vitamine) in der täglichen Nahrung charakterisiert ist.

Megacity/Megastadt: Der Begriff Megastadt bezeichnet die größte Kategorie von städtischen Verdichtungsräumen. Eine genaue Definition, ab wann eine Stadt als Megastadt bezeichnet werden kann, gibt es nicht. Einige Autoren betrachten Städte mit über fünf Millionen Einwohnern als Megastadt, während die UN-Statistik städtische Verdichtungsräume mit über zehn Millionen Einwohnern dieser Kategorie zuordnet. Für die Bezeichnung als Megastadt werden

deswegen noch weitere Abgrenzungs-
kriterien verwendet. So soll eine
Megastadt mehr als 2 000 Einwohner
pro Quadratkilometer haben und
eine monozentrische Struktur
aufweisen. Häufig sind diese Megastädte auch Knotenpunkte der
nationalen Verkehrs-, Finanz- und
Informationsströme. Die Bedeutung
der einzelnen Megastädte im
globalen Städtesystem ist jedoch
höchst unterschiedlich. Beispielsweise sind in Tokyo, der größten
Megastadt der Welt, zahlreiche
Unternehmen und Funktionen mit
weltweiter Bedeutung angesiedelt.
Einige Megastädte, meist in den sog.
Entwicklungsländern, fallen allein
aufgrund ihrer Größe in die Kategorie Megastadt. Diese Städte besitzen
aber keine bedeutende Funktion im
globalen Städtesystem.

Metropole: eine Großstadt, meist
die Hauptstadt eines Staates, die
zum politisch und wirtschaftlich
beherrschenden Zentrum des Landes
geworden ist. Diese Stadt nimmt
damit gegenüber anderen Großstädten des Landes eine überragende
Stellung ein (z. B. Buenos Aires, Lagos,
Paris). In ihr konzentrieren sich Wirtschaft und Verkehr, Wissenschaft
und Verwaltung. Zum anderen sind
Metropolen als Standorte internationaler Organisationen, Handelsein-
richtungen, Banken, Firmenleitungen
oder Forschungseinrichtungen auch
Städte mit Weltbedeutung (Welt-
städte). Im Zusammenhang mit
der Verstädterung wächst in vielen
Entwicklungsländern eine Millionen-
stadt – meist die Hauptstadt – zu
einer das ganze Land beherrschenden Bevölkerungsballung heran.
Man nennt diesen Konzentrations-
prozess auch Metropolisierung.
Metropolen üben eine ungeheure
Anziehungskraft auf die Umgebung
aus, oft auf das ganze Land. Durch
die ständige Zuwanderung entstehen im Innern bzw. am Rande der
Metropolen Elendsviertel, Wohnge-
biete der armen, unterprivilegierten

Bevölkerungsgruppen. Man bezeich-
net sie als → Slums (im englischen
Sprachraum, aber auch allgemein),
Favelas, Barriadas oder Bidonvilles.

Migration: Wechsel des Wohnsitzes,
bei dem die Gemeindegrenze über-
schritten wird. Im weiteren Sinne
Wanderungsbewegungen größerer
Bevölkerungsgruppen, ausgelöst
durch Krieg oder existenzielle Not.

Millenniumsziele: Im September
2000 haben sich alle Mitgliedsstaaten der UNO auf acht Entwicklungsziele – die Millenniumsent-
wicklungsziele – geeinigt, um eine
zukunftsfähige und nachhaltige
Weltentwicklung zu gewährleisten.
Reiche und arme Länder verpflichteten sich darin, alles daran zu setzen,
die Armut radikal zu reduzieren, die
menschliche Würde und Gleichberechtigung zu fördern und Frieden,
Demokratie und ökologische Zusammenarbeit zu verwirklichen.

**nachhaltige Entwicklung, Nachhaltig-
keit:** Entwicklungsstrategie, mit der
die Lebenschancen der heutigen
Generation verbessert werden sollen,
ohne die Chancen künftiger Generationen einzuschränken. Der Begriff
wird auch für verschiedene Nutzungs-
formen und Entwicklungen gebraucht: nachhaltige Landwirtschaft,
nachhaltige Stadtentwicklung oder
nachhaltiger Tourismus. Dabei sollen
ökonomische, ökologische und soziale
Aspekte in einem ausgewogenen
Verhältnis zum Ausdruck kommen.

nachhaltige Stadtentwicklung:
ressourcenschonender und umwelt-
verträglicher Städtebau. Ziel einer
nachhaltigen Stadtentwicklung ist
es, die städtischen Lebensverhält-
nisse zu verbessern und dabei den
Schutz der Umwelt, stabile wirtschaftliche Entwicklungen und eine
gerechte Verteilung der Lebenschancen der Bewohner in Einklang zu
bringen.

Outsourcing: Outsourcing bezeichnet
die Übertragung von (Teil-)Aufgaben
an externe Firmen oder Dienstleister
sowie an Scheinselbstständige
(Freelancer).

P

Passivraum: Bezeichnung für Gebiete mit einer stagnierenden oder
rückläufigen Wirtschaftsentwicklung,
die u. a. dünn besiedelt sind und eine
schlechte Verkehrsanbindung haben.
In dessen Folge haben diese Räume
ein negatives Wanderungssaldo.

Peripherie: Randlich gelegenes Gebiet innerhalb einer großen Raumeinheit. Oft auch einfach als Bezeichnung
für ein vergleichsweise gering ent-
wickeltes Gebiet verwendet.

Produktionskosten: die Summe
aller Kosten, die für Arbeitskräfte,
Betriebsmittel und Grundstoffe
abzüglich der Beihilfen aufgewendet
werden müssen.

Pull-Faktor: Grund, der für die Bevölkerung oder Wirtschaft anziehend
wirkt und damit eine Wander-
bewegung auslöst; im engeren
Sinne bezeichnet man damit die
Anziehungskraft der großen Städte
auf die Bevölkerung der ländlichen
Räume.

Push-Faktor: Grund, der die Bevölkerung oder die Wirtschaft zum
Abwandern bewegt, vor allem durch
die unzureichenden Lebensumstände
und Einkommensmöglichkeiten in
den ländlichen Räumen.

Raumnutzungskonflikt: Konkur-
rierende Ansprüche mehrerer
unterschiedlicher Nutzungen auf die
gleiche Fläche.

Raumplanung: Oberbegriff für alle
planenden Maßnahmen zur Raum-
entwicklung wie: Landesplanung,
Regionalplanung oder Stadtplanung.
In Deutschland sind die Länder und
Gemeinden dafür verantwortlich, die
Ziele der Raumordnung zu erreichen.

regionale Disparitäten: Ungleichheit zwischen verschiedenen Regionen oder auch innerhalb einer Region. Sie zeigt sich vor allem dadurch, dass Räumen mit besonders guter wirtschaftlicher Entwicklung und guten Lebensbedingungen, sog. → Aktivräumen, rückständige und oft schlecht ausgestattete Gebiete, sog. → Passivräume, gegenüberstehen. Aufgabe der Raumordnungspolitik ist es, der Entwicklung dieser Disparitäten entgegenzuwirken.

Schwellenland: → Entwicklungsland bzw. NIC (Newly Industrializing Country), das in seiner wirtschaftlichen Entwicklung weit fortgeschritten ist und sich „an der Schwelle" zum Industrieland befindet.

Slum: durch raschen Zuzug schnell und größtenteils unkontrolliert wachsende Elendssiedlung, meist in den Großstädten der Entwicklungsländer.

soziale Disparitäten: ausgeprägte Unterschiede im sozialen Bereich zwischen verschiedenen Bevölkerungsschichten, vor allem zwischen Arm und Reich.

Stadtplanung: Aufgabe der Stadtplanung ist es, für das Stadtgebiet einen Plan aufzustellen, wie alle Flächen genutzt werden sollen, z. B. für Wohnen, Gewerbe, Verkehr, Naherholung.

Sterberate: Zahl der Verstorbenen bezogen auf eine bestimmte Einwohnerzahl während eines bestimmten Zeitraumes.

Subsistenzproduktion: durch niedriges Entwicklungsniveau der Produktionstechnik und geringe Arbeitsteilung gekennzeichnete agrarische Wirtschaftsweise, bei der alle zum Leben benötigten Güter im eigenen landwirtschaftlichen Betrieb erzeugt werden. Subsistenzwirtschaft ist vor allem in Entwicklungsländern verbreitet.

Subventionen: finanzielle Unterstützung von Wirtschaftszweigen, mit öffentlichen Geldern meist mit dem Ziel, diese Wirtschaftszweige am Leben zu erhalten. Die Unterstützung kann in Form von Geldzahlungen, Steuerermäßigungen oder Zinszuschüssen geschehen. Einer der Hauptempfänger ist die Landwirtschaft.

Sustainable Development Goals (SDG): Ziele einer → nachhaltigen Entwicklung, die den Kern der Agenda 2030 bilden und die Entwicklungsdimensionen der Weltgesellschaft bis zum Jahr 2030 beschreiben, sie werden durch 169 „Targets" konkretisiert.

Tragfähigkeit: Hierbei geht es um die Frage, wie viele Menschen die Erde „tragen", d.h. ernähren kann (agrare Tragfähigkeit). Neben der agraren Tragfähigkeit stellt sich in Ballungsräumen die Frage nach der humanen Tragfähigkeit (Wie viel Fläche benötigt ein Mensch zum Leben?) bzw. global die Frage nach der ökologischen Tragfähigkeit der Erde (Wie viele Menschen kann das Ökosystem Erde tragen?).

Überalterung: Als Folge der demografischen Entwicklung in den meisten Industrieländern nimmt der Anteil der älteren Bevölkerung stetig zu.

Verdopplungszeit: der Zeitraum, in dem sich eine Bevölkerung verdoppelt.

Verstädterung: Wachstum der Städte eines Staates hinsichtlich ihrer Einwohnerzahl und/oder Fläche, Vermehrung der städtischen Siedlungen eines Landes oder das Wachsen des Anteils der Bevölkerung eines Staates, der in Städten lebt.

Wachstumsrate: In der Demografie berechnet sich die Wachstumsrate aus der Differenz von → Geburten- und → Sterberate zuzüglich der Wanderungsgewinne bzw. abzüglich der Wanderungsverluste.

Währungsunion: Mehrere unabhängige Staaten schließen sich zu einem gemeinsamen Währungsraum zusammen (z. B. Staaten des Euroraumes) und betreiben eine gemeinsame Geldpolitik.

Weltagrarmarkt: Gesamtheit aller Absatzmärkte für landwirtschaftliche Produkte der Welt. Handelsbeziehungen sind weltweit vorhanden, vor allem im Rahmen der Globalisierung der Wirtschaft. Für weltweit gehandelte Agrargüter bilden sich zunehmend Weltmarktpreise aufgrund globaler Angebots- und Nachfragestrukturen.

Welternährung: Versorgungslage mit Nahrungsmitteln im globalen Maßstab sowie die Probleme bei der regionalen Verteilung der Nahrungsgüter.

Zentrum: ein Ort oder ein Gebiet, welches für eine größere Raumeinheit im Hinblick auf Arbeitsplätze, Einkaufsmöglichkeiten, Dienstleistungen und sonstige Angebote einen Mittelpunkt darstellt.

Zuwanderung: Bevölkerungszuzug an einem Ort oder in eine Region.

Sachregister

Alle fett gedruckten Begriffe sind als „Wichtige Begriffe" hier im Arbeitsanhang erläutert.

Operatoren sind Verben, die dir signalisieren, wie du eine Aufgabe bearbeiten sollst.
Achte auf inhaltliche und sprachliche Anforderungen.
Die Operatoren sind in drei Anforderungsbereiche gegliedert.

Anforderungsbereich I Informationen erfassen, Inhalte wiedergeben (Wissen und Reproduktion)

Operatoren	Arbeitsschritte	**SP** Sprachtipps
Informationen erfassen und richtig benennen		
zähle auf, liste auf, nenne, benenne	• Entnimm aus dem Material (z.B. Bild, Karte, Tabelle) die gesuchten Begriffe oder Informationen. • Führe sie nacheinander auf. • Verwende, wenn möglich, Fachbegriffe.	• *Folgende Punkte kann ich nennen: …* • *… heißt …* • *… wird … genannt.*
definiere	• Formuliere kurz und genau (ohne Beispiele), was der Begriff bedeutet.	• *Mit … bezeichnet man …* • *… bedeutet: …*
Prozesse, Ereignisse und Sachverhalte widerspiegeln		
beschreibe	• Gib wieder, was du auf dem Bild oder im Text wahrnimmst. • Achte auf wesentliche Merkmale (d.h., erfasse den Kern einer Sache). • Verwende, wenn möglich, Fachbegriffe. • Beachte bei Vorgängen die zeitliche Reihenfolge.	• *Ich sehe / erkenne …* • *Das Material / Bild zeigt …* • *Im Vordergrund befindet sich …* • *Dahinter / davor / neben …* • *Zuerst …, dann …, danach …*
verorte / lokalisiere	• Sage / schreibe auf, wo der Ort liegt. • Nutze dazu eine Karte. • Verwende Bezugspunkte wie Himmelsrichtungen, die Lage im Gradnetz der Erde, Großlandschaften, Staaten, Flüsse oder Gebirge.	• *… befindet sich in / bei …* • *… liegt in der Nähe von …* • *… im Norden / Westen / östlich / südlich von …* • *… grenzt an …* • *… liegt im Gradnetz auf … Grad … Breite und … Grad … Länge.*

Anforderungsbereich II Wissen verarbeiten und anwenden (Reorganisation und Transfer)

Prozesse, Ereignisse oder Strukturen erklären und erläutern		
erkläre	• Setze dich vertieft mit den Einzelheiten einer Sache auseinander. • Formuliere Ursachen bzw. Gründe, Folgen und Gesetzmäßigkeiten. • Stelle die Sache so dar, dass ein anderer sie versteht.	• *Dies kann man erklären mit …* • *Es bedeutet, dass …/Das heißt, …* • *Da / weil / aufgrund …* • *Infolgedessen …*
begründe	• Gib den Grund / die Ursache für etwas an. • Stütze eigene oder fremde Aussagen durch Argumente (das sind stichhaltige und plausible Belege).	• *Da … / weil … / denn …* • *Deshalb … / dadurch …* • *Aufgrund … / Aus diesem Grund …*
erläutere	• Stelle Prozesse oder Ereignisse ausführlich dar. • Wie beim Erklären sollst du Ursachen, Folgen und Gesetzmäßigkeiten deutlich machen. • Gib zusätzliche Informationen, Belege und Beispiele an.	• *Aufgrund von …* • *Das ist darauf zurückzuführen, dass …* • *Infolge von …, sodass …* • *Deshalb / dadurch …* • *Zum Beispiel …*
analysiere / untersuche	• Werte ein Material (z.B. eine Abbildung oder einen Text) gezielt aus. • Stelle (in Gedanken) Fragen an das Material nach festgelegten oder eigenen Kriterien. • Suche nach wichtigen Merkmalen bzw. Antworten. • Stelle diese Merkmale strukturiert bzw. übersichtlich dar.	• *Betrachtet man …, dann …* • *Folgende Merkmale kann ich ablesen: …* • *Daraus geht hervor, dass …* • *Besonders wichtig ist …*

Operatoren	Arbeitsschritte	**SP** Sprachtipps

Informationen gewinnen und strukturiert darstellen

Operatoren	Arbeitsschritte	Sprachtipps
fasse zusammen	• Markiere wichtige Aussagen oder schreibe sie heraus. • Formuliere das Wichtigste in verkürzter Form und mit möglichst eigenen Worten. • Für einen Text kannst du z. B. Überschriften für jeden Abschnitt finden und daraus die Zusammenfassung formulieren.	• … lässt sich wie folgt zusammenfassen: … • Die wichtigsten Aspekte sind: … • Die Kernbotschaft lautet: …
recherchiere / finde heraus	• Suche selbstständig nach bestimmten oder selbst gewählten Informationen zu einem Thema. • Nutze z. B. ein Lexikon oder das Internet.	• Folgende wichtige Informationen konnte ich finden: … • Ich habe herausgefunden, dass …
ordne zu / ordne ein	• Verbinde Informationen, die zusammengehören. • Sortiere Informationen unter Überschriften bzw. Oberbegriffe. • Bringe Informationen in einen größeren thematischen Zusammenhang.	• … passt zu / gehört zu … • … steht im Zusammenhang mit … • Man kann … diesem Aspekt zuordnen. • … lässt sich einteilen in …
vergleiche	• Stelle Gemeinsamkeiten und Unterschiede gegenüber. • Formuliere ein Ergebnis bzw. eine abschließende Einschätzung des Vergleichs.	• Im Vergleich zu … • Trotz vieler Gemeinsamkeiten gibt es auch einige Unterschiede: … • Im Gegensatz zu … • A und B unterscheiden sich stark / kaum.
stelle dar, berichte, präsentiere, erstelle	• Bereite Informationen mithilfe von Medien für andere eindrucksvoll auf. • Achte auf Sachlichkeit und eine übersichtliche Struktur.	• Meine Präsentation handelt von: … • Ich gliedere sie wie folgt: Zuerst werde ich auf … eingehen. Anschließend … Zum Schluss fasse ich nochmal zusammen.

Anforderungsbereich III Urteilen (Reflexion und Problemlösung)

Ein Sachurteil abgeben

Operatoren	Arbeitsschritte	Sprachtipps
beurteile, prüfe / überprüfe	• Kontrolliere, ob eine Aussage oder Handlung richtig oder angemessen ist. • Orientiere dich dabei an vorgegebenen Kriterien oder allgemeinen Werten (z. B. Frieden oder Recht). • Formuliere ein Sachurteil und nenne Belege.	• Den Fakten nach zu urteilen / Demzufolge … • Aufgrund von … • Abschließend lässt sich sagen, dass … • Aus ökologischer, ökonomischer, sozialer Sicht / Perspektive …
vermute / formuliere eine Vermutung	• Formuliere eine Aussage, die du für möglich hältst und sachlich begründen kannst. • Du kannst die Vermutung zum Anlass nehmen, sie mit deinem (neuen) Wissen abzugleichen bzw. zu überprüfen.	• Möglicherweise … • Wahrscheinlich … • Ich vermute, dass … • Anscheinend …

Eine eigene Meinung vertreten

Operatoren	Arbeitsschritte	Sprachtipps
bewerte, nimm Stellung	• Äußere deine Einschätzung, ob eine Aussage oder Behauptung zutreffend, nachvollziehbar oder angemessen ist. • Orientiere dich dabei an allgemeinen Werten (z. B. Frieden oder Recht) und eigenen Maßstäben. • Bringe deine persönliche Meinung zum Ausdruck. Begründe. • So gelangst du zu einem begründeten Werturteil, das auf deinen eigenen Überzeugungen beruht.	• Meiner Meinung nach … • Ich finde das (nicht) gut, weil … • Ich kann das (nicht) nachvollziehen, weil … • Eine Bewertung ist schwierig, da … • Ich denke … • Deshalb / darum …
erörtere, diskutiere	• Du tauschst mit anderen Argumente aus. • Ihr setzt euch mit den Vorteilen und Nachteilen, Pro- und Kontra-Argumenten auseinander. • Du nimmst Stellung zu den Argumenten der anderen. • Am Ende gelangst du zu einem eigenen begründeten Urteil oder ihr findet ein gemeinsames Ergebnis.	• Ich teile deine Meinung (nicht). • Ich bin der Meinung, dass … • Einerseits …, andererseits … • Allerdings / aber … • Trotzdem / dennoch … • Ein Vorteil ist: … / Nachteilig ist …

Europa

1 : 20 000 000

0 100 200   500 km

A | **B** | **C** | **D**

2

3

ISLAND
Reykjavík
Hvannadalshnúkur ▲ 2119

Europäisches

Nordme

nördlicher Polarkreis

Färöer (dän.)

NORWEG

Shetlandinseln

Galdhøpiggen 2469

Osl

4

ATLANTISCHER

Hebriden

Orkney-Inseln

▲ 1343

Glasgow
Belfast
IRLAND
Dublin
Manchester

VEREINIGTES KÖNIGREICH

Göteb

DÄNEMAR

Kopenhag

Birmingham
Bristol
London

NIEDER-LANDE

Hamb

Amsterdam
Rotterdam

Be

OZEAN

Kanal-inseln (brit.)

Der Kanal

Brüssel
BELGIEN

Köln

DEUTSCHL

Paris
LUX.
Luxemburg

Frankfurt

FRANKREICH

Loire

Seine

Rhein

Donau

Münch

5

Azoren (port.)

Kap Finisterre

Golf von Biscaya

Bilbao
Bordeaux

Zentral-massiv

Lyon
Bern
SCHWEIZ
LIE.

4810
Mont Blanc

A l p e

Porto
Duero

Pyrenäen

3404
ANDORRA

Rhône

Marseille

Mailand
Turin
Genua
MONACO

Po

Ljub

Apenn

PORTUGAL

Lissabon
Tejo

Madrid

SPANIEN

Ebro

Barcelona

Korsika

VATIKAN-STADT
Rom

S.

Valencia

Balearen

Sardinien

Neap

Sevilla

Alicante

3478

Mallorca

ITAL

30°

Straße von Gibraltar

Gibraltar (brit.)
Ceuta (span.)
Melilla (span.)
Oran

Algier

M

Pal

Sizilien

Madeira (port.)

Casablanca
Rabat
Fès

MAROKKO

Marrakech

Algier

i

Tunis

TUNESIEN

Vallet

MA

6

Kanarische Inseln (span.)
3718

Agadir
▲ 4165

A t l a s g e b i r g e

M a g h r e b

2328

Kleine Syrte

nördlicher Wendekreis

El Aaiún

S

a

h

Tripol

SAHARA (marokkanische Verwaltung)

MAURETANIEN

ALGERIEN

a

r

a

C | **D** | **E**

20°

Nordpolarmeer

Beaufortsee

Brooksskette
2749

Alaskakette
6168
Denali
Anchorage

Kodiak
Golf v. Alaska
Alexander-
archipel

Vancouver-I.

4042
Vancouver

Seattle

4392

San
Francisco
4418

Los Angeles

3078

Großes
Becken

Denver
4399

3658

Dallas

Houston
New Orleans

Monterrey

Guadalajara
Mexiko
4265   5700

Guatemala
4217

Managua

Panama
3820

NORDAMERIKA

Edmonton

Winnipeg

Große Seen

Chicago   Detroit   Toronto
Montreal

St. Louis   Cincinnati
2037
Washington
Atlanta

Miami
Havanna

Große   Hispaniola
Antillen

Jamaika

Karibisches Meer

Kleine Antillen

Caracas
5007
5493

Medellín
5750

Bogotá

3014

Victoria-Insel

Kanadischer
Archipel

Baffin-
insel

Hudson
Bay

Ungava-
Halbinsel

Neufundland
St. John's

Boston
New York
Philadelphia

Halifax

Bermuda-Inseln

Sargassosee

ATLANTISCHER

Grönland

3231

3700

3360

Nuuk
(Godthåb)

Ellesmereland

Baffin
Bay

Europäisches

Jan Mayen

Island
2119
Reykjavík

Nordmeer

Färöer

Shetland-
inseln   2469
Oslo
Glasgow   Kopenhagen
Britische
Inseln
Amster-   Hamburg
dam
London   **E**
Brüssel   Prag
Paris
Mont Blanc   Alpen
3404   4810   Mailand
Madrid   Rom
3478
Lissabon   Algier   Tunis   3340
Casablanca   Oran   2328   Trip
Madeira   Atlasgebirge
Kanarische Inseln   4165

Azoren

Kapverdische
Inseln   Dakar

PAZIFISCHER

Oster-I.

OZEAN

Galápagos-
inseln

Quito
6272
Iquitos

SÜDAMERIKA

6768
Lima

6613
Arequipa
6520

6880

Aconcagua
6959
Santiago
de Chile
4708

3776

4058

Punta Arenas

Georgetown
2810
Bergland von Guayana

Orinoco

Rio Negro   Amazonas
Manaus

Amazonas

Amazonastiefland

Madeira

Brasilianisches
893   Brasília
Bergland
6421
La Paz   Gran Chaco
Santa
Cruz   2890
São   Belo Horizonte
Paulo
Paraná   Rio de Janeiro
Asunción   Curitiba

Uruguay   Porto Alegre

Córdoba
Buenos
Aires   Montevideo
Pampa

Patagonien

Feuerland
Kap Hoorn

Belém

Fortaleza

Recife

Salvador

Ascension

St. Helena

OZEAN

Tristan da Cunha

Falklandinseln   Südgeorgien

Südsandwich-
inseln

Drakestraße   Südshetland-
inseln
Palmer-
archipel   Antarktische
Halbinsel
Alexander-
insel   4190

Saha

Ahaggar
2918

Sah   **AFR**
Niamey
1781   N'Dja

Oberguinea
Conakry   4070   Hochland
Adamaou
Monrovia   Abidjan   Accra   Lagos
Jaunde

Luanda

A   N

Weddellmeer   4300

Südorkney-Inseln

Landhöhen

	über 5000 m
	2000 – 5000 m
	1000 – 2000 m
	500 – 1000 m
	200 – 500 m
	0 – 200 m
	unter 0 m
	Gletscher

▴ 8846   Höhe über dem Meeresspiegel (in m)

Nordpolarmeer
Ostsibirische See
Arktisches Kap
Sewernaja Semlja
Kap Tscheljuskin
Neusibirische-Inseln
Laptewsee
Wrangel-insel
Anadyrgebirge
Bering-Str.
nördl. Polarkreis
St.-Lorenz-I.
Franz-Josef-Land
Nowaja Semlja
1590
Karasee
Norilsk ·1701
Werchojansker Gebirge
3147
Magadan
Kamtschatka
Aleuten
Beringmeer
Murmansk
Halbinsel Kola
1894
Sibirien
Jakutsk
Ochotskisches Meer
4750
Barentssee
St. Petersburg
Uralgebirge
Ob
Jenissej
Westsibirisches Tiefland
Lena
Stanowoi-Geb.
Sachalin
Hokkaido
N. Nowgorod
Perm
Omsk
Irkutsk
Baikal-see
Jablonowy-Geb.
Ulan-Bator
Amur
Großer Hinggan
Mandschurei
Wladiwostok
Sapporo
Moskau
Samara
Tscheljabinsk
Nowosibirsk
4506
Sajan
Altai
3905
2412
Harbin
Sichote-Alin
Japan. Meer (Ostmeer)
Honshu
sk
Charkiw
Orsk
Kasachensteppe
ASIEN
Gobi
Shenyang
Peking
Pjöngjang
Fudschijama
3776
Tokyo
Odessa
Kaspische Senke
Balchaschsee
-28
Almaty
Tian Schan
-154
Urümqi
Lanzhou
Huang He
Große Ebene
Tsingtau
Seoul
Osaka
Schwarzes Meer
İstanbul
Ankara
Kaukasus
5642
Elbrus
Aralsee
Taschkent
7439
7495
Tarimbecken
Nan Shan
6346
Xi'an
Gelbes Meer
Korea
Ararat
3585
5165
Baku
Tiefland v. Turan
7723
Kunlun Shan
Qin Ling
Nanjing
Shanghai
Zypern
4821Elburs
5604
Pamir
Karakorum
8611
Tibet
Transhimalaya
7756
Jangtsekiang
Wuhan
Ostchines. Meer
Bonin-inseln
Euphrat
Teheran
4548
Hindukusch
7690
Himalaya
Mt. Everest
8846
Südchinesisches Bergland
Kanton
Taipeh
Vulkaninseln
nördl. Wendekreis
Damaskus
Bagdad
Zagrosgebirge
Kabul
Delhi
Ganges
Hindustan
Yunnan-plateau
3952
PAZIFISCHER
-422
-2637
Kuwait
Persischer G.
Karachi
Punjab
Dhaka
Hanoi
Hongkong
Taiwan
Riad
3019
Kalkutta
Dekkan
Bombay
1680
Golf v. Bengalen
Rangun
Hainan
Südchines.
2928
Mekka
Arabien
Arabisches Meer
Westghats
Ostghats
Madras
Bangkok
3280
Luzon
Manila
Mindoro
Philippinen
Marianen
Karolinen
Chuuk-In.
Pohnpei
Rotes Meer
3760
Aden
Golf von Aden
Andamanen
Ho Chi Minh
Mekong
Palawan
Mindanao
Sulu-Inseln
4101
OZEAN
Hochland von Äthiopien
4620
Addis Abeba
Somali-halbinsel
4307
Lakshadweep-In.
2698
Ceylon
Nikobaren
Halbinsel Malakka
2988
Colombo
2524
Halbinsel Malakka
Kuala Lumpur
Makassar
3455
Molukken
3000
Neuguinea
Bismarck-Archipel
Mogadischu
Nairobi
Victoria-see
5109
5199
5895
Kilimandscharo
Seychellen
Malediven
Singapur
Pontianak
Sumatra
3805
Borneo
Sulawesi
4884
4072
Salomon-inseln
Daressalam
Tanganjika-see
Jakarta
Surabaya
Java
Arafurasee
Port Moresby
Komoren
2876
Diego Garcia
Timorsee
Carpen-taria-golf
Kap-York-H.-I.
Korallen-see
Malawi-see
3000
Antananarivo
Réunion
INDISCHER
Arnhem-land
Kimberley-plateau
Große Sandwüste
Macdonnellkette
1510
Neukaledonien
südl. Wendekreis
Straße v. Mosambik
Madagaskar
AUSTRALIEN
Great Dividing Range
3482
Maputo
Durban
OZEAN
Amsterdam-insel
St.-Paul-Insel
Perth
Große Victoriawüste -12
Nullarborebene
Große Australische Bucht
Adelaide
Darling
Murray
2230
Brisbane
Sydney
Nordinsel
Elizabeth
Crozetinseln
Melbourne
Tasmansee
Auckland
Prinz-Eduard-Inseln
Kerguelen
Tasmanien
Hobart
Neuseeland
Süelinsel
3764
Wellington
Christchurch
Kap Batterbee
2300
ARKTIS
3355
Mt. Menzies
3061
3176
Balleny-Inseln
südl. Polarkreis

Erde Staaten

Nordpolarmeer

A 150° B 120° C 90° D 60° E 30° F 0° G

1

Spitzberge
(norw.)

Alaska
(USA)

nördl. Polarkreis

60°

Kalaallit Nunaat
(dän.)

ISLAND

Reykjavík   Färöer
(dän.)

NORWEGEN

SCHWE

Oslo

K A N A D A

DÄN.
Kopenhagen

**GROß-
BRITANNIEN**

Berlin

2

Ottawa

St-Pierre u.
Miquelon
(franz.)

IRLAND

Dublin   London

NL.
Amst.

B.
Br.   **DEUTSCH-
LAND**

**VEREINIGTE STAATEN
(USA)**

Paris   **Be.** Lux.

O.SL.

Ljub.

KR.

FRANKREICH

SM.

AND.   **MON.**

VAT. Rom

Washington

PORTUGAL   Madrid

ITALIEN

30°

Bermuda
(brit.)

Azoren
(port.)

Madeira
(port.)

Lissabon   **SPANIEN**

Algier Tunis

TUNESIEN

MAROKKO   Rabat

Tripolis

nördl. Wendekreis

Kanarische Inseln
(span.)

**M
E
X
I
K
O**

ATLANTISCHER

El Aaiún

ALGERIEN

LIB

SAHARA
(marokkan.
Verwaltung)

Havanna
Mexiko

KUBA

Nassau

BAHAMAS

DOMINIK. Puerto Rico
REP. (USA)

MAURETANIEN

Nouakchott

MALI

NIGER

BELIZE
Belmopan

Kingston

JAMAIKA

HAITI

ST. K.

ANTIGUA U. BARBUDA
Guadeloupe (franz.)

KAP VERDE

TS

3

GUATEMALA
Guatemala
San Salvador

HONDURAS
Tegucigalpa

Port-au-Prince
Sto. Domingo

ST. LUCIA

DOMINICA
Martinique (franz.)

Praia   Dakar

SENEGAL

BURKINA

N'Dj

EL SALVADOR

NICARAGUA
Managua

BARBADOS

ST. VINCENT U. D. GRENADINEN

Bamako   **FASO**

Niamey

NIGERIA

GAMBIA
Banjul

GUINEA-BISSAU Bissau

Ouagadougou

Abuja

COSTA RICA
San José

Panama

PANAMA

GRENADA

TRINIDAD U. TOBAGO
Port-of-Spain

Caracas

VENEZUELA

GUINEA

BE

Conakry

SIERRA LEONE

Yamous-
soukro

Porto Novo

KAMERUN

Bogotá

KOLUMBIEN

Georgetown

GUYANA Paramaribo

SURINAME

Franz.-Guayana

Freetown

Monrovia

LIBERIA

Accra

Lomé

**CÔTE
D'IVOIRE
(ELFENBEIN-
KÜSTE)**

Malabo

**SÃO TOMÉ
U. PRÍNCIPE**

**ÄQUAT.
GUINEA**

Banc

Jaunde

Äquator

Quito

ECUADOR

São Tomé

Libreville

GABUN

0°

Galápagos-
inseln (ecuad.)

Brazzaville

Kin

**P
E
R
U**

B R A S I L I E N

Luanda

AN

Lima

Brasília

PAZIFISCHER

BOLIVIEN
Sucre

St. Helena
(brit.)

4

PARAGUAY

süd. Wendekreis

Pitcairn
(brit.)

Asunción

OZEAN

NAM

Windhuk

**A
R
G
E
N
T
I
N
I
E
N**

Santiago
de Chile

URUGUAY
Montevideo
Buenos Aires

**C
H
I
L
E**

30°

OZEAN

OZEAN

5

AL.	ALBANIEN	EST.	ESTLAND
AND.	ANDORRA	GEO.	GEORGIE
AR.	ARMENIEN	GR.	GRIECHE
E.	Eriwan	ISR.	ISRAEL
AS.	ASERBAIDSCHAN	JORD.	JORDANI
B.	BELGIEN	K.	KOSOVO
Br.	Brüssel	KR.	KROATIE
BO.	BOSNIEN UND	Z.	Zagreb
	HERZEGOWINA	L.	LUXEMB
Sa.	Sarajewo	Lux.	Luxembur
BUL.	BULGARIEN	LET.	LETTLAN
DÄN.	DÄNEMARK	LI.	LIECHTEN

süd. Polarkreis

6 A 150° B 120° C 90° D 60° E 30° F 0° G

Maßstab 1 : 75 000 000

Nordpolarmeer

nördl. Polarkreis

R U S S L A N D

Moskau

Nur-Sultan

K A S A C H S T A N

Ulan-Bator

M O N G O L E I

GEO. Tiflis
AR. AS.
E
USBEKISTAN
Bischkek
KIRGISISTAN

Ankara
Baku
TURKMENISTAN
Taschkent
Duschanbe

NORDKOREA
Pjöngjang

TÜRKEI
Aschgabat
TADSCHIKISTAN
Peking
Seoul
SÜDKOREA

Nik.
SYRIEN
Bei.
LIB.
Dam.
Je.
ISR. JORD.
Amman
Bagdad
IRAK
Kabul
AFGHANISTAN
Teheran
IRAN
Islamabad
C H I N A
Tokyo
JAPAN

PAZIFISCHER

PERN

nördl. Wendekreis

YPTEN
KUWAIT
Kuwait
PAKISTAN
New
Delhi
NEPAL
Thimphu
BHUTAN
Taipeh
Taiwan

SAUDI-
BAHRAIN
Manama
KATAR
Abu Dhabi
Riad
Doha
V.A.E.
Maskat
Dhaka
BANGLADESCH
MYANMAR
(BIRMA)
Hanoi
Nördliche
Marianen
(USA)
MARSHALL-
INSELN

ARABIEN
OMAN
I N D I E N
Naypyidaw
LAOS
VIETNAM
Manila
PHILIPPINEN
Guam
(USA)

rtoum
ERITREA
Sanaa
JEMEN
Asmara
Vientiane
THAI-
LAND
O Z E A N

AN
DSCHIBUTI Dschibuti
Andamanen
(ind.)
Bangkok
KAMBODSCHA
Phnom
Penh
Melekeok
Palikir

SUDAN
Addis Abeba
ÄTHIOPIEN
Colombo
PALAU
MIKRONESIEN

Juba
SRI LANKA

UGANDA
Kampala
KENIA
S O M A L I A
MALEDIVEN Male
BRUNEI
Bandar Seri
Begawan
Äquator

Kigali
Nairobi
Mogadischu
Kuala Lumpur
M A L A Y S I A

BURUNDI
Bujumbura
Dodoma
SINGAPUR

TANSANIA
I N D O N E S I E N
PAPUA-
NEUGUINEA
SALOMONEN

MALAWI
Victoria
SEYCHELLEN
Honiara

Lilongwe
Jakarta
Port
Moresby

MOSAMBIK
KOMOREN
Moroni
I N D I S C H E R
Dili
TIMOR-LESTE
VANUATU

BABWE
Antananarivo
MAURITIUS
Neu-
kaledonien
(franz.)

etoria
MADAGASKAR
Port Louis
südl. Wendekreis

ne Maputo
ESWATINI
O Z E A N
A U S T R A L I E N

Maseru
ESOTHO

Canberra

LIBANON	S.	SCHWEIZ	TS. R. TSCHECHISCHE
Beirut	Be.	Bern	REPUBLIK
LITAUEN	SER.	SERBIEN	Pg. Prag
MONTENEGRO	Bel.	Belgrad	U. UNGARN
MOLDAU	SK. R.	SLOWAKISCHE	Bud. Budapest
MONACO		REPUBLIK	V.A.E. VEREINIGTE
NIEDERLANDE	Pb.	Pressburg	ARABISCHE
NORDMAZEDONIEN	SL.	SLOWENIEN	EMIRATE
Amsterdam	Ljub.	Ljubljana	VAT. VATIKAN
ÖSTERREICH	SM.	SAN MARINO	Dam. Damaskus
Wien	ST. K.	ST. KITTS UND	Je. Jerusalem
RUMÄNIEN		NEVIS	Nik. Nikosia

N E U S E E L A N D

Wellington

südl. Polarkreis

© Klett

Quellennachweis

Cover.o. Getty Images Plus, München (dan_prat); **Cover.u.** Getty Images, München (Copyright 2010 Simon Bond / Moment); **6.1** euroluftbild.de, Berlin (Gerhard Launer); **8.1 o.re.** creanovo – motion & media design GmbH, Axel Kempf, Hannover; **8.li.** United Nations Publications, New York; **9.4** gekürzt nach: Thomas Torkler, Protestaktion im Hunsrück: 170 Aktivisten wehren sich gegen Windräder, in: Rhein-Hunsrück-Zeitung v. 13.06.2021, unter: https://www.rhein-zeitung.de/region/aus-den-lokalredaktionen/rhein-hunsrueck-zeitung_artikel,-protestaktion-im-hunsrueck-170-aktivisten-wehren-sich-gegen-windraeder-_arid,2270022.html; **10.1** Picture-Alliance, Frankfurt/M. (Andreas Gillner); **10.2** Jens Albes (dpa), Weltweit schauen Experten auf Energiewende im Hunsrück, dpa-Meldung v. 25.09.2019 © dpa Deutsche Presse-Agentur GmbH; **10.li.** United Nations Publications, New York; **11.3 o.** P. K. vor 1 Jahr, Stimmen zum Film Rhein-Hunsrück-Kreis: Heimat der Energiewende, unter: https://www.youtube.com/watch?v=DPTsBEFrTo8; **11.3 u.** H. B., unter: https://www.youtube.com/watch?v=DPTsBEFrTo8 (Zugriff: 11.10.2021); **11.4 m.** Picture-Alliance, Frankfurt/M. (imageBROKER); **11.4 o.** Bridgemanimages.com, Berlin; **11.4 u.** Kreisverwaltung Rhein-Hunsrück-Kreis, Simmern (Volker Köse); **11.5** Energieagentur Rheinland-Pfalz GmbH, Kaiserslautern; **12.6** Jäckel, Diana, Erfurt, nach Statistisches Landesamt Rheinland-Pfalz; Energieagentur Rheinland-Pfalz: Statusbericht Energiewende in Rheinland-Pfalz 2020, S. 6 unter: www.energieatlas.rlp.de/earp/fileadmin/pictures/Downloads/Statusbericht_Energiewende_2020_web.pdf; **12.7** Jäckel, Diana, Erfurt, nach Amprion GmbH (Netztransparenz.de); Westenergie GmbH, RWE Generation SE, Bundesnetzagentur; Energieagentur Rheinland-Pfalz: Statusbericht Energiewende in Rheinland-Pfalz 2020, S. 19 unter: www.energieatlas.rlp.de/earp/fileadmin/pictures/Downloads/Statusbericht_Energiewende_2020_web.pdf; **12.8** Energieagentur Rheinland-Pfalz GmbH, Kaiserslautern; **13.10** Jäckel, Diana, Erfurt; **13.11** Efthymis Angeloudis, Studie: Körper reagiert nicht auf Infraschall von Windrädern, auf: rbb24 v. 12.09.2020, unter: https://www.rbb24.de/wirtschaft/beitrag/2020/09/brandenburg-windraeder-infraschallstudie-zeigt-keine-folgen.html; **14.1** Wikimedia: Eifelautobahn. unter: https://de.wikipedia.org/wiki/Eifelautobahn (Zugriff am 19.02.2019) CC-BY-SA-4.0 Lizenzbestimmungen: https://creativecommons.org/licenses/by-sa/4.0/legalcode; **14.2** Picture-Alliance, Frankfurt/M. (Thomas Frey); **14.3** Steiger, Ivan, Schnaitsee; **15.4** Ernst Klett Verlag GmbH, Stuttgart; **15.5** Eckenfelder, Bettina, Eisenach; **16.1** Jäckel, Diana, Erfurt, nach www.projektmagazin.de/methoden/zukunftswerkstatt; **16.2** Eckenfelder, Bettina, Eisenach; **17.4** © Quelle: Verband der Sparda-Banken e.V.; F+B, Institut der deutschen Wirtschaft, 2020; **17.5** © Quelle: Verband der Sparda-Banken e.V.; F+B, Institut der deutschen Wirtschaft, 2020; **17.6** BMVI, Berlin; **18.1** ShutterStock.com RF, New York (Studio Romantic); **19.2** Eckenfelder, Bettina, Eisenach; **19.3** Jäckel, Diana, Erfurt, nach www.projektmagazin.de/methoden/zukunftswerkstatt; **20.1** Ernst Klett Verlag, Stuttgart nach Rheinland-Pfalz: Ministerium für Klimaschutz, Umwelt, Energie und Mobilität: Windenergie: Windatlas 2013, unter: https://mkuem.rlp.de/de/themen/energie-und-strahlenschutz/erneuerbare-energien/windenergie/ (Zugriff 15.09.2021); **20.2** Jäckel, Diana, Erfurt, nach www.destatis.de/DE/Themen/Gesellschaft-Umwelt/Bevoelkerung/Haushalte-Familien/Tabellen/1-2-privathaushalte-bundeslaender.html; **21.3** Statistisches Landesamt Rheinland-Pfalz, Bad Ems; **22.1** Schaar, Wolfgang, Grafing; **24.1** ShutterStock.com RF, New York (John Copland); **24.2** 123rf Germany, c/o Inmagine GmbH, Nidderau (Sergey Ilin); **25.3** Ernst Klett Verlag GmbH, Stuttgart; **25.4** Jäckel, Diana, Erfurt; **26.1** Thinkstock, München (iStockphoto); **26.2** ShutterStock.com RF, New York (RicoK); **26.3** Mauritius Images, Mittenwald (imagebroker / Michael Peuckert); **26.4** stock.adobe.com, Dublin (Curioso.Photography); **26.5** stock.adobe.com, Dublin (Givaga); **27.5** Ernst Klett Verlag GmbH, Stuttgart; **28.1** Picture-Alliance, Frankfurt/M. (dpa/Oliver Berg); **28.2** Picture-Alliance, Frankfurt/M. (reuters / Fabian Bimmer); **28.3** Picture-Alliance, Frankfurt/M. (dpa/Winfried Wagner); **30.1** Schaar, Wolfgang, Grafing; **30.2** stock.adobe.com, Dublin (SergiyN); **30.3** ShutterStock.com RF, New York (VanderWolf Images); **30.4** ShutterStock.com RF, New York (Mehmet Metin); **30.5** stock.adobe.com, Dublin (dechevm); **30.li.** United Nations Publications, New York; **31.6** zusammengestellt nach Statista.com, 2019; **31.7** Jäckel, Diana, Erfurt, nach Laufende Raumbeobachtung Europa, Datengrundlage: Eurostat, www.atlasta2030.eu/de/index.php#c1-1-8; **31.8** Ernst Klett Verlag, Stuttgart nach European Comission - European Regional Competitiveness Index. Unter: https://ec.europa.eu/regional_policy/en/information/maps/regional_competitiveness/ (Zugriff 24.08.2020); **31.9** Atlas für die Territoriale Agenda 2030. Karten zur Raumentwicklung. Bundesministerium des Innern, für Bau und Heimat (Hrsg.), BBSR. Berlin, 2020; **32.10** Helmut Hetzel, Die Niederlande im Aufwind: Warum sich Holland zum Musterland der EU entwickelt, RND v. 16.11.2019, unter: https://www.rnd.de/wirtschaft/die-niederlanden-im-aufwind-warum-sich-holland-zum-musterland-der-eu-entwickelt-RWVQ64VKG5GVVCUJ74PMVRA7JY.html (05.04.2021); **32.12** Aljosa Milenkovic, Europe's first ‚smart city' to land in Bulgaria, auf: CGTN.com v. 06.07.2018 (Text ins Deutsche per Software übertragen), unter: https://news.cgtn.com/news/3d3d674e3463544e78457a6333566d54/share_p.html#copyright_anchor (05.04.2021); **33.13** Torsten Pauly, SWOT-Analyse - Niederlande, auf: Germany Trade and Invest v. 16.11.2020, unter: https://www.gtai.de/gtai-de/trade/wirtschaftsumfeld/swot-analyse/niederlande/swot-analyse-niederlande-202660 (05.04.2021); **33.14** Dominik Vorhölter, SWOT-Analyse Bulgarien, auf: Germany Trade and Invest v. 28.06.2021, unter: https://www.gtai.de/gtai-de/trade/wirtschaftsumfeld/swot-analyse/bulgarien/niedrige-loehne-sind-vorteil-rahmenbedingungen-aber-schwierig-273460;

34.1 Ernst Klett Verlag, Stuttgart nach Eurostat: Regionales Bruttoinlandsprodukt (KKS je Einwohner in % des EU27 (ab 2020) Durchschnitts), nach NUTS-2-Regionen, Unter: https://ec.europa.eu/eurostat/databrowser/view/tgs00006/default/table?lang=de (Zugriff 19.09.2021); **35.2** Nach Europäische Kommission: Das Projekt MarTech LNG hilft der Region Südlicher Ostseeraum, sich als Zentrum für Flüssigerdgas neu zu positionieren, unter:https://ec.europa.eu/regional_policy/de/projects/europe/martech-lng-helps-south-baltic-region-reposition-itself-as-liquefied-natural-gas-hub, v. 23.11.2016; **35.3** Ernst Klett Verlag GmbH, Stuttgart; **35.re.** United Nations Publications, New York; **36.1** Schaar, Wolfgang, Grafing; **36.2** Nach: Eurostat, 2018; **37.4** Eckenfelder, Bettina, Eisenach (Grafik); stock.adobe.com (MEDIAIMAG), Dublin (Bild); stock.adobe.com (javarman), Dublin (Bild); Schaar, Wolfgang, Grafing (Karte); **38.1** Schaar, Wolfgang, Grafing; **38.2** ShutterStock.com RF, New York (Dragos Asaftei); **38.3** Germany Trade & Invest: Rumänien – EU-Förderung 2014 bis 2020, auf: Germany Trade and Invest v. 21.11.2014, unter: https://www.gtai.de/gtai-de/trade/wirtschaftsumfeld/bericht-wirtschaftsumfeld/rumaenien/rumaenien-eu-foerderung-2014-bis-2020-11564 (Zugriff vom 22.03.2021); **38.4** Alamy stock photo, Abingdon (Vlad Ispas); **39.5** Central Intelligence Agency (Hrsg.): The World Factbook – Romania: www.cia.gov/the-world-factbook/countries/romania/#economy (Zugriff vom 22.03.2021); **39.6** Rundfunk Berlin-Brandenburg: Rumänien: Das hoffnungsvolle Armenhaus der EU v. 22.04.2019, unter: https://www.inforadio.de/dossier/2019/europa-lust-europa-frust/326969.html; **39.7** Ernst Klett Verlag, Stuttgart nach Eurostat - Regionales Bruttoinlandsprodukt (KKS je Einwohner in % des EU27 (ab 2020) Durchschnitts), nach NUTS-2-Regionen Unter: https://ec.europa.eu/eurostat/databrowser/view/tgs00006/default/table?lang=de (Zugriff 19.09.2021) und Eurostat - Arbeitslosenquote, nach NUTS-2-Regionen unter: https://ec.europa.eu/eurostat/databrowser/view/tgs00010/default/table?lang=de (Zugriff 15.09.2021); **39.8** Frank Grotelüschen: EU-Forschung in Rumänien: Superlaser als Strukturhilfe, auf: Deutschlandfunk. Wissenschaft im Brennpunkt v. 12.01.2020; unter: https://www.deutschlandfunk.de/eu-forschung-in-rumaenien-superlaser-als-strukturhilfe.740.de.html?dram:article_id=467576; **40.1** Schaar, Wolfgang, Grafing; **40.2** Hussong, Carsten, Mainz; **40.3** Alamy stock photo, Abingdon (Vlad Breazu); **40.4** Picture-Alliance, Frankfurt/M. (Liviu Szecsi); **40.5** Picture-Alliance, Frankfurt/M. (EPA/MIRCEA ROSCA); **42.1 li.** Nach: Nicola Diehl: Wissing – 1,2 Millionen Euro für Badeseen bei Neuhofen, v. 18.01.2021; unter: https://mwvlw.rlp.de/de/presse/detail/news/News/detail/wissing-12-millionen-euro-fuer-badeseen-bei-neuhofen/; **42.2 li.** Nach: Europäische Kommission: Neue Kohäsionspolitik; unter: https://ec.europa.eu/regional_policy/de/2021_2027/ (Zugriff am 30.03.2021); **42.2 re.** Jäckel, Diana, Erfurt, nach Bundesministerium für Wirtschaft und Energie: Verhandeln für eine erfolgreiche EU-Kohäsionspolitik, vom 24.11.2020, Abb. 1; unter: www.bmwi.de/Redaktion/DE/Schlaglichter-der-Wirtschaftspolitik/2020/12/kapitel-1-7-verhandeln-fuer-eine-erfolgreiche-eu-kohaesionspolitik.html; **43.3** Ernst Klett Verlag, Stuttgart nach European Commission (Hrsg.): Cohesion Policy-Powering ahead to a smarter future, Panorama No. 65, Brüssel 2018, S.14, unter: https://ec.europa.eu/regional_policy/sources/docgener/panorama/pdf/mag65/mag65_en.pdf (Zugriff 4.8.2021); **43.re.** United Nations Publications, New York; **44.1** Ernst Klett Verlag, Stuttgart nach European Border and Coast Guard Agency - Migratory Map. Unter: https://frontex.europa.eu/along-eu-borders/migratory-map/ (Zugriff 30.08.2017); **45.2** Seda Serdar, Ist der EU-Türkei-Deal zu retten? auf: Deutsche Welle v. 03.10.2019, unter: http://www.dw.com/de/ist-der-eu-t%C3%BCrkei-deal-zu-retten/a-50691360, stark gekürzt und verändert; **45.3** Leicht aktualisiert nach: Wie funktioniert Frontex?, auf: tagesschau.de v. 15.02.2011, unter: https://www.tagesschau.de/ausland/frontexeu100.html (Zugriff: 13.05.2020); **45.4** Europäische Kommission (2020), unter: https://ec.europa.eu/info/topics/migration-and-asylum_de, gekürzt; **46.1** Ernst Klett Verlag GmbH, Stuttgart; **46.li.** United Nations Publications, New York; **47.2 o.** Picture-Alliance, Frankfurt/M. (Patrick Pleul); **47.2 u.** Johnér Bildbyrå, Stockholm (Anders Modig); **47.3** https://ec.europa.eu/regional_policy/sources/cooperate/baltic/pdf/factsheet/factsheet_eusbr_de.pdf; **48.1** Picture-Alliance, Frankfurt/M. (dpa-infografik); **48.2** Ernst Klett Verlag GmbH, Stuttgart; **48.li.** United Nations Publications, New York; **48.li.** United Nations Publications, New York; **49.3** Femern A/S, Kopenhagen V; **49.4** ddp media GmbH, Hamburg (Heiko Witt); **50.1** Ernst Klett Verlag GmbH, Stuttgart; **50.2** Marcus, in: Eurodistrict PAMINA, Praktika, Erfahrungsberichte, unter: https://www.eurodistrict-pamina.eu/de/praktika.html#.YKeCMfxR2Uk (11.10.2021); **50.li.** United Nations Publications, New York; **51.3** Eurodistrikt PAMINA (Hrsg.): Wirtschaftsprofil. Lauterbourg/Neulauterburg: o.J.: https://www.eurodistrict-regiopamina.eu/pamina/IMG/pdf/Profil_Eco_Eurodistrict.pdf (21.01.2014); **51.4** https://www.interreg-oberrhein.eu/projet/; **51.5** ShutterStock.com RF, New York (Turvan); **51.6** Umformuliert nach: Naturpark Pfälzerwald: https://www.pfaelzerwald.de (21.01.2015); **52.1** Picture-Alliance, Frankfurt/M. (dpa-infografik); **53.3** Eckenfelder, Bettina, Eisenach; Quellen: 1: Berthold Busch (2016): Wirtschaftliche Beziehungen zwischen dem vereinigten Königreich und der europäischen Union. bpb, Bundeszentrale für politische Bildung, www.bpb.de/internationales/europa/brexit/229505/wirtschaftliche-beziehungen, Grafiken mit Datenquellen: D: Eurostat, H: IPS-Office for National Statistics, J: IPS-Office for National Statistics, Berechnungen Berthold Busch; 2: Statistisches Bundesamt, Deutsche Bundesbank (April 2004); 3: Statistisches Bundesamt (2020): Außenhandel-Rangfolge der Handelspartner im Außenhandel der Bundesrepublik Deutschland, (c) Statistisches Bundesamt, Wiesbaden 2020; **53.4** F.A.Z.-Grafik / Felix Brocker; **54.1** Jäckel, Diana, Erfurt: nach

Bundesministerium für wirtschaftliche Zusammenarbeit und Entwicklung, Berlin; **55.2** Jäckel, Diana, Erfurt; **55.3** ullstein bild, Berlin (Imagebroker.net); **55.4** Ernst Klett Verlag GmbH, Stuttgart; **55.5** stock.adobe.com, Dublin (krause1909); **56.1** stock.adobe.com, Dublin (antonel); **58.1** Schaar, Wolfgang, Grafing; **58.2** Eckenfelder, Bettina, Eisenach nach United Nations, Department of Economic and Social Affairs, Population Division: World Urbanization Prospects: The 2014 Revision; **58.3** ShutterStock.com RF, New York (ogbechie triumph); **58.4** Eigene Zusammenstellung nach verschiedenen Quellen; **58.mi.li.o.** United Nations Publications, New York; **58.mi.li.u.** United Nations Publications, New York; **59.5** Ernst Klett Verlag GmbH, Stuttgart; **59.6** iStockphoto, Calgary, Alberta (ruffraido); **59.7** ShutterStock.com RF, New York (Daniel M Ernst); **60.8** Ernst Klett Verlag GmbH, Stuttgart; **60.9** Bukky Oyedeji: Auf Sand gebaut: Eko Atlantic City. Übersetzung: Jelena Nikolic. Heinrich-Böll-Stiftung v. 11.05.2015, unter: https://www.boell.de/de/2015/06/11/auf-sand-gebaut-eko-atlantic-city (umgestellt und gekürzt) (18. 5. 2020); **60.9** laif, Köln (Hamilton / REA); **60.9.u.** Schaar, Wolfgang, Grafing, nach MZ Architects: Eko Master Plan; **61.10** Picture-Alliance, Frankfurt/M. (Mohammed Elshamy / AA / ABACAPRES.COM); **61.11** Ernst Klett Verlag, Stuttgart nach: World-Architects – Fabulous Urban - Makoko/Iwaya Waterfront Regeneration Plan. Unter: www.world-architects.com/en/fabulous-urban-zurich/project/makokoiwaya-waterfront-regeneration-plan (Zugriff 05.10.2017); **61.12** Fabienne Hoelzel: Wie in Makoko Schwächen zu Stärken werden. Übersetzung: Jelena Nikolic. Heinrich-Böll-Stiftung v. 11.06.2015, unter: https://www.boell.de/de/2015/06/11/wie-makoko-schwaechen-zu-staerken-werden (18. 5. 2020); **62.1** Schaar, Wolfgang, Grafing; **62.2** ShutterStock.com RF, New York (Iryna Shpulak); **62.mi.li.o.** United Nations Publications, New York; **62.mi.li.u.** United Nations Publications, New York; **63.3** Jäckel, Diana, Erfurt; **63.4** Ernst Klett Verlag GmbH, Stuttgart; **63.5** stock.adobe.com, Dublin (Vesna); **64.1** ShutterStock.com RF, New York (Christine Gonsalves); **64.2** Jäckel, Diana, Erfurt; **64.3** iStockphoto, Calgary, Alberta (PeskyMonkey); **64.li.mi.** United Nations Publications, New York; **64.li.o.** United Nations Publications, New York; **64.li.u.** United Nations Publications, New York; **65.4** Getty Images Plus, München (Cheger); **66.1** Schaar, Wolfgang, Grafing; **66.2** ShutterStock.com RF, New York (Matheus Obst); **66.li.mi.** United Nations Publications, New York; **67.3** FOCUS, Hamburg (2008 Robertas Valerio); **67.4** Eigene Zusammenstellung nach verschiedenen Quellen; **67.5** Ernst Klett Verlag GmbH, Stuttgart; **69.1** NASA, Washington , D.C.; **69.2** Alamy stock photo, Abingdon (Planet Observer); **71.1** ullstein bild, Berlin (Caro / Frank Sorge); **71.2** ShutterStock.com RF, New York (Mihir Ashar); **71.3** Jäckel, Diana, Erfurt, nach www.gtai.de; **71.4** Nach Hafen Hamburg Marketing e.V.; unter: https://www.hafen-hamburg.de/de/statistiken/top-20-containerhaefen/; Germany Trade and Invest; unter: https://www.gtai.de/gtai-de/trade/weltkarte/asien/vereinigte-arabische-emirate-118898; Emirates: https://www.emirates.com/de/german/ (Zugriff am 15.02.2021); **71.5** Eigene Zusammenstellung aus verschiedenen Quellen; **71.6** Nach Government of Dubai: Dubai Statistics Center; unter: https://www.dsc.gov.ae/Report/DSC_SYB_2019_01%20_%2001.pdf (Zugriff am 15.02.2021); **71.7** Nach Government of Dubai: Dubai Statistics Center, unter: https://www.dsc.gov.ae (Zugriff am 15.02.2021); **72.1** nach: https://www.dubai.de/the-sustainable-city/; https://www.n-tv.de/leben/Dubai-kann-auch-nachhaltig-article22147387.html; **72.8 o.** Google Earth, Image © 2021 Maxar Technologies; **72.mi.li.o.** United Nations Publications, New York; **72.mi.li.u.** United Nations Publications, New York; **73.2** Ernst Klett Verlag GmbH, Stuttgart; **73.3** Hasnain Kazim, Luxuswelt aus Sklavenhand, auf: SPIEGEL Online v. 13.11.2006, unter: https://www.spiegel.de/wirtschaft/gastarbeiter-in-dubai-luxuswelt-aus-sklavenhand-a-447509.html, Zugriff 28.09.2021; **73.3.1** Picture Press, Hamburg (Harald Schmitt/Stern); **74.1** Ernst Klett Verlag, Stuttgart nach UNDESA Population Division - World Urbanization Prospects: The 2018 Revision. Unter: https://population.un.org/wup/ (Zugriff 18.09.2020), UN - The World's Cities in 2018. Unter: www.un.org/en/events/citiesday/resources.shtml (Zugriff 18.09.2020); **75.2** Nach: http://www.demographia.com/db-worldua.pdf; **75.3** Eckenfelder, Bettina, Eisenach nach Mori Memorial Foundation's Institute, 11/2019, S. 7, http://mori-m-foundation.or.jp/pdf/GPCI2019_summary.pdf; **75.4** Eckenfelder, Bettina, Eisenach nach United Nations, Department of Economic and Social Affairs, Population Division (2018). World Urbanization Prospects: The 2018 Revision, S.6, https://www.un.org/en/events/citiesday/assets/pdf/the_worlds_cities_in_2018_data_booklet.pdf; **76.1** Eckenfelder, Bettina, Eisenach nach Matthias Bernt: Risiken und Nebenwirkungen des Stadtumbaus. In: Schrumpfende Städte. Halle/Leipzig. Februar 2004, S. 44; **77.4** Eckenfelder, Bettina, Eisenach nach Arboristik - Nachrichten: Fassadenbegrünung verbessert das Stadtklima, https://www.arboristik.de/baumpflege_news_15072018.html; **77.5** Google Earth. Google and the Google logo are registered trademarks of Google LLC, used with permission.; **78.1** Action Press GmbH, Hamburg (Li Bo / Xinhua); **79.2** imago images, Berlin (Rupert Oberhäuser); **80.2** Jäckel, Diana, Erfurt, nach UN (Hrsg.): World Population Prospects, The 2004 Revision. New York, 2005; **81.4** Jäckel, Diana, Erfurt nach Jürgen Bähr: Bevölkerungsgeographie. Stuttgart: Ulmer 1997; **81.5** Jäckel, Diana, Erfurt; **82.1** Eckenfelder, Bettina, Eisenach nach DSW-Datenreport 2016; **83.2** Eckenfelder, Bettina, Eisenach nach Deutsche Stiftung Weltbevölkerung (DSW), https://www.dsw.org/infografiken/#group-10, PRB World Population Data Sheet 2017; **83.3** Eckenfelder, Bettina, Eisenach nach UN Population Devision, DW: Menschen werden weltweit immer älter, https://www.dw.com/de/menschen-werden-weltweit-immer-%C3%A4lter/a-18751845; **84.1 re.o.** imago images, Berlin (Friedrich Stark); **84.1 re.u.** Jäckel, Diana, Erfurt, nach Deutsche Stiftung Weltbevölkerung, Hannover;

85.2 Jäckel, Diana, Erfurt nach: Lilli Sippel, Tanja Kiziak, Franziska Woellert, Reiner Klingholz: Afrikas demografische Herausforderung. Wie eine junge Bevölkerung Entwicklung ermöglichen kann. 2011, S. 52; **85.3 re.o.** iStockphoto, Calgary, Alberta (ranplett); **85.4 re.o.** Alamy stock photo, Abingdon (Photononstop); **86.1** Jäckel, Diana, Erfurt nach UN. Department of Economic and Social Affairs: World Population Prospects 2019, https://population.un.org/wpp/Graphs/DemographicProfiles/Pyramid/276, https://population.un.org/wpp/Graphs/DemographicProfiles/Pyramid/231; **87.2** Jäckel, Diana, Erfurt; **88.1** Alamy stock photo, Abingdon (Tina Manley); **89.1A** Wilhelmi, Prof. Dr. Volker, Wackernheim; **89.1B** Wilhelmi, Prof. Dr. Volker, Wackernheim; **89.1C** Wilhelmi, Prof. Dr. Volker, Wackernheim; **89.2** Jäckel, Diana, Erfurt; **90.1.A** Alamy stock photo, Abingdon (Bill Bachmann); **90.1.B** Picture-Alliance, Frankfurt/M. (AP Photo / Saurabh Das); **90.1.C** iStockphoto, Calgary, Alberta (DragonImages); **90.li.o.** United Nations Publications, New York; **91.4** Eigene Zusammenstellung nach verschiedenen Quellen; **91.6** Jäckel, Diana, Erfurt nach UN. Department of Economic and Social Affairs: World Population Prospects 2019, https://population.un.org/wpp/Graphs/DemographicProfiles/Pyramid/356; **92.1** Alamy stock photo, Abingdon (Celador Films); **93.4** Fiona Ehlers: Das Spiel des Lebens. Auf: SPIEGEL Online v. 16.03.2009, unter: http://www.spiegel.de/spiegel/a-613522.html; **94.1** Eigene Zusammenstellung nach United Nations, Population Division (Hrsg.): UN world population prospects; **95.2** Ernst Klett Verlag GmbH, Stuttgart; **95.3** Jäckel, Diana, Erfurt; **96.1** Butz, Steffen, Karlsruhe; **96.2** United Nations Publications, New York; **97.2** Schaar, Wolfgang, Grafing; **97.3** Jäckel, Diana, Erfurt; **98.1** Jäckel, Diana, Erfurt; **99.1** Jäckel, Diana, Erfurt nach: Donella Meadows, Dennis L. Meadows, Jørgen Randers, William W. Behrens III: Die Grenzen des Wachstums - Bericht des Club of Rome zur Lage der Menschheit. Deutsche Verlags-Anstalt, Stuttgart 1972; **100.1** Jäckel, Diana, Erfurt nach Deutsche Stiftung Weltbevölkerung, Hannover; **100.2** Jäckel, Diana, Erfurt, Quelle: CIA World Factbook, www.cia.gov/library/publications/the-world-factbook/geos/bg.html und www.cia.gov/library/publications/the-world-factbook/geos/da.html; **101.3** Ernst Klett Verlag, Stuttgart nach US Census Bureau: International Data Base, unter: https://www.census.gov/data-tools/demo/idb/#/table?YR_ANIM=2030 (Zugriff 01.06.2021); **101.4** Jäckel, Diana, Erfurt, leicht verändert nach Jürgen Bähr: Bevölkerungsgeographie: Verteilung und Dynamik der Bevölkerung in globaler, nationaler und regionaler Sicht. Stuttgart: Ulmer (UTB), 1997, Abb. 62.; **101.5** Worldmapper Ltd., London; **102.1** Meisinger, Philipp, Mainz; **104.1** Gehrmann, Volker, Berlin; **104.li.** United Nations Publications, New York; **104.li.** United Nations Publications, New York; **105.2** Zukunftsstiftung Landwirtschaft, Berlin; **105.re.** United Nations Publications, New York; **105.re.** United Nations Publications, New York; **106.1** Brot für die Welt, Berlin; **106.2** Schaar, Wolfgang, Grafing; **106.3** Getty Images, München (Ashraf Shazly / AFP);

107.4 Alamy stock photo, Abingdon (Mike Goldwater); **107.5** Gekürzt und verändert nach: Fraser Patterson et al.: Äthiopien – eine eingehendere Betrachtung von Hunger und Unterernährung, auf: Welthunger-Index v. Oktober 2018, unter: https://www.globalhungerindex.org/de/case-studies/2018-ethiopia.html (Zugriff am 12.11.2020); **107.6** Alamy stock photo, Abingdon (xPACIFICA); **107.7** Brot für die Welt Evangelisches Werk für Diakonie und Entwicklung e.V. (Hrsg.): Wissen hilft, den Wald zu schützen, unter: https://www.brot-fuer-die-welt.de/projekte/aethiopien-kirchenwaelder/ (Zugriff am 28.12.2020); **107.re.** United Nations Publications, New York; **107.re.** United Nations Publications, New York; **108.1** Schaar, Wolfgang, Grafing; **108.3** Action Press GmbH, Hamburg (Amador Guallar / SIPA); **109.4** Ernst Klett Verlag GmbH, Stuttgart; **109.5** Germany Trade and Invest – Gesellschaft für Außenwirtschaft und Standortmarketing mbH: Sondermaßnahme – Sozialschutz, South Sudan Special measure for a contribution to the European Union Emergency Trust Fund v. 20.04.2020, unter: https://www.gtai.de/gtai-de/trade/entwicklungsprojekte/suedsudan/sondermassnahme-sozialschutz-240780; **109.6** Janina Semenova: Südsudan – nicht endende Gewalt, auf: Deutsche Welle (DW) v. 10.08.2017; unter: https://www.dw.com/de/s%C3%BCdsudan-nicht-endende-gewalt/a-40045854; **110.1** Süddeutsche Zeitung Photo, München (Ulrich Baumgarten); **111.3** Schaar, Wolfgang, Grafing; **112.1 li.** Getty Images Plus, München (Mmdi); **112.1 re.o.** Getty Images Plus, München (Mmdi); **112.1 re.u.** Getty Images Plus, München (Mmdi); **112.li.** United Nations Publications, New York; **112.li.** United Nations Publications, New York; **112.li.** United Nations Publications, New York; **112.li.** United Nations Publications, New York; **113.2 re.** Eckenfelder, Bettina, Eisenach, nach www.hydroponik-urban-gardening.de/hydroponik-pflanzgefaesse/bato-buckets-dutch-buckets/?L=0; **113.3 re.** Eckenfelder, Bettina, Eisenach, nach www.philippinen-projekt.de/de/aquaponik.html; **113.4** Nach: Larges Barbosa et al. (2015: Comparison of land, water and energy requirements of lettuce grwon using hydroponic vs. Conventional agricultural methods; unter: https://www.ncbi.nlm.nih.gov/pmc/articles/PMC4483736/ (Zugriff 26.04.2021); **114.1** Picture-Alliance, Frankfurt/M. (APA / picturedesk.com / Willfried Gredler-Oxenbauer); **114.2 o.** Bundesanstalt für Landwirtschaft und Ernährung, Bonn; **114.2 u.** Bundesanstalt für Landwirtschaft und Ernährung, Lebensmittel-verschwendung in Deutschland, v. 25.03.2021, unter: https://www.zugutfuerdietonne.de/strategie/hintergrund (Zugriff: 04.11.2021); **114.li.** United Nations Publications, New York; **115.3** Jäckel, Diana, Erfurt, nach FAO; **115.4** Freie und Hansestadt Hamburg, Behörde für Umwelt und Energie: Lebensmittelverschwendung in Deutschland. 18 Millionen Tonnen für die Tonne, unter: https://moinzukunft.hamburg/nachhaltiger-konsum/12337600/lebensmittelverschwendung-in-deutschland/ (Zugriff am 18.04.2021); **116.1** Ernst Klett Verlag GmbH, Stuttgart; **116.li.** United Nations Publications, New York; **117.2** laif, Köln

(Thomas Grabka); **117.3** Jäckel, Diana, Erfurt; **117.4** Schaar, Wolfgang, Grafing; **117.5** ShutterStock.com RF, New York (MasterQ); **118.1** Jähde, Steffen, Sundhagen; **119.2** toonpool. com, Berlin (Paolo Calleri); **120.1** imago images, Berlin (Countrypixel); **120.2** Fachagentur Nachwachsende Rohstoffe e.V. (FNR), Gülzow-Prüzen; **120.3** Picture-Alliance, Frankfurt/M. (CropEnergies AG / Martin Jehnichen); **120.li.** United Nations Publications, New York; **121.4** laif, Köln (Klaus Stuttmann); **121.5** Rettet den Regenwald e.V.: Fernsehreportage „Biodiesel: Urwaldvernichtung fürs Klima" v. 18.09.2020; unter: https://www.regenwald.org/news/9886/ fernsehreportage-biodiesel-urwaldvernichtung-fuersklima; **121.6** Fachagentur Nachwachsende Rohstoffe e.V. (FNR), Gülzow-Prüzen; **121.re.** United Nations Publications, New York; **122.1** Statista GmbH, Hamburg (K&A BrandResearch); **122.2** Jäckel, Diana, Erfurt, nach Brot für die Welt: Zukunfts-WG Modul 2 Ernährung – Fleischkonsum und Landverbrauch, S. 4; **122.li.** United Nations Publications, New York; **123.3** DGB-Zeitung einblick; **123.4** Picture-Alliance, Frankfurt/M. (dpa-infografik GmbH); **124.1** Ernst Klett Verlag GmbH, Stuttgart; **125.2** Ernst Klett Verlag GmbH, Stuttgart; **126.1** Worldmapper Ltd., London; **127.2** Haitzinger, Horst, München; **127.3** Jäckel, Diana, Erfurt; **128.1** Picture-Alliance, Frankfurt/M. (Yannick Tylle); **130.1** Ernst Klett Verlag, Stuttgart nach New Economics Foundation - Happy Planet Index. Unter: http:// happyplanetindex.org/ (20.01.2020); **131.2** Ernst Klett Verlag, Stuttgart nach Worldbank - GNI per capita, Atlas method (current US$), 2019. Unter: https://data.worldbank.org/ indicator/NY.GNP.PCAP.CD?view=map (Zugriff 20.07.2020); UNCTAD - The Least Developed Countries Report 2019. Unter: https://unctad.org/en/pages/PublicationWebflyer. aspx?publicationid=2571 (Zugriff 20.07.2020); **131.3** Ernst Klett Verlag, Stuttgart nach UNDP Human Development Reports - Human Development Report 2019. Unter: http:// hdr.undp.org/en/2019-report (Zugriff: 07.09.2020); **132.4** https://knoema.de/atlas/topics/Wirtschaft/ Volkswirtschaftlich e-Gesamtrechnung-Bruttonationaleinkommen/BNE-pro-Kopf-PPK; **132.5** http:// happyplanetindex.org; **132.7** http://hdr.undp.org/en/ content/latest-humandevelopment-index-ranking; **133.8** Eckenfelder, Bettina, Eisenach, Texte von Uwe Andersen, Sybille Koller u. Stella Könemann, Daniel Anthes, David Böcking, www.spiegel.de; **133.8 li.m.** Uwe Andersen, Entwicklungsdefizite und mögliche Ursachen, in: Informationen zur politischen Bildung (Heft 286). Entwicklung und Entwicklungspolitik v. 06.05.2005, unter: https://www.bpb.de/izpb/9049/entwicklungsdefiziteund-moegliche-ursachen; **133.8 m.** Daniel Anthes, Umweltschutz und Glück sind kein Widerspruch, auf: WiWo Online v. 26.08.2016, unter: https://www.wiwo.de/technologie/green/ alternativer-wohlstandsindex-umweltschutzund-glueck-sind-keinwiderspruch/14455930.html; **133.8 m.li.u.** Sybille Koller u. Stella Könemann: Degrowth - Die Grenzen des Wachstums, auf: ZDF.de v. 06.06.2020, unter: https://www. zdf.de/nachrichten/wirtschaft/plan-b-wirtschaft-wandel-wachstum-100.html; **133.8 u.li.** David Böcking, Neue Zahlen braucht das Land, auf: SPIEGEL Online v. 02.04.2012, unter: https://www.spiegel.de/wirtschaft/soziales/wie-misst-man-wohlstand-kritik-am-bruttoinlandsprodukt-bip-a-824877. htmlumweltschutz-und-glueck-sind-keinwiderspruch/14455930.html; **134.1** Schaar, Wolfgang, Grafing; **135.3** Schwarwel, Leipzig; **136.1** Ernst Klett Verlag, Stuttgart nach IEA (International Energy Agency): Africa Energy Outlook 2019, Paris 2019, S.42, unter: https://www. iea.org/reports/sdg7-data-and-projections/access-to-electricity (Zugriff 21.07.2021); **136.2** ddp media GmbH, Hamburg (CAMERA PRESS/Thierry Charlier); **136.3** Getty Images, München (© 2015 Bloomberg Finance LP); **136.li.** United Nations Publications, New York; **137.4** Schaar, Wolfgang, Grafing; **137.5** Bundesministerium für wirtschaftliche Zusammenarbeit und Entwicklung (BMZ): BMZ Materialien. Nr. 127. Erneuerbare Energien. Mai 2004. S.7 unter: https://www.ecologic.eu/sites/default/files/ event/2015/bmz_materialien_erneuerbare_energie_127. pdf; **138.1** Schaar, Wolfgang, Grafing; **138.2** Wilhelmi, Prof. Dr. Volker, Wackernheim; **139.3** Wilhelmi, Prof. Dr. Volker, Wackernheim; **139.4** Wilhelmi, Prof. Dr. Volker, Wackernheim; **139.5** Wilhelmi, Prof. Dr. Volker, Wackernheim; **139.6** Wilhelmi, Prof. Dr. Volker, Wackernheim; **140.1** Schaar, Wolfgang, Grafing; **140.2** Wilhelmi, Prof. Dr. Volker, Wackernheim; **140.li.** United Nations Publications, New York; **141.3** Wilhelmi, Prof. Dr. Volker, Wackernheim; **141.4** Wilhelmi, Prof. Dr. Volker, Wackernheim; **141.4** Rwanda. Interview mit Dr. Uta Duell, der Leiterin des Gesundheitszentrums Gikonko, unter: http:// www.institut-st-bonifatius.de/de/Mission/Rwanda/ (Zugriff: 28.09.2021); **142.1 o.re.** Wilhelmi, Prof. Dr. Volker, Wackernheim; **142.1 u.li.** Jäckel, Diana, Erfurt; **142.1 u.re.** Jäckel, Diana, Erfurt, nach: Rwanda Environment Management Authority: Atlas of Rwanda's Changing Environment – Implications for Climate Change Resilience. REMA: Kigali 2011, S. 86; unter: https://na.unep.net/ siouxfalls/publications/REMA.pdf; **143.2** Wilhelmi, Prof. Dr. Volker, Wackernheim; **143.2 u.li.** Jäckel, Diana, Erfurt, nach BGR-Rohstoffdatenbank, Bundesanstalt für Geowissenschafen und Rohstoffen (BGR): Tantal, Informationen zur Nachhaltigkeit. März 2021, S. 5, Abb.3, www.bgr.bund.de/DE/Gemeinsames/Produkte/Downloads/ Informationen_Nachhaltigkeit/tantal.html?nn=1542306; **144.1** BMZ (2020): Neue Partnerschaft für Entwicklung, Frieden und Zukunft. Ein Marshallplan mit Afrika, unter: https://www.bmz.de/de/laender_regionen/marshallplan_ mit_afrika/index.html; **144.1 o.re.** imago images, Berlin (Ute Grabowsky / photothek.net); **144.li.** United Nations Publications, New York; **145.2** Deutsche Welthungerhilfe. Eine Erfolgsgeschichte aus Kaschmir v. 03.09.2014. unter: https:// www.welthungerhilfe.de/aktuelles/blog/frauen-erwirtschaften-eigenes-einkommen/; **145.2 o.** Action Press GmbH, Hamburg (imagebroker.com); **145.3** Johannes Pennekamp: Internationale Unterstützung in Afrika – Entwicklungshilfe, nein danke! In: Frankfurter Allgemeine